Friedrich-Wilhelm Henning

Das industrialisierte Deutschland 1914 bis 1992

Mit 60 Abbildungen und 14 Tabellen

9., unveränderte Auflage

Ferdinand Schöningh
Paderborn München Wien Zürich

Prof. Dr. rer. pol., Dr. jur. Friedrich-Wilhelm HENNING, geb. 1931, hat Geschichte, Landwirtschaft, Rechtswissenschaften und Wirtschaftswissenschaften an der Universität Göttingen studiert. Nach einer mehrjährigen Tätigkeit als Hochschullehrer in Göttingen war er seit 1971 bis zur seiner Emeritierung 1996 Direktor des Seminars für Wirtschafts- und Sozialgeschichte der Universität zu Köln. Seit 1971 ist er Wissenschaftlicher Direktor des Rheinisch-Westfälischen Wirtschaftsarchivs in Köln.

Die Deutsche Bibliothek – CIP-Einheitsaufnahme

Henning, Friedrich-Wilhelm:
Wirtschafts- und Sozialgeschichte / Friedrich-Wilhelm Henning. – Paderborn; München; Wien; Zürich: Schöningh.
(UTB für Wissenschaft: Uni-Taschenbücher; ...)

Bd. 3. Henning, Friedrich-Wilhelm: Das industrialisierte Deutschland 1914 bis 1992. – 9., unveränd. Aufl., unveränd. Nachdr. der 8., durchges. und wesentlich erw. Aufl. 1993. – 1997

Henning, Friedrich-Wilhelm:
Das industrialisierte Deutschland 1914 bis 1992: mit 14 Tabellen
Friedrich-Wilhelm Henning. – 9., unveränd. Aufl., unveränd. Nachdr. der 8., durchges. und wesentlich erw. Aufl. 1993. –
Paderborn; München; Wien; Zürich: Schöningh, 1997
(Wirtschafts- und Sozialgeschichte / Friedrich-Wilhelm Henning; Bd. 3)
(UTB für Wissenschaft: Uni-Taschenbücher; 337)
Früher u.d.T.: Henning, Friedrich-Wilhelm: Das industrialisierte Deutschland 1914 bis 1986
ISBN 3-8252-0337-9 (UTB)
ISBN 3-506-99438-7 (Schöningh)
NE: UTB für Wissenschaft / Uni-Taschenbücher

Gedruckt auf umweltfreundlichem, chlorfrei gebleichtem Papier
(mit 50% Altpapieranteil)

Unveränderter Nachdruck der 8., durchgesehenen
und wesentlich erweiterten Auflage 1993

(Verlag Ferdinand Schöningh GmbH, Jühenplatz 1, D-33098 Paderborn)
ISBN 3-506-99438-7

Printed in Germany.
Herstellung: Ferdinand Schöningh, Paderborn
Einbandgestaltung: Alfred Krugmann, Freiberg am Neckar

UTB-Bestellnummer: ISBN 3-8252-0337-9

INHALTSVERZEICHNIS

Vorwort zur ersten Auflage

Die Industrialisierung ist für die wirtschaftliche und für die gesellschaftliche Entwicklung in Deutschland im 19. und im beginnenden 20. Jahrhundert prägend gewesen. Deutschland wandelte sich dadurch aus einem überwiegend agrarisch orientierten Land zu einem Industriestaat. Band 2 der „Wirtschafts- und Sozialgeschichte" vom selben Verfasser in dieser Reihe skizziert diese am Anfang des 19. Jahrhunderts beginnende und bis an die Schwelle zum Ersten Weltkrieg dauernde Entwicklung. Wie in allen Industrieländern des 19. Jahrhunderts (England, Frankreich, Belgien und USA) setzten sich die Veränderungen der Lebensverhältnisse im 20. Jahrhundert fort, im allgemeinen sogar mit einer tendenziell steigenden Beschleunigung. In welchem Maße dies geschah und welche Kräfte dabei mitgewirkt haben, wird in den Grundzügen im folgenden dargestellt. Da die politischen Ereignisse der letzten sechs Jahrzehnte markanter gewesen sind als die des 19. Jahrhunderts, haben Kriege, innerstaatliche Kräfteverschiebungen, neue Grenzziehungen und umfangreiche freiwillige oder erzwungene Wanderungen die wirtschaftlichen und die sozialen Strukturen stärker beeinflußt. Die Gliederung dieses Buches wird daher mehr mit politischen Zäsuren übereinstimmende Abgrenzungen vornehmen als die beiden vorhergehenden Bände.

Damit ist aber zugleich eine weitere Schwierigkeit angedeutet: Der zu betrachtende Wirtschaftsraum ist im Jahre 1914 ein anderer als im Jahre 1973. Relativ zuverlässige statistische Angaben gibt es aber nur für geschlossene Verwaltungseinheiten. Da es jedoch im wesentlichen auf die die menschlichen Lebensverhältnisse wandelnden wirtschaftlichen und gesellschaftlichen Sachverhalte ankommt, mag die Identität der Bevölkerung als Abgrenzungskriterium dienen. Dementsprechend werden bis 1945 das Gebiet des Deutschen Reiches und danach die Gebiete der heutigen Deutschen Demokratischen Republik (DDR) und der Bundesrepublik Deutschland (BRD) im Mittelpunkt der Ausführungen stehen. Vergleiche mit anderen Ländern sollen die Besonderheiten und die Gemeinsamkeiten verdeutlichen.

Im übrigen sei hier wie im Vorwort zum vorhergehenden Band darauf hingewiesen, daß die diesem Buch zugrundeliegende Konzeption vor allem zwei Gesichtspunkte zu berücksichtigen versucht:

a. Eine übersichtliche Darstellung soll genügend Fakten vermitteln, um den Leser in groben Zügen über die wirtschaftliche und soziale Entwicklung so zu informieren, daß er die Probleme in ihren Grundzügen zu erkennen und zu erörtern in der Lage ist. Diese Übersichtlichkeit des Stoffes war dabei wichtiger als Vollständigkeit, die auch nur angenähert in einem Taschenbuch nicht erreicht werden kann.
b. Die wirtschaftliche und die soziale Entwicklung wurde unter didaktischen Aspekten gegliedert und dargestellt, selbst wenn dadurch stilistische Unebenheiten in Kauf genommen werden mußten.

Das in den Anhang aufgenommene Literaturverzeichnis soll es ermöglichen, sich in Einzelfragen weitergehend zu informieren. Die Fülle der Veröffentlichungen gerade zur jüngsten Geschichte erleichtert die unter Raumnot stehende Auswahl keineswegs. Das Begriffsverzeichnis wurde, wie auch bereits im vorhergehenden Band, so aufgebaut, daß es gleichzeitig als Sachverzeichnis und als Zusammenstellung von Begriffserklärungen dient. Dabei wurde davon ausgegangen, daß die wirtschafts- und sozialgeschichtlichen Probleme heute auch denjenigen interessieren, der mit dem wirtschafts- und sozialwissenschaftlichen Instrumentarium nicht vertraut ist. Aus diesem Grunde wurde vermieden, im Text Fachausdrücke zu benutzen, wenn mit der normalen Sprache allgemeinverständlich und ohne große Umwege eine Erklärung möglich war.

Auch am Anfang dieses Bandes möchte ich dem Verlag Ferdinand Schöningh für die Ermöglichung des Druckes dieser vom üblichen abweichenden Darstellungsmethode danken.

Vorwort zur achten Auflage

Das Jahr 1990 führte die beiden Teile Deutschlands wieder zusammen. Damit kam eine Geschichtsperiode zu ihrem Ende, die vor allem durch die starken Unterschiede in den Lebens- und Wirtschaftsverhältnissen zweier völlig verschiedener Gesellschafts- und Wirtschaftsordnungen gekennzeichnet war. Die Überarbeitung für die achte Auflage berücksichtigt vor allem die neuen, der Wirklichkeit mehr angenäherten Fakten und Daten aus der ehemaligen DDR und versucht die Darstellung an das Jahr 1992 heranzuführen.

Einführung und Überblick

Die Periodisierung

Die politischen Ereignisse haben in der Zeit seit dem Beginn des Ersten Weltkrieges in erheblich stärkerem Maße, als dies während der überwiegenden Zeit des 19. Jahrhunderts geschehen war – vielleicht mit Ausnahme der Napoleonischen Jahre –, die wirtschaftlichen und sozialen Verhältnisse beeinflußt. Daher ist die Übereinstimmung der hier vorgenommenen Einteilung mit offensichtlichen (außen-)politischen Zäsuren keine zufällige Erscheinung. Dabei ergeben sich folgende Perioden:

1. Der *Erste Weltkrieg* und die von den Auseinandersetzungen über die Kriegsfolgen gekennzeichnete *Weimarer Republik* (1914 bis 1933). Das Bild der Entwicklung wurde in dieser Zeit vor allem durch folgende Probleme und Erscheinungen geprägt:

- Die *Kriegswirtschaft* (1914 bis 1918) mit
  - Versorgungsschwierigkeiten (Rohstoffe, Nahrungsmittel),
  - der Produktion von Kriegsgütern und dem Rückgang des Angebotes von Gütern des zivilen Bedarfs,
  - der Zunahme sozialer Spannungen (jedenfalls in der zweiten Hälfte des Krieges),
  - der steigenden Staatsverschuldung,
  - der Einberufung von insgesamt etwa 10 Mill. Männern.
- Die unmittelbaren *Nachkriegsjahre* (1919 bis 1923) mit
  - dem Übergang zur Produktion von Gütern des zivilen Bedarfs,
  - der fehlenden Bewältigung der Währungs- und der staatlichen Haushaltsprobleme (Inflation),
  - den Reparationsproblemen,
  - den sozialen Auseinandersetzungen und Kämpfen.
- Die *„Goldenen Zwanziger"* (1924 bis 1929) mit
  - der Währungsreform 1923/24,
  - relativ hohen Wachstumsraten,
  - umfangreichen Investitionen, aber auch
  - einer zunehmenden Verschuldung gegenüber dem Ausland und mit

  - einer rechtlich, aber nicht wirtschaftlich dauerhaft gesicherten Regelung der Reparationsprobleme (Dawes-Plan).
- Die *Weltwirtschaftskrise* (1929 bis 1933) mit
  - rückläufiger Produktion,
  - hoher Arbeitslosigkeit,
  - Abnahme der internationalen wirtschaftlichen Verflechtungen und
  - der dadurch begünstigten Krise des Parlamentarismus.

Die Gliederung dieser Periode deutet an:
- Die *Wandlungen innerhalb* einzelner *Wirtschaftssektoren* prägten *nicht mehr* wie noch im 19. Jahrhundert das Gesamtbild von 1914 bis 1933.
- Die *Wandlungen der gesamtwirtschaftlichen Situation* innerhalb weniger Jahre *bestimmten* die wirtschaftliche, die soziale und damit auch die politische *Entwicklung*.

2. Die Zeit des *Nationalsozialismus* (1933 bis 1945) ist aus zwei Gründen als *eine* geschlossene *Periode* zu bezeichnen:
- Der Unterschied zur vorhergehenden Periode liegt im folgenden:
  - Die *Wirtschaftspolitik* wird in den Dienst *hegemonialer Machtausweitung und -absicherung* gestellt.
  - Das (berufs-) *ständische Element* wird als entscheidendes Mittel benutzt, um die wirtschaftlichen und die gesellschaftlichen *Kräfte effektiv* für die Machtausweitung einzusetzen.
  - Die Nahziele (a) *Überwindung der Arbeitslosigkeit,* (b) *Beendigung der Reparationszahlungen* und (c) *die Aufhebung anderer Folgen des Vertrages von Versailles* werden mit Erfolg erreicht.
  - Die *Abkehr vom demokratischen System* erhält damit seine scheinbare Berechtigung.
- Die Zeit von *1933 bis 1945* ist als die *Schlußphase* der *gesamtdeutschen* wirtschaftlichen und gesellschaftlichen *Entwicklung* ab 1871 zu bezeichnen. Die wirtschaftlichen, die sozialen und die politischen Verhältnisse gestalteten sich nach 1945/49 grundsätzlich anders.

3. In den beiden Teilen Deutschlands ist die *Entwicklung von 1945 bis 1990* durch das Folgende gekennzeichnet:

- Die *Überwindung der Not* nach dem Niedergang von 1945.
- Die *Teilung Deutschlands* und die Abtrennung von etwa einem Viertel des Landes.
- Der Rückgang der landwirtschaftlichen Bevölkerung und die Aufnahme der Vertriebenen brachten für den *Industrialisierungsprozeß erneut starke Impulse* von einer notgedrungen nach nichtlandwirtschaftlicher Beschäftigung drängenden Bevölkerung. Das schnelle wirtschaftliche Wachstum der fünfziger Jahre („Wirtschaftswunder") war teilweise hierauf zurückzuführen.
- Die *Zuordnung* der verbliebenen beiden Teile Deutschlands zu verschiedenen, ideologisch und damit auch hinsichtlich der Ordnung der Wirtschaft und der Gesellschaft völlig andere Wege gehenden *Machtblöcken* hatte dieses wirtschaftliche Wachstum und damit die Überwindung der Not in den westlichen Gebieten schneller eintreten lassen als im östlichen Teil Deutschlands.
- Die DDR-Wirtschaftsordnung verhinderte eine marktgerechte Produktion und beseitigte damit die internationale Wettbewerbsfähigkeit.
- Die Wirtschaft der Bundesrepublik wurde der internationalen Konkurrenz ausgesetzt und konnte (bzw. mußte) die Wettbewerbsfähigkeit steigern, auch mit als Basis des wachsenden Wohlstandes.
- Strukturelle Wandlungen in der Wirtschaft und Gesellschaft beider deutscher Staaten haben teilweise tief in den Lebensweg vieler Menschen eingegriffen.

4. Die Zusammenführung der Deutschland nach 1945 verbliebenen Teile im Jahre 1990 (BRD und DDR) zeigte den desolaten Zustand der Wirtschaft der DDR. Der finanzielle Bedarf der „Reparaturen" prägte die Jahre ab 1990.

Die Grundzüge der Entwicklung

Die Darstellung einiger wirtschaftlicher und sozialer Entwicklungslinien von 1914 bis 1990 soll eine Übersicht über die Einschnitte und Wandlungen in dieser Zeit geben. Dabei wurde versucht, möglichst weitgehend an die entsprechenden Übersichten für die Zeit von 1800 bis 1914 in Bd. 2 dieser Wirtschafts- und Sozialgeschichte anzuknüpfen:

1. Die *Bevölkerungszahl* hat sich nach 1914 erheblich geändert. Auf dem Gebiet des Deutschen Reiches in den Grenzen von 1913 lebten:

1913	=	67 Mill.	=	125 Menschen je qkm
1933	=	71 Mill.	=	132 Menschen je qkm
1953	=	86 Mill.	=	161 Menschen je qkm
1973	=	97 Mill.	=	181 Menschen je qkm
1992	=	103 Mill.	=	186 Menschen je qkm

Auf dem Gebiet der alten Bundesrepublik Deutschland lebten:

1913	=	38 Mill.	=	153 Menschen je qkm
1933	=	42 Mill.	=	170 Menschen je qkm
1953	=	51 Mill.	=	206 Menschen je qkm
1978	=	61 Mill.	=	247 Menschen je qkm
1992	=	63 Mill.	=	255 Menschen je qkm

Auf dem Gebiet der Deutschen Demokratischen Republik lebten:

1913	=	16 Mill.	=	148 Menschen je qkm
1933	=	17 Mill.	=	158 Menschen je qkm
1953	=	18 Mill.	=	165 Menschen je qkm
1978	=	17 Mill.	=	158 Menschen je qkm
1992	=	16 Mill.	=	147 Menschen je qkm

Während das mitteldeutsche Gebiet bis 1945 ebenso wie Westdeutschland bis zum Zweiten Weltkrieg neben relativ dünnbesiedelten, hauptsächlich auf Land- und Forstwirtschaft ausgerichteten Landstrichen einige dichtbesiedelte Zonen (Thüringen, Sachsen, Berlin) besaß und daher vor allem die dünnbesiedelten Ostprovinzen Preußens den Durchschnitt der Bevölkerungsdichte in Deutschland auf einem niedrigen Niveau hielten, war die Entwicklung in den beiden deutsch gebliebenen Teilen nach 1945 sehr unterschiedlich. Die Bundesrepublik hatte während der gesamten Zeit Wanderungsgewinne zu verzeichnen, während die Wanderungsverluste der DDR nicht nur per Saldo den Zustrom an Flüchtlingen und Vertriebenen aufzehrten, sondern auch einen erheblichen Teil des Geburtenüberschusses kompensierten. Für die gesamte Zeit von 1914 bis 1990 lassen sich folgende wichtige, die Bevölkerungsbewegung beeinflussende Erscheinungen feststellen:

- Im Gebiet der Bundesrepublik Deutschland ging seit 1914 die Geburtenrate (= Lebendgeborene) von 27 auf 11, die Sterberate von 16 auf 12 je 1 000 Einwohner zurück, so daß sich der Geburtenüberschuß von 11 je 1 000 Einwohner ins Negative verwandelte. Zeitweise lag die Geburtenrate sogar bei 2 unter der Sterberate. Neue Bundesländer 1900 Geburtenrate = 11,1; Sterberate = 12,9.

- Die beiden *Weltkriege* haben *kurzfristig* eine erhöhte Sterberate und eine verringerte Geburtenrate zur Folge gehabt, so daß in diesen Jahren kein Geburtenüberschuß zu verzeichnen war.
- Die *Weltwirtschaftskrise* mit ihren verringerten Einkommensmöglichkeiten hat eine Reduzierung des Geburtenüberschusses von 7 im Jahre 1928 auf 3,5 im Jahre 1933 bewirkt.
- *Wanderungen* im und unmittelbar nach dem Kriege (bis 1961) waren in erster Linie die Folge von *politischen* Ereignissen und Entscheidungen.
- *Wanderungen* in den 60er Jahren waren *ökonomisch motiviert* (Arbeitsplatz, Einkommensverbesserung, höherer Lebensstandard). Die Bundesrepublik Deutschland hatte dabei einen erheblichen Wanderungsgewinn zu verzeichnen.

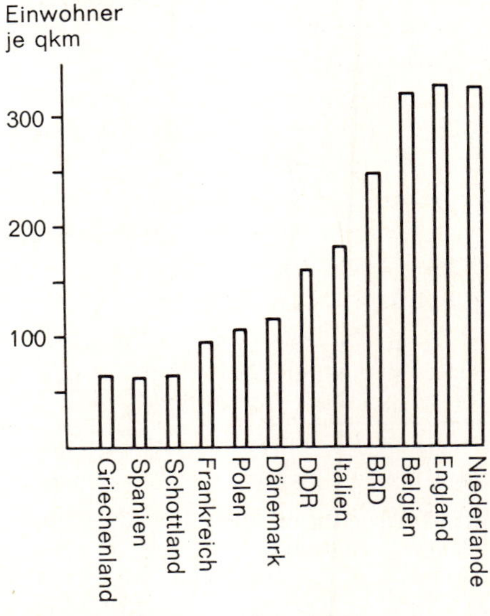

Abb. 1: Bevölkerungsdichte (Menschen je qkm) in einigen Ländern Europas 1971

Die Bundesrepublik Deutschland wurde zu einem der am dichtesten besiedelten Länder Europas, vgl. Abbildung 1.

Wenn die Industrialisierung auch nicht immer zu einer starken Verdichtung der Bevölkerung führt oder zu führen braucht, so ist doch im allgemeinen *Voraussetzung für* eine solche *Verdichtung die Schaffung neuer Arbeitsplätze*, und dies geschah vor allem *durch die Industrie*. In größeren Ländern sind dabei durchaus regionale Differenzierungen vorhanden. In Italien, Frankreich und Deutschland waren einzelne Landesteile als ausgesprochene Industrielandschaften zu bezeichnen, während andere fast völlig von der Landwirtschaft geprägt werden. So hat z. B. Nordrhein-Westfalen – der Fläche nach zwischen Belgien und den Niederlanden einzuordnen – mit fast 500 Menschen je qkm eine Bevölkerungsdichte, die weit über der Belgiens und der der Niederlande liegt.

2. Die Entwicklung der *Anteile der einzelnen Wirtschaftssektoren* an der Gesamtzahl der Beschäftigten zeigt die Wandlungen der Wirtschaftsstruktur an, vgl. Abbildung 2.

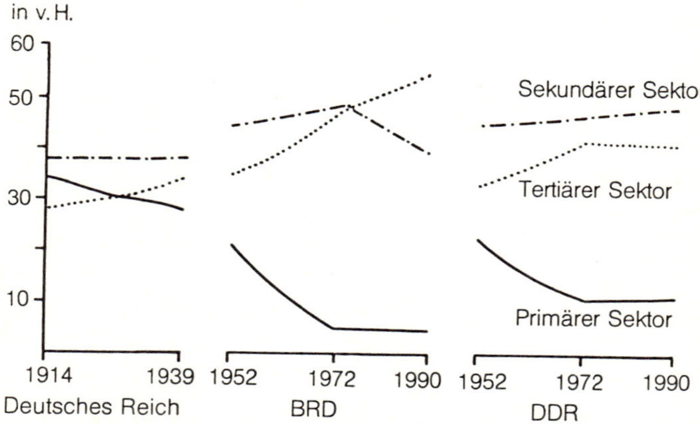

Abb. 2: Anteil der in den einzelnen Sektoren Beschäftigten an der Gesamtzahl

Aus Abbildung 2 wird deutlich, daß in beiden Teilen Deutschlands die im 19. Jahrhundert eingeleitete Entwicklung zum Industriestaat sich fortsetzte:

– *Der primäre Sektor* (überwiegend die Landwirtschaft) war bis 1914, gemessen an der Zahl der Beschäftigten, noch gewachsen, hatte seinen Anteil aber aufgrund eines langsameren Wachstums im Verhältnis zu den beiden anderen Sektoren reduziert. *Seit 1914* trat nunmehr auch ein absoluter *Rückgang der* im primären Sektor *Beschäftigten* ein, vgl. Abbildung 3, der zwar in der Zeit des

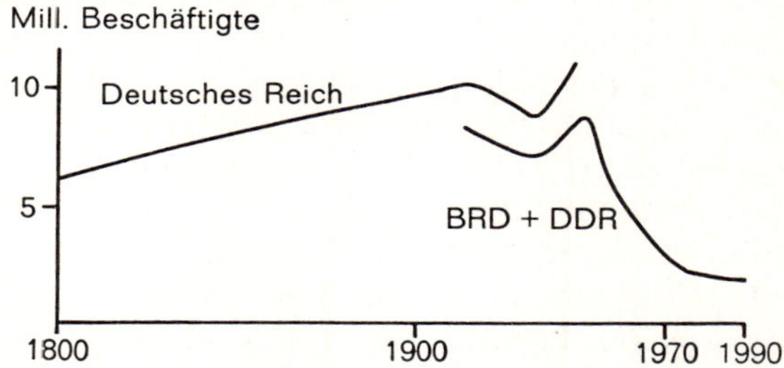

Abb. 3: Zahl der Beschäftigten im primären Sektor 1800 bis 1944 Deutsches Reich und 1914 bis 1986 BRD und DDR

Nationalsozialismus wieder kurzfristig unterbrochen wurde, der sich aber dann in den beiden deutschen Staaten nach 1950 schnell fortsetzte, in den letzten Jahren aber abgebremst wurde.

– Die aus der Landwirtschaft abwandernden Arbeitskräfte wurden von den *weiter expandierenden sekundären und tertiären Sektoren* aufgenommen. Dabei hatte der tertiäre Sektor eine höhere Zuwachsrate aufzuweisen als der sekundäre.

– *In der DDR waren der Rückgang des primären und die Ausdehnung des tertiären Sektors nicht so ausgeprägt wie in der BRD.* Die langsamere Produktivitätsentwicklung in der Landwirtschaft der DDR bewirkte u. a. ein durchschnittliches Zurückbleiben des wirtschaftlichen Wachstums im Vergleich zur BRD.

3. Die Änderungen der Gesamtwirtschaftsstruktur wurden begleitet von *Wandlungen* auch *innerhalb der* einzelnen *Sektoren*:

– Die Reduzierung der Zahl der Beschäftigten *im primären Sektor* stand in engem Zusammenhang mit einer verstärkten *Verbreitung des Landmaschineneinsatzes*, insbesondere dem Ersatz von tierischer Zugkraft durch Traktoren nach 1950. Aufgrund der seit

1945 unterschiedlichen Gesellschaftsordnung in Ost- und Westdeutschland ist die Agrarstruktur und -verfassung aber in verschiedener Weise gewandelt worden.

- *Im sekundären Sektor* wurde die weitergehende Industrialisierung vor allem von folgenden Gewerbezweigen getragen:
  - *Metallgewerbe,* insbesondere Maschinen- und Fahrzeugbau
  - *Elektroindustrie* und neuerdings *Elektronikindustrie*
  - *Chemische Industrie*

  Zugleich verringerte sich der Anteil
  - der Textil-, Bekleidungs- und Ledergewerbe,
  - der Gewerbezweige Holz, Druck und Papier und
  - des Bergbaues und der Stahlindustrie.
- Die *Ausdehnung des Dienstleistungsbereiches* wurde insbesondere durch folgende Dienstleistungszweige bewirkt:
  - *Kreditgewerbe, Versicherungen und Beratungsdienste*
  - *Organisationen ohne Erwerbscharakter*
  - Gebietskörperschaften und sonstige *staatliche Verwaltungen*

  Einen unterdurchschnittlichen Anstieg oder sogar einen *Rückgang* in der Zahl der Beschäftigten hatten aufzuweisen:
  - *Verkehr und Nachrichtenübermittlung*
  - *Handel*

Im allgemeinen setzte sich die Verringerung der Zahl der Selbständigen fort. Betroffen wurden hiervon überwiegend diejenigen Existenzen, die von Karl Marx als die Gruppe der kleinen Warenproduzenten bezeichnet wurde. Sie verloren in den letzten vierzig Jahren in allen drei Sektoren an Bedeutung, vor allem in der Landwirtschaft.

4. Die *Entwicklung des Kapitalstockes*:

- Von *1914 bis 1955* wurde der Abbau infolge der beiden Weltkriege und in geringem Maße auch der Weltwirtschaftskrise in den jeweils anschließenden Jahren wieder ausgeglichen, so daß wegen der damit verbundenen Verbreitung einer besseren Produktionstechnik eine Zunahme des Pro-Kopf-Volkseinkommens per Saldo eintrat.
- Erst *nach der Mitte der 50er Jahre* erreicht der Kapitalstock je Einwohner *ein über* das Jahr *1914 hinausgehendes Niveau.*

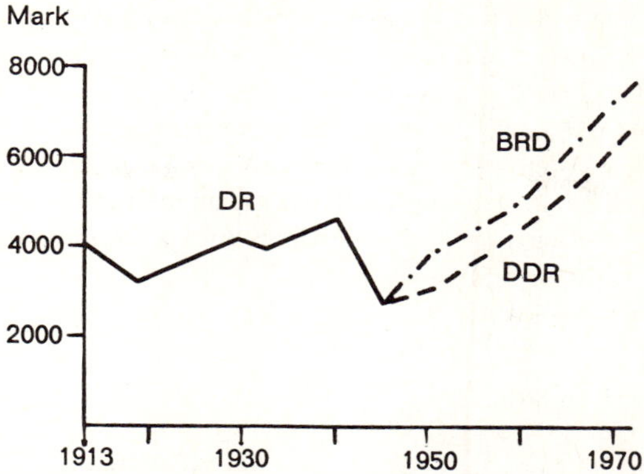

Abb. 4: Entwicklung des Kapitalstockes pro Kopf der Bevölkerung im Deutschen Reich (1913 bis 1945), in der BRD und in der DDR in Preisen von 1913

– Der entscheidende *Unterschied zwischen der DDR und der BRD* trat *bereits ab* etwa *1947* ein. Die relativ höheren Reparationen in Form vollständiger, bisher im Produktionsprozeß stehender Fabrikanlagen und die fehlende Starthilfe (Marshall-Plan in der BRD) führten dazu, daß die Nettoinvestitionen in der DDR zunächst nicht über 5 v.H. des Volkseinkommens hinausgingen, der Kapitalstock (das Produktivkapital) also nur langsam anwuchs.

5. Die aufgrund der technisch fortschrittlicheren Produktionsmethoden steigende Produktivität des eingesetzten Kapitals drückte sich darin aus, daß im Laufe der Jahre *das Volkseinkommen* stärker zunahm als der Kapitalstock. Dies wird aus dem Vergleich von Abbildung 4 und 5 deutlich.

Die Kurvenänderungen nach oben sind hier schärfer als in Abbildung 4. Der Zuwachs des Volkseinkommens pro Kopf der Bevölkerung lag nach 1945 bis 1989 bei 540 in der BRD und knapp 300 v. H. in der DDR. Demgegenüber nahmen die Kapitalstöcke in der BRD um 260 und in der DDR um 160 v. H. zu. Ein Teil dieser Produktivitätssteigerung ist sicher auf die im Vergleich zu der Zeit unmittelbar nach dem Zweiten Weltkrieg bessere Ausnutzung des Kapitals zurückzuführen.

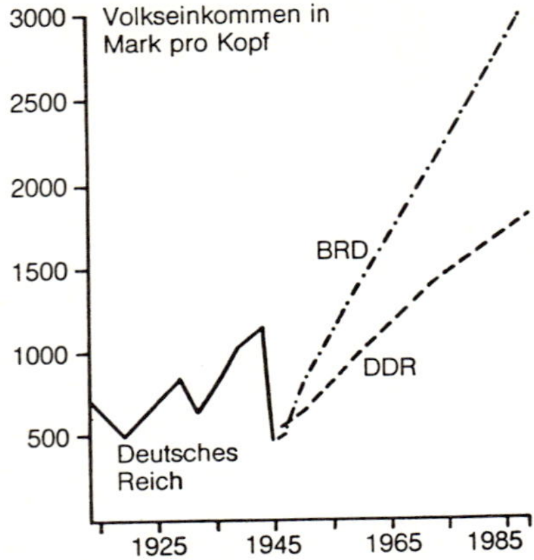

Abb. 5: Entwicklung des Volkseinkommens je Einwohner im Deutschen Reich (1913 bis 1945), in der DDR (1945 bis 1989) und in der BRD (1945 bis 1989) in Preisen von 1913

6. Die Realeinkommen stiegen ebenfalls langfristig an. Die drei Täler durch den Ersten Weltkrieg, die Weltwirtschaftskrise und den Zweiten Weltkrieg waren nicht so markant wie beim Volkseinkommen.

Die *Arbeitseinkommen* entwickelten sich in der Grundtendenz so wie das Volkseinkommen je Einwohner. Ein Vergleich der Reallohnkurve in Abbildung 6 mit der Kurve des Nettosozialproduktes (zu Faktorkosten) je Einwohner in Abbildung 5 macht dies deutlich. Der Unterschied im Realeinkommen zwischen den beiden Staaten blieb bis 1990 erhalten.

Diese Abbildung schließt an Abbildung 7 des vorhergehenden Bandes für die Zeit von 1800 bis 1914 an. Gegen eine solche Darstellungsweise ergeben sich allerdings auch erhebliche Bedenken:

- Die *Struktur der* von den abhängig Beschäftigten gekauften *Waren hat sich* über Jahrzehnte hin erheblich *geändert.* Die Qualität z. B. eines Hemdes ist um 1913 und um 1985 eine andere gewesen. Einige Waren hat es 1913 überhaupt noch nicht gegeben (Fernsehgeräte).
- Die *Wandlungen in den Währungsverhältnissen* sind *nicht von* parallel verlaufenden *Wandlungen in den Preisen* und in der Verwendung der Einkommen *begleitet* worden.

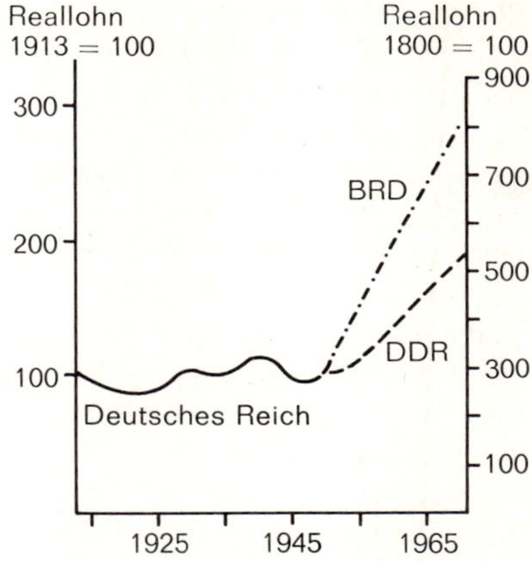

Abb. 6: Entwicklung der Reallöhne in Deutschland von 1913 bis 1971 (1913 bis 1945 Deutsches Reich, ab 1945 BRD und DDR), 1913 bzw. 1800 = 100.

- Festgesetzte Preise und Schwarzmarktpreise erlauben für eine ganze Reihe von Jahren nur mit erheblichen Vorbehalten ein Preisniveau einzuschätzen.
- Die zunehmende Urbanisierung hat Ausgaben erforderlich gemacht, die um 1800 nicht bekannt waren (Müllbeseitigung, Kanalisation usw.).

Trotzdem wird man der Kurve in Abbildung 6 die *grundsätzliche Entwicklungstendenz* entnehmen können. Hierzu ist noch zu bemerken:

- Die Schwankungen der Lohnkurve sind nicht so ausgeprägt wie die des Volkseinkommens, da in Krisenzeiten die *Arbeitslosen aus der Berechnung des durchschnittlichen Lohnes ausscheiden*, die Volkseinkommenskurve aber sämtliche Einkommen (Lohn, Zinsen, Grundrenten, Gewinne) erfaßt.
- Die unentgeltlichen *Leistungen des Staates* oder öffentlich-rechtlicher Einrichtungen können die *Einkommen der Lohnbezieher* ebenfalls *erhöht* haben.

- Die Zunahme der Lohneinkommen von 1800 bis 1913 (von 100 auf etwa 280) und von 1913 bis 1970 in der BRD (von 100 auf 290) sind etwa gleich groß gewesen (1990 = 410). Für die Zeit *vor 1913* handelte es sich aber um einen *langfristigen Prozeß*, der sich über ein Jahrhundert hinzog und der zunächst durch sehr niedrige Agrarpreise (20er Jahre des 19. Jahrhunderts) und erst seit den 30er Jahren langsam durch Produktivitätssteigerungen im sekundären und im tertiären Sektor bewirkt wurde. Für die Zeit nach 1913 wurde durch die Weltkriege und durch die Weltwirtschaftskrise der Produktivitätsfortschritt in Grenzen gehalten oder, soweit er doch vorhanden war, aufgrund der politischen Verhältnisse nur teilweise an die Lohnempfänger (über Lohnerhöhungen oder Preissenkungen) weitergegeben. Erst *die Jahre nach 1948/49* haben *parallel* zur gehäuften Benutzung des *zurückgestauten technischen Fortschritts* mit einer erheblichen *Erhöhung der Produktivität* auch eine *Erhöhung der Reallöhne* herbeigeführt.

- Die *Grundrenteneinkommen*: Hier sind zwei Arten von Einkommen zu unterscheiden:
  - Die Erträge von *Grundstücken*, die wirtschaftlich *genutzt* werden, z. B. land- und forstwirtschaftliche, Gewerbe- und Gebäudeflächen.
  - Die Erträge von *Grundstücken*, die aus einer *Umwidmung* (Ackerland wurde zu Bauland oder Wohnviertel wurden zu Geschäftsvierteln) *oder* auf Grund allein der *Bodenknappheit* entstanden.

  Die *Bodennutzungseinkommen* aus der Land- und Forstwirtschaft sind in Notzeiten (Kriege und unmittelbare Nachkriegszeiten) und nach 1933 relativ günstig gewesen. In den übrigen Zeiten lagen die Weltmarktpreise aber sehr niedrig, so daß hier die Einkommen erheblich *eingeengt* wurden (1929 bis 1932) oder nur durch Subventionen aus Steuergeldern (1955 bis zur Gegenwart in der BRD) auf einer angemessenen Höhe gehalten werden konnten. Auch in der DDR waren die Einkommen aus der landwirtschaftlichen Tätigkeit eher als unterdurchschnittlich zu bezeichnen, obgleich auch hier staatliche Zuschüsse flossen.

Die *Einkommen aus dem Wertzuwachs des Bodens* stiegen in dem Zeitraum seit 1913 fast ständig an, und zwar aus zwei Gründen:

- Die *Geldentwertungen* ließen die Nachfrage nach wertbeständigen Grundflächen steigen und damit deren Preise.
- Die zunehmende *Bodenknappheit* wurde sowohl durch die zunehmende Verstädterung und Bevölkerungsdichte als auch durch den Verlust von Flächen am Ende des Ersten und am Ende des Zweiten Weltkrieges bewirkt.

Als *Einkommen* lassen sich diese Wertzunahmen allerdings *nur* bezeichnen,

- wenn sie durch eine *Veräußerung* oder
- durch eine *ertragreichere Nutzung*

realisiert worden sind.

- Die *Kapitaleinkommen*: Auf Grund der zahlreichen Änderungen im Währungswert und der Einbeziehung der festverzinslichen staatlichen Papiere in die inflationäre Entwicklung ist eine vereinfachte Betrachtung der Grundtendenz in der Entwicklung der Kapitaleinkommen anhand festverzinslicher Staatspapiere wie für die Zeit vor 1913 nicht sinnvoll. Man kann im wesentlichen *folgende Perioden* unterscheiden:

  - *Konjunkturell günstige Zeiten* ließen die Kapitaleinkommen erheblich steigen: Kriegszeiten, die „Goldenen Zwanziger" von 1924 bis 1929, die Jahre der Aufrüstung und der Arbeitsbeschaffung von 1933 bis 1939 und die Zeiten des „Wirtschaftswunders" in der BRD ab 1949.
  - *Krisenzeiten* ließen die Kapitaleinkommen zurückgehen: Weltwirtschaftskrise.
  - *Indifferent* waren die *Inflationszeiten* nach dem Ersten und nach dem Zweiten Weltkrieg.

  Im wesentlichen wird man aber noch *unterscheiden* müssen zwischen den Beziehern von *Kapitalrenten aus Schuldtiteln*, die lediglich Geldeinnahmen hatten und daher durch Geldentwertungen (schwindende Kaufkraft) in ihren (Real-)Einkommen beeinträchtigt wurden und denjenigen, die mit eigenem oder fremdem Kapital arbeiteten und durch eine *Vermehrung des Sachvermö-*

gens unabhängig von den Geldentwertungen ihre Einkommen sichern konnten.

Die Entwicklung der Anteile der Arbeits- und der Nichtarbeitseinkommen, vgl. Abbildung 7, zeigt, zu welchen Zeiten die Bezieher von Kapitaleinkommen in einer gemessen am Anteil am Volkseinkommen besonders günstigen Lage gewesen sind. Der Bodenwertzuwachs ist hierbei nicht als Einkommen berücksichtigt. In der Weltwirtschaftskrise lag das Nichtarbeitseinkommen besonders niedrig, d. h. in einer Zeit, die auch durch niedrige Investitionsraten gekennzeichnet war.

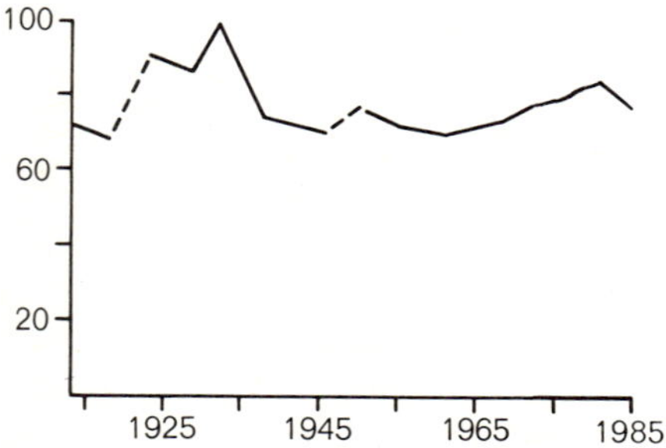

Abb. 7: Anteil der Arbeitseinkommen (einschließlich des Lohnanspruchs der Selbständigen und der mithelfenden Familienangehörigen) am Volkseinkommen von 1913 bis 1985

7. Die *Urbanisierung* und damit die Vergrößerung der Wohnorte hat seit 1913 aus drei Quellen eine weitere Förderung erfahren:

- Die fortschreitende *Industrialisierung* mit der Zentralisierung der Arbeitsstätten.
- Die *Verringerung* der Zahl der in der *Landwirtschaft* und damit außerhalb der Städte Tätigen.
- Die *Zuwanderung* von *Vertriebenen* und von *Flüchtlingen*, in den letzten Jahren auch von *Gastarbeitern* mit und ohne Familienangehörige.

Der Anteil der in den einzelnen Ortsgrößen lebenden Bevölkerung und damit der Urbanisierungsprozeß wird aus Abbildung 8 deutlich.

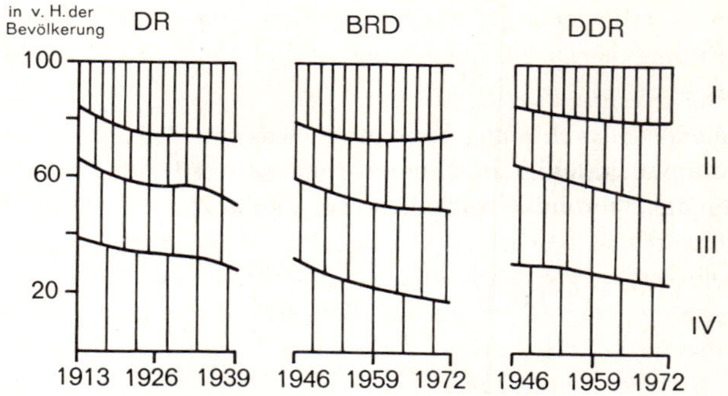

I = Orte mit mehr als 200.000 Einwohnern
II = Orte mit 20.000 bis 200.000 Einwohnern
III = Orte mit 2.000 bis 20.000 Einwohnern
IV = Orte mit weniger als 2.000 Einwohnern

Abb. 8: Verteilung der Wohnbevölkerung auf verschiedene Wohnortsgrößen von 1913 bis 1972 im Deutschen Reich (DR), in der Bundesrepublik Deutschland (BRD) und in der Deutschen Demokratischen Republik (DDR)

Gegen eine solche Darstellung ergeben sich erhebliche *Bedenken*:

- Die *Gemeindegrenzen sind nicht* mehr mit Siedlungsgrenzen *identisch*. Mehr oder weniger zufällige Eingemeindungen verfälschen das Bild. So wäre eigentlich das Ruhrgebiet mit etwa 6 Mill. Menschen als eine Agglomeration, als ein Ort aufzunehmen.
- In den *Gemeinden mit weniger als 2.000 Einwohnern* ist häufig durch das Vorhandensein einer *nicht mehr mit der Landwirtschaft verbundenen Bevölkerungsgruppe* (Zugewanderte; aus der Landwirtschaft ausgeschiedene Ortsansässige) ein völliger Wandel des Charakters dieser Lebensgemeinschaft eingetreten.
- *Verwaltungs- und Gebietsreformen* haben gerade in den siebziger Jahren statistisch neue Sachverhalte geschaffen, die mit den tatsächlichen Änderungen nicht übereinstimmen, so daß eine Fortsetzung der Entwicklungslinien über das Jahr 1972 hinaus nicht mehr sinnvoll ist. Die Verminderung der Stadtkernbevölkerung erhöhte die Bedeutung der Stadtrandgemeinden.

Trotz dieser Bedenken läßt sich *folgende Grundtendenz* der Weiterentwicklung des im 19. Jahrhundert stark forcierten Urbanisierungsprozesses erkennen:

- *Zwischen den beiden Weltkriegen* sind vor allem die *Städte mit mehr als 200.000 Einwohnern* sehr stark *gewachsen.* Sie haben den Bevölkerungszuwachs in dieser Zeit in erster Linie aufgenommen.
- *Der Zweite Weltkrieg* und die unmittelbaren Nachkriegsjahre brachten eine *Verringerung* der Bevölkerungsgruppe *in den größeren Städten*:
  - Die *Zerstörung ganzer Wohnviertel* durch Luftangriffe verringerte die Wohnmöglichkeiten. Die vorsorgliche *Evakuierung* der Großstadtbewohner verringerte darüber hinaus den Anteil dieser Wohnbevölkerung an der Gesamtbevölkerung.
  - Die nach 1945 zugewanderten *Flüchtlinge und Vertriebenen* wurden *zunächst in* den vom Kriege verschonten *kleineren Orten untergebracht.*

  Der *Aufschwung der Industrie* und die damit verbundene Schaffung von Arbeitsplätzen in den Städten *brachte* bei einem entsprechenden Aufschwung des Wohnungsbaues in den Städten eine *kräftige Zuwanderung aus den kleinen Gemeinden* in die Städte.
- *Bis in die siebziger Jahre* war dann aber eine *Stagnation* der Bevölkerungszunahme *in den größeren Städten* zu verzeichnen:
  - Die *Stadtkerne* wurden mehr und mehr *gewerblich genutzt* (Bürohäuser, Geschäfte).
  - Die *Wohnfläche je Einwohner stieg* an, so daß eine Verringerung der Wohndichte eintrat.
  - Die *nur begrenzt vorhandenen Baulandflächen* waren bald ausgenutzt.

Diese Gesamttendenz einer zunehmenden *Urbanisierung* der Bevölkerung *brachte*

- *soziale Probleme*, die jetzt mehr und mehr auf einem im Vergleich zu der Zeit vor dem Ersten Weltkrieg höheren Niveau aktuell wurden (Bildungswesen, Freizeitgestaltung usw.), obgleich für einige Randgruppen die Sicherung des Existenzminimums noch unbefriedigend gelöst blieb.

– Die Zusammenballung der Menschen und der Wirtschaft führte zugleich zu einer Verdichtung der negativen Komponenten (Umweltschmutz, Nahverkehr usw.).

Die soziale Frage aus der Zeit vor dem Ersten Weltkrieg blieb bis in die 50er Jahre unseres Jahrhunderts kennzeichnend für die industrielle Gesellschaft. Sie wurde danach mehr und mehr durch die unmittelbaren Urbanisierungsprobleme verdrängt, bis hin zum heute aktuellen Fragenkreis des Umweltschutzes. Zugleich wurden die bisherigen Entscheidungs- und Herrschaftsstrukturen in Frage gestellt, ohne daß allerdings bisher überzeugende und die individuelle Beweglichkeit (Arbeitsplatzwahl, Wahl des Wohnsitzes usw.) nicht noch mehr einengende Modelle als Alternativen angeboten wurden und werden.

8. Die *innenpolitische Situation* wurde in den drei genannten Perioden von sehr unterschiedlichen Kräften und Auseinandersetzungen beeinflußt:

a. *Vom Ersten Weltkrieg bis 1930* änderte sich im Vergleich zu der Zeit vor 1914 an der Zusammensetzung der politischen Kräfte in Deutschland nicht viel. Es gab im Prinzip *vier Gruppen,* die in sich ebenfalls wieder stark differenziert waren:

– Die *konservative Richtung* (ab Nov. 1918 von der Deutschnationalen Volkspartei geprägt) sammelte die gegen den Parlamentarismus eingestellten (teilweise stark monarchisch gesonnenen) Wähler aus Mittelstand, Großbürgertum und Adel. Der 1928 zum Parteiführer gewählte Alfred Hugenberg war für die bald aktuell werdende Unterstützung der Nationalsozialisten (1931 Harzburger Front) verantwortlich.
– Die *verschiedenen liberalen Richtungen* waren vor allem von teilweise sehr widersprüchlichen Wirtschaftsinteressen geprägt, so daß in diesem Bereich eine starke Zersplitterung der Parteien vorhanden war.
– Im *Zentrum* bewirkte die Zugehörigkeit der meisten Wähler zur *katholischen Kirche* eine Verklammerung stark auseinanderlaufender wirtschaftlicher Interessen.
– Die *sozialistischen Parteien* (SPD, KPD) stützten sich vor allem auf die städtischen Industriearbeiter. Die Sozialisierung weiter Teile der Wirtschaft, von der KPD gefordert, war der wichtigste Punkt der innerparteilichen Auseinandersetzung in der SPD.

b. Die *seit 1930* vor allem auf Kosten der liberalen Parteien, teilweise auch der Deutschnationalen Volkspartei (DNVP) *wachsende NSDAP* erreichte bis Ende 1932 maximal 37 v.H., selbst bei der Wahl im März 1933 nur 44 v.H. der Stimmen. Berufsständische, rassistische und hegemoniale Bestrebungen überwogen. Die zuletzt genannten beiden Richtungen bestimmten schließlich die Partei und ihre Politik.

c. *Nach 1945* kristallisierten sich in Westdeutschland (ab 1949 *in der Bundesrepublik Deutschland*) *zwei große Parteien* heraus:

- Die SPD sammelte die alten Wählergruppen aus der Zeit vor 1933, ergänzt um die sich von der KPD abwendenden Arbeiter und öffnete sich als „Volkspartei" seit Ende der 50er Jahre auch dem selbständigen und unselbständigen Mittelstand.
- Die CDU/CSU sammelte die Wähler des früheren Zentrums, Mittelstandszugehörige und auch einen Teil der konservativen Gruppen, weniger aus dem Bereich der früheren SPD und KPD.
- Die kleinen Parteien konnten sich wegen der 5-Prozent-Klausel bei der Wahl zum Bundestag nicht wie in der Weimarer Zeit entwickeln. Bis auf die FDP wurden sie bedeutungslos. Die FDP erhielt allerdings eine weit über den Wähleranteil hinausgehende Einflußmöglichkeit als Zünglein an der von den beiden großen Parteien dargestellten Waage. Lediglich während der großen Koalition von 1966 bis 1969 war die FDP nicht an der Bundesregierung beteiligt. Die in sich breit differenzierte Gruppe der Grünen hat in den letzten Jahren das Parteienspektrum erneut erweitert.

In der sowjetischen Besatzungszone kam es im April 1946 zur *Gründung der SED* aus den beiden im Juni 1945 gegründeten Parteien SPD und KPD. Im Rahmen der Vorbereitung dieses nicht durch Befragung der Mitglieder beider Parteien, sondern durch Entscheidung der Führungsgremien zustande gekommenen Zusammenschlusses wurden von Dezember 1945 bis zum April 1946 nach Schätzungen der westdeutschen SPD etwa 20.000 SPD-Mitglieder verfolgt, teilweise „sogar getötet" (Erich Ollenhauer 1961). Nach kurzer Schonfrist wurde der Marxismus-Leninismus, d.h. die kommunistische Ideologie, für die neue Partei verbindlich (Aufbau des Sozialismus durch Kollektivierung der Landwirtschaft, des Handwerks usw., Verstaatlichung der Industrie und des Handels).

Neben der SED blieben bis zum Jahre 1990 noch CDU und LDP (Liberal-Demokratische Partei) in der Deutschen Demokratischen Republik bestehen. Die Gründung der Demokratischen Bauernpartei Deutschlands (DBD) im April 1948 erfolgte vor allem unter Beteiligung von ehemaligen KPD- und SED-Funktionären. Diese neue Partei sollte das Bündnis zwischen Arbeitern und Bauern verfestigen und diente vor allem im Jahre 1960 zur Agitation unter den Bauern zur Gründung von LPGs. Die ebenfalls im April 1948 gegründete National-Demokratische Partei Deutschlands sollte die ehemaligen kleineren Nationalsozialisten aufnehmen, auch den Mittelstand zum Bündnis mit der Arbeiterschaft (SED) führen und sich für die Einheit Deutschlands einsetzen. Die Identität von Staat und SED in den Spitzengremien beließ diesen vier Parteien aber keinen selbständigen Einfluß.

Vom Ersten Weltkrieg zur Weltwirtschaftskrise

Hier sind *vier Phasen* zu unterscheiden:

- Die Organisation und Beeinflussung von Wirtschaft und Gesellschaft *im Kriege.*
- Die wirtschaftlichen und gesellschaftlichen Probleme in den *ersten Nachkriegsjahren (Inflationszeit).*
- Die wirtschaftliche Entwicklung *nach der Lösung der Währungsprobleme.*
- *Die Weltwirtschaftskrise.*

1. Der Erste Weltkrieg

a) Die wirtschaftlichen (und politischen) Kriegsziele

Wenn auch ein Teil der wirtschaftlich relevanten Kriegszielformulierungen auf beiden kriegführenden Seiten erst während des Krieges selbst vorgenommen wurde, so stehen diese doch zum überwiegenden Teil in unmittelbarem Zusammenhang mit dem Beginn des Ersten Weltkrieges und vor allem mit den zu diesem Kriegsbeginn führenden Überlegungen und Verhaltensweisen. In den *Kriegszielen* drückte sich die geistige Haltung der einflußreichen Politiker und Wirtschaftsführer *der kriegführenden Staaten* aus.

Die *Vielfalt der Pläne* und Vorstellungen bei den wichtigsten kriegführenden Regierungen und Völkern läßt sich auf folgende *Grundlinien* reduzieren:

- *Frankreich:* Elsaß-Lothringen und das Saargebiet sollten französisch werden; das Rheinland, möglichst einschließlich des Ruhrgebietes, sollte vom übrigen Deutschland abgetrennt werden und unter den politischen Einfluß Frankreichs kommen.
- *Rußland:* Die Meerenge zwischen Mittel- und Schwarzem Meer sollte russisch werden, mindestens aber unter direkten russischen Einfluß kommen. Der Balkan, einschließlich der einzelnen Völker der Donaumonarchie, sollte von Rußland abhängig werden. Die

Zerschlagung der deutschen Militärmacht und das dadurch entstehende Machtvakuum in Mitteleuropa wurde als Voraussetzung für eine Ausbreitung der russischen Macht in Osteuropa, insbesondere auf dem Balkan angesehen (Panslawismus).

- *Österreich-Ungarn:* Die Beherrschung Serbiens und anderer Balkanstaaten sollte die Hauptquelle der (separatistischen) Beeinflussung der slawischen Bevölkerungsteile der Doppelmonarchie beseitigen.
- *England*: (1) Die Entmachtung des wichtigsten Konkurrenten im Handel mit Industrieprodukten, in der Stärke der Flotte und im Koloniebereich. (2) Entscheidend war aber wohl die Befürchtung, daß die Machtgruppierung Deutschland mit Österreich-Ungarn stärker schien als die französisch-russische, so daß im Falle eines deutschen Sieges Europa von Deutschland beherrscht werden würde (vgl. dazu die deutschen Kriegsziele).
- *Deutschland:* (1) Ausdehnung des unmittelbaren Machtbereiches bis hin zu den östlichen Grenzen der baltischen Provinzen Rußlands und zum belgisch-französischen Industriegebiet. (2) Ergänzung durch die Herrschaft über weitere Gebiete, z. T. in Form von Zollanschlüssen (z. B. Mitteleuropa-Plan des Kanzlers v. Bethmann-Hollweg mit Anschluß auch der Niederlande, Dänemarks, evtl. auch Italiens, Norwegens und Schwedens, d. h. auch neutraler Staaten). (3) Ergänzung dieses europäischen Machtbereiches durch ein umfangreiches Kolonialreich (dadurch Schwächung auch des englischen Kolonialreiches; zugleich Trennung Indiens von England, da Indien als entscheidende Grundlage für Englands Reichtum angesehen wurde). Mit welchem Ernst die Hegemonialbestrebungen betrieben werden sollten, zeigten 1918 die Friedensverträge von Brest-Litowsk mit Rußland und von Bukarest mit Rumänien.

Kernpunkte der französischen und der deutschen Kriegsziele waren:

- *Territoriale Erweiterungen.*
- *Wirtschaftliche Schwächung des* jeweiligen *Gegners.* Diese beiden Punkte sollten der Etablierung einer absoluten Machtstellung dienen, d. h. einer Machtstellung, die in ihren Entscheidungen

und ihrem Handeln keine Rücksicht auf ein anderes Land, auf eine andere Nation zu nehmen braucht.

- Hinzu kam die Forderung, daß *die unterlegene Macht* die *Kriegskosten zu tragen* habe. (Wichtig für die Organisation der Kriegsfinanzierung in beiden Ländern und für das nach 1918 die internationalen Beziehungen zwischen den ehemaligen kriegführenden Staaten bestimmende Reparationsproblem.)

Diese Vorstellungen vor allem in Deutschland und in Frankreich erinnern an ein Wort Bismarcks: „Also das wäre auf der einen Seite wie auf der anderen Seite das gleiche Bestreben; jeder würde versuchen de saigner à blanc . . . , das heißt (den Besiegten) so lange zur Ader lassen, bis die Blutleere eintritt, damit der niedergeworfene Feind nicht wieder auf die Beine kommt und in den nächsten dreißig Jahren nicht wieder an die Möglichkeit denken kann, sich dem Sieger gegenüberzustellen" (Rede vor dem Reichstag am 11. Januar 1887).

Innerhalb aller Länder gab es jedoch *sehr unterschiedliche Meinungen* über die Kriegsziele, die sich zudem mit der militärischen Lage im Kriege fortwährend wandelten. Vom jeweiligen Gegner wurde allerdings nur die härteste Ansicht zur Kenntnis genommen, wodurch Friedensbemühungen aussichtslos erschienen.

Im Prinzip läßt sich *unter wirtschafts- und sozialgeschichtlichen Gesichtspunkten* aus den zahlreichen Kriegszielen ein Aspekt besonders hervorheben:

Die *Reduzierung der wirtschaftlichen* (und der untrennbar damit verbundenen politischen) *Macht des Gegners* unter gleichzeitiger Ausfüllung des dadurch entstehenden Freiraumes mit eigenen Machtpositionen. Man kann hierin die konsequente (und nicht positiv zu beurteilende) Fortsetzung des liberalen Wettbewerbs in einem für diesen Wettbewerb absolut ungeeigneten Bereich sehen.

Beachtet man diese Gesamtsituation in den Beziehungen zwischen den wichtigsten europäischen Großmächten vor dem Ersten Weltkrieg, dann läßt sich *zur Frage der Kriegsschuld* sagen:

- Eine *Alleinschuld eines Landes* ist *nicht* nachweisbar.
- *Ein bloßes „Hineinschlittern"*, wie häufig behauptet wird, ist zwar für die moralische Entlastung der verantwortlichen Politiker der fünf europäischen Großmächte günstig (vgl. Lloyd George), ent-

spricht aber *nicht* der tatsächlichen Haltung der Verantwortlichen (vielleicht mit Ausnahme des englischen Außenministers Sir Edward Grey).

- Es wurde *im Gegenteil* eine *Steigerung der Konfliktsituationen* von fast allen Seiten *bewußt in Kauf genommen*, wenn nicht sogar noch gefördert, um so schnell die eigenen Ziele verwirklichen zu können, bevor der potentielle Gegner sich voll aufrüsten konnte.

Man wird sicher davon ausgehen können, daß die Machtausdehnungspolitik den *Ausbruch eines Weltkrieges* bewußt (im Sinne eines *bedingten Vorsatzes,* dolus eventualis) in Kauf nahm, wenn nicht sogar bei einigen Verantwortlichen der *unbedingte Vorsatz* bestanden hat. Erklärlich ist dies nur durch folgende Momente:

- Auf Grund der verschiedenen Konfliktstoffe (vgl. dazu die Kriegsziele) zwischen den Großmächten war die *Gesamtsituation völlig verkrampft.*
- *Es fehlte die erforderliche Bereitschaft,* diese Probleme auf friedliche Weise zu lösen.

Das Ergebnis des Ersten Weltkrieges hat gezeigt, daß verständlicherweise kein Staat seine Kriegsziele erreichen konnte. Die allgemeine Schwächung durch den Krieg und die Beeinträchtigung des Welthandels bis hin zur Weltwirtschaftskrise haben auch die „Sieger" erheblich geschwächt und ihre gesellschaftlichen Strukturen geändert.

b) Die Organisation der Kriegswirtschaft

Der *Erste Weltkrieg* war der erste Krieg *zwischen* weitgehend *industrialisierten Ländern* (Deutschland, England, Frankreich und später USA). Das wirtschaftliche Potential wurde neben anderen Faktoren mitentscheidend für den Ausgang des Krieges (*Materialschlachten*). *Für Deutschland* traten dabei folgende Probleme besonders in den Vordergrund:

- Die Ausstattung mit *Arbeitskräften* zur Aufrechterhaltung der Produktion allgemein und zur Ausdehnung der Kriegsmaterialproduktion im besonderen. (Anstieg der Einberufungen zum Militärdienst von 0,9 Mill. in Friedenszeiten über 2 Mill. am Anfang des Krieges auf etwa 10 Mill. am Ende des Krieges.)

- Die *Ernährung* der Arbeitskräfte, der Soldaten und der übrigen Bevölkerungsteile. (1913 wurden etwa 20 v.H. der im Inland verbrauchten Nahrungsmittel eingeführt.)
- Die Versorgung der Wirtschaft mit den für die Produktion von kriegs- und lebenswichtigen Gütern erforderlichen *Rohstoffen*. Die Einfuhr bestand vor 1914 zu mehr als 40 v.H. aus Rohstoffen, dazu 15 v.H. Halbwaren und 27 v.H. Nahrungsgüter.
- Die Ausdehnung und Straffung der *Produktionskapazitäten für Kriegszwecke*. (Der Bedarf an Sachgütern für militärische Zwecke lag bei insgesamt etwa 115 Mrd. Mark in der Zeit von 1914 bis 1918, d. h. bei etwa einem Drittel der gesamten volkswirtschaftlichen Produktion, in Preisen von 1913.)
- Die *Finanzierung der Kriegsausgaben* durch den Staat in Höhe von etwa 164 Mrd. Mark.
- Die Verringerung des Angebotes an Gütern des zivilen Bedarfes bei einer Ausdehnung der Einnahmen der privaten Haushalte führte zu einem starken *Preisanstieg*.

Die staatliche *Wirtschaftspolitik war* mehr und mehr auf die *Sicherstellung der Versorgung* mit Nahrungsmitteln und Kriegsgütern ausgerichtet. Dazu mußten nach und nach immer weitere Teile der Wirtschaft in die *Planung* (Rohstoffversorgung, Produktionsvolumen, Absatz) einbezogen werden. Diese Organisation der Wirtschaft wurde von den Sozialisten teilweise als „*Kriegssozialismus*" bezeichnet (z. B. Alexander Helphand), *von Lenin* als bis dahin weitestgehender Versuch der Reglementierung der Wirtschaft am 11. März 1918 unter dem Gesichtspunkt des Aufbaues einer *sozialistischen Wirtschaft in Rußland* analysiert. Die weitgehend *selbstverantwortliche Beteiligung der Wirtschaftsvereinigungen* (Kartelle, Syndikate, Verbände) an dieser Reglementierung und Steuerung war ein wichtiges Mittel, um den *Verwaltungsapparat* und damit die Schwerfälligkeit des Systems *nicht zu sehr anwachsen* zu lassen. Zugleich wurde *aber dadurch* auch die Tendenz zur Durchsetzung *höherer Preise* (und damit die inflationäre Entwicklung) begünstigt, aber auch die Bereitschaft zur Mitwirkung gefördert.

Die Organisation des Arbeitsmarktes

Die wichtigsten *Vorgänge auf dem Arbeitsmarkt* waren:

- *Am Anfang des Krieges* trat in einigen Wirtschaftszweigen *Arbeitslosigkeit* auf. Zu deren Behebung wurde im August 1914 eine „Reichszentrale für den Arbeitsnachweis" eingerichtet, zumal da die Einberufungen in zahlreichen Wirtschaftszweigen einen Mangel an Arbeitskräften bewirkt hatten (Umlenkung der vorhandenen Arbeitskräfte).
- Die *Einberufungen reduzierten* die *Arbeitskräftezahl* erheblich. Bei den Streitkräften dienten:

1913 bis Juli 1914	:	0,9 Mill. Männer
Ende August 1914	:	2,8 Mill. Männer
Dezember 1914	:	5,0 Mill. Männer
November 1918	:	10,0 Mill. Männer

  Darüber hinaus waren bis zum Kriegsende

  1,8 Mill. Soldaten gefallen, 1 Mill. in Kriegsgefangenschaft und 4,3 Mill. Soldaten verwundet.

  Von den Verwundeten waren 0,7 Mill. so stark verletzt, daß sie nicht mehr arbeitsfähig waren.

  Bei insgesamt etwa 22 Mill. männlichen Einwohnern von mehr als 16 Jahren waren damit vom Ende des Jahres 1914 bis zum November 1918 ansteigend *23 bis 61 v.H.* dieser wichtigsten Arbeitskräftegruppe für die Wirtschaft nicht mehr verfügbar. Die Freistellung von Fachkräften überschritt zeitweise 1 Mill.
- Die *Zahl der weiblichen Arbeitskräfte stieg* im Ersten Weltkrieg erheblich an:

1913	10,8 Mill. von insgesamt 31 Mill. Arbeitskräften	=	35 v.H.
1918	16 Mill. von 29 Mill. Arbeitskräften	=	55 v.H.

- Der *Ausgleich* der Arbeitskräftereduzierung infolge der *Einberufungen* wurde im wesentlichen bewirkt:
  - durch die Mehrbeschäftigung *weiblicher Arbeitskräfte* (5 Mill.),
  - durch den Einsatz von *Kriegsgefangenen* (0,9 von 2,5 Mill.),

  - durch den Einsatz *ausländischer Zivilarbeiter* (0,36 Mill. zusätzlich),
  - durch die *Verringerung der in der Ausbildung befindlichen Personen* (Studenten usw.) und der Ruheständler.
- Mit dem *Hilfsdienstgesetz vom Dezember 1916* wurde erreicht:
  - Die *Umsetzung von Arbeitskräften* in kriegswichtige Industrien aus unterbeschäftigten Wirtschaftsbranchen (z. B. Textilherstellung).
  - Die *Verpflichtung* bisher *nicht beschäftigter Personen*, vor allem von Frauen.
- An den Arbeitsplätzen trat zugleich eine *Beruhigung des Betriebsklimas* ein:
  - Durch einen *„Burgfrieden" zwischen den Arbeitgebern und den Arbeitnehmern* wurden Lohnerhöhungen möglich, da diese bequem über die Preise – nicht nur bei Rüstungsgütern – abgewälzt werden konnten.
  - Durch die *Schaffung von Arbeiterausschüssen* in Betrieben mit mehr als 50 Beschäftigten.
  - Durch die Einrichtung von *Schlichtungsausschüssen* zur Beilegung von Arbeitsstreitigkeiten.
- *Trotzdem* traten *seit 1917* unter den Arbeitern *Unruhen* auf. Sie wurden in erster Linie hervorgerufen durch:
  - die schlechter werdende *Versorgungslage*, vor allem mit Nahrungsmitteln,
  - die lange *Dauer des Krieges*, dessen Sinn immer weniger erkennbar war.

  1918 kam es zu insgesamt 772 Streiks, davon 531 Lohnkämpfe und 241 politische Streiks; vor allem der Munitionsarbeiterstreik vom Januar 1918 ist hier zu nennen.

Die Versorgung mit Nahrungsmitteln

Die *Versorgung mit Nahrungsmitteln* wurde insbesondere durch die seit dem 2. November 1914 verhängte und – weil auch Schiffe neutraler Länder betreffend – völkerrechtswidrige *Blockade* beeinträchtigt. Schon die englische Proklamation vom 5. August 1914 hatte den Abbruch der Nahrungsmittel- (und Rohstoff-)Einfuhren bedeutet.

Seit etwa 1865/75 war Deutschland zu einem Agrareinfuhrland geworden. Die dadurch entstandenen Abhängigkeiten von der weltpolitischen Lage im allgemeinen und von den Agrarausfuhrländern im besonderen waren in den letzten 25 Jahren vor dem Ersten Weltkrieg unter dem Stichwort Agrarstaat/Industriestaat diskutiert worden. Folgende Zahlen zeigen diese *Abhängigkeit von Einfuhren*:

- Die Nahrungsmitteleinfuhr nahm mit 3,1 Mrd. Mark jährlich etwa 27 v.H. der gesamten Einfuhr ein.
- Der inländische Verbrauch an Getreide (Roggen, Weizen, Gerste, Hafer) betrug 30 Mill. t jährlich. Davon wurden in Friedenszeiten etwa 7 Mill. t eingeführt (= 23 v.H.).
- Die jährliche Einfuhr an Ölfrüchten (1,8 Mill. t) befriedigte etwa 40 v.H. des inländischen Fettbedarfes.
- Die Versorgung mit tierischen Produkten war zu etwa 35 v.H. indirekt (Futtermitteleinfuhr) oder direkt von Einfuhren abhängig.
- Der jährliche Fehlbedarf bei allen Nahrungsmitteln lag, gemessen am Kaloriengehalt, durchschnittlich bei etwa 20 v.H., so daß bei fehlender Vorratshaltung ein längerer Krieg nicht durchgehalten werden konnte.

Die durch den Rückgang der Nahrungsmitteleinfuhr bewirkte *Knappheit* wurde noch *verstärkt* durch:

- eine Verringerung der inländischen Produktion und
- eine gerade in den ersten Kriegsmonaten versäumte Vorratshaltung. (Man rechnete nicht mit einem längeren Krieg.)

Der *Rückgang der inländischen Produktion* erfolgte

- *bei tierischen Produkten*
  - aufgrund der Verminderung der Futtermitteleinfuhren und
  - durch eine weitgehende Verwendung der inländischen Futtermittel direkt zur menschlichen Ernährung (z. B. Kartoffeln, Steckrüben). Man wollte so die Kalorienverluste bei einer Verwertung über den Tiermagen vermeiden. Hierzu gehört auch die Verringerung des Schweinebestandes um etwa 9 Mill. Stück (= 35 v.H.) im Jahre 1915 („Schweinemord“).

Insgesamt ging die tierische Produktion um ungefähr 60 bis 65 v.H. zurück. Die Folge war Eiweißmangel sowie eine Vergrößerung der Fettlücke.

- Die *pflanzliche Produktion* verringerte sich um etwa 20 bis 30 v.H., je nach Ernteausfall in den einzelnen Kriegsjahren (z. B. kann man die Ernte des Jahres 1916 fast als Mißernte bezeichnen). Hervorgerufen wurden die geringeren Erträge durch
  - eine verringerte Dungversorgung (Handelsdünger wurde knapp und der Naturdunganfall verminderte sich aufgrund der Verkleinerung des Viehbestandes),
  - die Einberufung von Menschen und das Einziehen von Pferden zu den Streitkräften (Verschlechterung der Bodenbearbeitung, Nichteinhaltung der optimalen Saat- und Erntezeiten usw.).

  Auch der Anstieg der Agrarpreise konnte keinen Anreiz zur Ertragssteigerung geben, zumal da bei allgemein steigendem Preisniveau und verknapptem Güterangebot die zusätzlichen Einnahmen nicht sinnvoll verwendet werden konnten.

Abbildung 9 verdeutlicht die Verminderung des inländischen Nahrungsmittelangebotes. Die Versorgungsmöglichkeiten sanken demnach auf etwa 55 v.H. des Standes von vor 1914, d. h. auf fast die Hälfte.

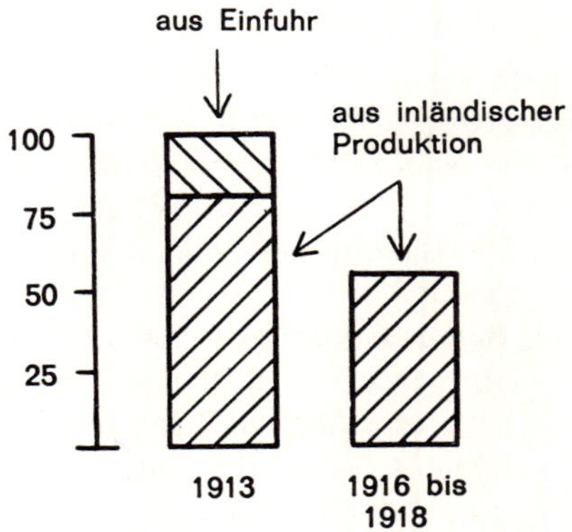

Abb. 9: Versorgung der deutschen Bevölkerung im Ersten Weltkrieg mit Nahrungsmitteln (1913 = 100)

Die Verteilung der Nahrungsmittel

Nach und nach erfolgte auch eine Planung der Verteilung der Nahrungsmittel:

- 1915 wurde das Getreide rationiert (Brotkarten; Kartoffelkarte ab 1917, aber auch hier Beschränkungen bereits ab 1915).
- 1916 folgte die Fleischkarte.

Im Prinzip bestand *seit Ende 1914 eine Fülle an Einzelanordnungen* für fast alle Nahrungsmittel. Ernteerwartungen, Vorratsschwankungen und sporadische Käufe der Bevölkerung verwirrten die Gesetzesmaschinerie ebenso wie die Wechsellagen an der Front. Alle Einrichtungen auf Reichs-, Landes- und Gemeindeebene wurden durch Verordnung vom 22. Mai *1916* schließlich in einem *Kriegsernährungsamt* zusammengefaßt.

Ziel der Bewirtschaftung wurde es schließlich, die Versorgung der Bevölkerung mit etwa *1.000 bis 1.200 Kalorien* pro Person täglich sicherzustellen (*bei mehr als 2.300 Kalorien* tatsächlichem Verbrauch *vor 1914*). Da diese Ernährung aber nicht ausreichte

- wurden *Sonderregelungen* für Soldaten, für Schwer- und Rüstungsarbeiter geschaffen,
- entstand daneben ein *schwarzer Markt* für Nahrungsmittel und
- nutzte ein Teil der städtischen Bevölkerung die noch vorhandenen (verwandtschaftlichen) *Beziehungen zum Lande* aus.

Im Ergebnis konnte aber *in den letzten beiden Kriegsjahren* die *Nahrungsmittelversorgung nicht mehr* als *gesichert* bezeichnet werden. Am meisten haben hierzu anscheinend die Ernteausfälle bei den Kartoffeln beigetragen, da diese Frucht ein wichtiger Kalorienlieferant für die menschliche und für die tierische Ernährung war:

Kartoffelernteerträge in Mill. t

1913	=	54	
1914	=	50	(= 93 v.H. von 1913)
1915	=	54	(= 100 v.H.)
1916	=	25	(= 46 v.H.)
1917	=	34	(= 63 v.H.)
1918	=	30	(= 55 v.H.)

Da die Erträge beim Getreide nicht so stark schwankten wie bei der Kartoffel (1916 wurden 76 v.H. der Friedensgetreidemenge geerntet), kann man aus der *Parallelität der Kartoffelernte und der Versorgung der Bevölkerung* mit Nahrungsmitteln die Schlüsselstellung dieser Frucht ablesen. Wären sämtliche Kartoffeln (mit Ausnahme der für die Saat erforderlichen Mengen) für die menschliche Ernährung verwendet worden, dann hätten daraus pro Person und Tag in den einzelnen Jahren zur Verfügung gestanden:

1913	=	2.000	Kalorien
1914	=	1.860	Kalorien
1915	=	2.000	Kalorien
1916	=	930	Kalorien
1917	=	1.270	Kalorien
1918	=	1.120	Kalorien

Man kann die *Kartoffelversorgung* als einen *Indikator der Kalorienversorgung* im Ersten Weltkrieg bezeichnen.
Die Bevölkerungsverluste infolge der schlechten Ernährung werden auf insgesamt mehr als 0,5 Mill. geschätzt.

Die Rohstoffversorgung

Die umfangreiche *Industrialisierung Deutschlands* in den letzten Jahrzehnten vor dem Ersten Weltkrieg hatte steigende Nahrungsmitteleinfuhren erforderlich gemacht. Wegen der Armut an einheimischen Rohstoffen, insbesondere Bodenschätzen (mit Ausnahme von Stein- und Braunkohle, von Kali und Zink), und wegen der Unmöglichkeit, tropische Gewächse zu wirtschaftlich rentablen Bedingungen anzubauen oder zu ersetzen (Sisal, Baumwolle, Kautschuk, Ölpflanzen usw.), war ebenfalls eine starke *Abhängigkeit* der deutschen Industrie *von Rohstoffeinfuhren* entstanden. Mit 5,1 Mrd. Mark waren *44 v.H. aller Einfuhren* des letzten Vorkriegsjahres Rohstoffzufuhren. Zum Teil wurden diese Einfuhren noch durch bereits bearbeitete Vorprodukte, sog. Halbwaren, im Werte von 1,8 Mrd. Mark (= 15 v.H. der Einfuhren) ergänzt.

Wie bei den Nahrungsmittelzufuhren trat *auch hier* durch die englische *Blockade* eine Unterbrechung der Lieferungen ein. Im wesentlichen wurden lediglich die Ein- und Ausfuhren aus und nach den skandinavischen und den Balkanländern aufrechterhalten (weniger als 20 v.H. des Vorkriegshandels, einschl. Österreich-Ungarns). *Maßnahmen zur Bewältigung* der dadurch entstandenen Probleme waren:

- Eine *allgemeine Erfassung und Lenkung* von Erzeugung und Verarbeitung der Rohstoffe durch die auf Anregung Walter Rathenaus 1914 errichtete „Kriegsrohstoffabteilung".
- *Ausbeutung unrentabler Vorkommen* an Bodenschätzen (Erzgruben von der Eifel bis zum Erzgebirge, d. h. im Mittelgebirgsgürtel; Phosphorfunde bei Limburg).
- *Einsatz von Ersatzstoffen*, z. B. von Blei und Zink statt Zinn, später auch von Aluminium statt anderer Metalle. Künstliche Ersatzstoffe: Kunstkautschuk, Stickstoff aus der Luft u.a.m.
- *Sammlung von Gebrauchsgegenständen* als Rohmaterial für die Rüstungsindustrie (z. B. Glocken, Eisengitter).
- *Seit 1916* wurden *Wirtschaftspläne* aufgestellt, um auch kurzfristige Engpässe zu vermeiden (Teil des sog. Hindenburgprogramms).

Die gewerblichen Produktionskapazitäten

Die *Produktionskapazitäten* und damit die Produktionsstruktur der gesamten Wirtschaft und insbesondere des Gewerbes wurden vor allem durch folgende Einflüsse *geändert*:

- Die *Rüstungsindustrie wurde bevorzugt* und durch bisher für den zivilen Bedarf arbeitende Betriebe ergänzt.
- Die *Rohstoffknappheit beeinträchtigte* vor allem die *Textilindustrie*.
- Die *Verringerung der Ausfuhr* industrieller Halb- und Fertigwaren *brachte* einige überwiegend *auf den Export ausgerichtete Betriebe in Schwierigkeiten*. Immerhin waren mit etwa 8 Mrd. Mark in den letzten Vorkriegsjahren etwa 15 v.H. des Produktionswertes aus Bergbau, Industrie und Handwerk exportiert worden.
- Infolge der Kriegsereignisse und des fehlenden Warenangebotes *unterlassene Ersatzinvestitionen* (Kapitalverzehr) *reduzierten die Produktionskapazitäten* in einigen Wirtschaftszweigen.
- Die *Schaffung neuer Produktionszweige*, z. B. für die Herstellung

von Ersatzstoffen (Aluminium, Stickstoffgewinnung usw.) sorgte für Strukturänderungen.

Durch die enge Verflechtung zwischen den einzelnen Produktionszweigen (Zulieferern, Ausstattern usw.) waren die Einflüsse sehr unterschiedlich und vielschichtig, so daß eine *eindeutige Strukturänderung nicht* exakt *nachgewiesen* werden kann. *Im Grundzug* kann man aber davon ausgehen, daß folgende *zwei Tendenzen* überwogen:

- Die *Rüstungsindustrie* und die als solche jetzt umgewandelte bisherige sonstige Industrie hatten *zunächst* einen *Rückgang* des Produktionsvolumens bis 1915 zu verzeichnen (Roheisenproduktion : 1913 = 16,7 Mill. t; 1914 = 14,4 Mill. t; 1915 = 11,8 Mill. t; 1916 = 13,3 Mill. t; 1917 = 13,1 Mill. t; 1918 = 12,9 Mill. t).
- Der Übergang zu einer *verbesserten Planung* (bis hin zum sog. Hindenburgprogramm) führte dann *ab 1916* zu einem vermehrten Ausstoß.

  Hierbei sind zu unterscheiden:
  - *Kriegsverbrauchsgüter* (Munition) mit starkem ständigen *Anstieg.*
  - *Kriegsgebrauchsgüter* (Waffen, Kleidung usw.) mit *zeitweisem Rückgang* der Produktion, da die Heeresverwaltungen die Magazinbestände abbauten.
- Andere, *nicht* in die *Rüstungsproduktion* einbezogene Industriezweige hatten einen durchschnittlichen *Rückgang auf etwa die Hälfte* der Friedensproduktion zu verzeichnen. Einige Gewerbezweige, wie z. B. der Wohnungsbau, versiegten fast vollständig.

Während die Jahre 1915 und 1916 ein etwa gleich hohes Niveau der Kriegsgüterproduktion zeigten, führten die Anstrengungen seit 1916 zu einem erheblichen Anstieg (vgl. die Sachgüterausgaben in Tabelle 2, S.47).

Die Finanzierung des Krieges

Der *Finanzbedarf* des Deutschen Reiches stieg im Ersten Weltkrieg wie in allen kriegführenden Staaten ins *Unermeßliche.* Die eigentlichen Kriegskosten vom August 1914 bis zum Dezember 1918 sind in Tabelle 1 zusammengefaßt.

Tabelle 1: Kriegskosten des Deutschen Reiches von 1914 bis 1918

Kriegsjahr	Kriegsausgaben in Mrd. Mark	Kriegsschuldendienst in Mrd. Mark	Insgesamt in Mrd. Mark
1914	7	0,2	7,2
1915	23	1,1	24,1
1916	27	2,3	29,3
1917	40	4,2	44,2
1918	50	9,2	59,2
Insgesamt	147	17,0	164,0

Die Angaben in der Literatur weichen zum Teil sehr stark voneinander ab, so daß auch die hier zusammengefaßten Zahlen nur die Größenordnung der Ausgaben des Deutschen Reiches angeben können und sollen. Weitere, aber wesentlich geringere Beträge waren noch von den Ländern und von den Gemeinden aufzubringen, insbesondere zur Versorgung von Angehörigen und Hinterbliebenen der Soldaten.

Die *Gesamtbelastung* der Volkswirtschaft *durch die Kriegsausgaben* wird erst deutlich, wenn man sie *mit anderen volkswirtschaftlichen Größen vergleicht*:

- Das *Volkseinkommen* betrug 1913 48 Mrd. Mark.
- Die *Reichsausgaben* lagen im letzten Friedensjahr bei zusammen 3,5 Mrd. Mark, davon 1,8 Mrd. Mark für die Streitmacht und 1,7 Mrd. Mark für zivile Zwecke (ordentlicher und außerordentlicher Haushalt).

Im Prinzip war bereits *mit Ablauf des Jahres 1915* ein Schuldenstand erreicht, der mit Mitteln des ordentlichen Haushaltes auch bei größter Anstrengung nicht mehr bewältigt werden konnte. *Der Schuldendienst verstärkte die Verschuldung!*

Die *Deckung des Bedarfes* in Höhe von etwa 164 Mrd. Mark erfolgte *aus folgenden Quellen*:

- 97 Mrd. Mark wurden durch neun *Kriegsanleihen* aufgebracht. Die Finanzierungstechnik bestand darin, daß halbjährlich (März und September) die kurzfristigen Finanzierungsmittel (hauptsächlich Schatzwechsel) in langfristige (d. h. in Anleihen) umgewandelt wurden. Abbildung 10 zeigt aber, daß mit Fortschreiten des Krieges auch die sog. schwebende (kurzfristige) Schuld immer mehr zunahm. Der Umfang der Zinsleistungen für die Anleihen war bereits ab 1916 so hoch, daß man die Anleihen nur noch formell als „fundierte" Schulden bezeichnen konnte. Die Liquidität, d. h. die laufenden Einnahmen des Reiches reichten für eine Sicherstellung (= Fundierung) des Schuldendienstes und damit der Schuld nicht mehr aus.

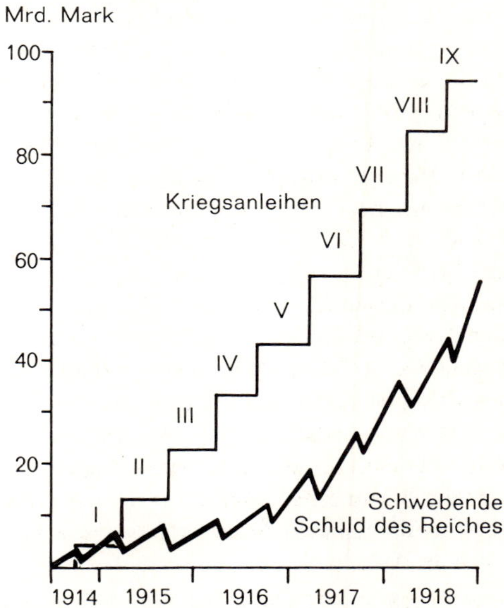

Abb. 10: Entwicklung der „fundierten" und der „schwebenden" Schuld des Deutschen Reiches im Ersten Weltkrieg

– 57 Mrd. Mark kamen durch Schatzwechsel, Schatzanweisungen und andere *kurzfristige Schuldtitel* in die Reichskassen, ohne durch Anleihemittel abgelöst zu werden. Seit 1916 wurde offensichtlich von der ursprünglichen Technik einer weitgehenden Umwandlung der kurzfristigen Schulden in langfristige abgegangen.

- Etwa 10 Mrd. Mark wurden durch die ab 1916 beginnende Änderung der *Steuerpolitik* über die normalen Steuereinnahmen hinaus aufgebracht:
  - 7,2 Mrd. Mark durch die Kriegsabgaben von 1916 bis 1918.
  - 2,3 Mrd. Mark durch Erhöhung (Tabak) und Neueinführung (Kohlen) von Verbrauchssteuern.
  - Etwa 2 Mrd. Mark aus Stempelabgaben, Umsatzsteuern, Besitzsteuern, Postabgaben usw.

  Dadurch wurde die durch den Krieg eingetretene Verminderung der ordentlichen Einnahmen ausgeglichen. Diese Verminderung war vor allem durch etwa 1,2 Mrd. Mark Zolleinnahmeausfälle (Blockade, Rückgang des Außenhandels) hervorgerufen worden.

  Nach Ansicht Karl *Helfferichs* (Staatssekretär im Reichsschatzamt, ab 1916 im Reichsamt des Inneren) sollte der *Schuldendienst durch Steuererhöhungen* aus dem ordentlichen Haushalt völlig *gedeckt* werden (Fundierung der Schuld). Dieses Ziel wurde 1917 und 1918 nicht mehr erreicht und war wohl bei der Schuldenhöhe auch nicht mehr erreichbar.

  Mit Hilfe der genannten *Steuermehreinnahmen* wurden etwa *6 v.H.* aller Kriegsausgaben *in Deutschland* finanziert; *in Frankreich*, wo man wie in Deutschland davon ausging, daß der Unterlegene den Krieg bezahlen sollte, war der Steueranteil mit *2 v.H.* ebenfalls sehr niedrig (dazu 20 v.H. Kredite Englands und der USA), während man *in England* die Steuerschraube erheblich anzog und dadurch immerhin etwa *20 v.H.* aller Kriegsausgaben über Steuermehreinnahmen finanzierte (weitere 10 v.H. kamen aus den USA als Anleihen).

Man kann wohl davon ausgehen, daß die Verantwortlichen auf beiden Seiten zunächst weder die Dauer noch die Kosten des Krieges auch nur annähernd übersehen haben. Immerhin gehen Schätzungen davon aus, daß die Kosten des Ersten Weltkrieges bei allen kriegführenden Staaten mindestens 750 Mrd. Mark direkt und 600 Mrd. Mark indirekt, zusammen also 1.350 Mrd. Mark betragen haben.

Die USA und England haben dabei erheblich zur Finanzierung der Kriegsführung aller Alliierten, d. h. aller Kriegsgegner der Mittelmächte beigetragen. Eine Übersicht gibt die Grundstruktur dieser

Kapital- und Schuldverflechtungen wieder (vgl. Abbildung 11) und damit zugleich aber auch ein wichtiges Problem der Nachkriegszeit. Die Schulden zwischen den Alliierten aus dem Kriege standen in engem Zusammenhang mit den Reparationsforderungen.

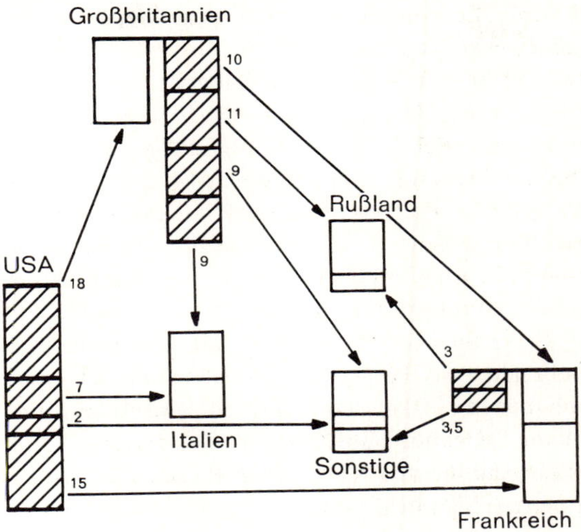

Abb. 11: Zwischenstaatliche Darlehen zwischen den Kriegsgegnern der Mittelmächte von 1914 bis 1918 in Mrd. Mark

Die Geld- und Preisverhältnisse

Die Geld- und Währungsprobleme in Deutschland waren zunächst durch eine starke *Ausdehnung des Geldvolumens* gekennzeichnet:

- Die *Menge* des im Umlauf befindlichen *Bargeldes* stieg von Mitte 1914 bis Ende 1918 von 7 auf fast 30 Mrd. Mark. Im einzelnen verteilte sich dies auf die Geldarten folgendermaßen:
  - Noten der Reichsbank : 1. 8. 1914 = 2,9 Mrd. Mark.
1. 12. 1918 = 18,6 Mrd. Mark.
  - Noten der Privatbanken : 0,2 und 0,3 Mrd. Mark.
  - Münzen : 3,7 und 0,2 Mrd. Mark (Der erhebliche Rückgang wurde vor allem durch das Einziehen der Goldmünzen bewirkt).

  - Darlehnskassenscheine : 0,0 und 9,9 Mrd. Mark. (Am Ende des Krieges befanden sich außerdem für 4,0 Mrd. Mark Darlehnskassenscheine in den Tresoren der Reichsbank.)
  - Reichskassenscheine : 0,2 und 0,4 Mrd. Mark.

  Die Einziehung der Goldmünzen hatte den Goldbestand der Reichsbank von 1,5 Mrd. Mark am 1. 8. 1914 auf 2,6 Mrd. Mark am 1.11.1918 erhöht.
- Auch die *Buchgeldmenge* stieg in dieser Zeit erheblich an. Die Guthaben bei der Reichsbank, bei den Postscheckämtern und bei den übrigen Banken betrugen Mitte 1914 6,4 Mrd. Mark und am 1.12.1918 etwas über 30 Mrd. Mark. (Die hierin nicht enthaltenen Nostroguthaben – Guthaben von Banken bei Banken – stiegen von etwa 1 Mrd. auf 3 Mrd. Mark.) Zu dieser *Ausdehnung des Buchgeldes* hatte stark *beigetragen*:
  - Die *Förderung des bargeldlosen Zahlungsverkehrs* durch die Reichsbank. So konnte die Ausdehnung der umlaufenden Notenmenge verlangsamt werden und damit die Dritteldeckung (Relation Goldbestand und anderer gleichwertiger Deckungsmittel zu ausgegebenen Banknoten) bis 1916 erhalten werden (Goldwährung).
  - Die vermehrte Ansammlung der *Kriegsgewinne auf den Bankkonten* und der infolge der Warenknappheit nicht verwendbaren sonstigen Einkommen *erhöhte die Einlagen bei den Banken.*

Hinzu kamen noch folgende *Geldbeschaffungsmöglichkeiten*:
- Bis 1918 waren für 28 Mrd. Mark *Schatzanweisungen* und andere kurzfristige Schuldtitel des Reiches mit einer maximalen Laufzeit von drei Monaten von der Reichsbank abgegeben worden, die jederzeit wieder von ihren Inhabern der Reichsbank gegen eine entsprechende Gutschrift vorgelegt werden konnten.
- Die *Kriegsanleihepapiere* konnten gegen Kreditgewährung (Lombardkredite) *den Darlehnskassen vorgelegt* werden und damit weiteres Buchgeld in Höhe von rein rechnerisch mehr als 80 Mrd. Mark schaffen. Die Darlehenskassen waren im August 1914 nach dem Vorbild entsprechender Einrichtungen aus den

Jahren 1848, 1866 und 1870 gegründet worden. Sie gaben der Wirtschaft, den Ländern und den Kommunalverbänden Kredite gegen Sicherheit (Wertpapiere, insbesondere auch Reichsanleihen). Das Kreditvolumen dieser Kassen lag am Ende des Krieges bei etwa 14 bis 15 Mrd. Mark.

Die tatsächliche *Geldvermehrung* (Bar- und Buchgeld) von mehr als 13 auf etwa 60 Mrd. Mark *hatte* also *noch nicht die Grenzen des Möglichen erreicht.* Da dem vermehrten Geldvolumen keine entsprechende Ausdehnung des Warenangebotes gegenüberstand, führte der vorhandene Geldüberhang dazu, daß die Geldbeschaffungsmöglichkeiten der Privaten nicht ausgenutzt wurden. In welchem Maße das Warenangebot für den zivilen Sektor sich reduzierte, zeigt Tabelle 2.

Die *Geldvermehrung* in der Wirtschaft (Unternehmungen und private Haushalte) kam in erster Linie *aus folgenden zwei Quellen*:

- 15 Mrd. Mark *Kredite der Darlehenskassen.*
- 29 Mrd. Mark *kurzfristige Kredite der Reichsbank an das Deutsche Reich*, die nicht durch eine entsprechende Weitergabe der Schuldtitel neutralisiert wurden (57 minus 28 Mrd. Mark).

Tabelle 2: Kriegssachausgaben und Volkseinkommen im Ersten Weltkrieg

Jahr	Kriegssachausgaben			Volkseinkommen	
	Mrd. Mark lfd. Preise	Mrd. Mark Preise 1913	in v.H. Volkseink.	Mrd. Mark lfd. Preise	Mrd. Mark Preise 1913
1914	6	5,8	13	48	46
1915	16	12,2	27	60	46
1916	20	13,0	29	68	44
1917	31	17,1	41	76	42
1918	42	20,6	49	85	42
1914 bis 1918	115	68,7	31	337	220

Die *Grundzüge der Kriegsfinanzierung* und der Vorgänge auf dem Geld- und Kapitalmarkt zeigt Abbildung 12.

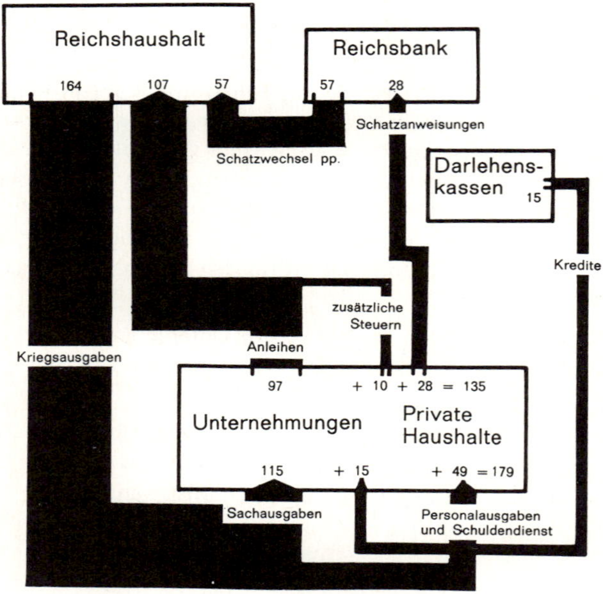

Abb. 12: Schematische Darstellung der Kriegsfinanzierung und der Geldvermehrung im Ersten Weltkrieg (Gesamtsummen der wichtigsten Geldströme in Mrd. Mark)

Aus Tabelle 2 und aus Abbildung 12 ergibt sich folgende Problematik:

- Einer Gesamtvermehrung des Geldes um 44 (nach Abbildung 12) bis 47 Mrd. Mark (Vermehrung von Bar- und Buchgeld)
- stand eine Verminderung des Warenangebotes um etwa ein Drittel und mehr (vgl. Tabelle 2) gegenüber.

Dies führte zu der schon aus Tabelle 2 ersichtlichen Steigerung der Preise (bei gleichzeitigem Lohnanstieg). Das Gesamtpreisniveau, das der Berechnung des realen Volkseinkommens in Tabelle 2 zugrunde gelegt worden ist, ist jedoch nicht so stark gestiegen wie die Kleinhandelspreise für die Güter des täglichen Lebens (von 100 auf 310), so daß trotz einer entsprechenden Zunahme der Löhne (von 100 auf 220) eine *starke Reduzierung der Reallöhne* zu beobachten war (Friedrich Hesse). In Abbildung 13 sind die Entwicklungen des durchschnittlichen Reallohnes für fünf Berufsgruppen (gelernte und ungelernte Reichsbetriebsarbeiter, Hauer und Schlepper im Ruhrgebiet, Buchdrucker und mittlere Beamte) und des realen Pro-Kopf-Volkseinkommens dargestellt.

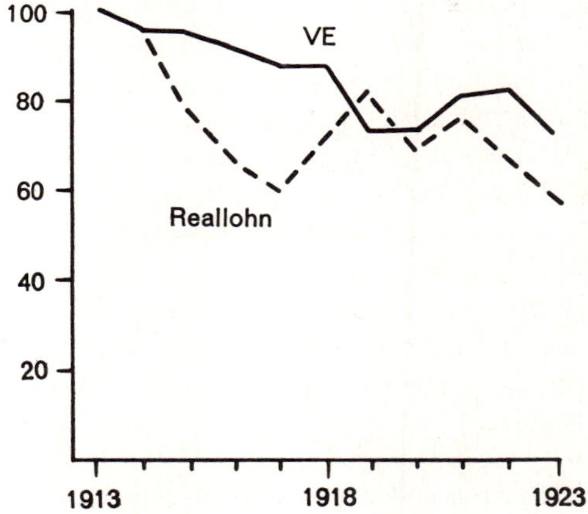

Abb. 13: Reallohn und Pro-Kopf-Volkseinkommensentwicklung im Deutschen Reich von 1913 bis 1923

Die Abbildung zeigt:

- *Im Ersten Weltkrieg gingen die Reallöhne bis 1917* stärker *zurück* als das Pro-Kopf-Volkseinkommen. Die Lücke zwischen beiden konnte für die Beschaffung von Kriegsgütern verwendet werden.
- *Im letzten Kriegsjahr* war dann zwar eine *Annäherung beider Kurven* zu verzeichnen. Das reale Einkommen konnte aber wegen der Knappheit an Waren für den zivilen Bedarf nur teilweise verwendet (durch Warenerwerb realisiert) werden.
- In den Nachkriegsjahren wurde der Reallohn dann vor allem 1922 und 1923 wiederum stärker reduziert als das Pro-Kopf-Volkseinkommen.

Sowohl im Ersten Weltkrieg als auch in der Inflationszeit wurde ein Teil der Kaufkraft dadurch abgeschöpft, daß die Preise der Güter des täglichen Lebens stärker anstiegen als die Löhne.

Das Funktionieren der Kriegswirtschaft

Versucht man die Frage, ob die Organisation der Kriegswirtschaft optimal erfolgt ist, anhand der Versorgung der Truppen zu messen, dann kann man gerade an den zahlreichen Änderungen in der Organisation die vorherrschenden Mängel erkennen. Insgesamt kann man *vier Perioden in der Zeit von 1914 bis 1918* unterscheiden:

- Die *erste Periode* ist durch *sporadische und nicht aufeinander abgestimmte Maßnahmen* gekennzeichnet. Es waren die Anfangsmonate des Krieges, die geprägt waren von der Hoffnung auf eine schnelle Beendigung des Krieges und von dem Bemühen, die neuen Organisationsprobleme zu bewältigen.
- Mit dem *Beginn des Winters 1914/1915* (nach den fehlgeschlagenen Angriffen an der Marne, bei Arras und in Flandern im September und Oktober 1914) verbreitete sich bei den Verantwortlichen die *Ansicht*, daß doch eine *längerfristige Organisation* die vorhandenen oder zu erwartenden Engpässe überwinden muß *(punktuelle Bewirtschaftungsmaßnahmen)*. Munitionsknappheit bei allen Kriegführenden verstärkte die Anstrengungen.
- Die *Materialschlachten des Frühjahrs und des Sommers 1916 zeigten die Unzulänglichkeiten* in der Versorgung der Truppen mit Waffen und Munition. Das sog. *Hindenburgprogramm* erhöhte die Einspannung der Industrie in die Rüstungslieferungen um 33 v.H. auf monatlich 3 bis 4 Mrd. Mark (Einrichtung eines *Waffen- und Munitionsbeschaffungsamtes* = WUMBA). Hierher gehört auch die Einrichtung eines *vaterländischen Hilfsdienstes* gegen Ende 1916 mit Verpflichtungsmöglichkeiten für Kriegsindustrie, Landwirtschaft, „kriegswichtige“ Behörden und Dienstleistungsbetriebe (Banken, Versicherungen, Seelsorge, Schulen usw.).
- Die *Schwerfälligkeit der Bürokratie* und die Ausweichbemühungen der Wirtschaft *führten dazu*, daß man ab 1917 die *Eigenverantwortlichkeit der Wirtschaft* selbst stärker *einzuspannen* versuchte (wirtschaftliche Vereinigungen). Damit war zwar nicht

das planwirtschaftliche Element, aber die sozialistische Komponente (Kriegssozialismus) durch eine vom Verbändewesen bestimmte, d. h. mehr als syndikalistisch zu bezeichnende Ordnung verdrängt worden, sofern man diese groben, ideologieabhängigen Bezeichnungen verwenden will.

Die Wandlungen in der Organisation konnten die Knappheitssituationen nicht beseitigen, jedoch mildern. Unter den vorhandenen Bedingungen waren die Ressourcen für die wirtschaftliche Absicherung einer erfolgreichen Kriegführung nicht gegeben. Der „Dolchstoß" der Heimat lag in der objektiven Unmöglichkeit einer Versorgung der Truppen in einer der Ausstattung des Gegners angemessenen Weise. *Man hatte sich übernommen.*

2. Die Nachkriegsjahre (1919 bis 1923)

Die Beendigung des Ersten Weltkrieges im November 1918 beseitigte keineswegs die mit dem Kriege zusammenhängenden wirtschaftlichen und sozialen Probleme. Zu den Versorgungslücken auf Grund der zunächst noch aufrechterhaltenen und dann nach und nach gelockerten Blockade kamen die Knappheit der staatlichen Mittel, der bestehende und sich vergrößernde Geldüberhang, die verzögerte Ersetzung der Produktion von Kriegsgütern durch solche des zivilen Bedarfes und vor allem die als unmittelbare Folgen des Krieges anzusehenden, durch den Friedensvertrag von Versailles fixierten Gebietsabtretungen (Unterbrechung von wirtschaftlichen Beziehungen, Zustrom an Flüchtlingen und Ausgewiesenen) und Reparationsforderungen.

a) Die wirtschaftliche Entwicklung

Die Ausgangslage

Ein *Wiederanknüpfen* in der wirtschaftlichen Entwicklung *an* die *im Juli 1914 bestehende Situation* war aus mehreren Gründen *nicht möglich*:

- Die während des Krieges erfolgten *Änderungen in der Produktionssphäre*, insbesondere in der Industrie (Rüstungsgüter), konnten nicht mit einem Schlage rückgängig gemacht werden.

- Die *unterlassenen Nettoinvestitionen* hatten einen Stillstand der wirtschaftlichen Entwicklung bewirkt.
- Die zunächst bis zum 12. Juni 1919 *fortbestehende Blockade* verhinderte ein Auffüllen der Rohstofflager und *behinderte* damit die *Produktion* in zahlreichen Wirtschaftszweigen.
- Die *Gebietsabtretungen* (13 v.H. der Fläche und 10 v.H. der Bevölkerung von 1913) veränderten die Wirtschaftsstrukturen und zerrissen intensive Wirtschaftsbeziehungen (Verlust von 68 v.H. der Zinkerzförderung, 75 v.H. der Eisenerzförderung, 26 v.H. der Steinkohlenförderung).
- Die *Zerschlagung der Donaumonarchie* und das Bemühen der nationalen Nachfolgestaaten, eine eigene und unabhängige Industrie aufzubauen, *behinderte* zunächst ein Wiederaufblühen des *Exports* in diese Gebiete.
- Das „Loch im Westen", d. h. die Möglichkeit, über die besetzten Westgebiete (ohne Zollzahlung) Handel zu betreiben, verminderte die Zolleinnahmen und die Devisenkontrollmöglichkeiten.
- Die *drohenden Reparationsforderungen* lähmten die wirtschaftlichen Initiativen.
- Die *Überschuldung des Staates* durch die Kriegsanleihen verhinderte staatliche Aufträge und damit eine wichtige Voraussetzung für ein wirtschaftliches Wachstum.
- Der *fortschreitende Währungsverfall* brachte Unsicherheiten in die wirtschaftlichen Dispositionen und ließ auch Fehlinvestitionen rentabel erscheinen.
- Die fortbestehende *Blockade behinderte den Export* von Industriegütern (als Ersatz der bisherigen Rüstungsnachfrage und als Mittel zur Beschaffung von Devisen für den Einkauf von Rohstoffen und Nahrungsmitteln).
- Die *Ablieferung* von 90 v.H. der *Handelsflotte* ließ die hohen Einnahmen aus Dienstleistungen der Zeit vor 1914 nicht wieder aufleben. Der jahrelange Ausschluß deutscher Schiffe aus fremden Häfen (z. B. Australien) behinderte ein Anwachsen der deutschen Handelsschiffahrt erheblich.

Ohne Bedeutung für die wirtschaftliche Entwicklung war der *Verlust der Kolonien.* Auch wenn die Kolonialfrage in den folgenden zwei

Jahrzehnten immer wieder ein wichtiger Teil der Diskussion um die Revision des Friedensvertrages von Versailles gewesen ist, so war diese Diskussion doch allein eine Folge des nationalen Prestiges (oder was man dafür hielt). Die wirtschaftliche Bedeutung der Kolonien war schon vor 1914 äußerst gering gewesen.

Der Arbeitsmarkt

Der *Arbeitsmarkt* des Deutschen Reiches wurde nach 1918 durch folgende Vorgänge *beeinflußt*:

- Die in der Wirtschaft beschäftigten 873.000 *Kriegsgefangenen wanderten* ebenso wie 360.000 *zivile ausländische Arbeitskräfte ab*. Insbesondere zogen polnische Arbeiter aus dem Ruhrgebiet in den neu entstandenen polnischen Staat und in das belgisch-französische Industriegebiet.
- Andererseits drängten die mit dem Kriegsende entlassenen, fast 10 Mill. *deutschen Soldaten* auf den Arbeitsmarkt, ergänzt ab Sommer 1919 durch die nach und nach heimkehrenden etwa 1 Mill. *Kriegsgefangenen*.

Die *dadurch* hervorgerufene *Arbeitslosigkeit* zeigte die aus Abbildung 14 ersichtliche Entwicklung. Die Jahre 1919/20 und 1923/24 sind durch besondere Situationen gekennzeichnet (Entlassung der Soldaten; Inflation mit Rückgang der wirtschaftlichen Aktivitäten).

Um die Arbeitslosigkeit im Jahre 1919 abzubauen, wurde auch der Plan erwogen, 450.000 Arbeitskräfte für Wiederaufbauarbeiten nach

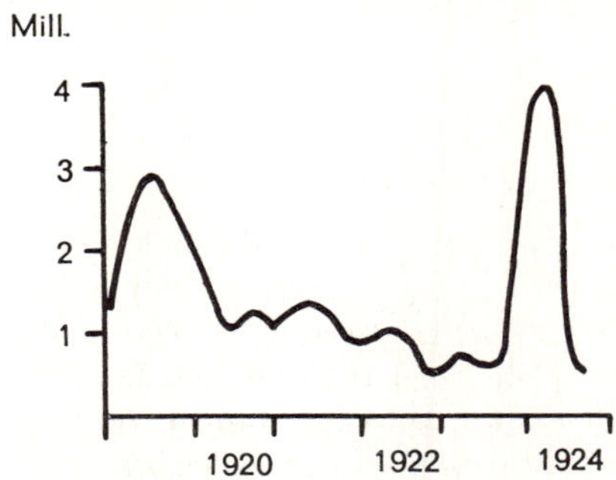

Abb. 14: Zahl der Arbeitslosen in Deutschland 1919 bis 1924

Belgien und Nordfrankreich zu schicken. Da zur gleichen Zeit die Entlassung von deutschen Kriegsgefangenen aus der dortigen Beschäftigung erfolgte, hätte dies im Ergebnis den Austausch von Kriegsgefangenen gegen Zivilarbeiter bis zu der genannten Höhe bedeutet. Dieser Plan scheiterte am Widerstand der belgischen und französischen Arbeitnehmerorganisationen.

Neben der aus Abbildung 14 ersichtlichen Arbeitslosigkeit bestand aber auch noch eine gerade in Zeiten ansteigender *Arbeitslosigkeit* verbreitete *Kurzarbeit.* Um den meisten entlassenen Soldaten wenigstens eine Teilbeschäftigung zu vermitteln, wurde in der Demobilmachungsverordnung festgelegt, daß in den einzelnen Betrieben einer umfassenden Kurzarbeit (24 Stunden je Woche) gegenüber einer teilweisen Entlassung von Arbeitskräften der Vorzug gegeben werden sollte. Diese Bestimmung wurde erst im September 1923 aufgehoben, so daß die starke Zunahme der Arbeitslosigkeit im Herbst 1923 auch mit auf diese Bestimmung zurückzuführen ist.

Notstandsaufträge der Eisenbahnen über 3 Mrd. Mark und auch der Gemeinden in den ersten beiden Nachkriegsjahren dienten ebenfalls der Verminderung der Arbeitslosigkeit.

Im Herbst 1923 stieg die Arbeitslosigkeit früher und stärker als saisonal üblich:

- Die Währungsverhältnisse waren ab Juli/August 1923 so zerrüttet, daß eine allgemeine wirtschaftliche Lähmung eintrat.
- Die Besetzung des Ruhrgebietes verstärkte diese Tendenz.
- Die Aufhebung der Kurzarbeitsbestimmungen dehnte die Arbeitslosigkeit aus.

Die landwirtschaftliche Produktion

Das der breiten Bevölkerung am spürbarsten werdende Problem der letzten Kriegsjahre war die Versorgung mit Nahrungsmitteln. *Der Rückgang der* inländischen *Nahrungsmittelproduktion* auf etwa 55 bis 60 v.H. des Standes von 1913 bis zum Jahre 1918 *konnte nicht* innerhalb weniger Jahre *aufgeholt werden. Im wesentlichen* scheint es sich dabei um das Problem der *Nährstoffversorgung* der Böden gehandelt zu haben:

- Der *Verbrauch an Kali und an Stickstoffdünger* war bereits ab 1920 *höher* als vor dem Ersten Weltkrieg.
- Der *Verbrauch an Phosphorsäuredüngemitteln* erreichte in den Jahren 1920 bis 1923 *nur etwa die Hälfte* der Vorkriegsmenge. Erst danach war ein langsames Ansteigen bis 1928 auf das Vorkriegsniveau zu verzeichnen.
- Auch die *Versorgung mit natürlichen Düngemitteln* erreichte *erst etwa 1927/28 mit dem Auffüllen* der durch den Krieg hervorgerufenen Viehbestandslücken das Vorkriegsniveau.
- Aufgrund dieser Entwicklung wurde die *Verarmung der Böden* durch die bereits im Kriege geringere Phosphorsäureversorgung *nur langsam* behoben.

Der *Grund für* diese nur *zögernde Zunahme* der Versorgung lag in folgendem:

- Die überwiegende Menge an *Phosphorsäure mußte eingeführt* werden (lediglich Thomasmehl aus dem Eisenherstellungsprozeß stand aus landeseigener Produktion zur Verfügung).
- Die *unterbundene Futtermittelzufuhr* aus dem Ausland hatte die Tierhaltung eingeengt.

Im März 1919 wurde mit den Alliierten eine erste Vereinbarung über Nahrungsmitteleinfuhren getroffen:

- Als einmalige Lieferung wurde die Einfuhr von 270.000 t Nahrungsmitteln zugelassen (bei einer Getreideunterbilanz von etwa 8 bis 9 Mill. t).
- Von nun ab sollten monatlich jeweils weitere 70.000 t Nahrungsmittel importiert werden dürfen.

Die Bezahlung dieser Einfuhren hatte aus den mit Ausfuhren erlangten Devisen oder in Gold zu erfolgen.

Im allgemeinen kann man davon ausgehen, daß die Versorgung mit Nahrungsmitteln sich in den ersten Nachkriegsjahren gegenüber der Kriegszeit nicht gebessert hatte. Hunger und Unterernährung waren weit verbreitet. Die Leistungskraft der Arbeiterschaft war dadurch sehr gemindert, so daß man zeitweise gänzlich auf Akkordarbeiten verzichten mußte. Erst im September 1923 wurden die letzten Brotmarken abgeschafft. Auch wenn diese Maßnahme teilweise wegen der Preisstabilisierung so lange hinausgeschoben worden war – der nunmehr freigegebene Brotpreis glich sich sofort dem Schwarzmarktpreis an –, so waren die Engpässe in der Versorgung doch entscheidend gewesen.

Die Entwicklung der industriellen Produktion

Die *industrielle Produktion verminderte* sich an der Jahreswende 1918/19 sehr stark. Dies beruhte auf

- der *Umstellung* von der Kriegsmaterialproduktion auf die Herstellung von Gütern des zivilen Bedarfes und
- auf der *Knappheit* an Kohlen und Rohstoffen.

Da die *Investitionsgüterindustrie* stärker in die Kriegsmaterialproduktion eingeschaltet war (Metallerzeugung und -verarbeitung), *hatte* diese in den Kriegsjahren ein *höheres Niveau als die Konsumgüterindustrie* erlangt, vgl. Abbildung 15. Dabei wäre allerdings auch der größte Teil dessen, was bis zum Kriegsende in der Investitionsgüterindustrie produziert worden ist, als Konsumgut zu bezeichnen, denn die Kriegsmaterialien haben nicht den Kapitalstock erhöht oder erhalten (Netto- oder Ersatzinvestitionen), sondern waren ebenfalls zum schnellen Verbrauch bestimmt.

In den Nachkriegsjahren nahm zunächst die Konsumgüterproduktion stärker zu als die der Investitionsgüter. Auch die Besetzung des Ruhrgebietes Anfang 1923 beeinträchtigte die Investitionsgüter-

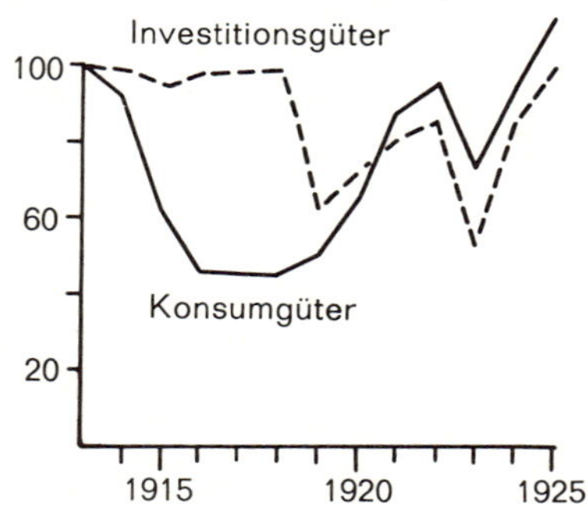

Abb. 15: Die Entwicklung der industriellen Produktion von 1913 bis 1925 (1913 = 100, Deutschland in den Grenzen von 1925)

industrie mehr. Danach nahm dieser Industriezweig stärker zu, ohne allerdings die Konsumgüterindustrie in den 20er Jahren einzuholen (gemessen am Vorkriegsstand).

Die Ruhrbesetzung und der Ruhrkampf

Das Jahr 1923 war von den ersten Nachkriegsjahren das turbulenteste:

- Der *Streit um die Reparationen* bis hin zur Besetzung des Ruhrgebietes beherrschte äußerlich das Geschehen mit Streik und „passivem Widerstand" ebenso wie
- die *zerrütteten Währungsverhältnisse* und
- die auf Grund der Inflation *unüberschaubar gewordenen staatlichen Finanzen.*
- *Soziale Probleme* resultierten aus dieser zerrütteten wirtschaftlichen Situation und
- schlugen sich in *innerpolitischen Unruhen* mit Putschgefahr und auch konkreten Putschversuchen nieder, so daß schließlich (27. September 1923) der Ausnahmezustand verhängt wurde.

Der am Anfang des Jahres 1923 beginnende *Ruhrkampf* war an dieser Situation entscheidend beteiligt. Die Besetzung des Ruhrgebietes durch französische und belgische Truppen war jedoch nicht überraschend gekommen. Bereits 1921 waren Düsseldorf als Schaltzentrum und Duisburg mit dem Binnenhafen des Ruhrgebietes in Ruhrort besetzt worden, um die Anerkennung der Reparationen durch Deutschland zu erzwingen. Weitere Besetzungen waren bereits seit 1922 im Gespräch (Konferenz in Cannes Januar 1922). Rückstände in den Reparationsleistungen ließen sich bei dem Umfang der Forderungen nicht vermeiden. Sie konnten jedoch leicht als Anlaß für die Ruhrbesetzung genommen werden. Im Jahre 1922 kam Deutschland gegenüber Frankreich vor allem mit Sachlieferungen in Rückstand, indem statt für 950 Mill. Goldmark nur für 209 Mill. GM geliefert wurde (Charles Gide). Ursache war aber nicht die Leistungsunwilligkeit Deutschlands, sondern die aufgrund der Wettbewerbsfurcht französischer Produzenten vorhandenen Einfuhrbehinderungen; dies hob schon damals Yves Guyot, der Vorsitzende der Freihandelsliga hervor. Im Prinzip wurde daher die *Ruhrbesetzung* von beiden Seiten recht *unterschiedlich beurteilt*:

- *Frankreich* (und Belgien) führte die Absicherung der rückständigen und der zukünftigen Leistungspflichten an.
- *Deutschland* meinte, die Rückstände wären nicht sehr umfangreich und dienten daher nur als Vorwand für die Besetzung.

Die *Reaktion* von deutscher Seite *war der* von der Reichsregierung ausgerufene „*passive Widerstand*":

- Es durfte *keine Kohle an Frankreich und Belgien* geliefert werden (die Belieferung der deutschen Wirtschaft sollte jedoch aufrecht erhalten bleiben). Diese Maßnahme konnte nur kurzfristig durchgehalten werden, führte aber immerhin dazu, daß in Frankreich innerhalb eines Monats die Roheisenproduktion mangels Koks um etwa ein Drittel zurückging. Die dann erfolgenden Zwangsmaßnahmen und Umorganisationen der Beschaffung glichen diesen Rückschlag bald wieder aus. Die deutsche Produktion sank zwar zunächst nicht so stark, lag aber für Roheisen mit 4,8 Mill. t im Jahre 1923 bei fast der Hälfte der Produktion von 1922. Teilweise war dieser Rückgang aber auch auf die seit August 1923 völlig zerrütteten Währungsverhältnisse zurückzuführen.
- Die *staatlichen Stellen* (Verwaltung, Post, Bahn, Reichsbank) im Ruhrgebiet und in dem schon vorher besetzten linksrheinischen Gebiet wurden veranlaßt, *den Besatzungstruppen keine Hilfe zu gewähren*. Die Franzosen versuchten daraufhin mit Gewalt an die gewünschten Leistungen zu kommen: Durch französische Zivilbeamte gestürmte Kassenräume, Aufschweißen von Banktresoren in Koblenz, Dortmund, Essen und Mülheim sind Ausdruck dieser unruhigen Zeitverhältnisse.

Auf Dauer schadete der „passive Widerstand" (der interessanterweise von Adolf Hitler und den Nationalsozialisten abgelehnt worden war) *der deutschen Wirtschaft mehr als der französischen*. Daher wurde er im September 1923 von der Reichsregierung aufgehoben. Die Räumung des Ruhrgebietes erfolgte aber erst nach der Stabilisierung der Währung und der Regelung der Reparationen auf Grund des Dawes-Planes vom August 1924. Die letzten Truppen marschierten im Sommer 1925 aus dem Ruhrgebiet.

b) Die staatliche Finanzwirtschaft

Die Einnahmenseite der staatlichen Finanzwirtschaft wurde wie schon im Ersten Weltkrieg von der Umkehrung des Haushaltsgrundsatzes: „Die Ausgaben richten sich nach den Einnahmen“ bestimmt. Der große Finanzbedarf der öffentlichen Hand resultierte insbesondere aus *folgenden Ausgaben*:

- Zivilausgaben, die auch in Friedenszeiten üblich waren.
- Abwicklung der Ausgaben für die Streitkräfte.
- Versorgung der Kriegshinterbliebenen.
- Bezahlung von Kriegsschäden und Beschlagnahmen.
- Einordnung der heimkehrenden Soldaten in die Wirtschaft (Unterstützung bei Arbeitslosigkeit).
- Reparationsleistungen.
- Besatzungsausgaben.
- Schuldendienst.

Die inflationären Verhältnisse machen einen Vergleich zwischen den einzelnen Jahren nicht aussagekräftig. Insgesamt stiegen die Ausgaben des Reiches in folgender Weise (ordentlicher und außerordentlicher Haushalt):

1913	3,5	Mrd. Mark	=	3,5	Mrd. Goldmark
1914	10,4	Mrd. Mark	=	9,9	Mrd. Goldmark
1915	29,4	Mrd. Mark	=	20,7	Mrd. Goldmark
1916	35,0	Mrd. Mark	=	23,0	Mrd. Goldmark
1917	65,1	Mrd. Mark	=	36,4	Mrd. Goldmark
1918	76,0	Mrd. Mark	=	35,0	Mrd. Goldmark
1919	54,9	Mrd. Mark	=	13,2	Mrd. Goldmark
1920	145,3	Mrd. Mark	=	9,8	Mrd. Goldmark
1921	298,8	Mrd. Mark	=	15,6	Mrd. Goldmark
1922	327,9	Mrd. Mark	=	10,0	Mrd. Goldmark
1923			=	15,0	Mrd. Goldmark

Die Angaben betreffen Haushaltsjahre (1. April bis 31. März). Sie sind vor allem für die Nachkriegsjahre nur als Größenordnung anzusehen, da die Kurse innerhalb eines Jahres sich fortwährend änderten. Im übrigen berücksichtigt die Goldmark-Rechnung, die die Relation zwischen Papiermark und gegen Gold eintauschbare Währung (Dollar, Schweizer Franken usw.) als Ausgangsbasis benutzt, nicht, daß auch diese Währungen einen Wertverfall hatten (Tauschwert in Wareneinheiten).

Der *Schuldendienst* des Reiches lag

- *1919* bei 19 v.H. aller Ausgaben und *bei 126 v.H. der ordentlichen Einnahmen*, d. h. der Schuldendienst mußte wie schon in den letzten beiden Kriegsjahren teilweise durch neue Schuldaufnahmen abgesichert werden.
- Mit der fortschreitenden *Inflation verbesserte* sich *die Situation* für das Reich:

  1920 = 25 v.H. und 76 v.H.
  1921 = 10 v.H. und 54 v.H.
  1922 = 10 v.H. und 32 v.H.

  Die Schuldenlast verringerte sich wertmäßig für das Reich immer mehr, obgleich von 1919 bis 1922 jeweils mehr als die Hälfte der gesamten Staatsausgaben durch Neuverschuldung bestritten wurde, die ordentlichen Einnahmen also weit hinter dem Staatsbedarf zurückblieben.

Eine überschlägige Aufgliederung der Reichsausgaben in den fünf Haushaltsjahren vom 1. April 1919 bis zum 31. März 1924 (= 63,6 Mrd. Goldmark) ergibt folgende Verwendungszwecke:

47 v.H. Verwaltungsausgaben (entsprechend den Zivilausgaben vor 1913)
27 v.H. Reparationen (Bewertung umstritten)
14 v.H. Schuldendienst
9 v.H. Betriebsverwaltungen (Eisenbahn usw.)
2 v.H. Streitkräfte, Demobilmachungskosten
1 v.H. Soziale Ausgaben (Renten, Versorgung)

Aus dem Dargelegten ergibt sich eindeutig, daß *das Problem der Kriegsschulden* auf Grund der inflationären Entwicklung *schnell gelöst* worden war. Ein Stillstand der Geldentwertung Ende 1918 oder noch in den Jahren 1919 oder 1920 hätte eine zu starke Neuverschuldung bedeutet.

Die *Ausgaben der Länder* waren nicht wie der Reichshaushalt durch hohe Schuldendienste oder Reparationsleistungen gekennzeichnet. Sie hatten im Ersten Weltkrieg geringere Folgelasten zu tragen gehabt. Die zusätzlichen Ausgaben betrafen vor allem den sozialen Bereich. Außerdem waren 31,17 Mrd. Mark ihrer Schulden als Gegenleistung (neben 7,83 Mrd. Mark Abfindung) für die Gründung der

(reichseigenen) „Reichsbahn“ am 1. April 1920 vom Deutschen Reich übernommen worden.
Die *Ausgaben der Gemeinden und der Gemeindeverbände* erfolgten überwiegend für Wohlfahrtszwecke, für das Gesundheitswesen, für Schulen und für Bildungseinrichtungen sonstiger Art. Infolge der Kriegsereignisse und der Nachkriegsnot hatten sich dabei in den zehn Jahren von 1913 bis 1923 vor allem die Wohlfahrtsausgaben erheblich erhöht. Dadurch wurden aber auch zugleich die für die übrigen genannten Zwecke verfügbaren Mittel beschnitten, d. h. sie konnten keine entsprechende Zunahme erfahren.
Die *Einnahmen* der öffentlichen Hand sind jedenfalls für das Reich bereits in etwa aus der Deckung der Gesamtausgaben durch Neuverschuldung genannt worden. Die Zoll- und Steuereinnahmen des Deutschen Reiches entwickelten sich in Goldmark ausgedrückt in der aus Tabelle 3 ersichtlichen Weise.

Tabelle 3: Einnahmen des Deutschen Reiches aus Steuern und Zöllen von 1913 bis 1923 und Deckung der Gesamtausgaben durch diese Einnahmen

Jahr	Einnahmen in Goldmark Mrd.	Deckung der Ausgaben durch Steuern u. Zölle in v.H.
1913	1,694	48
1914	2,302	23
1915	1,070	5
1916	1,037	5
1917	4,064	11
1918	2,836	8
1919	1,930	15
1920	3,163	32
1921	2,970	19
1922	3,529	35
1923	2,913	20

Die *Erzbergersche Finanzreform* hatte einen wesentlichen Einfluß auf die Entwicklung der Staatseinnahmen während der Weimarer Republik. Wirksam geworden ist diese seit 1919 schrittweise durchgeführte *Änderung*

- *der Reichsfinanzverfassung* (das Reich erhielt eine eigene Reichsfinanzverwaltung und war somit nicht mehr „Kostgänger" der Länder) und
- *des Steuersystems* (Steuergläubiger und Steuerpflichtige).

Insgesamt wurden hierfür vom 8. September 1919 bis zum 30. März 1920 *17 einzelne Gesetze* erlassen. Der wesentliche *materielle Inhalt* war hinsichtlich der Steuerverteilung folgender:

- *Reichssteuern:*
  - 80 v.H. – der Erbschaftsteuer
  - 50 v.H. – der Grunderwerbssteuer
  - 85 v.H. – der Umsatzsteuer, die zunächst einen Satz von 1,5%, später 2%, bei Luxusgütern 15% hatte.
  - 100 v.H. – der Einkommensteuer (Satz von 10 bis 60%),
    – der Kapitalertragsteuer (10%)
    – der Körperschaftsteuer (20 bis 35%)
    – der Verbrauchsteuern (beim Tabak jetzt statt Gewichtsteuern Banderolensteuer)
    – der Verkehrsabgaben, Reichsstempelabgaben u. a. indirekter Abgaben
    – der Zölle

- *Ländersteuern:*
  - 20 v.H. – der Erbschaftsteuer
  - 50 v.H. – der Grunderwerbssteuer
  - 10 v.H. – der Umsatzsteuer

- *Gemeindesteuern:*
  - 5 v.H. – der Umsatzsteuer
  - 100 v.H. – der Grundsteuer
    – der Gewerbesteuer
    – der Vergnügungsteuer

Zu diesen laufenden Abgaben und Steuern kamen noch einmalige Abgaben, die dem Reich helfen sollten, die überschuldeten Staatsfinanzen zu sanieren:

- Kriegsabgaben, Gesetz vom 10. September 1919
- Reichsnotopfer, Gesetze vom 30. September 1919 und vom 31. Dezember 1919

Im *Ergebnis* brachte die Erzbergersche *Finanzreform*:

- Eine *Erhöhung der Staatseinnahmen* (gemessen am Volkseinkommen stieg der Anteil von etwa 15 auf 25 v.H.).
- Eine *veränderte Ausstattung der einzelnen Empfänger* mit Einnahmemitteln. Der Anteil des Reiches stieg von 30 auf 39 v.H., der Anteil der Länder fiel von 30 auf 23 v.H. und der der Gemeinden von 40 auf 38 v.H. *Das Reich*, die zentrale Gewalt, war *nunmehr am günstigsten* mit Mitteln ausgestattet. Die Unterversorgung der Länder und der Gemeinden brachte mit dem Finanzausgleich diese in finanzielle und damit auch politische Abhängigkeit vom Reich.

c) Die Währungsprobleme

Die Zeit von 1919 bis 1923 wird im allgemeinen als durch die *Inflation* geprägt angesehen. In dieser Darstellung wird absichtlich erst im dritten Unterabschnitt auf die Währungsprobleme eingegangen:

- Die durch die Kriegsfinanzierung erreichte Verschuldung des Staates war bereits Ende 1918 so groß, daß die inflationäre Entwicklung schon voll in Gang gesetzt war. Mit der Inflation war die staatliche Entschuldung verbunden, so daß die Lösung des Währungsproblems für die Regierung nicht als so dringend wie andere innerpolitische und Reparationsfragen empfunden wurde.
- Die Probleme des Überganges von der Kriegs- zur Friedenswirtschaft waren auch für die meisten in Deutschland lebenden Menschen (Schaffung von Arbeitsplätzen) wichtiger als die Bewältigung des Inflationsproblems.
- Die finanzwirtschaftliche Beanspruchung des Reiches war in den ersten Jahren nach Kriegsschluß noch so umfangreich, daß nur

eine abgesicherte Finanzwirtschaft die anstehende finanzielle Problematik hätte bewältigen können.

– Im übrigen zeigte sich, daß die Reparationsforderungen der Alliierten ebenfalls durch die Inflation in Deutschland in günstiger Weise beeinflußt wurden. Die Leistungsunfähigkeit wurde so eher und schneller deutlich. Die Reparationsforderungen erhöhten zwar die Unsicherheit in der Einschätzung der künftigen Entwicklung bis 1923. Es konnte keine Kontinuität der deutschen Leistungen in Gang kommen.

Das Ausmaß der Inflation

Die Entwicklung der Geldentwertung und ihre wichtigsten unmittelbaren Einflüsse werden in folgender Übersicht zusammengefaßt. Dabei wird auf die Dollar-Parität (und damit auf die Gold-Parität) zurückgegriffen, obgleich auch der Dollar bei gleichem Tauschwert gegenüber dem Gold einen Teil seiner Kaufkraft verloren hatte. Die Preissteigerungen in den neutralen, an der Goldwährung festhaltenden Ländern und in den USA lagen bei etwa 20 bis 30 v.H. und waren daher nicht mit den Preissteigerungen in den meisten europäischen am Krieg beteiligt gewesenen Volkswirtschaften zu vergleichen (Großbritannien + 157, Frankreich und Italien › 200 v.H. bis Sommer 1919).

Parität der Mark zum Dollar		*Beeinflussendes Ereignis*
Juli 1914	4,2 Mark	
Januar 1919	8,9 Mark	Geldvermehrung im Kriege bei rückläufiger Produktion für den zivilen Bedarf.
Mai 1919	13,5 Mark	Bekanntwerden der Friedensbedingungen.
Dezember 1919	50,0 Mark	Den internationalen Finanz- und Wirtschaftskreisen erscheint die Erfüllbarkeit der Friedensbedingungen illusorisch.
Februar 1920	99,0 Mark	
Juni 1920	40,0 Mark	Die Niederwerfung des am 13. März 1920 begonnenen Kapp-Putsches verbessert die Aussichten der

	Parität der Mark zum Dollar	Beeinflussendes Ereignis
		Reichsregierung zur Bewältigung der finanziellen Probleme. Diese Verbesserung des Mark-Kurses unterstützt aber gleichzeitig die Illusion einer möglichen Leistungsfähigkeit Deutschlands im Sinne der Reparationsforderungen.
Juni 1921	65,0 Mark	Die Entwicklung war relativ ruhig verlaufen, weil die Reparationsfrage inzwischen geklärt, wenn auch nicht gelöst worden war und man auf Grund der Erzbergerschen Finanzreform eine Konsolidierung der Staatsfinanzen erhoffte.
November 1921	270,0 Mark	Die Ermordung Erzbergers (26. August 1921) und die sichtbar werdende Überforderung des Reichshaushaltes durch die Reparationen brachten den Kurs der Mark in Bedrängnis.
Januar 1922	192,0 Mark	Das teilweise Moratorium für Reparationsverpflichtungen wirkte sich positiv aus.
Juli 1922	420,0 Mark	Die Ermordung Rathenaus (24. Juni 1922) und größere Reparationsleistungen schwächten den Markkurs.
November 1922	7.000,0 Mark	
2. Januar 1923	7.260,0 Mark	
31. Januar 1923	50.000 Mark	Die Ruhrbesetzung hatte die Konsolidierung der Reichsfinanzen unmöglich gemacht.
Februar 1923	42.000 Mark	
April 1923	20.000 Mark	Insgesamt war eine allgemeine Beruhigung bis zum 23. Mai 1923 eingetreten, vor allem durch den Auf-

	Parität der Mark zum Dollar	*Beeinflussendes Ereignis*
		kauf von Mark durch die Reichsbank z. T. gegen Gold, z. T. gegen Devisen.
Juni 1923	100.000 Mark	
Juli 1923	350.000 Mark	
August 1923	4.600.000 Mark	
September 1923	100.000.000 Mark	
Oktober 1923	25.000.000.000 Mark	
November 1923	4.200.000.000.000 Mark	

Seit Ende Mai war die Inflation immer rascher angewachsen.

Die Entwicklung der Geldentwertung wird am besten aus einem Schaubild deutlich, vgl. Abbildung 16.

Gemessen an den Lebenshaltungskosten betrug die Geldentwertung in den einzelnen Jahren (gegenüber dem jeweiligen Vorjahr):

1914	=	34 v.H.
1915	=	14 v.H.
1916	=	8 v.H.
1917	=	18 v.H.
1918	=	26 v.H.
1919	=	70 v.H.
1920	=	244 v.H.
1921	=	65 v.H.
1922	=	2.420 v.H.
1923	=	1.869.999.900 v.H.

Die Abbildung zeigt deutlich, daß der Dollarkurs allein nur die Größenordnung der Geldentwertung andeuten kann. Bis zur Mitte des Jahres 1919 lag die Entwertung der Mark gegenüber dem Dollar niedriger als gegenüber den Waren der Lebenshaltung. Von Mitte 1919 bis zum Ende des Jahres 1923 war die internationale Einschätzung der Mark mehr zurückgegangen als die innere Kaufkraft. Bis einschließlich Oktober 1923 war die Kaufkraft der Mark auf etwa 60 v.H. der äußeren, am Dollarkurs gemessenen Entwertung abgesunken. Erst in den Monaten November und Dezember 1923 lag die innere Entwertung über der am Devisenmarkt.

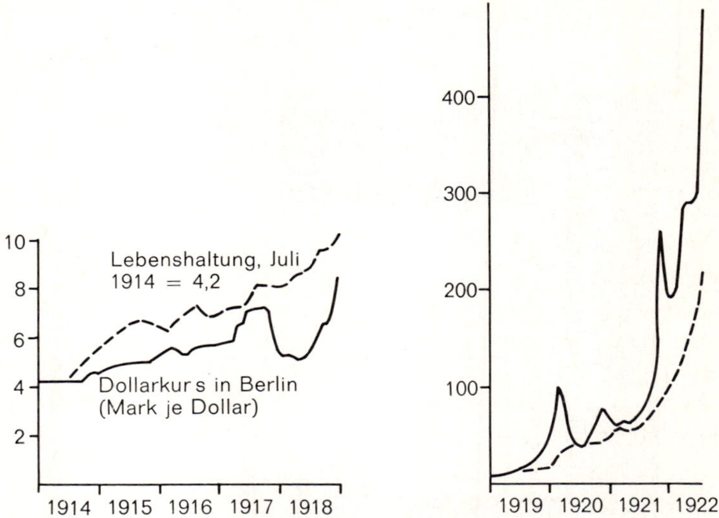

Abb. 16: Entwicklung des Dollarkurses in Berlin und der Lebenshaltungskosten in Deutschland (Monatsdurchschnitte) von 1914 bis 1922

Die Ursachen der Geldentwertung

Ein Schaubild (Abbildung 17) soll ebenso wie für die Kriegszeit (Abbildung 12) zeigen, in welchem Maße und wodurch die Geldvermehrung stattfand. Allerdings weist Abbildung 17 erhebliche Lücken auf, da die finanziellen Vorgänge des Jahres 1923 unübersichtlich waren.

Die Reparationszahlungen wurden in unterschiedlicher Weise hinsichtlich ihrer Bedeutung für die Inflation verantwortlich gemacht:

- Die *Zahlungsbilanztheoretiker* (z. B. Karl Helfferich, Hjalmar Schacht) gingen davon aus, daß die Reparationen zu einem Überfluß deutscher Zahlungsmittel im Ausland geführt hätten, so daß dadurch der Devisenkurs der Mark immer mehr gesunken sei. Von deutschnationaler Seite wurde die hierin liegende Abwälzung der Verantwortung für das Währungschaos gern aufgegriffen.

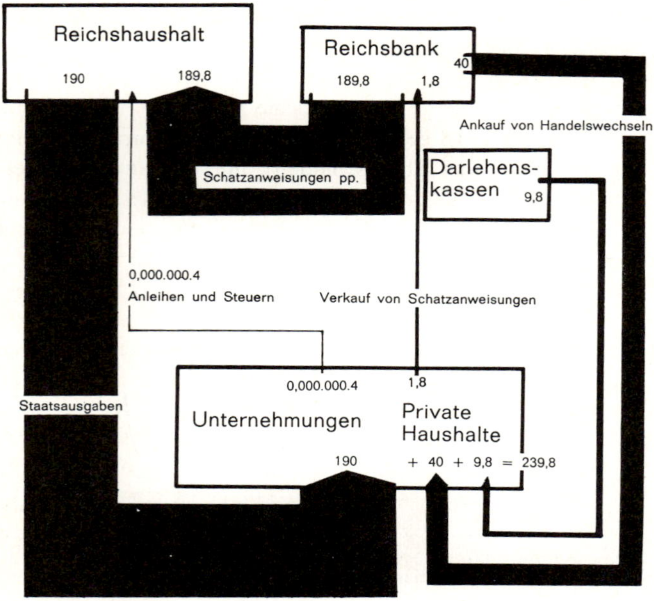

Abb. 17: Schematische Darstellung der Geldvermehrung in der Zeit von 1919 bis (15. November) 1923 in Trill. Mark

– Die *Inflationstheoretiker* sahen die inländische Geldvermehrung (praktisch unbegrenzter Kredit des Reiches bei der Reichsbank) im Weltkrieg und danach, bei im Weltkriege verringerter Produktion für den zivilen Bedarf und bei auch nach dem Kriege sich nur langsam erholender Produktion, als entscheidend für den Wertverfall an. Die Reparationen haben nur insofern die Inflation begünstigt, als das Reich diese Leistungen nicht durch zusätzliche Steuern, sondern durch eine Erhöhung der Staatsverschuldung bei der Reichsbank (d. h. durch Geldschöpfung) erbrachte.

Entscheidend für die inflationäre Entwicklung waren folgende Punkte:

– Die *Finanzierung des Staates* mit Hilfe von *Reichsbankdarlehen* war entscheidend für die Geldvermehrung gewesen. Hierin lag die Ursache der Inflation und nicht in den Reparationsverpflichtungen, wie häufig behauptet wird.

- Wichtig war aber auch die *fehlende Konsolidierung der Kriegsverschuldung*. Solange man nicht die Überschuldung des Staates im November 1918 bekennen wollte (mit der daraus resultierenden Streichung der Staatsschulden), mußte man die Mittel der Schuldenfinanzierung und der Abwicklung der Kriegsfolgen durch drastische Maßnahmen (Steuererhöhungen) beschaffen. Das Reichsnotopfer und die besonderen Vermögenssteuern reichten für eine fühlbare Verminderung der Belastung des Reichshaushaltes durch die Kriegsschulden nicht aus.
- Eine Möglichkeit, die *Inflation abzubremsen* – nicht jedoch sie umzukehren –, bestand darin, die Verschuldung des Reiches bei der Reichsbank *durch den Verkauf von Anleihepapieren und Schatzanweisungen* an Unternehmungen und private Haushalte zu neutralisieren. Damit wäre der Kreislauf geschlossen worden, der (vgl. Abbildung 17) zwischen der Reichsbank und der Wirtschaft eine Lücke aufwies. Wieweit oder wie wenig dies der Reichsbank gelungen war, zeigt Abbildung 18.
- Die *Verringerung der langfristigen* (und fundierten) *Schulden* des Reiches, vor allem in Form von Anleihen, auf etwa 70 Mrd. Mark im November 1923 *spielte* für die Gesamtentwicklung der Währungsverhältnisse *keine Rolle*. Die gesamten Kriegsschulden in Höhe von 154 Mrd. Mark hatten am 15. November 1923 lediglich

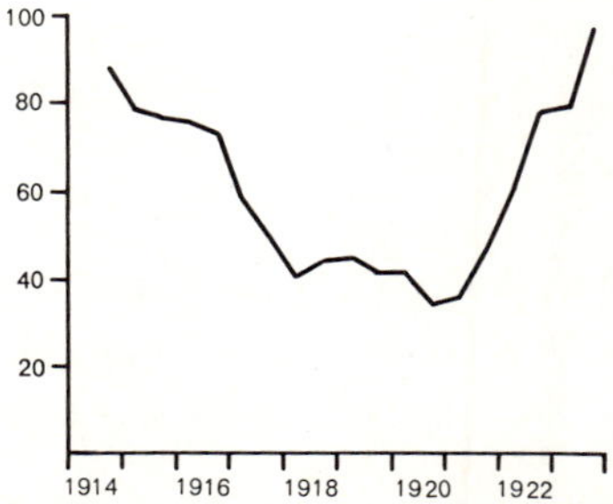

Abb. 18: Anteil der bei der Reichsbank befindlichen diskontierten Schatzanweisungen des Reiches (in v.H.)

noch einen Wert von 15,4 Pfennigen der Zeit vor 1914!!! Der Erste Weltkrieg war damit zu einem für den Staat billigen Krieg geworden. (Durch Gesetz vom 16. Juli 1925 wurden aufwertungsberechtigte Papiere auf 6 Mrd. RM zusammengelegt.)

Im Prinzip standen zwei Probleme im unmittelbaren Zusammenhang:

- Die starke Verschuldung des Reiches verhinderte aufgrund der *umfangreichen Schuldendienste* eine Bereinigung des Schuldenproblems mit normalen Haushaltsmitteln.
- Die *dadurch sich ständig vermehrende Neuverschuldung* des Reiches machte die Währungsfrage immer komplizierter.

Die völlige Verwirrung im Währungsbereich zeigt Tabelle 4.

Unter diesen Umständen ist es verständlich, daß man kaum noch bereit war, der Reichsbank Schatzanweisungen des Reiches abzunehmen. Der Anteil der bei der Reichsbank verbliebenen kurzfristigen Schuldtitel des Reiches erhöhte sich innerhalb von zwei Jahren von weniger als 40 auf fast 100 v.H., obgleich in absoluten Zahlen eine Zunahme der abgesetzten Schuldtitel zu verzeichnen war. Die schwebende Schuld des Reiches stieg:

Ende 1918	=	55,2 Mrd. Mark
Ende 1919	=	86,4 Mrd. Mark
Ende 1920	=	152,8 Mrd. Mark
Ende 1921	=	247,1 Mrd. Mark
Ende 1922	=	1.495,2 Mrd. Mark
15. Nov. 1923	=	191.580.465.422,1 Mrd. Mark

Die Vermehrung des Geldes durch die unbegrenzte Kreditgewährung der Reichsbank an das Reich erhöhte nicht nur das Buchgeld, sondern auch das Bargeld:

- Neben mehr als 500 Trillionen Mark Buchgeld gab es
- fast 500 Trillionen Mark Bargeld der Reichsbank.

Hinzu kamen etwa 200 Trillionen Mark Notgeld der verschiedenen Gemeinden und sonstigen Einrichtungen.

Im Jahre *1923* war das *Währungssystem* völlig unüberschaubar geworden und *nicht mehr funktionsfähig*. Gold, Devisen und Naturalien wurden in fast alle Verträge als wertbeständige Äquivalente aufgenommen.

Tabelle 4: Diskontsatz und Entwertungsprämie der Reichsbank im Vergleich zum tatsächlichen Wertverfall

	Juli 1922	Aug. 1923	Sept. 1923
Diskontsatz in %	5	30	90
Entwertungsprämie in %	0	25	85
Tatsächliche Entwertung in %	100	12.000	30.000

Die *Auswirkungen der Inflation* auf die Wirtschaft lassen sich nur andeutungsweise feststellen:

- Im allgemeinen wirkte die Inflation im letzten Jahr *lähmend,* da die monetären Vorgänge unübersichtlich wurden. Nicht selten behalf man sich mit Wertklauseln.
- Verschuldete Betriebe konnten, wie auch der Staat und Privatpersonen, die *Verpflichtungen reduzieren* oder gar beseitigen.
- Vor allem die Großindustrie wurde *zu Investitionen angereizt,* da auf Grund der Inflation Darlehen leicht wieder zurückgezahlt werden konnten. Diese Nettoinvestitionen waren ein Teil der allgemein vorhandenen Flucht in die Sachwerte, vor allem in Grundstücke.
- Die Ausnutzung von Spekulationsmöglichkeiten führte dazu, daß eine ganze Reihe neuer Großvermögen entstand.

Hugo Stinnes ist hier wegen seiner unmittelbar nach dem Kriege – vielleicht teilweise auch schon im Ersten Weltkrieg – aufgebauten wirtschaftlichen Stellung im Ausland, von der aus er dann mit Devisen sein deutsches Imperium errichten konnte, zu nennen. Friedrich Flicks Weg von der Stellung eines Generaldirektors einer kleinen unbekannten Eisenhütte in Niederschelden bei Siegen zu den Aktienanteilen von mehr als 100 Mill. Goldmark ist vor allem durch ein zwar risikoreiches, aber auch erfolgreiches Kaufen und Verkaufen ganzer Aktienpakete – insbesondere der oberschlesischen Montanindustrie – gekennzeichnet.

- Die sehr starke Zunahme der inflationären Entwicklung im Jahre 1923 war sicher für die in der zweiten Hälfte dieses Jahres auftretende wirtschaftliche Flaute und Arbeitslosigkeit in stärkerem Maße verantwortlich als die im Januar erfolgte Besetzung des Ruhrgebietes.

d) Das Reparationsproblem

Der Umfang der Reparationen hatte sich schon im Ersten Weltkrieg angedeutet, indem vor allem in Frankreich und in Deutschland darauf hingewiesen wurde, daß die Kriegskosten und damit die hohe Verschuldung des Staates nach dem (siegreichen) Ende durch Leistungen des Besiegten abgedeckt werden sollten. Offensichtlich hatte man aus den wirtschaftlichen Problemen der mit etwa 5 Mrd. Franc im Verhältnis zum Sozialprodukt des Siegers und des Besiegten noch recht niedrigen Kriegsentschädigung, die am Ende des deutsch-französischen Krieges vereinbart wurde, keine Lehre gezogen oder man wollte keine Lehre ziehen, um nicht durch ein starkes Anziehen der Steuerschraube die Kriegsbereitschaft im eigenen Lande zu dämpfen. Grundlage der alliierten Reparationsforderungen waren Artikel 231ff. des Friedensvertrages. Die Alleinschuld Deutschlands sollte auch die Alleinverpflichtung für den Schadensausgleich begründen, da von den anderen Besiegten nichts oder nur wenig zu erwarten war. Höhe und Zahlungsplan sollten von einer Kommission bis zum 1. Mai 1921 festgelegt werden.

Die Mindesthöhe der von der Kommission festzusetzenden Leistung war allerdings schon durch die vorläufige Festsetzung der Hergabe von 100 Mrd. Goldmark Schuldverschreibungen des Deutschen Reiches, davon 20 Mrd. Mark als Sicherheit für die bis zum 1. Mai 1921 zu erbringenden Leistungen, fixiert.

Als Kriterien für die Bestimmung der Höhe der Reparationen wurden diskutiert:

- Die *Leistungsfähigkeit* der deutschen Wirtschaft. (Keynes vertrat diesen Standpunkt und verließ seinen Beraterposten bei der englischen Delegation in Versailles, als er sah, daß man diesen Aspekt nicht berücksichtigen wollte.)

- Der *Schaden der Zivilbevölkerung* (insbesondere der Sachschaden) der Alliierten sollte ersetzt werden. Der amerikanische Präsident Wilson vertrat zunächst diesen Standpunkt, ging aber ebenso wie bei dem von ihm propagierten Selbstbestimmungsrecht später hiervon ab (vgl. hierzu auch die sog. Lansing-Note vom 5. November 1918).
- Der Schaden der Zivilbevölkerung *und die Kriegsausgaben der Alliierten,* insbesondere soweit sie über Staatsschulden finanziert waren, sollten mit Hilfe der Reparationen reguliert werden.

Im Prinzip steuerte man eine Regelung auf der Basis des dritten Standpunktes an. Vor allem England und Frankreich hatten sich darauf festgelegt, weil sie einen nicht unerheblichen Teil ihrer Kriegsaufwendungen mit Hilfe von Krediten aus den USA finanziert hatten (vgl. Abbildung 11) und nunmehr direkt (Schuldneraustausch) oder indirekt (Transferleistungen Deutschlands über diese beiden Länder) von diesen Schulden loskommen wollten (sog. Parallelismus der Schulden).

Keynes hatte schon 1920 darauf hingewiesen – und dies wurde bei den verschiedenen Verhandlungen immer wieder deutlich –, daß offensichtlich der deutsche Vorsprung an industrieller Produktionskraft gegenüber Frankreich ausgeglichen werden sollte (vgl. auch den Abschnitt über die Kriegsziele).

Die endgültige Festsetzung der Reparationsleistungen war mit großen Schwierigkeiten verbunden. Da man sich nicht an der Leistungsfähigkeit orientierte – und aufgrund des Konkurrenzdenkens die deutsche Wirtschaft auch in ihrem Leistungsstand verminderte –, waren immer wieder bis zum endgültigen Verzicht auf solche Forderungen neue Konferenzen erforderlich:

- Mehr als 15 alliierte Konferenzen.
- 10 deutsch-alliierte Konferenzen.
- 25 Noten.
- Zahlreiche Tagungen von Sachverständigenkommissionen.

Ein nicht unwesentlicher Teil der Diplomaten und Sachverständigen war daher im internationalen Bereich mit Reparationsfragen beschäftigt, ohne allerdings eine auch nur andeutungsweise praktikable Lösung des Problembereiches zu finden.

Die *Höhe der Reparationen* wurde durch die Pariser Beschlüsse vom 29. Januar 1921 für die Zeit ab 1. Mai 1921 folgendermaßen festgelegt (in Goldmark = GM):

2 Jahre je 2 Mrd. GM
3 Jahre je 3 Mrd. GM
3 Jahre je 4 Mrd. GM
3 Jahre je 5 Mrd. GM
31 Jahre je 6 Mrd. GM

Bis zum 30. April 1963 waren also insgesamt 226 Mrd. GM zu leisten. Hinzu kamen ein nicht genau festgelegter Posten von etwa 43 Mrd. GM und 12 v.H. des jährlichen Wertes der deutschen Ausfuhr.

Von Deutschland wurden diese Leistungen *abgelehnt*:

- Die Gesamtsumme hatte einen Gegenwartswert von 56 Mrd. GM (bei Berücksichtigung eines Zinssatzes von 8%). Man wollte 50 Mrd. GM anerkennen und diese dann mit 5 % verzinsen. Die bisherigen umfangreichen Leistungen in Höhe von 20 Mrd. GM sollten auf diese Schuld angerechnet werden, diese entsprechend vermindern.
- Statt zusätzlich 12 v.H. des Wertes der Ausfuhr sollte nach einem noch festzulegenden Index eine Erhöhung der Leistungen in Anpassung an eine Erhöhung des Volkseinkommens stattfinden.

Da man von seiten der *Alliierten* von einem *Diktat* und *nicht* von einem *Vertrag* ausging, wurde die verweigerte Anerkennung der Reparationen zum Anlaß genommen, die sog. Sanktionsstädte Düsseldorf und Duisburg (mit Ruhrort) zu besetzen. Durch das Londoner Ultimatum vom 5. Mai 1921 wurde dann ein geänderter Zahlungsplan vorgelegt (und notgedrungen von der Reichsregierung angenommen).

Schon die nächsten Jahre zeigten, daß auch dieser von insgesamt 132 Mrd. Goldmark und 26 v.H. des Exportwertes ausgehende Plan nicht durchführbar war. Stundungen und Umwandlungen von Geld- in Sachleistungen prägten die Zeit bis zum Inkrafttreten des Dawes-Planes am 1. September 1924.

Neben den eigentlichen, durch die Pariser Beschlüsse und das Londoner Ultimatum festgelegten *Reparationsleistungen* war ein Teil der unmittelbaren Schäden im westlichen Kriegsgebiet in den ersten Jahren nach dem Waffenstillstand in Form von *Sachgütern* zu leisten (in Klammern = in v.H. des deutschen Bestandes von 1913), zum Teil aufgrund des Waffenstillstandsabkommens vom 11. November 1918:

5.000	Lokomotiven (27 v.H.)
150.000	Eisenbahnwagen (23 v.H.)
5.000	Lastkraftwagen (50 v.H.)
40.700	Pferde (1 v.H.)
184.000	Rinder (1 v.H.)
121.200	Schafe (2,2 v.H.)
10.000	Ziegen (0,3 v.H.)
15.000	Zuchtsauen (etwa 1 v.H.)

Dazu kamen:

- Sämtliche Schiffe mit mehr als 16.000 BRT
- Ein großer Teil der kleineren Schiffe (Seeschiffe, Küstenschiffe, Fischereifahrzeuge, Binnenschiffe)

Diese Sachlieferungen wurden nicht auf die genannten Reparationsforderungen verrechnet.
Diese und die Sachlieferungen aufgrund der Pariser Beschlüsse umfaßten bis Ende 1923:

- Mehr als 20 Mrd. Goldmark nach deutscher Rechnung
- Etwa 8 Mrd. Goldmark nach alliierter Berechnung.

Für das Reichs- und Staatseigentum in Elsaß-Lothringen, Eupen-Malmedy, aber auch für die staatseigenen Überseekabel und zahlreiche andere Vermögensgegenstände erfolgten keine Gutschriften.
Die Hauptprobleme der Reparationsleistungen waren:

- Die *Aufbringung der Mittel* in Höhe von 2 bis 6 Mrd. GM umfaßte 4 bis 12 v.H. des Volkseinkommens im Jahre 1913. Der Staat hätte aus dem normalen Haushalt zahlen müssen, d. h. bei intakten Staatsfinanzen hätte die Quote der Staatseinnahmen um diesen Satz angehoben werden müssen. Tatsächlich wurden statt 1913 15 v.H. Mitte der zwanziger Jahre 25 v.H. des Volkseinkommens von den staatlichen Einrichtungen (Reich, Länder, Gemeinden) in Anspruch genommen. Wenn auch die zusätzlichen inneren Aufwendungen diese Mehreinnahmen verzehrten, so wird

doch daraus deutlich, daß bei sonstigen Sparmaßnahmen eine Aufbringung der Mittel für den Staat möglich gewesen wäre.
- Der *Transfer dieser Mittel ins Ausland* war das schwierigere Problem. Die Reparationsforderungen mußte ein entsprechender Warenstrom parallel begleiten,
  - entweder in Form von *Naturalleistungen* auf die Reparationsverpflichtungen oder
  - als *Export* zur Vermittlung der erforderlichen Devisen, da eine Bezahlung mit Markbeträgen schnell zu einem Überangebot an deutschem Geld geführt hätte.

  Dieser umfangreiche Warenstrom wurde aber von den Reparationsgläubigern nicht geduldet und schon gar nicht gefördert, weder bis 1923 (mit Ausnahme der Sachlieferungen in die unmittelbaren Kriegsgebiete) noch danach.

Die fehlende Bereitschaft der Reparationsgläubiger zur Entgegennahme von Sachwerten war daher das größte Hindernis zur Erfüllung der Reparationsverpflichtungen.

3. Die „Goldenen Zwanziger"

Die Jahre von 1924 bis zum Beginn der Weltwirtschaftskrise (1929) waren für Deutschland langfristig gesehen Jahre der Prosperität. Sie werden *im Vergleich zu* den vorhergehenden *Inflationsjahren und zur* nachfolgenden *Weltwirtschaftskrise* als *die „Goldenen Zwanziger"* bezeichnet.

- Die *Reform der Währung,*
- die *Versorgung der Wirtschaft mit* (ausländischem) *Kapital* und
- die vorläufige Regelung der Reparationsfrage im *Dawes-Plan*

waren wichtige Voraussetzungen für ein Klima in der Wirtschaft, in welchem Investitionen das Wachstum, den wirtschaftlichen Aufschwung bestimmten.

a) Die Reform der Währung

Die Grundzüge der Pläne

Im *Juli und August 1923* hatte die Geldentwertung ein solches Ausmaß angenommen, daß jedermann versuchte, Bargeld so schnell wie möglich in Sachgüter umzutauschen oder Sachgüter nur im Tausch gegen andere Sachwerte abzugeben. Im Prinzip *funktionierte die Währung nicht mehr*, konnte das Geld nicht mehr als Tauschmittel benutzt werden. Sogar die Reichsregierung mußte im August 1923 zur Beschaffung von Haushaltsmitteln auf dem Anleihewege von der geltenden deutschen Währung, der Mark, abgehen und eine „Goldmark"-Anleihe (4,2 GM = 1 Dollar) auflegen.
Daher verdichteten sich die verschiedenen Überlegungen zur Bereinigung der Währungsprobleme im *Sommer 1923* zu den *ersten konkreten Plänen*. Im Prinzip lassen sich *zwei Tendenzen* erkennen, die beide teilweise in die endgültige Regelung übernommen wurden:

- Karl Helfferich, Finanzexperte und Politiker der Deutschnationalen Volkspartei (DNVP), schlug im Juli 1923 die Gründung einer *neuen Währungsbank* in Deutschland vor, die von der Landwirtschaft, von der Industrie und vom Handel getragen werden sollte. Grundkapital: 1 Mrd. *„Roggenmark"*. Ausgabe von Roggenmark (200 Roggenmark = 1 t Roggen). *Absicherung* dieser neuen Währung durch 4 Mrd. Roggenmark Grundschulden, je zur Hälfte bei (a) der *Land- und Forstwirtschaft* und bei (b) *Industrie und Handel*. Nachteil einer so abgesicherten Währung: Die Roggenpreise schwankten innerhalb eines Jahres sehr stark, z. B. in Goldmark August 1923 = 100, November 1923 = 184.
- Friedrich Minoux, bis Oktober 1923 in der Leitung des Stinnes-Konzerns, danach mit dem Aufbau eines eigenen Konzerns beschäftigt, und der Reichsverband der Deutschen Industrie bevorzugten die *Absicherung über Gold*, anknüpfend an den Wert der Mark vor 1914 (= 0,35842 Gramm Feingold). Vorteil: Der internationale Goldpreis schwankte nicht so stark wie der Roggenpreis. Nachteil: (a) Die hohen Reparationsforderungen mußten zwangsläufig zu einem Überangebot auch der neuen Währung auf dem

Weltmarkt führen, so daß der Goldpreis nur mit Mühe hätte gehalten werden können. (b) Zur Absicherung der Währung bedurfte es einer umfangreichen Gold- und Devisenzufuhr, was wiederum die Begehrlichkeit der Reparationsgläubiger verstärkt hätte.

Nach zahlreichen Konferenzen und Besprechungen im September und Oktober 1923, an denen auch der Vertreter der Großbanken und (ab 12. November 1923) Reichswährungskommissar Hjalmar Schacht (ab 22. Dezember 1923 als Gegenkandidat der SPD gegen den DNVP-Politiker Helfferich Reichsbankpräsident) und Hans Luther (zunächst Ernährungsminister, ab 6. Oktober 1923 Finanzminister) teilgenommen hatten, wurde zur Sanierung der Währung ein Mittelweg beschritten; dieser Weg hatte jedoch nur vorläufigen Charakter.

Die vorläufige Lösung

Am 15. Oktober 1923 erfolgte die Gründung der *Deutschen Rentenbank;* Grundkapital: 3,2 Mrd. *„Rentenmark“;* die *Landwirtschaft* hatte eine *Grundschuld über 1,6 Mrd. Rentenmark* zu übernehmen, die *gewerbliche Wirtschaft Schuldverschreibungen* über ebenfalls *1,6 Mrd. Rentenmark* der Bank zu geben. Beide Schuldbeträge waren mit 6% zu verzinsen. Die Rentenbank stellte Rentenbriefe, auf Goldmark lautend (= 0,35842 Gramm Feingold), zu 5% verzinslich aus. Diese dienten als Deckung der ausgegebenen, zunächst auf 2,4 Mrd. Mark beschränkten Rentenbankscheine (mit Banknotenfunktion) und mußten bei Vorlage der Rentenbankscheine, wie Gold vor 1914, ausgegeben werden. In Wirklichkeit war damit eine *doppelte Absicherung* der neuen Währung geschaffen:

– Aus *psychologischen Gründen* war die Verbindung mit der *Wirtschaft* (und deren Vermögenswerten) wichtig.
– Die Identität der Rentenbriefe mit *Goldmarkbeträgen* brachte eine Stabilität gegenüber dem Gold und den an Gold gebundenen Devisen.

Diese neue Währung ersetzte aber keineswegs die bisherige Währung. Die Rentenmark wurde nicht gesetzliches Zahlungsmittel; öffentliche Kassen waren zwar zur Annahme verpflichtet, nicht aber

Privatleute. Im Prinzip bestanden daher *nunmehr* in Deutschland *zwei Währungen* nebeneinander. Das Wertverhältnis zwischen diesen beiden Währungen richtete sich auf Grund des auf 0,35842 Gramm Gold bestimmten Wertes der Rentenmark nach dem Wechselkurs der alten Mark zum Dollar oder zur fiktiven und als Rechnungseinheit weit verbreiteten Goldmark. Am 28. November 1923 wurde der Wert einer Billion alter Mark mit einer Rentenmark gleichgesetzt.

Die langfristige Stabilisierung auf diesem Niveau gelang eigentlich aber nur dadurch, daß die wichtigste Quelle der Geldvermehrung zum Versiegen gebracht wurde: Ab 15. November 1923 endete das Recht des Reiches, Schatzanweisungen bei der Reichsbank diskontieren zu lassen. Der aus Abbildung 17 ersichtliche einseitige Geldstrom von der Reichsbank über die Reichskassen in den volkswirtschaftlichen Kreislauf war damit unterbunden. Trotz der Vermehrung des umlaufenden Bargeldes (nach dem Wert) von 460 Mill. GM am 15. November 1923 auf 2,3 Mrd. GM am 31. Dezember 1923 blieb die neue Währung stabil.

Die Reichsfinanzen gestalteten sich unter diesem Gesichtspunkt folgendermaßen:

- Das Reich erhielt einen Kredit aus den Mitteln der Rentenbank in Höhe von 1,2 Mrd. Rentenmark.
- Hiervon wurden 0,3 Mrd. Rentenmark unverzinslich zur Abdeckung alter schwebender Schulden verwendet. Das Reich konnte den gesamten aus Abbildung 17 ersichtlichen Berg an Schatzanweisungen (die eigentliche Ursache der schnellen Geldentwertung im und nach dem Kriege) einlösen: 189,8 Trillionen alter Mark wurden durch 189,8 Mill. Rentenmark beglichen.
- In der Anfangsphase gab es einige Schwierigkeiten in der Versorgung der Reichskassen mit baren Mitteln. Nachdem der Kredit von 1,2 Mrd. Rentenmark bereits nach etwa einem Monat aufgebraucht war, wollte man den alten Weg der Mittelbeschaffung gehen: Eine Erhöhung des Kredites bei der nunmehr teilweise Zentralbankfunktionen ausübenden Rentenbank. Der international darauf sinkende Kurs der Rentenmark stabilisierte sich nach der Weigerung der Rentenbank für einen solchen Kredit am 20. Dezember 1923 sofort wieder.
- Die Steuergesetzgebung (teilweise Notverordnungen) zwischen dem 7. und 28. Dezember 1923 stabilisierte die Reichseinnahmen auch wertmäßig. Die gleichzeitig vorsichtige und abwartende Ausgabenpolitik führte sogar zu einem Haushaltsüberschuß im Jahr 1924 (mehr als 1 Mrd. neuer Mark).
- Allerdings weckte dieser Überschuß des ersten normalen Haushaltsjahres die Begehrlichkeit der Parlamentarier: In den folgenden Jahren war jeweils eine leichte Neuverschuldung die Folge höherer Ausgaben,

so daß man den gesamten Schuldenbestand des Reiches (in neuer Währung, etwa 6 Mrd. RM alte umgestellte Schulden enthaltend) bis 1929 auf 9,6 Mrd. RM erhöhte.

Wichtig war die aus der Entwicklung von 1914 bis 1923 gezogene *Erkenntnis*:

- Eine kurzfristige *Verschuldung des Staates bei der Zentralnotenbank*, die *über einen Dispositionskredit* wesentlich hinausgeht, erweitert das im volkswirtschaftlichen Kreislauf befindliche Geldvolumen, so daß *inflationäre Tendenzen* eintreten (müssen).
- Eine *langfristig fixierte* (sog. fundierte) *Staatsverschuldung* zieht im Anleiheweg die in den volkswirtschaftlichen Kreislauf eingeführten Mittel zwar heraus. Die *negative*, die Währungsstabilität beeinträchtigende *Wirkung* liegt in der *künftigen Belastung* des Staates *mit einem Schuldendienst*, der aus ordentlichen Haushaltsmitteln (Steuern und Zölle) nicht aufgebracht werden kann und daher über eine dadurch weiter zunehmende Staatsverschuldung inflationäre Maßnahmen zur Erhaltung der staatlichen Liquidität erforderlich macht.

Mit dem nach dem Winter 1923/24 beginnenden wirtschaftlichen Aufschwung stieg die Kreditnachfrage der Privatwirtschaft so sehr, daß man erneut eine inflationäre Entwicklung unabhängig von den öffentlichen Haushalten befürchtete. Daher wurde das Kreditvolumen der Reichsbank in dem Umfange eingefroren, den es am 7. April 1924 hatte. Neue Kredite wurden nur in dem Maße gewährt, wie alte zurückgezahlt wurden. Im Sommer 1924 war daher die Stabilisierung der Währung erreicht. Man konnte an eine endgültige Regelung denken.

Die endgültige Regelung

Die *Beendigung des Übergangsstadiums* wurde durch das Bankgesetz vom 30. August 1924 eingeleitet:

- Die *Reichsbank* erhielt gegenüber der Reichsregierung ihre volle *Selbständigkeit* (teilweise bereits durch das Gesetz vom 26. Mai 1922), so daß damit insbesondere der Reichskredit nicht mehr unbegrenzt möglich war.

- Als *gesetzliches Zahlungsmittel* wurde die *„Reichsmark“* (RM) eingeführt (im Werte von 1 Rentenmark).
- Das *alte Mark-Geld* wurde im Verhältnis von 1 Billion Mark zu 1 RM *eingetauscht:* Aufruf der alten Banknoten am 5. März 1925. Am 5. Juli 1925 sollten die nicht eingetauschten Banknoten verfallen. Bis zu diesem Zeitpunkt bestanden also drei Währungen nebeneinander: Mark, Rentenmark, Reichsmark.
- Die ausgegebenen *Reichsmark-Noten* mußten *zu 40 v.H. durch Gold* (und teilweise Devisen) *gedeckt* sein. Der darüber hinausgehende Notenbetrag mußte durch „gute“ Handelswechsel, d. h. Wechsel mit Unterschriften von mindestens drei zahlungsfähigen Personen, abgesichert sein.
- Damit war *im Prinzip* eine *Goldkernwährung* eingeführt. Im Gegensatz zu der Zeit vor 1914 bestand keine Eintauschpflicht der Reichsbank für vorgelegte Banknoten gegen Gold.
- *Entscheidend für* die *Stabilisierung* der Währung war aber nicht die Goldkernwährung, sondern
  - die *Reduzierung des Geldvolumens* (Bar- und Buchgeld) auf ein dem Volumen der wirtschaftlichen Vorgänge angepaßtes Maß,
  - die *Stabilität der Staatsfinanzen* und
  - die *außenwirtschaftliche Absicherung* durch einen genügend großen Gold- und Devisenschatz der Reichsbank, so daß die Konvertierbarkeit bei freien Wechselkursen und damit der Außenwert gewährleistet waren.

Verlierer und Gewinner der Inflation

Verlierer der Inflation waren in erster Linie folgende Bevölkerungsgruppen:

- Die Inhaber von staatlichen Schuldtiteln. Auch die bereits vor dem 1. Juli 1920 im Eigentum des Inhabers von 1925 befindlichen Anleihen wurden nur zu 12,5% aufgewertet (Gesetz vom 16. Juli 1925), die übrigen zu 2,5%. Insgesamt wurden für sog. Altbesitzer 4,8 Mrd. RM (statt bisher 38 Mrd. Mark), für sog. Neubesitzer (‹ 50 Mrd. Mark), für Schuldbuchforderungen,

Schatzanweisungen und Schuldscheindarlehen etwa 1 Mrd. RM als Ablösungsschulden anerkannt.

- Die Hypothekengläubiger. Vor dem 1. Januar 1918 entstandene Hypotheken wurden zu 25%, später entstandene zu einem niedrigeren Prozentsatz aufgewertet.
- Die Inhaber von Industrieobligationen, Pfandbriefen und Vermögensanlagen (Gesellschaftsverträge, Güterüberlassungen usw.). Diese wurden meistens zu 10 bis 25% umgestellt.
- Inhaber von Bankguthaben (Girokonten, Sparkonten). Diese Forderungen wurden voll entwertet (1 Bill. Mark = 1 RM).

Geschädigt wurden damit:

- *Soziale Einrichtungen*, Stiftungen und andere Fonds, die ihre Rücklagen oder ihre Kapitalgrundlage in den genannten Papieren und Forderungen angelegt hatten (Betriebskrankenkassen, Einrichtungen der gesetzlichen Sozialversicherung, privates Versicherungsgewerbe usw.).
- *Privatpersonen*, die (außer Sachvermögen auch) Schuldtitel hatten (der „Rentnermittelstand“):
  - Sog. *Rentiers*, d. h. Personen (und deren Familien), die allein oder überwiegend aus Kapitaleinkommen (ohne eine eigene gewerbliche Tätigkeit) lebten.
  - Selbständige, die durch den Erwerb der genannten Forderungen sich eine *Sicherung für Notfälle oder für das Alter* schaffen wollten.

Die häufig vertretene These, daß der sog. Mittelstand auf Grund der Inflation seiner wirtschaftlichen Basis beraubt und dadurch später unter den Bedingungen der Weltwirtschaftskrise besonders anfällig für den Nationalsozialismus geworden sei, berücksichtigt nicht, daß der „Rentier“ keine Massenerscheinung war (etwa 85 v.H. der Kriegsanleihen waren von 4.000 Gläubigern gezeichnet, darunter zahlreiche juristische Personen) und daß auch die Sicherung für Notfälle (sofern sie überhaupt überwiegend durch den Erwerb der genannten Schuldtitel erfolgte) nur einen sehr geringen Teil der Bevölkerung betraf.

Als *Gewinner der Inflation* können betrachtet werden:

- Der *Staat* konnte sich seiner Schulden aus dem Ersten Weltkrieg und aus den nachfolgenden Jahren fast vollständig entledigen. Er war der *Hauptgewinner*.
- *Private Schuldner*, die in umfangreichem Maße Schulden gemacht hatten (und dabei Sachvermögen angeschafft oder vermehrt hatten). Hier ist vor allem ein Teil der Unternehmer zu nennen, der umfangreiche Investitionen vorgenommen hatte.

Die meisten kleineren Sachwertbesitzer waren keine Gewinner der Inflation, da sie „nur“ den Vorteil hatten, keine Verluste erlitten zu haben. Auch ein großer Teil der Industrie, ferner der Bankwirtschaft hatten 1923 – in Goldmark berechnet – größere Einbußen zu verzeichnen als in den Jahren 1914 bis 1922. Die Inflation schadete der Mehrheit der Wirtschaft. Nur wenige Spekulanten hatten (zufällig) richtig gesetzt.
Eigenartig war die Lage der Banken:

- Das Geldvermögen (und damit das Eigenkapital) schrumpfte unter dem Einfluß der Inflation. Allein das Devisengeschäft hatte große Gewinne gebracht und der Devisenbestand konnte die Verluste mindern.
- Die Verflechtung mit den Interessen der Großindustrie bewirkte durch eine starke Kreditausweitung eine Verstärkung der Inflation, ohne daß der Wert des Eigenkapitals entsprechend mitstieg.

b) Der Dawes-Plan

Das Jahr 1923 hatte auf Grund der Besetzung des Ruhrgebietes und der unvorstellbar hohen Inflationsraten die Leistungsfähigkeit der deutschen Wirtschaft erheblich eingeschränkt, so daß die Reparationsleistungen nicht mehr voll erbracht werden konnten. Auf Antrag der deutschen Regierung vom 24. Oktober 1923 sollte daher die Leistungsfähigkeit Deutschlands überprüft werden. Zu diesem Zweck wurden internationale Sachverständigenkommissionen eingesetzt:

- Die eine Kommission sollte untersuchen, in welchem Maße die Leistungsunfähigkeit auf einem unkontrollierten *Kapitaltransfer* ins Ausland beruhte (Leitung: Reginald McKenna). Sie kam zu dem Ergebnis, daß der nachweisbare Kapitalabfluß gehemmt und möglicherweise sogar in einen Kapitalzufluß umgewandelt werden könnte, wenn Staatsfinanzen und Währung in Deutschland geordnet würden und damit das Mißtrauen der Wirtschaft beseitigt sei (die Währungsreform von 1923 und 1924 führte dann tatsächlich dieses Ergebnis herbei).

- Die zweite, wichtigere Kommission sollte überprüfen, wie der Reichshaushalt und die Währung gestaltet werden mußten, um die *Leistungsfähigkeit* Deutschlands wieder herzustellen (Leitung: Charles G. Dawes). Das Ergebnis dieser Kommissionstätigkeit bildete die Grundlage für die Neuregelung der Reparationen im sog. Dawes-Plan.

Der *Dawes-Plan* sah folgende *Leistungen* vor:

- Im ersten Jahr (1. September 1924 bis 31. August 1925) sollten 1 Mrd. Mark aufgebracht werden.
- Danach sollte die Leistung langsam steigen, um 1928/29 2,5 Mrd. Mark zu erreichen.
- Dieser Betrag sollte in den dann folgenden Jahren (ohne zeitliche Begrenzung) jährlich aufgebracht werden.
- Die Industrie und die Reichsbahn sollten zusammen die eine Hälfte (1,25 Mrd. Mark) aufbringen. Die zur Absicherung dieser Forderungen ausgegebenen Obligationen wären nach 36 Jahren getilgt worden, so daß über diese Leistung dann eine neue Regelung hätte getroffen werden müssen.
- Die vom Reich unmittelbar aufzubringenden 1,25 Mrd. Mark waren zeitlich nicht begrenzt.
- Bei einer Steigerung des Wohlstandes (berechnet nach einem komplizierten Index aus öffentlichen Einnahmen und Ausgaben, Bevölkerungszahl, Kohleverbrauch, Transportleistungen der Eisenbahn, ferner Verbrauch an Zucker, Tabak, Bier und Branntwein) sollten sich ab 1929 die Reparationsleistungen noch erhöhen (ohne daß dadurch eine Verkürzung der nicht festgelegten Leistungszeit vorgesehen war!).

Die *Aufbringung der Mittel* wurde ebenfalls bestimmt:

- Die Industrie hatte Schuldverschreibungen über 5 Mrd. Goldmark mit anfangs 2,5% und ab 1927 5% zu verzinsen, und schließlich mit 1% zu tilgen, so daß aus dieser Quelle anfangs jährlich 125 und später 300 Mill. Goldmark flossen.

- Die am 1. April 1920 aus sämtlichen staatlichen Eisenbahnen gegründete Reichseisenbahnen AG wurde zu einer jährlichen Leistung von anfangs 200 und von 1927 an 950 Mill. Goldmark verpflichtet (290 Mill. Mark Verkehrssteuern, 660 Mill. Mark für 11 Mrd. Goldmark Obligationen). Absicherung dieser Leistungspflicht durch die Einsetzung eines Treuhänders.
- Aus den Einnahmen des Reiches war 1925 ein Betrag von 250 Mill. Goldmark zu zahlen, ab 1928 dann jährlich 1,25 Mrd. Goldmark.

Die *Absicherung der Leistungen* erfolgte durch folgende Maßnahmen:

- Ein Generalagent für die Reparationen (Parker Gilbert) hatte die Aufbringung der Mittel und damit die Reichsfinanzen zu überwachen (dazu teilweise Pfändung der Reichseinnahmen).
- Ein Komitee hatte über den Umfang der Sachleistungen und der (monetären) Transferleistungen zu befinden. Bei Gefahr für die deutsche Währung sollten die Beträge auf dem Konto des Reparationsagenten (bis zu 2 Mrd. GM) stehen bleiben. Außerdem konnten bis zu 5 Mrd. GM deutsche festverzinsliche Papiere gekauft werden. Nach Ausfüllung dieses Rahmens sollten die Reparationsleistungen vorübergehend gesenkt werden.
- Die Reichsbahn erhielt einen ausländischen Kommissar zur Kontrolle der Geschäftsleitung. Außerdem wurden bei der Besetzung des Verwaltungsrates der Eisenbahn die Interessen der Reparationsgläubiger berücksichtigt.
- Die Reichsbank erhielt neben dem Direktorium und der Generalversammlung mit dem Zentralausschuß der Anteilseigner einen Generalrat mit 14 Mitgliedern, von denen 7 Ausländer waren. Einer der Ausländer war zugleich Kommissar für die Notenausgabe (G. W. J. Bruins, Rotterdam).

Die Sicherung der Leistungen zielte also auf folgende Punkte ab:

- Die *Sicherung der Währung* durch Kontrolle der Reichsbank.
- Die *Sicherung der Aufbringung* der Leistungen durch den Generalagenten und durch die Aufsicht über die Eisenbahn.

- Die *Kontrolle des Transfers* (und der Transfermöglichkeiten) durch das sog. Transferkomitee.

Die *Aufbringung der Mittel* wurde bis zum 31. August 1929 *erreicht*:

- Die *Reichsbahn stellte* einen Teil der notwendigen *Investitionen zurück*, um die erforderlichen Überschüsse zu erwirtschaften. Der Rückgang der von der Reichsbahn nachgefragten Eisenmengen (Eisenbahnoberbauzeug und rollendes Material) von 1,98 Mill. t 1927 auf 1,45 Mill. t 1928 (= minus 27 v.H.) bringt dies zum Ausdruck. Die hiervon ausgehenden gesamtwirtschaftlichen Auswirkungen an der Schwelle zur Weltwirtschaftskrise sind sicher nicht unerheblich gewesen. Die Eisenbahn konnte in ihren Bilanzen nach 1918 nur mühsam ihr Defizit vertuschen. Hugo Stinnes beabsichtigte daher schon vor 1924 zu günstigen Bedingungen die Eisenbahnen gemeinsam mit anderen Kapitaleignern zu übernehmen.
- Die *Industrie* hat in der Zeit von 1924 bis 1929 insgesamt für etwas über 33 Mrd. RM Nettoinvestitionen vorgenommen. Die Bedienung der Reparationsobligationen mit insgesamt 975 Mill. Mark bis zum 31. August 1929 zwang daher zur *Ausdehnung der Fremdfinanzierung* (oder zur *Erhöhung der Preise*).
- Die Verwendung staatlicher Mittel für Reparationszwecke in Höhe von 1,25 Mrd. GM verringerte die Ausgabemöglichkeiten des Reiches um etwa 15 v.H.

Während aber die *Mittel* im Inland *planmäßig aufgebracht* wurden, war der *Transfer nur auf Grund* eines umfangreichen *Kapitalzuflusses aus dem Ausland möglich:*

- Von Ende 1923 bis zum Sommer 1929 flossen insgesamt etwa *21 Mrd. RM ausländischer Kredite*, vor allem aus den USA nach Deutschland. Kreditnehmer waren:
  - 4 Mrd. RM: öffentliche Hand, insbesondere Gemeinden
  - 10 Mrd. RM: Unternehmen der Wirtschaft
  - 7 Mrd. RM: Banken (für ihre Kundschaft)
- In der gleichen Zeit flossen fast 21 Mrd. RM ins Ausland:
  - 3,8 Mrd. GM: in ausländischer Währung (Devisen), ohne bekannten Rechtsgrund (u. a. Reparationen)

- 7,7 Mrd. GM: für Kapitalanlagen im Ausland
- 9,4 Mrd. GM: Devisenabfluß durch Einfuhrüberschuß 1924/1929

- Zu diesen aus den Angaben des Statistischen Reichsamtes zusammengestellten, fast ausgeglichenen Zu- und Abflüssen kamen noch folgende Posten:

  - Die *Devisenbestände der Reichsbank* erhöhten sich von 70 Mill. GM Ende 1923 auf 277 Mill. GM im Durchschnitt des Jahres 1929.
  - Die *Goldbestände der Reichsbank* erhöhten sich von 700 Mill. GM Ende 1923 auf 2,3 Mrd. GM im Durchschnitt des Jahres 1929.
  - Insgesamt wurden vom 1. Sept. 1924 bis zum 31. Aug. 1929, d. h. unter dem Dawes-Plan, fast 8 Mrd. GM Reparationen geleistet.

  Die sich hieraus ergebende Differenz zwischen Gold- und Devisenzu- und abflüssen in Höhe von etwa 1,8 Mrd. GM erklärt sich aus statistisch nicht erfaßten Vorgängen. So sind insbesondere die Zahlenangaben für die einströmenden Kredite nur Schätzungen. Zum Teil wurden auch langfristige Anlagen durch die ausländischen Geldgeber vorgenommen. So wurden allein von US-Bürgern bis 1930 200 Mill. Dollar (= 840 Mill. RM) in der Automobilindustrie angelegt. Nicht berücksichtigt wurde ferner die mit 3,4 Mrd. RM aktive Dienstleistungsbilanz.

Die *Zusammenstellung* macht deutlich:

- *Deutschland war* gegenüber dem Ausland in hohem Maße *verschuldet.* Die Differenz zwischen hereinströmenden Krediten (21 Mrd. RM) und Auslandsanlagen durch Deutsche (7,7 Mrd. RM) erreichte mit etwa 13,3 Mrd. RM die Höhe des Exportwertes 1929 (und würde auf die Verhältnisse der Bundesrepublik übertragen eine Nettoneuverschuldung gegenüber dem Ausland in Höhe von etwa 650 Mrd. DM von 1987 bis 1992 bedeuten).
- Die *Devisen für die Reparationsleistungen* (8 Mrd. GM) konnten von Deutschland nur *durch* das Hereinströmen *ausländischer Kredite aufgebracht* werden. Man sprach davon, daß die (öffentlich-rechtliche) Schuld des Reiches in eine (privat-rechtliche) Schuld der Wirtschaft und der öffentlichen Hand umgewandelt, d. h. „kommerzialisiert“ worden sei.

- Der *hohe Einfuhrüberschuß* (9,4 Mrd. RM; bei insgesamt 70,8 Mrd. RM Importen wurden 13 v.H. der Importe mit aus Krediten erlangten Devisen bezahlt) *zeigte den grundsätzlichen Fehler* der wirtschaftlichen Verhältnisse:
  - Das *Ungleichgewicht im Außenhandel* wurde durch kurzfristige Auslandskredite ausgeglichen. Damit wurde eine *künftige Instabilität* der Zahlungsbilanz bei kurzfristigem *Abruf der Kredite* geschaffen, wie sich in der Bankenkrise im Sommer 1931 zeigte.
  - Die *Reparationsleistungen* hatten zwar an der Entstehung dieser Situation einen geringeren Anteil (47 v.H. gegen 53 v.H. durch Einfuhrüberschuß). Sie *verstärkten die Instabilität* jedoch nicht unerheblich.

Die entscheidende Fehlentwicklung lag daher in den im Verhältnis zum Export zu schnell steigenden Einfuhren (bedingt durch die Abwehr des Auslands gegenüber Einfuhren aus Deutschland) und nicht in den Reparationsleistungen. Ein Exportüberschuß hätte den Anreiz für übermäßige Auslandskredite nach Deutschland vermindert und die für die Reparationen erforderlichen Devisen verschafft.

c) Die wirtschaftliche Entwicklung

Die gesamtwirtschaftliche Entwicklung der Jahre 1925 bis 1929 war allgemein aufwärts gerichtet. Die *Zunahme des Volkseinkommens* je Einwohner – als Maßstab des wirtschaftlichen Wachstums – lag durchschnittlich bei etwa 4 v.H. jährlich. Die eigentlichen Wachstumsjahre waren die Jahre 1924, 1925 und 1927. Gegenüber den übrigen Industriestaaten der Welt war für *Deutschland* aber eine *besondere Situation* gegeben:

- Für die meisten anderen Länder, insbesondere für die USA, lagen die Jahre 1925 bis 1928 in den Wachstumsraten weit über dem Durchschnitt. Deutschland hatte also offensichtlich noch nicht den Anschluß an die jährlichen Schwankungen der allgemeinen und weltweiten konjunkturellen Entwicklung erlangt.
- Der Rückstau gegenüber den anderen Ländern in der Produktionstechnik (qualitativ) und im Produktionsvolumen (quantitativ) hatte zwei Gründe:

- Der allgemeine, durch den Ersten Weltkrieg bewirkte Rückstand (unterlassene Investitionen) war in den Inflationsjahren nicht beseitigt worden.
- Das Jahr 1923 mit Ruhrbesetzung und unübersichtlich gewordenen Währungsverhältnissen hatte den Rückstand noch vergrößert.

Dies zeigt sich auch in den einzelnen *Wachstumskomponenten*:

- Der Verbrauch der Bevölkerung erhöhte sich um insgesamt 19 v.H. in sechs Jahren.
- Der Kapitalstock der gesamten Volkswirtschaft stieg um 22 v.H. Insgesamt wurden von 1924 bis 1929 für etwa 45 Mrd. RM Nettoinvestitionen vorgenommen.
- Die Einfuhr stieg überproportional und spiegelte die unterschiedliche konjunkturelle Entwicklung der einzelnen Jahre wider, vgl. Abbildung 19.

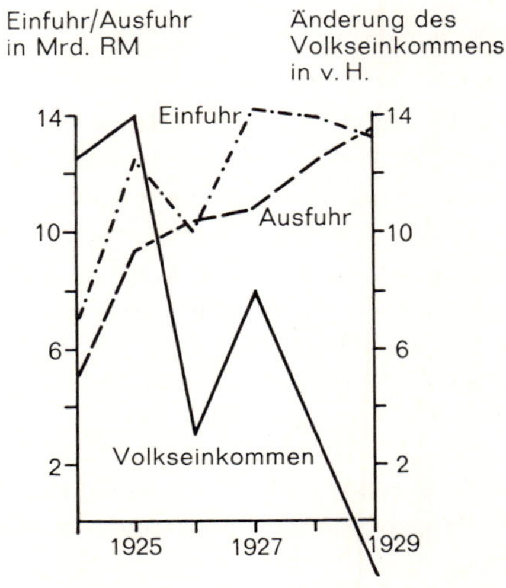

Abb. 19: Die Entwicklung von Einfuhr und Ausfuhr in Mrd. RM und das volkswirtschaftliche Wachstum in v.H. gegenüber dem Vorjahr von 1924 bis 1929

- Die Ausfuhr stieg stetig und trug teilweise zur Stabilisierung der konjunkturellen Lage bis 1929 bei, konnte aber nur einen Teil der nachlassenden inneren Wachstumskräfte kompensieren.

Die konjunkturelle Entwicklung wurde also vor allem durch die Investitionen, weniger durch den inländischen Verbrauch und den Export getragen. Damit wurde aber bis 1929 eine in der Weltwirtschaftskrise sich negativ auswirkende Ausdehnung der Produktionskapazität erreicht:

- Die überproportionale Zunahme der Nettoinvestitionen (mit Ausnahme des Jahres 1926) wirkte dabei ebenso wie
- die Verbesserung der Kapital- (und Arbeits-) -produktivität (technischer Fortschritt).

Unter Berücksichtigung der außenwirtschaftlichen Vorgänge und der Entwicklung des Lebensstandards der Bevölkerung kann man

- allenfalls davon sprechen, daß das unmittelbar vor dem Ersten Weltkrieg vorhandene Niveau zu 95 v.H. erreicht war (aber auf labiler Grundlage),
- nicht aber von „goldenen" Jahren.

Im Prinzip handelte es sich auch eher um eine durch

- die Hoffnung auf endgültige Überwindung der Nachkriegsprobleme (Reparationsfragen, innerer sozialer Frieden) und
- die Furcht vor einer negativen Entwicklung der labilen Verhältnisse

gekennzeichnete Situation. Die schon von den Zeitgenossen gebrauchten Bezeichnungen einer „Dollarscheinblüte" (Anspielung auf die Kredite aus den USA) oder einer „Konjunktur auf Borg" drücken dies ebenso aus wie die politische Hektik (6 Regierungen in 6 Jahren).

4. Die Weltwirtschaftskrise (1929 bis 1933) und die Entwicklung von Wirtschaft und Gesellschaft in der Weimarer Republik

Die Zeit von 1929 bis 1933 ist durch die Weltwirtschaftskrise gekennzeichnet. Der wirtschaftliche Schrumpfungsprozeß wirkte sich in den meisten industrialisierten Ländern für die Bevölkerung vor allem in folgender Weise aus:

- Ein sinkender Anteil der Beschäftigten an der Gesamtbevölkerung (*Arbeitslosigkeit*).
- Ein *sinkendes Einkommen* je Beschäftigtem.
- Ein sich aus diesen beiden Komponenten ergebender noch stärkerer *Rückgang der realen Wertschöpfung* pro Kopf der Bevölkerung.

a) Die Weltwirtschaftskrise und die wichtigsten äußeren Kennzeichen

Die Börsenkrise

Während die Schwankungen in der Produktionssphäre bis zum Herbst 1929 relativ gering gewesen sind, jedenfalls nicht den Beginn einer großen Krise andeuteten, waren die Kursverluste an der Börse von New York vom 23. bis zum 29. Oktober 1929 mit bis zu 90 v.H. so stark, daß man allgemein dieses Datum als den Anfang der Weltwirtschaftskrise bezeichnet (25. Oktober = Schwarzer Freitag). Für die USA wurde damit eine seit 1919 vorhandene und nur in wenigen

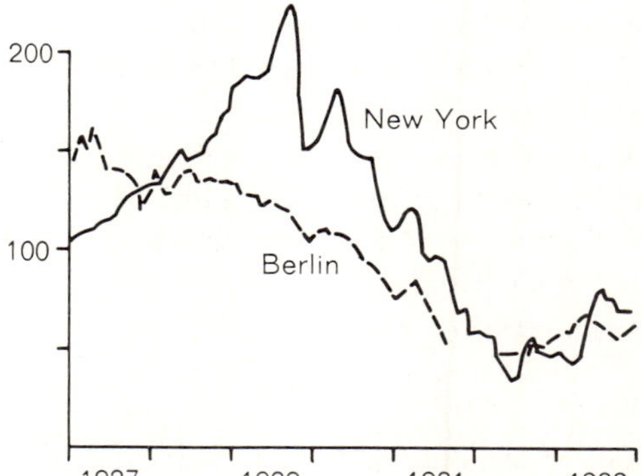

Abb. 20: Aktienkurse an den Börsen von New York und Berlin 1927 bis 1933 in Monatsdurchschnitten (New York: Index Standard Statistics Co.; Berlin: Index des Statistischen Reichsamtes)

Jahren (1921, 1924) unterbrochene Aufwärtsbewegung der Börsenkurse abrupt beendet. Die relativ *langfristige Prosperitätsperiode* für die industrielle Produktion, die Gewinne und die Börsenkurse hatte zu der verbreiteten Annahme verleitet, daß wesentliche wirtschaftliche Schwankungen, wie sie vor allem in der Zeit von 1850 bis zum Ersten Weltkrieg noch verbreitet waren, nicht mehr eintreten würden. Es herrschte ein *allgemeiner Fortschrittsglaube*. Um so härter wurde gerade in den USA die Krise empfunden. Betrachtet man allerdings die Börsenkurse in New York und in Berlin genauer, dann ist dieses Urteil zu relativieren, vgl. Abbildung 20.

Die Kursentwicklung in Abbildung 20 macht deutlich:

- Der Börsensturz in New York (Index für 421 Aktien) darf nicht überbewertet werden. Erst im Mai 1931, d. h. 19 Monate nach dem Börsensturz, war das durchschnittliche Niveau von 1926 erreicht. Wer den Börsensturz als gravierend bezeichnet, muß notwendigerweise auch den Anstieg der Kurse in den vorhergehenden 34 Monaten kritisch betrachten.
- In Deutschland war der Höhepunkt der Börsenkurse bereits 1927 erreicht. Nach einem fast steten Anstieg von Dezember 1925 bis April 1927 begann eine langfristige Abwärtsentwicklung, so daß die Weltwirtschaftskrise hier den allgemeinen Trend nach unten allenfalls verstärkte, ihn aber zunächst nicht so heftig anwachsen ließ wie in den USA (1931/32 war der Börsenkurs in Berlin zeitweise ausgesetzt).

Wie weitgehend auch in den USA die durch den Börsen-Index nivellierte Differenzierung der wirtschaftlichen Entwicklung war, zeigt die Einordnung der Höhepunkte in dieser Entwicklung für einzelne Wirtschaftszweige:

- Nahrungsmittelindustrie: Dezember 1928
- Bergbau: Februar und September 1929
- Die meisten übrigen Branchen: Sommer 1929

Darüber hinaus hatte die Stahl- und Eisenindustrie wie auch in schwächerer Form andere Industriezweige bereits Anfang des Jahres 1930 wieder erhebliche Produktionszunahmen zu verzeichnen, was sich auch in dem kurzfristigen Anstieg der Aktienkurse in New York bis zum April 1930 ausdrückte. Es war also im *Herbst 1929 keineswegs ersichtlich,*

- daß eine *allgemeine*, den größten Teil der Wirtschaft in fast allen wichtigen Industrieländern der Welt erfassende
- *und sich über mehrere Jahre erstreckende Talfahrt*, d. h. Schrumpfung der Wirtschaft zu erwarten sein würde.

Mindestens in diesem Anfangsstadium der Krise ist daher die Zurückhaltung in der staatlichen Wirtschaftspolitik verständlich. Mit der zunehmenden Abwärtsbewegung wurde dies allerdings dann mehr und mehr durch eine allgemeine Ratlosigkeit abgelöst.

Die Produktion

Der Niedergang der wirtschaftlichen Aktivitäten wird zwar von der Entwicklung der Börsenkurse wiedergegeben. Da die Börsenkurse aber nicht selten kurzfristig abweichende – oder aus spekulativen Gründen sogar gegensätzliche – Tendenzen haben, zeigt die Produktionsentwicklung die konjunkturelle Lage genauer. Nimmt man die Wertschöpfung als einen Indikator der allgemeinen Produktionsentwicklung, dann zeigt sich ebenfalls ein erheblicher *Unterschied zwischen* der Situation in den *USA und* in *Deutschland*, vgl. Abbildung 21.

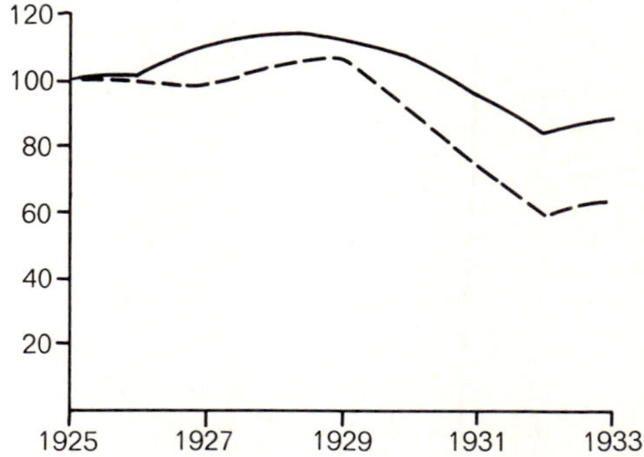

Abb. 21: Volkseinkommen je Einwohner in realen Einheiten in den USA (---) und in Deutschland (—) von 1925 bis 1933 (1925 = 100)

Vergleicht man diese Entwicklung mit der der Börsenkurse, dann ergibt sich:

- Die Börsenkurse *in den USA* hatten trotz einer zunächst *stagnierenden wirtschaftlichen Entwicklung* in den Jahren *1925, 1926 und 1927* einen erheblichen Auftrieb.
- Das Jahr *1929* war *für Deutschland bereits* ein Jahr der *rückläufigen Tendenz* im wirtschaftlichen Wachstum (negative Wachstumsrate von etwa 2 v.H.), so daß Deutschland von der Weltwirtschaftskrise nicht so hart getroffen wurde wie die USA.
- Von 1929 bis 1932 war dann der *Rückgang in den USA* mit etwa 44 v.H. *erheblich stärker* als in Deutschland von 1928 (Höhepunkt) bis 1932 mit 26 v.H., d. h. die *Weltwirtschaftskrise* hat
  - *in den USA ein erheblich stärkeres Ausmaß* gehabt als in Deutschland und
  - zu einem späteren Zeitpunkt *mit größerer Heftigkeit* eingesetzt.

Bezieht man in diese Betrachtung auch noch andere Industrieländer ein, dann erhält man ebenfalls andere Kurvenverläufe, d. h. bei etwa gleicher Tendenz sind das Ausmaß, der Anfangszeitpunkt und auch der Zeitpunkt der Überwindung der Krise recht unterschiedlich, vgl. Abbildung 22.

Diese *Unterschiede* sind durch mehrere Komponenten hervorgerufen worden:

- *Einige Wirtschaftszweige* wurden von der Weltwirtschaftskrise in ihrem Produktionsvolumen nicht oder *unterdurchschnittlich* negativ *beeinflußt.* Hier ist *vor allem die Landwirtschaft* zu nennen. Länder mit einem hohen Anteil der Landwirtschaft an der Gesamtzahl der Beschäftigten wurden daher in weniger Wirtschaftszweigen und damit auch durchschnittlich weniger beeinflußt, zumal wenn die Landwirtschaft nicht auf den Export ausgerichtet und von der Weltkonjunktur abhängig war. In Deutschland mit einem Anteil der Landwirtschaft von etwa 30 v.H. der Beschäftigten war neben den normalen Ernteschwankungen zunächst kein Rückgang der Agrarproduktion eingetreten. Ab 1931 ist sogar die Tendenz zur Ausdehnung der Nahrungsmittelproduktion (inverse Reaktion) zum Ausgleich der Einkommensverluste durch Preisrückgänge zu verzeichnen. In den USA mit etwa 20 bis 22 v.H. in der Landwirtschaft Beschäftigten war ebenfalls bis 1930 keine Verringerung der Produktion eingetreten. Ab 1931 führte der Verfall der Agrarpreise zu einem erheblichen Rückgang der teilweise auf den Export ausgerichteten Agrarproduktion.
- Der *Ausbau der industriellen Kapazitäten* war in den einzelnen Ländern *unterschiedlich weit über die Nachfrage hinausgewachsen*, so daß dement-

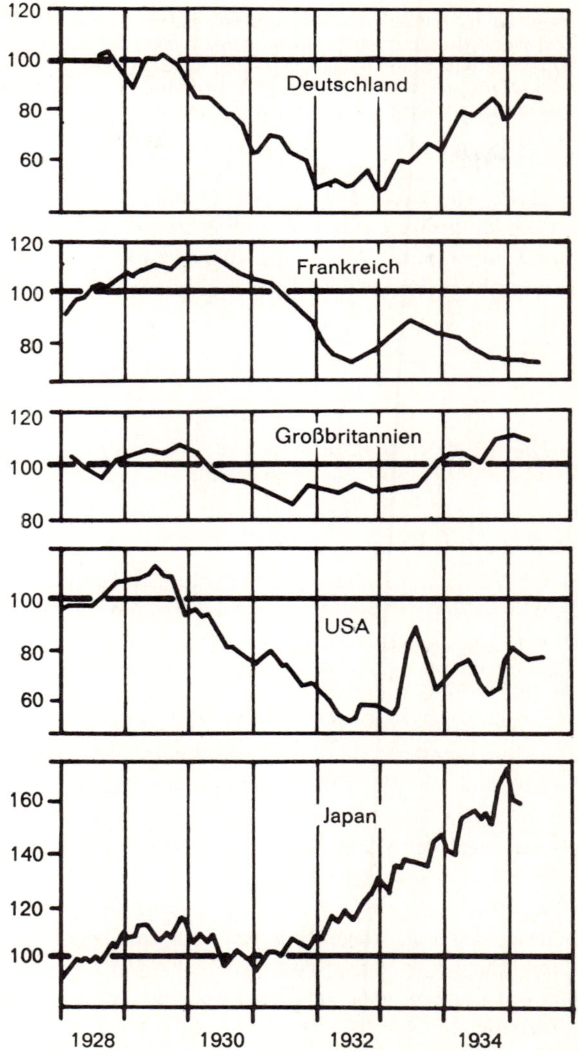

Abb. 22: Entwicklung der industriellen Produktion in 5 Ländern mit zusammen etwa 50 v.H. der Welteinfuhr und -ausfuhr von 1928 bis 1935 (1928 = 100)

sprechend auch der Rückgang der Nettoinvestitionen (und teilweise auch der Ersatzinvestitionen) ein abweichendes Ausmaß annahm.
- Die Unterschiede in der Ausrichtung der inländischen Produktion auf den *Absatz im Ausland* (Export) führte ebenfalls zu unterschiedlichen Auswirkungen der Krise des internationalen Handels.

Der Arbeitsmarkt

Für die breite Masse der Bevölkerung wurde die Krise am deutlichsten (und am härtesten) bei einem *Verlust des Arbeitsplatzes* und damit des Einkommens. Abbildung 23 zeigt die Entwicklung der Arbeitslosenzahlen von 1919 bis 1938.

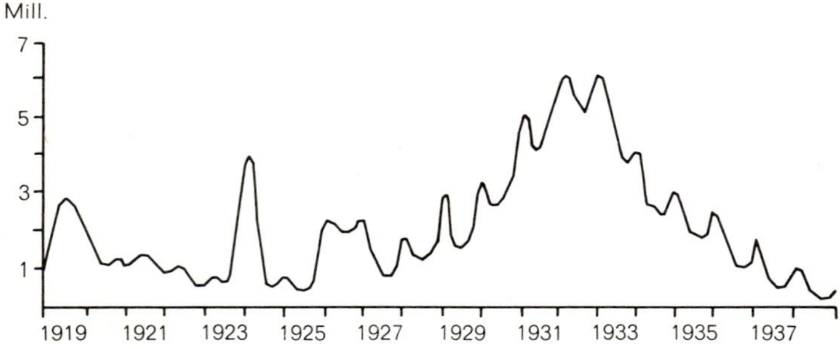

Abb. 23: Arbeitslosenzahlen in Deutschland von 1919 bis 1938

Aus dieser Abbildung wird deutlich:
- Die *Weltwirtschaftskrise unterschied sich zunächst* bis in das Jahr 1930 nicht wesentlich von den Krisensituationen im ersten Nachkriegsjahr und im Jahr 1923 mit Ruhrbesetzung und hektischer Geldentwertung. Bis in das Jahr 1931 konnte man daher auf eine „Selbstheilung" der Wirtschaft hoffen, wie auch schon 1920 und 1924.
- *Erst der weitere Anstieg der Arbeitslosenzahl* im Januar und Februar 1931 und der geringe Rückgang von März bis Juni 1931, der sich dann nicht fortsetzte, führten schnell zusammen mit der nun schon ins dritte Jahr gehenden Krise *zu einer besorgniserregenden Entwicklung.*
- Das Jahr *1932* brachte eine *Unterbrechung dieses Trends, ohne aber* eine *Umkehr* der Entwicklung zu zeigen. Zwar lag die Zahl

der Arbeitslosen am Tiefpunkt im Winter 1931/32 mit 6,128 Mill. (Februar 1932) höher als im folgenden Winter 1932/33 mit 6,014 Mill. (Januar 1933). Offensichtlich wurde *aber eine große Zahl von Arbeitslosen nicht mehr registriert*, denn

- die Zahl der Kurzarbeiter war zu beiden Zeitpunkten mit etwa 3 Mill. gleich hoch (nach den Statistiken der Gewerkschaften wurden im Winter 1932/33 sogar mehr Kurzarbeiter registriert als im vorhergehenden Winter),
- die Zahl der Beschäftigten (Mitglieder der Krankenkassen) hatte aber im zweiten Winter mit 11,487 Mill. (Januar 1933) einen niedrigeren Wert aufzuweisen als im vorhergehenden Winter mit 11,928 Mill. (Februar 1932).

- Die Zahl der Arbeitslosen erreichte im Winter 1929/30 wenig mehr als das Niveau des vorhergehenden Winters, so daß *eigentlich erst* der zu geringe Rückgang im Jahr *1930* eine Bekämpfung der beginnenden Krisensituation mit *staatlichen Mitteln gerechtfertigt* hätte.

Die negativen Auswirkungen der Arbeitslosigkeit und der Kurzarbeit wurden noch durch sinkende Reallöhne verstärkt.

Die Bankenkrise

Der *zweite Teil der Weltwirtschaftskrise* war in Deutschland vor allem durch die *Krise der Banken* beeinflußt worden. Die finanzielle *Bedrängnis der Banken* wurde *durch zwei Komponenten* hervorgerufen:

- Die Entwicklung der Bankgeschäfte von 1924 bis 1931 hatte eine erhebliche *Instabilität der Banken* verursacht. Die Geschäftspolitik der Banken, vor allem der Berliner Großbanken war auf *Expansion* ausgerichtet, *ohne* daß die erforderliche *Absicherung in der Entwicklung des Eigenkapitals und der Liquidität* vorgenommen wurde, vgl. Abbildung 24.

  1925 hatten die Banken im allgemeinen wieder ein Geschäftsvolumen erreicht, das dem von Juni 1914 entsprach. Die danach folgende Ausdehnung der Geschäftstätigkeit wurde beeinflußt durch
  - die Konkurrenz zwischen den Berliner Großbanken (günstige Kreditkonditionen für die Kunden),
  - spekulative Geschäfte mit Aktien, anderen Wertpapieren und mit Waren (Lombardwechsel),
  - das allgemeine wirtschaftliche Wachstum.

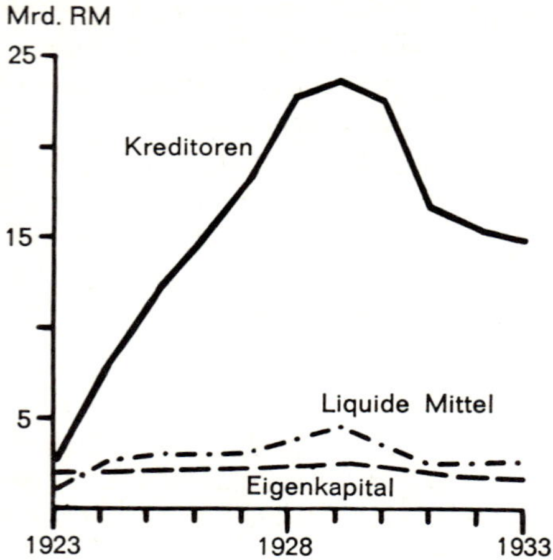

Abb. 24: Kreditorensumme, liquide Mittel (Kassenbestände plus Guthaben bei Banken) und Eigenkapital (Grundkapital und Reserven) der Aktienbanken und der öffentlich-rechtlichen Kreditanstalten von Ende 1923 bis Ende 1933

Eine Aufstockung des Eigenkapitals durch niedrigere Dividendenzahlungen und durch Ausgabe neuer Aktien hätte die Differenz dieser beiden Größen zu der Entwicklung der Kreditorensumme nicht so groß werden lassen.

– Die Instabilität der deutschen Banken wurde noch gesteigert und begleitet durch eine ausgeprägte *Instabilität des internationalen Kreditmarktes*. Die wichtigsten Kennzeichen hierfür waren:
  – Die *Einseitigkeit der Geld- und Kapitalströme*: Von 1924 bis 1929 waren ausländische Kredite in Höhe von 21 Mrd. RM nach Deutschland geflossen (ohne die inzwischen wieder abgerufenen Kredite). Da in Deutschland in dieser Zeit für etwa 45 Mrd. RM Nettoinvestitionen vorgenommen wurden, kann rein rechnerisch knapp die Hälfte dieser Nettoinvestitionen mit Hilfe von Auslandsgeldern finanziert worden sein. Zur gleichen Zeit gab es für etwa 7,7 Mrd. RM deutsche Anlagen im Ausland.

- Die *fehlende* zeitliche *Übereinstimmung zwischen* den (überwiegend kurzfristig) gewährten *Krediten und* der *Anlageart* (meistens Nettoinvestitionen). Kurzfristig gewährte und auch wieder kurzfristig flüssigzumachende Mittel hätten im übrigen in diesem Umfang gar nicht in Deutschland untergebracht werden können.

Aus diesen beiden hier genannten Faktoren der Instabilität ergab sich eine erhebliche *Anspannung der Geschäftslage der Banken* bereits vor dem Beginn der Weltwirtschaftskrise. Die Krise brachte nach und nach die Banken aus dem Gleichgewicht:

- Eine *Verringerung des Produktionsvolumens* und damit der Gewinnmöglichkeiten in der Wirtschaft führte dazu, daß die Bedienung vieler Kredite nicht mehr gewährleistet war. (Die Zahl der jährlichen Konkurse verdoppelte sich von 1928 bis 1931.)
- Da diese Auswirkung der Krise auch im Ausland vorhanden war, kam es dort ebenfalls in der Wirtschaft zur *Verknappung von liquiden Mitteln*, und zwar vor allem bei den Banken. *Ab November 1930* wurde das Bankenwesen *in den USA und in Frankreich* von einer *starken Krise* erfaßt. In den drei Monaten November/Dezember 1930 und Januar 1931 mußten in den USA etwa 800 Banken ihre Zahlungen einstellen; in Paris standen Mitte Dezember 1930 181 Bankiers und Finanzleute unter der Anklage einer Schädigung der Sparer. In *Deutschland* war die Krise vor allem zahlreicher kleinerer Banken zunächst nicht so sichtbar geworden:
  - Die *Ausweitung des Filialnetzes der großen Banken* nach dem Ersten Weltkrieg war durch
  - die *Übernahme* zahlreicher *kleinerer* und mittlerer *Banken* erfolgt.

  Dadurch waren bereits die von der Eigenkapitalausstattung und Liquiditätslage her gesehen schwächeren Banken aufgesogen worden.
- Die Krise im Bankensystem der USA und Frankreichs führte aber dazu, daß man dort ab Ende 1930 begann, *kurzfristige Gelder aus Deutschland* abzurufen. Die Zunahme der Reichstagssitze der NSDAP von 12 auf 107 und der KPD von 54 auf 77 bei den Wahlen im September 1930 hatte zudem die *Instabilität der poli-*

tischen Verhältnisse in Deutschland gezeigt und einen negativen Einfluß auf die Kapital- und Geldzufuhr aus dem Ausland gehabt. Per Saldo waren aber auch noch im ganzen Jahr 1930 243 Mill. RM kurzfristige und 1.119 Mill. RM langfristige Gelder mehr nach Deutschland geflossen als abgezogen wurden. In welchem Umfang neben diesen „sichtbaren" Kapitalbewegungen nicht registrierte Zahlungen vorhanden waren, ist nicht bekannt.

- *Bis zum Juni 1931* kamen die *deutschen Banken* aber noch *nicht* ernsthaft *in Gefahr. Erst die Ereignisse in Österreich* änderten die Lage:
  - *Frankreich verhinderte* den von Österreich beschlossenen *Zollanschluß* an Deutschland, so daß die Aussichten auf eine Besserung der wirtschaftlichen Lage in Österreich schlechter wurden.
  - Der darauf einsetzende Abzug ausländischer Gelder aus Österreich führte die Zahlungsunfähigkeit der größten dortigen Bank, der Österreichischen Creditanstalt herbei (13. Mai 1931).
  - *Die internationalen Kreditgeber* befürchteten eine entsprechende Entwicklung auch für Deutschland und *riefen* daher auch hier fällige *Kredite zurück* (anstatt sie wie bisher zu verlängern). Allein in den ersten drei Juniwochen wurden 1,25 Mrd. RM aus Deutschland abgezogen.

- Die *Folge* dieser Aktionen war eine erhebliche *Schwächung der Liquiditätslage* der deutschen Banken, vor allem der Berliner Großbanken (Deutsche Bank und Discontogesellschaft, Reichs-Kredit-Gesellschaft, Berliner Handelsgesellschaft, Dresdner Bank, Commerz- und Privatbank, Darmstädter und Nationalbank). Zugleich wurde damit der *Gold- und Devisenbestand der Reichsbank* im Juni und Juli 1931 um 1,407 Mrd. RM *verringert.*
- Die *Krise der Banken* verstärkte aber auch die Tendenz zu *Abhebungen durch die inländischen Gläubiger*, so daß sich die Kreditorenbeträge der Berliner Großbanken (d. h. die Einlagen) innerhalb der Monate Juni und Juli um jeweils etwa 10 v.H., zusammen um 21,4 v.H., verringerten.

– Die *Zahlungseinstellungen* der Darmstädter und Nationalbank *am 13. Juli 1931* und die von der Reichsregierung für den 14. und 15. Juli 1931 verordneten *Bankfeiertage* waren der äußere Höhepunkt der Bankenkrise.

Die *Überwindung der Bankenkrise* wurde in erster Linie *durch zwei Maßnahmen* erreicht:

– Die *Stützung* der Darmstädter und Nationalbank, der Dresdner Bank und der Commerz- und Privatbank (bei gleichzeitiger Fusionierung der ersten beiden Banken) *durch das Reich* verhinderte das Schlimmste und verringerte ab Ende Juli die Abhebungen bei allen Kreditinstituten, einschließlich der kommunalen Sparkassen erheblich.
– Das Hoover-Moratorium vom 20. Juni 1931 brachte eine Stundung der Reparationsleistungen vom 1. Juli 1931 bis zum 30. Juni 1932. Zugleich erhielt die Reichsbank einen Kredit von 420 Mill. RM an Devisen von den Zentralbanken Englands, Frankreichs und der USA, ferner von der Bank für Internationalen Zahlungsausgleich zur Absicherung der am 30. Juni 1931 fälligen Reparationsrate.

  Die Bank für Internationalen Zahlungsausgleich (gegründet im Februar 1930 in Basel unter belgischer, deutscher, französischer, britischer, italienischer, japanischer und US-amerikanischer Beteiligung) brachte eine Institutionalisierung der internationalen währungspolitischen Zusammenarbeit.

Wenn hier kurz die Ursachen der Bankenkrise geschildert worden sind, dann erhebt sich die Frage, *warum* die Situation von den Verantwortlichen nicht richtig beurteilt worden ist und rechtzeitige *Gegenmaßnahmen unterblieben*? Hier sind zu nennen:

– Man hatte bisher mit einer Entwicklung solchen Ausmaßes im Bankwesen noch *keine Erfahrung*.
– Die *Konkurrenz der Berliner Großbanken* untereinander *verhinderte ein gemeinsames Vorgehen*. So war die Deutsche Bank durch den drohenden Zusammenbruch der wichtigsten Konkurrentin, der Darmstädter und Nationalbank, nicht unangenehm berührt; hoffte man doch daraus erhebliche Vorteile (Expansionsmöglichkeiten) zu erzielen (Rückgewinnung der Kunden Hapag, Norddeutscher Lloyd usw.). Obwohl fast alle Großbanken angeschlagen waren, erwartete jede durch die Zahlungsunfähigkeit eines Konkurrenten für sich selbst eine Verbesserung der Lage, evtl. auch mit Hilfe von Stützungsmaßnahmen des Reiches. Die Fusion der Deutschen Bank mit der Discontogesellschaft 1929 hatte auf Grund der zuvor zurückhaltenden Geschäftsführung der Discontogesellschaft eine erhebliche Verbesserung der Lage der Deutschen Bank ge-

bracht, so daß die aus dieser Fusion entstandene neue Bank erheblich günstiger in die Krise ging als die anderen Großbanken. Jacob Goldschmidt hatte hingegen das spekulative Element in der Darmstädter und Nationalbank besonders weit entwickelt, so daß diese Bank am anfälligsten geworden war (z. B. Vergabe umfangreicher Kredite an die Firma „Nordwolle").

- Aber nicht nur die Großbanken unternahmen nichts gegen die beginnende Krise, sondern auch die *Reichsbank schätzte* unter ihrem Präsidenten Hans Luther *die Entwicklung* und die Auswirkungen völlig *falsch ein,* so daß es nicht zu rechtzeitigen Stützungsmaßnahmen kam.
- Die *Reichsregierung* (Heinrich Brüning) konnte sich offensichtlich über die wirkliche Lage der Großbanken auch *kein richtiges Bild* machen. Man hatte nicht die richtigen, unabhängigen Ratgeber (vgl. Brünings Memoiren).

Die Bankenkrise verstärkte die Lähmung der Wirtschaft und damit die Arbeitslosigkeit. Sie hatte gleichzeitig eine weitere Schrumpfung der internationalen wirtschaftlichen Beziehungen zur Folge.

b) Die Ursachen der Krise

Die Weltwirtschaftskrise ist auf *mehrere Ursachen* zurückzuführen, die *in den einzelnen Ländern* – hauptsächlich in den Industrieländern – *unterschiedlich gewirkt haben. Für Deutschland* sind als wichtigste zu nennen:

- Der *Verbrauch* der Bevölkerung hatte ab 1928 *keine steigenden Zuwachsraten* aufzuweisen; von 1930 bis 1933 ging er sogar zurück, vgl. Abbildung 25. Da die Nachfrage nach Nahrungsmitteln relativ unelastisch war, wurde die Industrie hiervon noch stärker betroffen als der in die Abbildung aufgenommene Durchschnitt der gesamten Wirtschaft.
- Die *Investitionen*, d. h. der Kapazitätsausbau, *setzten sich aber 1929* mit 2,4 v.H. noch langsam *weiter fort,* so daß nunmehr erhebliche Überkapazitäten entstanden. Während 1929 die industrielle Produktionskapazität noch mit etwa 70 bis 75 v.H. ausgelastet war, fiel diese Quote danach jährlich um etwa 10 v.H. auf ungefähr 45 v.H. im Jahre 1932 (optimale Auslastung 90 v.H.).
- Die *Verringerung der Nettoinvestitionen* und teilweise auch der Ersatzinvestitionen *bewirkte*, verbunden mit einer unbefriedigenden Kapazitätsausnutzung, eine starke *Reduzierung der Einkom-*

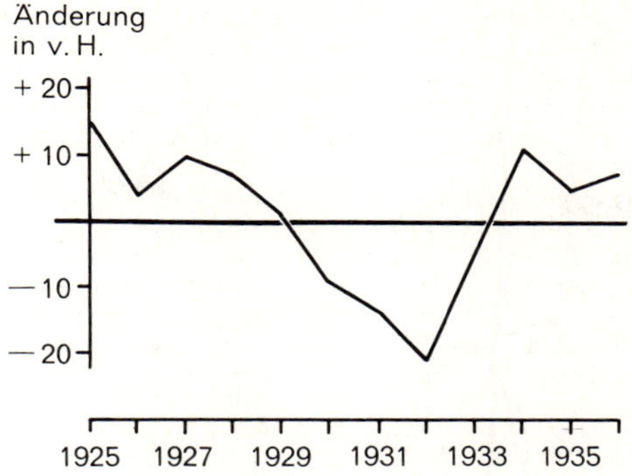

Abb. 25: Jährliche Änderungsraten des Verbrauchs in Deutschland von 1925 bis 1936 in v.H.

men (Arbeits- und Kapitaleinkommen) und damit auch der Nachfrage nach Ge- und Verbrauchsgütern gewerblicher Herkunft. Die *damit* erreichte *multiplizierende Wechselwirkung* zwischen dem Rückgang des Verbrauchs und der gewerblichen Produktion setzte sich bis 1932 fort. Abbildung 26 zeigt die gerade am Anfang der Weltwirtschaftskrise 1928 und 1929 unterschiedliche Entwicklung der industriellen Produktionsgüter- und Verbrauchsgütererzeugung.

- Der *Abzug ausländischer Mittel* verminderte das inländische Geldvolumen und damit die finanziell abgesicherte Nachfrage.
- Da die Krise weltweit auftrat, konnte *im Export kein Ausgleich* für die rückläufige inländische Nachfrage gefunden werden. Die Ausfuhr verringerte sich zwar weniger als die Einfuhr. Der so erzielte Ausfuhrüberschuß verstärkte aber nicht die inländische Nachfrage. Er wurde vielmehr durch den Abzug ausländischer Gelder mehr als ausgeglichen.
- Die *staatliche Finanzpolitik* verstärkte die Krisensituation seit dem Sommer 1930. Die *Sparpolitik Brünings* war prozyklisch und machte gemeinsam mit der internationalen Situation die kurzfristige Krise zu einer langfristigen.

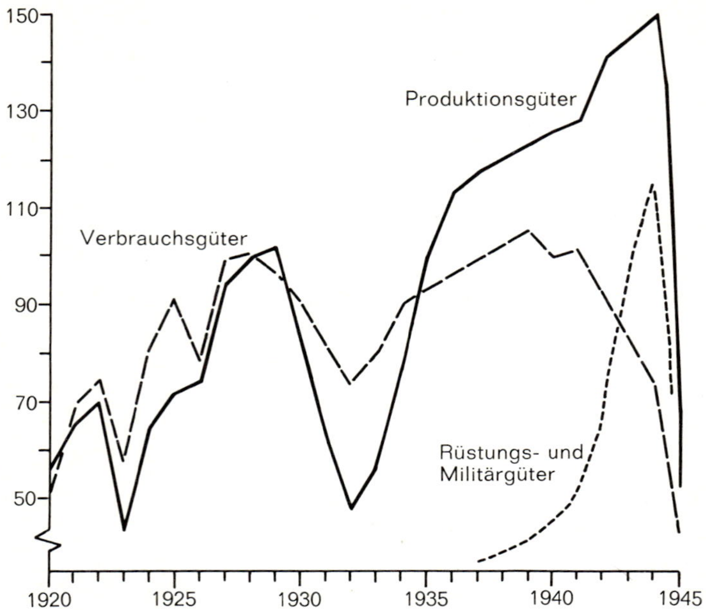

Abb. 26: Entwicklung der industriellen Produktions- und Verbrauchsgütererzeugung je Einwohner (1928 = 100) von 1920 bis 1945 in Deutschland (Produktionsgüter einschl. Rüstungsgüter)

Schematisierende und damit vereinfachende Betrachtungen gehen von folgender *Zweiteilung der Krise* und damit auch der Ursachen aus (Predöhl, Kroll u. a.):

– Von 1929 bis 1931 handelte es sich um eine *konjunkturelle Krise im System* (der kapitalistischen Wettbewerbswirtschaft). Übermäßige Investitionen bis 1928/29 und Spekulationen werden für diese Krise verantwortlich gemacht (vor allem für die USA).
– Ab Mitte 1931 handelte es sich nach dieser Meinung um eine *strukturelle Krise des Systems*. Gestützt wird diese Ansicht vor allem darauf, daß das Wirtschaftssystem nicht mehr aus eigener Kraft, gewissermaßen im Wege der Selbstheilung, rechtzeitig die Umkehr der Entwicklung bewirkt hat.

Ein weiterer Erklärungsversuch (Schumpeter) geht von zyklischen Bewegungen der Wirtschaft aus:
- Mittelfristige wirtschaftliche Schwankungen (Juglar-Zyklus mit 8 bis 10 Jahren) und
- langfristige Schwankungen (Kondratieff-Zyklus mit 50 bis 60 Jahren)

haben sich seit dem Beginn des 19. Jahrhunderts dreimal mit Krisensituationen überlagert und dadurch zu besonders schweren Krisen geführt: 1825, 1873 und 1929. Ein vorhergehender übersteigerter Aufschwung hat danach jeweils die besondere Anfälligkeit hervorgerufen.
Während das Argument einer zu starken (Über-)Investition sich aus der Entwicklung der Investitionen und der Güterproduktion beweisen läßt, ist das Argument der zyklischen Bewegung in dieser Form mit Skepsis zu beurteilen:
- Für die Entfaltung eines Juglar-Zyklus sind wenigstens für Deutschland bis 1923 die wirtschaftlichen Verhältnisse zu turbulent gewesen.
- Langfristige Schwankungen im Sinne eines Kondratieff-Zyklus lassen sich aufgrund der zahlreichen Störungen der wirtschaftlichen Entwicklung durch exogene Faktoren (politische und militärische Ereignisse) nicht nachweisen.

Der grundsätzliche Gedanke einer kurzfristigen zyklischen Bewegung der Wirtschaft bei Fehlen exogener, d. h. nichtwirtschaftlicher Einflüsse mit maximal 8 bis 10 Jahren läßt sich jedoch sowohl für die Zeit vor 1914 als auch für die Zeit nach 1949 nachweisen, so daß der Beginn der Weltwirtschaftskrise für Deutschland durchaus mit einer solchen zyklischen Krise – allerdings eines weniger als 8 Jahre dauernden Zyklus – gleichgesetzt werden kann.

c) Die Entwicklung vor und in der Krise

Wenn auch die wichtigsten Probleme der Weltwirtschaftskrise gezeigt haben, daß diese Krise keineswegs zwangsläufig war, so ist die Einordnung in die Entwicklung von Wirtschaft und Gesellschaft in der Weimarer Republik doch von Interesse. Im folgenden werden daher die Entwicklungen in einigen Wirtschaftsbereichen angeführt und ergänzt durch die staatliche Finanzwirtschaft und die Sozialpolitik.

Der sekundäre Sektor

Wenn auch außerwirtschaftliche Ereignisse die Entwicklung der gesamten Wirtschaft entscheidend beeinflußt haben, so wurden diese doch in erster Linie über den sekundären Sektor wirksam. Der durch die Industrie geprägte sekundäre Sektor hatte diese Schlüsselposition vor dem Ersten Weltkrieg eingenommen und auch in den Notzeiten ab 1914 behalten.

Gewerbezweig	1913		1924		1928		1932		1939	
	1	2	1	2	1	2	1	2	1	2
Metall	2.330	20,1	2.665	22,2	2.812	20,5	1.491	18,4	4.544	27,3
Bau	1.630	14,0	1.243	10,4	2.075	15,2	775	9,6	2.524	15,2
Steine,Erden,Chemie	1.042	8,9	976	8,2	1.117	8,1	631	7,8	1.417	8,5
Elektro,Feinmechanik	217	1,9	632	5,3	712	5,2	347	4,3	831	5,0
Textil, Leder	2.705	23,3	2.706	22,5	3.007	21,9	2.029	25,0	3.122	18,8
Holz,Druck,Papier	1.430	12,2	1.415	11,8	1.748	12,8	1.030	12,8	1,682	10,1
Nahrung	1.427	12,2	1.435	12,0	1.552	11,3	1.365	16,9	1.736	10,4
Bergbau	863	7,4	910	7,6	686	5,0	420	5,2	773	4,7
Insgesamt	11.644	100,0	11.982	100,0	13.709	100,0	8.088	100,0	16.629	100,0

1 = Zahl der Beschäftigten in 1.000; 2 = Beschäftigte in v.H. aller im Gewerbe Tätigen

Tabelle 5: Die Entwicklung der einzelnen Gewerbezweige von 1913 bis 1939 nach der Beschäftigtenzahl

Die *Struktur des sekundären Sektors*, wie sie aus Tabelle 5 ersichtlich wird, hat sich vor allem auf folgende Weise geändert:

- *Vergleicht man die Jahre 1913, 1928 und 1939* als drei Jahre mit weitgehender Kapazitätsausnutzung, d. h. konjunkturell vergleichbare Situationen, dann kann man unterscheiden:
  - *Expandierende Zweige* bis 1939: Metall- (+ 36 v.H.), Bau- (+ 9 v.H.), Elektro- und Feinmechanikgewerbe (+ 163 v.H.) (in Klammern Veränderung des Anteils an der Gesamtzahl der Beschäftigten). Da das Elektro- und Feinmechanikgewerbe einen relativ geringen Anteil am gesamten Gewerbe hatte, kann man die *Investitionsgütergewerbe* (Metall- und Baugewerbe) als die eigentlichen Wachstumszweige des sekundären Sektors und damit der Volkswirtschaft ansehen. Dabei war das wirtschaftliche Wachstum bis 1928 mehr durch das Baugewerbe und bis 1939 mehr durch die Metallgewerbe getragen. Sicher hat dabei die Aufrüstungspolitik ab 1933 einen entscheidenden Einfluß gehabt.
  - Als *schrumpfender Zweig* des sekundären Sektors ist für einen Vergleich der Jahre 1913 und 1939 lediglich der *Bergbau* zu nennen: Die Zahl der Beschäftigten ging insgesamt um 10 v.H. zurück (teilweise durch die Abtretung des oberschlesischen Bergbaugebietes bedingt), der Anteil an der Gesamtzahl der im sekundären Sektor Beschäftigten verminderte sich sogar um 36 v.H.
  - Die *übrigen Gewerbezweige* hatten zwar eine kontinuierliche *Zunahme der Zahl der Beschäftigten* zu verzeichnen; diese war *aber* langsamer als die Gesamtzahl der im sekundären Sektor Arbeitenden anstieg, so daß *der Anteil* hieran bei diesen Gewerbezweigen *zurückging*. Mit den Nahrungs-, Textil-, Bekleidungs-, Leder- und Druckgewerben zählten hierzu vor allem konsumorientierte Zweige, die in Anbetracht der allgemein nicht sehr hohen Einkommen und der starken Orientierung auf den einheimischen Markt für eine relativ unelastische Nachfrage produzierten.
- Der durch einen Vergleich der Jahre 1913, 1928 und 1939 zu erkennende längerfristige Trend wurde begleitet und kurzfristig

unterbrochen durch wechselnde konjunkturelle Situationen. *Die Jahre 1924 und 1932* machen deutlich, welche konjunkturell bedingten Einflüsse besonders stark waren:

- Zu beiden Zeitpunkten war vor allem das Baugewerbe vom Rückgang der Beschäftigtenzahl betroffen.
- Das Metall- und Elektrogewerbe, ferner der Bergbau hatten 1924 höhere Arbeitnehmerzahlen aufzuweisen als 1913, wurden aber von der Weltwirtschaftskrise hart getroffen.
- Das Nahrungsgewerbe hatte während des gesamten Zeitraumes eine relativ gleichbleibende Beschäftigtenzahl, wurde also am wenigsten von den Wandlungen in der Nachfrage beeinflußt.
- Die übrigen Gewerbe hatten 1924 etwa das Vorkriegsniveau erreicht, wurden aber dann von der Weltwirtschaftskrise ebenfalls hart bedrängt.

- Im Ergebnis kann man davon ausgehen, daß sowohl langfristig als Träger des wirtschaftlichen Wachstums als auch kurzfristig bei krisenhaften Erscheinungen denjenigen Zweigen des sekundären Sektors die größere Bedeutung zukam, die von der unmittelbaren Versorgung der Verbraucher am weitesten entfernt lagen. Die *Produktionsstätten langlebiger Güter hatten* hinsichtlich des Wachstumsprozesses und hinsichtlich des konjunkturellen Verlaufs eine *Schlüsselstellung*. Die Zunahme der Investitionsgüterproduktion ist Ausdruck
  - der wachsenden Arbeitsteilung und
  - der Verlängerung des Produktionsprozesses durch Ersetzung von Arbeitsleistungen durch Kapital und technischen Fortschritt.

Die *Entwicklung zu größeren wirtschaftlichen Einheiten*, wie sie im Zusammenhang mit der Industrialisierung bereits von der Mitte des 19. Jahrhunderts bis zum Ersten Weltkrieg zu beobachten war, setzte sich fort. Im wesentlichen gab es hier zwei Entwicklungslinien:

- Die Tendenz zum größeren Betrieb, gemessen an der *Beschäftigtenzahl* (und damit auch am Produktionsvolumen), vgl. Abbildung 27. Die Kleinbetriebe stagnierten, während der Beschäftigtenzuwachs in erster Linie den Betrieben mit mehr als 50 Beschäftigten zugute kam. In der Weltwirtschaftskrise zeigte sich aber zugleich auch die stärkere Krisenanfälligkeit der Großbetriebe, weil diese mehr auf den überörtlichen Markt ausgerichtet waren (und sind) und daher sowohl vom Rückgang des Exports als auch von der Reduzierung der inländischen Nachfrage betroffen wurden.

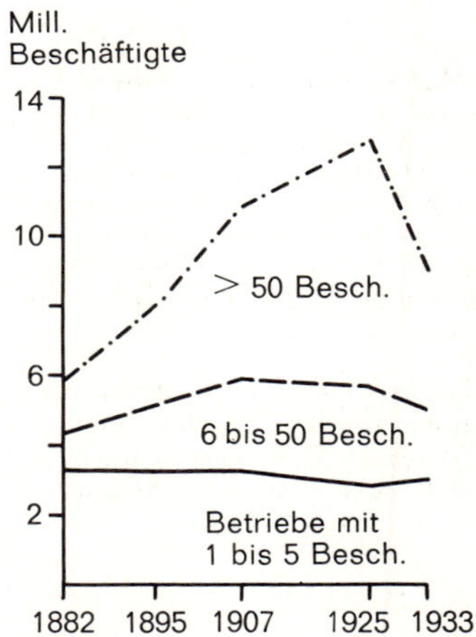

Abb. 27: Zahl der Beschäftigten in verschiedenen Betriebsgrößengruppen im sekundären Sektor von 1882 bis 1933

– Zugleich verstärkten sich die Bestrebungen, durch *Zusammenschlüsse* verschiedener Intensität die Konkurrenzverhältnisse zu verbessern (d. h. zu beseitigen). Zwei Beispiele zeigen die bereits im 19. Jahrhundert begonnene Entwicklung:
  – In der chemischen Industrie kam es zur Gründung der *I.G.-Farbenindustrie* AG.
    1904 entwickelte Carl Duisberg von Bayer Leverkusen seinen Plan zum Zusammenschluß aller deutschen Farbenfabriken zur Erhaltung der ausländischen Absatzmärkte. Zunächst Bildung des *Dreibundes* (Bayer, BASF, Agfa) und des *Dreiverbandes* (Hoechster Farbwerke, Casella, Kalle).
    1916 erfolgte nach Plänen Duisbergs aus dem Jahre 1915 zur Absicherung des durch den Krieg beeinträchtigten Exports der Zusammenschluß des Dreibundes, des Dreiverbandes, der Chemischen

Fabrik Griesheim-Elektron und der Chemischen Fabriken Weiler-ter Mer zur *Interessengemeinschaft der deutschen Teerfarbenfabriken.* Juristisch blieben die Beteiligten selbständig; Gewinnausgleich und Abgrenzung der Märkte und der Produktion waren die wichtigsten Vereinbarungen. Dieser Zusammenschluß sollte zunächst für 50 Jahre, dann bis 1999 bestehen.

1925 fusionierten die beteiligten Firmen zur *I.G. Farbenindustrie AG.*

- In der Eisenindustrie kam es zur Bildung der *Vereinigten Stahlwerke.* 1926 schlossen sich Rhein-Elbe-Union, Phoenix, van der Zypen, Rheinische Stahlwerke und Thyssen mit insgesamt 47 v.H. der deutschen Stahlerzeugung zusammen. Zweck auch dieser Vereinigung war die Verbesserung der Absatzsituation, ferner Arbeitsteilung und Rationalisierung, Verringerung der Stückkosten und Verbesserung der Gewinnsituation. Aber auch zuvor bestand schon eine Absprache der Produktion in der sog. *Rohstahlgemeinschaft,* die ihre Aufgabe so gut erfüllte, daß sie als Vorbild für die am 30. September 1925 gegründete *Internationale Rohstahlgemeinschaft* diente. Zweck auch dieser Vereinbarung war die Regelung von Produktion und Absatz, die Verminderung der Konkurrenz und die Verbesserung der Gewinne.
- *In vielen Zweigen der Wirtschaft* wurden ähnlich geartete Vereinigungen oder Vereinbarungen geschaffen. Von Allgemeinen Geschäftsbedingungen bis hin zu Fusionen reichten die Formen solcher, den freien *Wettbewerb beeinträchtigender Maßnahmen.*

Das Verkehrswesen

Das Verkehrswesen hatte in der Zeit *bis 1933 keine entscheidende Wandlung* oder Expansion zu verzeichnen. Im einzelnen sind zu unterscheiden:

- Die *Eisenbahnen*: Das bis zum Ersten Weltkrieg ausgebaute Streckennetz wurde nicht erweitert, da es im wesentlichen dem Bedarf entsprach. Noch fehlende kurze Verbindungen wurden durch die beginnende Motorisierung des Straßenverkehrs bedient. Auf den vorhandenen Strecken stieg das Verkehrsaufkommen von 1913 bis 1929 um etwa 20 v.H. beim Personen- und beim Güterverkehr, eine Folge der zunehmenden Bevölkerungsdichte und damit des zunehmenden Austausches von Leistungen. Die Weltwirtschaftskrise verminderte sodann den Bedarf an Leistungen der Eisenbahnen auf einen Stand, der etwa 25 v.H. unter dem von 1913 lag. Der Tiefpunkt wurde 1933 erreicht.

Neben der Entwicklung des Bedarfes an Transportleistungen war das Eisenbahnwesen in der Weimarer Republik aber noch durch betriebsfremde Faktoren beeinflußt:

- Die Ablieferung von 5.000 Lokomotiven und 150.000 Wagen mußte ausgeglichen werden. Von 1919 bis 1924 wurde der Bestand an Lokomotiven von 20.000 auf 31.000 und der Wagen von 500.000 auf 750.000 erhöht.
- Die Einspannung in die Reparationsleistungen in Verbindung mit dem Dawesplan ab 1924 führte zu einer bis 1928 steigenden Verpflichtung zur Zahlung von jährlich fast einer Mrd. RM (für die Bedienung der Reparationsschuldverschreibungen in Höhe von 11 Mrd. GM 660 Mill. RM/Jahr und an Beförderungssteuern 290 Mill. RM/Jahr).
- Die mit Wirkung vom 1. April 1920 geschaffenen Reichseisenbahnen (durch Abfindung der Länder mit 39 Mrd. Mark) wurden am 1. Oktober 1924 in eine selbständige „Deutsche Reichsbahn-Gesellschaft" mit 15 Mrd. GM Grundkapital umgewandelt, die zur Absicherung der Reparationsforderungen einen ausländischen Kommissar in der Geschäftsführung und zur Hälfte von einem Treuhänder der Reparationsgläubiger ernannte Mitglieder im Verwaltungsrat hatte.

Man hatte sich offensichtlich an der Leistungsfähigkeit der Eisenbahnen vor 1914 orientiert, als tatsächlich Betriebsgewinne von etwa 1 Mrd. Mark erzielt wurden. Die Verminderung des Anlagekapitals durch erhöhten Verschleiß im Ersten Weltkrieg und durch Reparationssachleistungen nach 1918 (zusammen 8.000 Lokomotiven, 13.000 Personenwagen, 280.000 Güterwagen) verringerten auch die Gewinne. Die monetären Reparationsleistungen ab 1924 konnten daher nur durch eine vor allem ab 1928 hinausgezögerte Vornahme der Ersatzinvestitionen aufgebracht werden.

- Auch der *Straßenbau* brachte weniger eine Errichtung neuer Straßen, sondern einen Ausbau und eine qualitative Verbesserung des vorhandenen Straßensystems. Der Bestand an Kraftfahrzeugen entwickelte sich folgendermaßen (in 1.000):

	1913	1923	1933
PKW	50	100	522
LKW	8	52	155
Motorräder	20	59	853

– Der *Nahverkehr* mit Straßen- und Schnellbahnen in den Städten und Ballungsgebieten hatte eine geringe Zunahme zu verzeichnen (in Mrd. Personen-km):

1913 = 11,8
1924 = 12,1
1929 = 18,5
1933 = 10,3

Der ab 1924 stark verbreitete Einsatz von Omnibussen, vor allem auch im ländlichen Bereich, konnte das langsamere Wachstum der Nahverkehrsbahnen im Verhältnis zu dem der Zahl der PKW und der Motorräder nicht ausgleichen (in Mrd. Personen-km):

1924 = 0,5
1929 = 3,4
1933 = 2,1

Bereits in den 20er Jahren bahnte sich damit folgende nur durch den Zweiten Weltkrieg unterbrochene Entwicklung an:

- Der Individual-Nahverkehr wies überproportionale Steigerungsraten auf. Linienführung, Ausstattung und zeitliche Ordnung des kollektiven Nahverkehrs waren für die mehr als 500.000 Kraftfahrzeugeigentümer nicht mehr attraktiv genug.
- Die Automobilindustrie beschäftigte zwar noch weniger als 50.000 Arbeitnehmer. Es wurde aber bereits die Grundlage für die gesamtwirtschaftliche Schlüsselstellung gelegt, die, durch den Zweiten Weltkrieg verzögert, erst nach 1955 erreicht wurde.

– Die *Binnenschiffahrt* ist gekennzeichnet durch

- die Verbesserung des schiffbaren Kanal- und Flußnetzes (Vertiefung, Verbreiterung),
- eine geringfügige Ausdehnung des Netzes (z. B. Mittellandkanal, der 1938 fertiggestellt wurde),

- einen Rückgang der Tragfähigkeit der Binnenhandelsflotte durch die Ablieferungen auf Grund des Friedensvertrages von Versailles in den ersten Jahren nach dem Kriege und den anschließenden Wiederausbau, ferner
- durch die wechselnden Transportanforderungen der Wirtschaft auf Grund der unterschiedlichen konjunkturellen Lage, vgl. Abbildung 28.

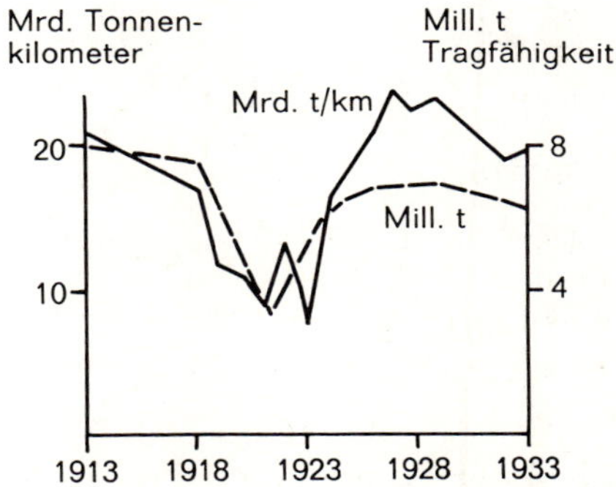

Abb. 28: Tragfähigkeit in Mill. t und Leistung in Mrd. Tonnenkilometer der deutschen Binnenschiffsflotte von 1913 bis 1933

Aus Abbildung 28 läßt sich ablesen:

- Der *Einschnitt* in den Jahren *nach dem Ersten Weltkrieg* war bedingt durch die *Schrumpfung* der Wirtschaft und *der Schiffstonnage.*
- Die *Wiederaufstockung* der Schiffstonnage *ab 1922* brachte offensichtlich eine Modernisierung, da ab 1925 je t Tragfähigkeit mehr Tonnenkilometer zu verzeichnen waren als zuvor, insbesondere auch als vor dem Ersten Weltkrieg.
- Die *Weltwirtschaftskrise* führte zu einer *Verringerung der Transportleistungen* um etwa 20 bis 25 v.H. Die Schiffstonnage fiel dagegen nur um etwa 7 v.H.

Die *Seeschiffahrt* wurde ebenfalls von drei Ereignissen besonders betroffen:

- Die Ablieferung des größten Teiles der Handelsflotte nach dem Ersten Weltkrieg an die Siegermächte.
- Die wirtschaftliche Schrumpfung nach dem Ersten Weltkrieg.
- Die Weltwirtschaftskrise.

Abbildung 29 zeigt die Entwicklung des Seeschiffsverkehrs der deutschen Häfen und der Tragfähigkeit (NRT) der deutschen Handelsflotte:

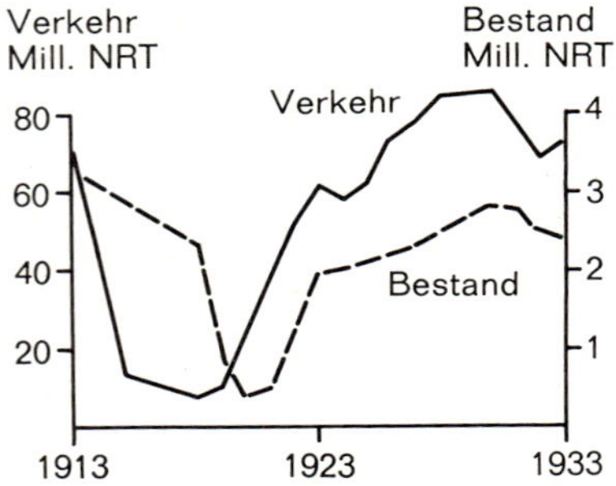

Abb. 29: Seeschiffsverkehr der deutschen Häfen und Tragfähigkeit der deutschen Handelsflotte in Mill. NRT von 1913 bis 1933

- Der *Seeschiffsverkehr* stand in Abhängigkeit zur *Blockade* im Ersten Weltkrieg und der *konjunkturellen Entwicklung* danach.
- Der Bestand an *Schiffstonnage* war abhängig vom Abbau während des Ersten Weltkrieges, der *Ablieferung des größten Teiles der Flotte* nach 1918 und dem *Wiederaufbau* 1921, 1922 und 1923. Die Weltwirtschaftskrise bewirkte einen Rückgang um etwa 13 v.H.
- Da das Durchschnittsalter der Handelsflotte *durch den Wiederaufbau* erheblich gesenkt worden war, war auch die *Leistungsfähigkeit* je NRT (Bestand) *gestiegen.*

Der Außenhandel

Durch die Blockade im Ersten Weltkrieg und in der unmittelbaren Nachkriegszeit war der Außenhandel erheblich zurückgegangen. Der Aufschwung des Absatzes der deutschen Industrie verzögerte sich vor allem durch die Inflationsjahre, so daß in realen Einheiten erst

1926 wieder das Niveau des Warenexports von 1913 erreicht war. Die Einfuhren stiegen dagegen schneller an. Hier war bereits 1925 der Wert von 1913 übertroffen. Die Weltwirtschaftskrise brachte sodann ebenfalls eine starke Beeinträchtigung des Außenhandels. Dabei sank die Einfuhr aber schneller als die Ausfuhr, so daß sich der Einfuhrüberschuß nunmehr in einen Ausfuhrüberschuß umwandelte, vgl. Abbildung 30.

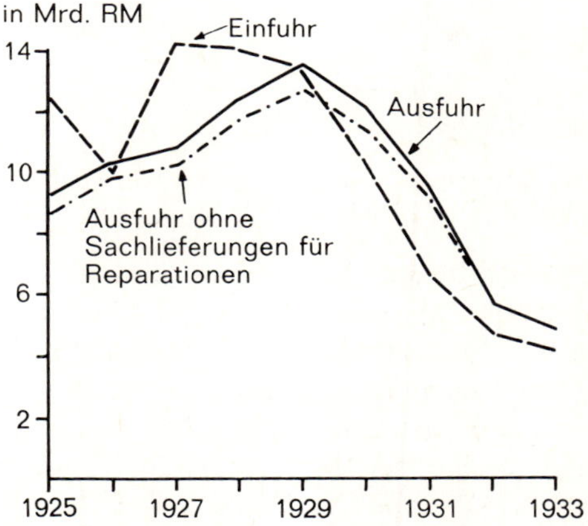

Abb. 30: Wert der Einfuhr und der Ausfuhr Deutschlands von 1925 bis 1933 in Mrd. RM

Neben der Entwicklung des Wertes der Ausfuhr ist aber auch die Entwicklung in realen Einheiten von Bedeutung, vgl. Abbildung 31. Es zeigt sich dabei, daß sich vor allem in der Weltwirtschaftskrise die Austauschverhältnisse zwischen inländischen und ausländischen Waren (terms of trade) zugunsten Deutschlands (und allgemein der Industrieländer) verschoben hatten. Von 1928 bis 1933 fielen die Preise für eingeführte Waren im Durchschnitt um 55 v.H. und für ausgeführte Waren um 26 v.H.

Die Struktur der Einfuhr hatte sich gegenüber den Jahren unmittelbar vor dem Ersten Weltkrieg nicht entscheidend geändert. Der Anteil der Fertigwaren stieg bei den Einfuhren von 13 v.H. im Jahre 1913 auf 16 bis 18 v.H. in den Jahren 1925 bis 1933. Auch bei den

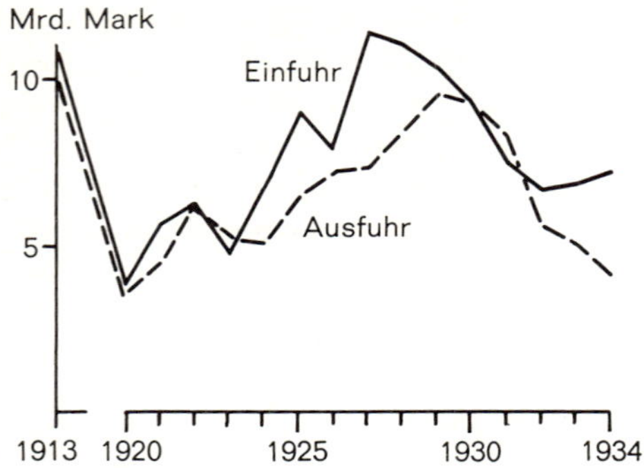

Abb. 31: Entwicklung der Einfuhr und der Ausfuhr (ohne Reparationssachleistungen) von 1920 bis 1934 in Preisen von 1913

Ausfuhren war ein Anstieg der Fertigwaren zu verzeichnen: 1913 = 66 v.H.; 1925 bis 1933 etwa 75 v.H. Die übrigen Warengruppen (Nahrungsmittel, Kolonialwaren, Halbwaren und Rohstoffe) hatten geringfügige Verschiebungen aufzuweisen. Nahrungsmittel stellten, wie schon vor dem Ersten Weltkrieg, etwa 30 v.H. der Einfuhren. Die Exportquote, d. h. der Wert der Ausfuhr gemessen am Nettosozialprodukt zu Marktpreisen, lag mit 14 bis 17 v.H. in der Zeit von 1925 bis 1931 niedriger als im Jahre 1913 mit 19 v.H. In der Schlußphase der Weltwirtschaftskrise fiel die Exportquote weiter: 1932 = 11 v.H.; 1933 = 9 v.H.

Der Binnenhandel

Der Binnenhandel hatte keine spektakulären Wandlungen aufzuweisen. Es setzte sich die mit der Industrialisierung begonnene Entwicklungstendenz fort:

- Die *Betriebsgrößen*, gemessen an der Beschäftigtenzahl je Betrieb, *wuchsen* weiterhin. Je Betrieb waren beschäftigt:

  1875 = 1,2 Personen
  1907 = 1,9 Personen
  1925 = 2,7 Personen
  1933 = 2,6 Personen

- Diese *Tendenz zum Warenhaus*, zum Großbetrieb brachte nicht nur eine Änderung der Organisation des Handels, sondern auch der Aufgaben. Die (industrielle) Erzeugung in großen Stückzahlen und die Verwendung dieser Produkte durch eine Vielzahl von Personen war in den ersten Jahrzehnten der Industrialisierung durch einen wachsenden Großhandel ausgeglichen worden. Die Ausbreitung der Warenhäuser brachte die Verdrängung des Großhandels aus einem Teil des Absatzes. (Die zweite Phase dieser Verdrängung des selbständigen Großhandels war nach 1955/60 zu finden, als sich neben der weiteren Ausdehnung der Warenhauskonzerne auch die Einzelhandelsgeschäfte häufig zu Gemeinschaften zusammenschlossen.)
- Die zunehmende *Spezialisierung* des Einzelhandels war vor allem dort zu finden, wo Güter des gehobenen Bedarfes nachgefragt wurden.
- Eine *allgemeine Zunahme der Zahl der Beschäftigten* im Handel überhaupt bis zum Beginn der Weltwirtschaftskrise:

  1913 = 100
  1929 = 145
  1933 = 123

  Da das Volumen des Binnenhandels sich etwa im gleichen Maße veränderte, blieb die Produktivität im Handel fast gleich.

Der primäre Sektor

Die landwirtschaftliche *Produktion* ging im Ersten Weltkrieg zurück, erholte sich erst ab 1923 und erreichte in den letzten Jahren vor der Weltwirtschaftskrise angenähert das Vorkriegsniveau, vgl. Abbildungen 32 und 33.

Die *Schweinehaltung* hatte *für die Fleischversorgung* ebenso eine *Schlüsselstellung* (60 v.H. Schweinefleisch, 30 v.H. Rindfleisch, 10 v.H. Schaf- Geflügel- und Pferdefleisch) wie der *Kartoffel- und der Getreideanbau für die Versorgung mit pflanzlichen Nahrungsmitteln* (> 80 v.H.). Gerade diese landwirtschaftlichen Produkte waren aber im Ersten Weltkrieg und in der unmittelbaren Nachkriegszeit in geringerem Maße erzeugt worden.

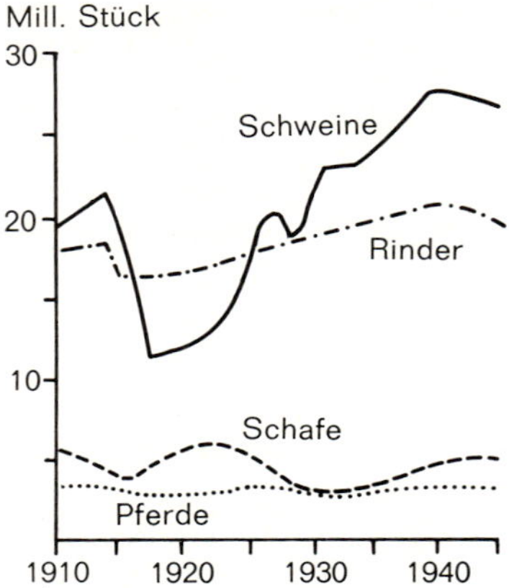

Abb. 32: Entwicklung der Viehhaltung in Deutschland (Grenzen von 1933) von 1910 bis 1945

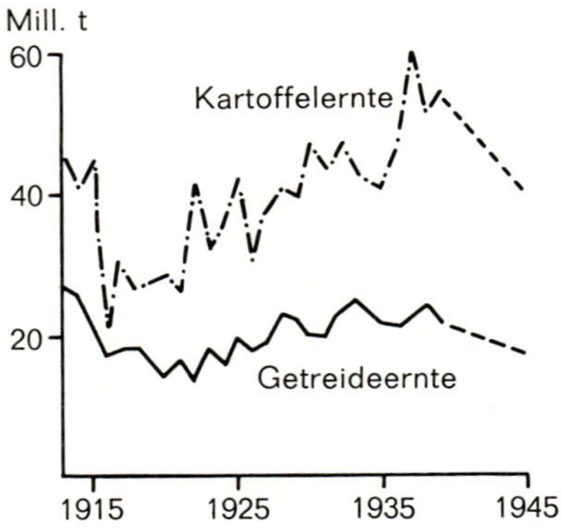

Abb. 33: Getreide- und Kartoffelerträge in Deutschland (Grenzen von 1933) von 1913 bis 1945

In der Weltwirtschaftskrise stieg die landwirtschaftliche Produktion Deutschlands erheblich an. Da zur gleichen Zeit die Weltmarkt- und damit auch die Preise in Deutschland fielen, handelte es sich hierbei um eine inverse Reaktion, d. h. die Landwirtschaft versuchte durch eine Ausdehnung der Produktion den Einnahmerückgang je Produkteinheit auszugleichen. Bei gleichzeitig sinkendem Einkommen der Verbraucher und damit ebenfalls geringfügig sinkender inländischer Nachfrage erhöhte sich der Selbstversorgungsgrad Deutschlands mit Nahrungsmitteln erheblich, vgl. Abbildung 34. Dies hatte zur Folge:

- Die Einfuhren an Nahrungsmitteln gingen um etwa 40 v.H. zurück (in realen Einheiten), so daß die Zahlungsbilanz gerade in den entscheidenden Jahren 1931 bis 1933 entlastet wurde.
- Zugleich wurde damit aber auch der internationale Warenaustausch negativ beeinflußt, d. h. die Weltwirtschaftskrise gefördert.

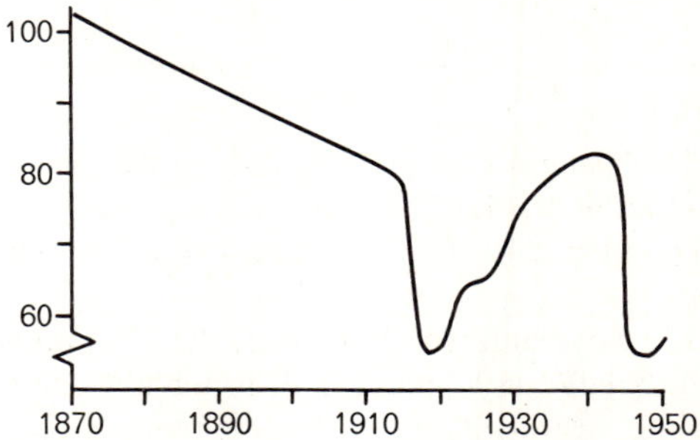

Abb. 34: Selbstversorgung Deutschlands mit Nahrungsmitteln von 1870 bis 1950 in v.H. einer normalen, nicht durch Notzeiten beeinträchtigten Versorgung (ab 1945 Westdeutschland)

Die *wirtschaftliche Situation* der landwirtschaftlichen Betriebe und damit der ländlichen Bevölkerung war während fast der ganzen Zeit der Weimarer Republik nicht günstig, so daß der größte Teil gerade der selbständigen *Landwirte dem neuen politischen System* neutral oder sogar *abweisend gegenüberstand.* Ursächlich hierfür waren:

- Die *geringen naturalen Erträge* in den ersten Nachkriegsjahren.
- Die der wirtschaftlichen Situation nicht angepaßten *Steuerlasten,* die sich vor allem seit 1928 in Aggressionen gegenüber den Finanzbehörden wegen zahlreicher Zwangsversteigerungen auf Grund von Steuerrückständen bemerkbar machten („Schwarze Fahne"-Aktion in Schleswig-Holstein).
- Die Zunahme der *Schuldenlasten.* Die Vorkriegsschulden in Höhe von 13 Mrd. Mark waren zwar bis 1923 zum überwiegenden Teil abgetragen worden. Bis 1932 war die Verschuldung der Landwirtschaft aber bereits wieder auf 15 Mrd. RM angestiegen, zum überwiegenden Teil durch – aufgrund der Preisentwicklung – un-

rentable Nettoinvestitionen, teilweise aber auch durch fehlende Deckung der laufenden Ausgaben aus den laufenden Einnahmen.
- *Absinkende Agrarpreise* in den ersten Nachkriegsjahren und in der Weltwirtschaftskrise.

Der Schuldendienst stieg bis zum Jahre 1932 auf etwas mehr als 10 v.H. der jährlichen Wertschöpfung der Landwirtschaft an, während er noch vor dem Ersten Weltkrieg, d. h. am Ende einer längeren Periode, nur etwa 8 v.H. betragen hatte.

Staatliche Versuche zur Behebung oder *Linderung der Not* in der Landwirtschaft waren:

- Wiedereinführung der *Schutzzollpolitik* aus der Zeit vor 1914.
- Die als *Osthilfe* bezeichnete Umschuldung, verbunden mit Vollstreckungsschutz und anderen Maßnahmen. Der Weg hierzu war folgender:
  - Ab 1926 wirtschaftliche Förderung der Grenzgebiete (Investitionen, Kredite usw.), auch z. B. in Bayern und Baden.
  - Ab 1928 Ostpreußenhilfe, insbesondere Umschuldung der Landwirtschaft.
  - Ab 1930 Hilfen für die Landwirtschaft in ganz Deutschland, die sich aber in Ostdeutschland konzentrierten, da hier (und vor allem bei den größeren Betrieben) die Verschuldung am stärksten war.

Die *Osthilfe* stand in engem Zusammenhang mit einem weiteren Problem: Der *Aufsiedlung von größeren Gütern.*

- Das *Reichssiedlungsgesetz* vom 11. August 1919 hatte seine Wurzeln
  - in der „inneren Kolonisation“ (Rentengüter) aus der Zeit vor 1914 und
  - dem in der Schlußphase des Krieges vorhandenen Trend zur Verteilung von Land der Großgrundbesitzer an Bauern und landarme Bevölkerungskreise.
- Die *Landverteilung* wurde in der Schlußphase des Weltkrieges als ein Instrument der Beruhigung eines Teiles der Bevölkerung angesehen (Hindenburgs Siedlungsversprechen ist hier für Deutschland zu nennen, Lenins Dekret über den Grund und Boden für Rußland).

- Während in Rußland (und einigen anderen osteuropäischen Staaten) eine entschädigungslose Enteignung der Großgrundbesitzer erfolgte, wurde für die deutschen Siedlungsmaßnahmen die *Geldknappheit des Staates* bei einer Verpflichtung zum Ersatz des Marktwertes des Bodens der entscheidende einengende Faktor.
- Die *Osthilfe* wurde *nur* dort eingesetzt, *wo* durch die Umschuldung eine *Sanierung* des einzelnen Betriebes erwartet werden konnte. Damit stand der zu stark verschuldete Teil der Landwirtschaft für Siedlungsmaßnahmen zur Verfügung. Die Bodenpreise sanken. Jedoch hatte der Staat nicht die Mittel, um diese Flächen zu erwerben.
- Während zunächst die langsame bürokratische Abwicklung der Siedlungsverfahren und die knappen staatlichen Mittel für die schleppende Tendenz der Errichtung von Siedlungen entscheidend gewesen waren, trat jetzt die *Verknüpfung der Interessen der Großgrundbesitzer mit* denen des ebenfalls landansässigen *Reichspräsidenten* (v. Hindenburg) hinzu, indem die Schwelle für Sanierungsmaßnahmen recht hoch angesetzt wurde.

Das *Ergebnis der Siedlungsmaßnahmen* von 1919 bis 1932 war (z. T. abweichende Angaben in den Statistiken):

- 60.000 neue Bauernstellen mit 660.000 ha.
- 100.000 Landzulagen für bisherige Kleinstellen mit zusammen 160.000 ha.

Damit wurden etwa 2,7 v.H. der gesamten landwirtschaftlichen Nutzfläche Deutschlands und 16 v.H. der von Betrieben mit mehr als 100 ha genutzten Flächen erfaßt.
Zum Vergleich: Von 1886 bis 1914 wurden 40.000 Siedlerstellen auf mehr als 500.000 ha eingerichtet, die Jahresrate lag also in der Weimarer Zeit bei mehr als dem Doppelten der Vorkriegszeit.

Die staatlichen Finanzen und das Schicksal der Reparationen

Das *Reparationsproblem* bestimmte auch in der Zeit nach 1929 zunächst noch die Reichsfinanzen. Die beabsichtigte endgültige Abwicklung der Reparationszahlungen nach dem am 1. September 1929 den Dawes-Plan ablösenden *Young-Plan* sollte im Jahre 1988 erfolgen. Die Weltwirtschaftskrise hat aber zu einer vorzeitigen Beendigung der deutschen Leistungen geführt. Entscheidend für die Neuregelung des Problems im Young-Plan waren die *Nachteile des Dawes-Planes*:

- *Die unbestimmte Zahlungshöhe,*
- *Die unbestimmte Zahlungsdauer.*

Vorausgegangen war in der internationalen Entwicklung die wenigstens formelle Gleichberechtigung Deutschlands:

- Aufnahme Deutschlands in den Völkerbund am 8. September 1927.
- Beitritt Deutschlands zum Kriegsächtungsvertrag, dem sog. Kellog-Pakt am 27. August 1928.

Der im Sommer 1929 erarbeitete und durch das Haager Abkommen vom 20. Januar 1930 angenommene, rückwirkend ab 1. September 1929 gültige *Young-Plan* sah *folgende Regelung* vor:

- 1930/31 waren 1,6 Mrd. RM zu zahlen.
- Bis 1965/66 sollte die Leistung auf 2,3 Mrd. jährlich ansteigen.
- Bis 1987, d. h. 21 Jahre lang, sollten jährlich 2,3 Mrd. RM gezahlt werden.
- 1988 war dann letzte Rate in Höhe von 0,898 Mrd. RM aufzubringen.

Vorteile dieser Regelung:

- Festsetzung der Gesamtsumme.
- Beseitigung des Wohlstandsindex.
- Erleichterungen gegenüber der jährlichen Leistungspflicht nach dem Dawes-Plan.
- Aufhebung der Kontrollen und Souveränitätsbeschränkungen (Reparationsagent, Transferkomitee, ausländischer Einfluß auf Reichsbank und Reichsbahn).
- Befreiung der Industrie von der Zahlungspflicht.
- Teilweise Entlastung der Reichsbahn.
- Möglichkeit eines Moratoriums bei Zahlungsbeeinträchtigungen.
- Räumung des Rheinlandes bereits 1930 statt ursprünglich 1935.

Nachteile des Young-Planes:

- Für einen Betrag von jährlich 612 Mill. RM (Anteil der unmittelbaren Kriegsschäden) entfiel der Transferschutz.

- Bei Verstoß gegen die Vereinbarung war weiterhin der Einmarsch der Alliierten möglich.
- Auch dieser Vertrag konnte die bei den Reparationsgläubigern fehlende Abnahmebereitschaft für deutsche Produkte, die wichtigste Voraussetzung der Devisenbeschaffung, nicht ersetzen.

Tatsächliche Abwicklung des Young-Planes:

Die Weltwirtschaftskrise beeinflußte in nicht voraussehbarer Weise

- die Aufbringung der Mittel im Inland und
- die Übertragung dieser Mittel an das Ausland (Umwandlung in Devisen),

so daß im *Juni 1931* das sog. *Hoover-Moratorium* (benannt nach dem Präsidenten der USA) gewährt werden mußte:

- Für ein Jahr sollten die Reparationsleistungen ausgesetzt werden.
- Die Reichsbank erhielt einen Kredit von den Zentralbanken Englands, der USA und Frankreichs, ferner der auch für die Abwicklung der Reparationsleistungen errichteten Baseler Bank für Internationalen Zahlungsausgleich (BIZ) über 420 Mill. RM (Devisen) zur Erfüllung des Zahlungstermins am 30. Juni 1931.

Durch die Konferenz von Lausanne wurde am 9. Juli 1932 die gesamte Reparationsforderung auf eine Restsumme von 3 Mrd. RM verringert. Auch dieser Betrag wurde nicht mehr geleistet. Es wurde lediglich der im Zusammenhang mit dem Hoover-Moratorium gewährte Kredit in Höhe von 420 Mill. RM (auch von der nationalsozialistischen Regierung) zurückgezahlt.

Tabelle 6: Reparationsleistungen Deutschlands nach dem Ersten Weltkrieg

Zeitraum	Deutsche Bewertung	Alliierte Bewertung
Bis 31.8.1924	42,0 Mrd. RM	9,6 Mrd. RM
1.9.1924 - 31.8.1929	8,0 Mrd. RM	7,6 Mrd. RM
1.9.1929 - 30.6.1931	3,1 Mrd. RM	2,8 Mrd. RM
Besatzungskosten	2,0 Mrd. RM	0,8 Mrd. RM
Insgesamt	55,1 Mrd. RM	20,8 Mrd. RM

Insgesamt waren nach dem Ersten Weltkrieg damit die aus Tabelle 6 ersichtlichen Reparationsleistungen von Deutschland erbracht worden.

Die unterschiedliche Bewertung bezog sich auf:

- Sachleistungen im Rahmen der Abwicklung von 1921 bis 1931.
- Beschlagnahmte Gegenstände, Eisenbahnen und andere Vermögensgegenstände in den ehemals deutschen Gebieten, in den besetzten Gebieten usw.

Die gesamten Reparationsleistungen kamen den westlichen Alliierten zugute. Die Kriegsausgaben der westlichen Alliierten lagen bei mehr als 400 Mrd. RM, die direkten und indirekten Kriegsausgaben und Schäden bei mehr als 700 Mrd. RM. Im Vertrag von Versailles waren durch eine Klausel zusätzliche Forderungen Rußlands rechtlich abgesichert worden. Die UdSSR machte von diesem Recht jedoch keinen Gebrauch, ja sie brandmarkte sogar die westlichen Forderungen als „imperialistische Ausbeutung".

In welchem Maße die *finanzielle Beweglichkeit des Reiches* durch die Reparationsleistungen beeinträchtigt wurde, zeigt Abbildung 35.

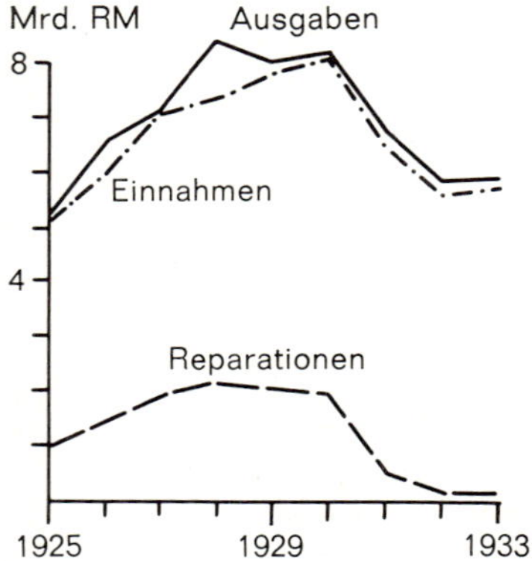

Abb. 35: Ausgaben, Einnahmen und Reparationsleistungen (aus der Reichskasse) des Deutschen Reiches von 1925 bis 1933 in Mrd. RM

Aus Abbildung 35 wird aber auch noch die *Finanzpolitik des Reiches* deutlich:

- Die defizitären Haushalte der Jahre 1926 und 1928 waren mit von Bedeutung für die konjunkturelle Entwicklung, insbesondere für das langsamere Hineingleiten in die Weltwirtschaftskrise (im Vergleich zu den USA).
- Die fast ausgeglichenen Haushalte der Jahre 1930, 1931 und 1932 (d. h. vom 1. April 1930 bis zum 31. März 1933) trugen mit dazu bei, daß die Krisensituation in die Länge gezogen wurde (keine antizyklische Finanzpolitik des Staates).
- Der Rückgang der Einnahmen wurde ab 1931 zum überwiegenden Teil durch die Reduzierung der Reparationszahlungen kompensiert.

Der Ausgleich des Reichshaushaltes konnte in den Jahren ab Frühjahr 1930 trotz der Verminderung der Reparationsleistungen nur durch die *Deflationspolitik* der Reichsregierung unter dem Reichskanzler Brüning erreicht werden. Die Struktur der Ausgaben und vor allem die meistens langfristigen gesetzlichen Verpflichtungen bewirken im allgemeinen, daß in einer Zeit rückläufiger Aktivitäten die Einnahmen schneller und stärker zurückgehen als die Ausgaben. Die Maßnahmen der Regierung mußten daher auf beiden Seiten der staatlichen Finanzen einsetzen, wenn weiterhin ein ausgeglichener Haushalt erreicht werden sollte:

- Die Einnahmen wurden noch relativ hoch gehalten, indem man die Sätze für Einkommensteuer, Umsatzsteuer, Zucker-, Tabak-, Bier-, Kraftfahrzeugsteuer usw. erhöhte. Zollanhebungen und Erhöhung der Beiträge zur Arbeitslosenversicherung sollten ebenfalls die Einnahmen stärken bzw. Ausgaben (für Arbeitslose) einschränken.
- Die Ausgaben versuchte man ebenfalls zu mindern, indem man nach und nach alle Gehälter, Pensionen, Zahlungen für Arbeitslose und Kriegsopfer, Diäten und Aufwandsentschädigungen kürzte, meistens um bis zu 20 v.H. und mehr. Ein allgemeiner Baustopp und die Verringerung der Behörden und ihrer Angestelltenzahl senkten zwar ebenfalls die Staatsausgaben, erhöhten aber gleichzeitig die Zahl der Arbeitslosen.

Die insgesamt ab Sommer 1930 (Notverordnung zur Sicherung von Wirtschaft und Finanzen vom 30. Juni 1930 und weitere Gesetze in den beiden Jahren der Regierungszeit Brünings) einsetzende *Deflationspolitik hat* daher *für Deutschland die Krise verlängert.* Zu Bedenken ist bei einer solchen Beurteilung aber:

– Die Krise war nicht auf Deutschland beschränkt. Es ist daher fraglich, ob eine defizitäre Haushaltspolitik wirklich schon jetzt eine Umkehr der Entwicklung gebracht hätte.
– Die Politik des amerikanischen Präsidenten Hoover war teilweise entgegengesetzt und hatte ebenfalls keine Umkehr der konjunkturellen Entwicklung in den USA erreicht.
– Politische Ziele standen für Brüning im Vordergrund: Die endgültige Beseitigung des Reparationsproblems durch Erhaltung und Stärkung des Vertrauens zu Deutschland.
  Das Kuriose an dieser Situation war:
  – Das Ausland erwartete eine Politik der Deflation (und nicht des defizitären Haushalts), um so die Reparationen nicht zu gefährden.
  – Gerade hierdurch wurde aber die Leistungsunfähigkeit Deutschlands in dieser Hinsicht bewirkt.

  Wichtig war in diesem Zusammenhang die befürchtete Konkurrenz Deutschlands auf dem Weltmarkt, wie sich aus der Ablehnung einer Abwertung der Reichsmark und von Sachleistungen während der ganzen Weimarer Zeit ergibt.

  Die Reparationsfrage war, beschleunigt durch die Weltwirtschaftskrise, auf einem Weg gelöst worden, der vor allem vom Reichskanzler Josef Wirth und seinem Wiederaufbauminister Walther Rathenau schon im Mai 1921 unter wesentlich ungünstigeren Bedingungen eingeschlagen worden war:
  – Den Willen zur Erfüllung der Forderungen zeigen,
  – dabei aber die Unmöglichkeit der Erfüllung beweisen.

Die Sozialpolitik und die sozialen Verhältnisse

Die *sozialen Verhältnisse* und damit die Voraussetzungen für die Sozialpolitik wurden in erster Linie *geprägt* durch:

- Die Auswirkungen der (überwiegend schlechten) *allgemeinen wirtschaftlichen Situation.*
- Die *Wandlungen in der Sozialstruktur* auf Grund der Umschichtungen im Ersten Weltkrieg und in der Nachkriegszeit.
- Die durch die *labilen Situationen für die* staatlichen und die wirtschaftlichen Kräfte von 1914 bis 1932 angeregten Bemühungen zur Beschwichtigung und zu Änderungen.
- Die Beteiligung der SPD an der Regierungsbildung bis November 1923 (mit Ausnahme der Regierung Cuno) und von 1928 bis 1930.

Die *Einkommenslage der Arbeitnehmer* war durch zwei Komponenten bestimmt:

- Die Entwicklung der Einkommen der Vollbeschäftigten.
- Die Entwicklung der Beschäftigungsmöglichkeiten.

Beide Komponenten lassen sich am besten in Schaubildern verdeutlichen, vgl. Abbildungen 36 und 37.

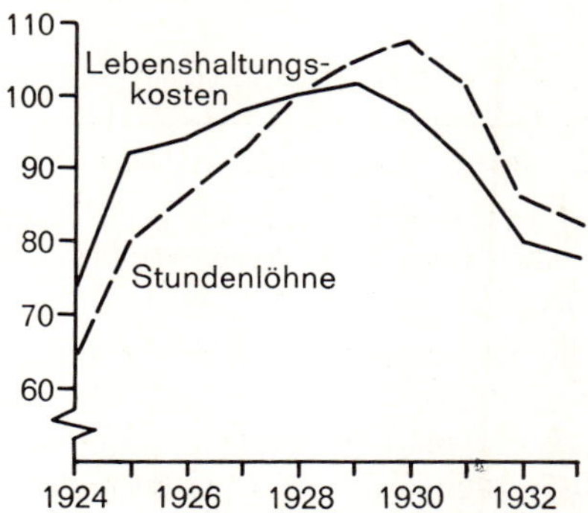

Abb. 36: Stundenlöhne in 17 Gewerben und Lebenshaltungskosten von 1924 bis 1932 (1928 = 100)

Abbildung 36 zeigt:

- Die Stundenlöhne stiegen *bis 1930* stärker an als die Lebenshaltungskosten, so daß die *Realeinkommen* bei gleichen Beschäftigungschancen sich *verbesserten.*

– Von *1931 bis 1932* fielen die Stundenlöhne schneller als die Lebenshaltungskosten, so daß bei gleicher Beschäftigungssituation des einzelnen ein *Rückgang des Reallohnes* zu verzeichnen war.

Da aber ab 1929 die Beschäftigungsmöglichkeiten ebenfalls rückläufig waren, vgl. Abbildung 23, fiel im Durchschnitt aller Beschäftigten und Arbeitslosen das Lohneinkommen sogar noch mehr. Die Unterstützungen aus den verschiedenen Quellen (Arbeitslosenversicherung, Fürsorge) konnten den Lohnausfall nicht ausgleichen, vgl. Abbildung 37.

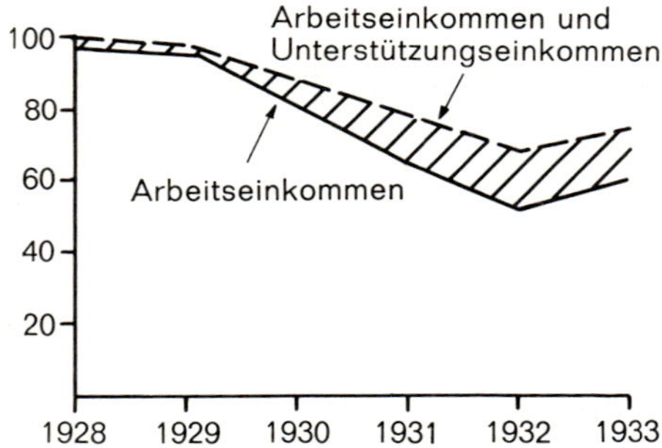

Abb. 37: Entwicklung des durchschnittlichen Einkommens (Lohn, Arbeitslosenunterstützung) der Beschäftigten und der Arbeitslosen 1928 bis 1933

Insgesamt war damit ein durchschnittlicher Rückgang der Einkommen der Mehrheit der Bevölkerung um real 32 v.H. eingetreten, wobei sich jedoch starke Differenzierungen zwischen den noch Vollbeschäftigten und den auf die gemeindliche Fürsorge angewiesenen langfristig Arbeitslosen ergaben. Bis 1928/1929 war aber lediglich der Rückgang der Realeinkommen infolge des Ersten Weltkrieges von 1914 bis 1923 um etwa 20 bis 30 v.H. ausgeglichen. Der Lebensunterhalt breiter Bevölkerungsschichten wurde dadurch erheblich gefährdet.

Aber nicht nur die Einkommen der etwa 80 v.H. der Gesamtbevölkerung ausmachenden Lohnabhängigen waren stark zurückgegangen, sondern auch die der meisten übrigen Gruppen. Bisherige

höhere Einkommensschichten mußten sich ebenfalls einschränken; sie lagen aber meistens auch jetzt noch über dem Existenzminimum und waren daher nicht auf Unterstützungen angewiesen.
Die *sozialpolitischen Neuerungen* der Zeit von 1914 bis 1933 sind zwar nicht so spektakulär gewesen wie die Einführung der gesetzlichen Sozialversicherung unter dem Kanzler Bismarck. Sie waren Ausdruck einer stärkeren Aktivität der Lohnabhängigen und der zunehmenden Anerkennung ihrer Vertretungen und Vereinigungen.

- Das *Betriebsrätegesetz von 1920* brachte eine Verbesserung der Wahrnehmungsmöglichkeiten der Arbeitnehmerinteressen (Fortführung der Arbeitnehmerausschüsse, die im Ersten Weltkrieg eingerichtet wurden). In Fragen der Betriebsleitung hatten diese Betriebsräte aber nur eine beratende Mitwirkung.
- Die schon vor dem Ersten Weltkrieg international angestrebte *Einführung der 48-Stunden-Woche* wurde im November 1918 auf Grund einer Vereinbarung zwischen Arbeitnehmern und Arbeitgebern beschlossen. In einigen Industriezweigen und im Bergbau wurde die 48-Stunden-Woche allerdings in den 20er Jahren wieder aufgehoben (ab 1923/24).
- Die *Bekämpfung der* typischen *Bergbau-Krankheit*, der sog. Staublunge und allgemein der Gefahren von Betriebsunfällen wurde von Arbeitnehmer- und Arbeitgeberorganisationen gemeinsam betrieben.
- Die *Mutterschutzgesetzgebung* (Kündigungsschutz, Wochengeld) verbesserte die Lage einer besonders gefährdeten Arbeitnehmergruppe.
- Die *Kriegsopferversorgung* nahm zeitweise ein Drittel der Reichsausgaben in Anspruch, obgleich die Versorgungssätze das Existenzminimum nicht erheblich überschritten.
- Die bisherige Armenpflege (insbesondere der Gemeinden) wurde ab 1924/26 verbessert und erhielt nun die Bezeichnung *Fürsorge.*
- Den Arbeitnehmern und Arbeitgebern wurde durch die Weimarer Verfassung die *Tarifautonomie* verliehen: „Die Arbeiter und Angestellten sind dazu berufen, gleichberechtigt in Gemeinschaft mit den Unternehmern an der Regelung der Lohn- und Arbeitsbedingungen sowie an der gesamten wirtschaftlichen Entwicklung

der Produktionskräfte mitzuwirken. Die beiderseitigen Organisationen und ihre Vereinbarungen werden anerkannt“ (Art. 165, Abs. 1 der Weimarer Verfassung).

- Die *Arbeitslosenversicherung* wurde ab Juli 1927 eingeführt. Vor dem Ersten Weltkrieg hatten Hilfseinrichtungen der Gemeinden und der Arbeitnehmervereinigungen bestanden. Seit dem 13. November 1918 wurde die Erwerbslosenfürsorge eingerichtet, deren Finanzierung von den Gemeinden (1/6), den Ländern (1/3) und dem Reich (1/2) getragen wurde. Ab 15. Oktober 1923 wurden die Arbeitgeber und die Arbeitnehmer zur Finanzierung hinzugezogen, so daß damit die ersten Anfänge einer Regelung vorhanden waren, wie sie in der gesetzlichen Sozialversicherung üblich war. Durch Gesetz vom 16. Juli 1927 wurde dann die Arbeitslosenversicherung eingerichtet. Da die Beitragsberechnungen von einer Arbeitslosenzahl von etwa 0,8 Mill. ausgingen, wurde für den Fall einer höheren Arbeitslosenzahl (vor allem bei langfristiger Dauer) ein Darlehen des Reiches (4/5) und der Gemeinden (1/5) vorgesehen. Daneben bestand weiterhin die Fürsorge mit Zuschußzahlungen. Da die Gemeinden als unterste Armenbehörde fast jeden zu unterstützen hatten, der kein eigenes Einkommen und keine eigenen Versorgungsansprüche hatte, bedeutete diese Regelung vor allem eine Entlastung der Gemeinden. Die hohe Arbeitslosigkeit in der Weltwirtschaftskrise ließ dann aber auch den Gemeinden noch umfangreiche Aufgaben. Im Frühjahr 1931 wurden die 4,7 Mill. Arbeitslosen folgendermaßen unterstützt:

43 v.H. Arbeitslosenversicherung
21 v.H. Krisenfürsorge
23 v.H. Fürsorge der Gemeinden
13 v.H. ohne Unterstützung

Die Gemeinden hatten also auch noch nach der Einführung der Arbeitslosenversicherung einen nicht unerheblichen Teil ihrer finanziellen Mittel für die Versorgung der Einwohner ohne Arbeitseinkommen zu verwenden.

In den Bereich der Sozialpolitik gehört auch die Einrichtung des *Reichswirtschaftsrates*. Grundidee war die Mitarbeit der einzelnen am Wirtschaftsleben beteiligten Gruppen in institutionalisierter Form an der Gesetzgebung und damit an der Gestaltung des täglichen Lebens. Vorläufer dieser Einrichtung waren:

- Die *Gewerberäte,* die auf Grund der Verordnung vom 9. Februar 1849 in Preußen (Handwerker, Fabrikanten und Kaufleute waren hier vertreten) mit folgenden Aufgaben eingerichtet werden sollten: Abgrenzung der Arbeitsgebiete der einzelnen Handwerke, Festlegung sozialpolitischer Maßnahmen. Sie konnten ihre Arbeit aber nur in wenigen preußischen Städten tatsächlich aufnehmen und auch dort nicht nachhaltig tätig sein.
- Die *Volkswirtschaftliche Vereinigung*, aus Konservativen und Zentrum 1878 innerhalb des Reichstages gegründet, versuchte die Wirtschaftspolitik Bismarcks, die sich inzwischen vor allem auf die Liberalen stützte, im Sinne einer Schutzpolitik zu beeinflussen. Eine öffentlichrechtliche Funktion besaß diese Vereinigung aber nicht.
- Bismarck gründete 1880 den aus 75 Mitgliedern (einzelner Wirtschaftszweige und der Arbeiterschaft) bestehenden *Preußischen Volkswirtschaftsrat*, der aber bereits 1884 wieder seine Arbeit einstellte und entgegen dem ursprünglichen Plan nicht auf das Reich ausgedehnt wurde.
- Im Ersten Weltkrieg waren zwar keine zentralen Einrichtungen vergleichbarer Art geschaffen worden. Die Bereitschaft zur Beteiligung auch der Arbeitnehmervereinigungen an der Gestaltung der wirtschaftlichen Verhältnisse war aber vorhanden. Die Gründung von *Zentralarbeitsgemeinschaften* der Sozialpartner bot einen Ansatzpunkt für die tarifvertraglichen Schlichtungsausschüsse (ab Dezember 1919).

Der Reichswirtschaftsrat:

- Errichtung auf Grund Art. 165 der Weimarer Verfassung:
  - *Arbeiterräte* für Landesbezirke und für das Reich, die sich aus Arbeitern und Angestellten zusammensetzen sollten.
  - *Wirtschaftsräte* für Landesbezirke und für das Reich, die sich aus Arbeitern, Angestellten, Unternehmern „und sonst beteiligten Volkskreisen" bilden sollten. Dabei waren „alle wichtigen Berufsgruppen entsprechend ihrer wirtschaftlichen und sozialen Bedeutung" aufzunehmen.
- *Aufgaben* des Reichswirtschaftsrates:
  - Begutachtung sozial- und wirtschaftspolitischer Gesetzesentwürfe.
  - Ausübung des eigenen Rechts für Gesetzesvorlagen sozial- und wirtschaftspolitischen Inhalts. Unmittelbar nach dem Ersten Weltkrieg beschäftigte man sich in umfangreichem Maße mit Gesetzesentwürfen für die Verstaatlichung von großen Teilen

der Wirtschaft (Schwerindustrie, Bergbau, Elektrizitätswirtschaft).

- *Tatsächliche Entwicklung*:
  - 1920 „Vorläufiger Reichswirtschaftsrat" mit 326 Mitgliedern. Im Prinzip blieb der Rat aber ohne Bedeutung.
  - 1934 Auflösung des Reichswirtschaftsrates. Übertragung der Aufgaben und Rechte auf die Reichswirtschaftskammern.
- Der *Reichswirtschaftsrat* war im Prinzip *berufsständisch* aufgebaut, d. h. in einer Weise, die in Ansätzen (Wirtschaftsrat in Frankreich) oder in ausgeprägter Form für die staatliche und gesellschaftliche Organisation (Faschismus) in der Zwischenkriegszeit in vielen Ländern die eigentlichen demokratischen Gremien ergänzte oder ersetzte.

In der gleichen Richtung liefen auch die *allgemeinen Bestrebungen*, die vor allem kurz vor der Weltwirtschaftskrise ausgeprägt vorhanden waren und begünstigt wurden durch

- die Zunahme der regelmäßig fließenden Einkommen und
- die Zunahme der negativen Seiten des privatwirtschaftlichen Systems (Preisabsprachen, Kartelle, Fusionen),

und die eine *Änderung des Wirtschafts- und des Gesellschaftssystems* propagierten:

- Errichtung einer Planwirtschaft zur Vermeidung der sich häufenden negativen Auswirkungen des sog. kapitalistischen Systems.
- Aufbau von Entscheidungsstrukturen in Anlehnung an das Arbeiterrätesystem, die als Ausbau der Wirtschaftsdemokratie bezeichnet wurden.

Solche Bestrebungen wurden *vor allem in den marxistisch orientierten Parteien und Gewerkschaften* deutlich.

Die Entwicklung der *Gewerkschaften* war zunächst aufgrund und parallel zu der politischen Entwicklung günstig. In der Weltwirtschaftskrise änderte sich dann dieser Trend:

- Das Hilfsdienstgesetz von 1916 beteiligte die Gewerkschaften stärker am Wirtschaftsleben:
  - Die Gewerkschaften wurden allgemein als Vertreter der Arbeiter anerkannt.

  - In den Arbeiterausschüssen repräsentierten sie die Arbeiter.
  - In den 116 Schlichtungsausschüssen arbeiteten sie mit den Unternehmern zusammen.
- Nach Kriegsende wurden „Arbeitsgemeinschaften" mit den Arbeitgebern gebildet:
  - Hierin ist der Beginn der kollektiven Arbeitsverfassung zu sehen.
  - Diese Arbeitsgemeinschaften nahmen insbesondere das Tarifvertragsrecht wahr (Tarifautonomie der Tarifpartner).
- Nach dem Ende des Ersten Weltkrieges kam es zu einem allgemeinen Aufschwung der Gewerkschaftsbewegung (Mitgliederzahl gegenüber 1913 mehr als verdoppelt), nachdem im Kriege eine Verminderung der Mitgliederzahl eingetreten war (1922/23 waren etwa 40 v.H. der Arbeitnehmer organisiert).
- Es blieb aber bei der (politischen und ideologischen) Vielfalt der Gewerkschaften:
  - Am stärksten waren die „Freien Gewerkschaften" mit fast 8 Mill. Mitgliedern 1922 (1913 = 2,5 Mill.).
  - Die Christlichen Gewerkschaften hatten etwa 1 Mill. Mitglieder.
  - Die Hirsch-Dunckerschen Gewerkschaften hatten 0,23 Mill. Mitglieder.
  - Die verschiedenen Angestellten-Gewerkschaften hatten zusammen etwa 1,5 Mill. Mitglieder.
- 1923 wurden durch die sog. Schlichtungsverordnung die freien Tarifvereinbarungen zwischen den Tarifpartnern untersagt. Die Lohnvereinbarungen wurden als kosten- und damit preistreibend betrachtet. Die Gewerkschaften verließen daraufhin die Arbeitsgemeinschaften.
- Die „Goldenen Zwanziger" waren durch teilweise recht harte Auseinandersetzungen (Streiks usw.) zwischen Arbeitnehmern und Arbeitgebern gekennzeichnet. Die Unterbrechung der Tarifautonomie wirkte sich negativ aus.
- In der Weltwirtschaftskrise ging der Mitgliederbestand der bisherigen Gewerkschaften zurück:
  - Die Gewerkschaften konnten nicht für die Erhaltung der Arbeitsplätze sorgen.

   - Andere Organisationen (Nationalsozialistische Betriebszellen, Rote Gewerkschaftsorganisation) konnten einen Teil der Arbeitnehmer an sich ziehen. Die Gewerkschaften gerieten in den Strudel der immer härter werdenden politischen Auseinandersetzungen.
- In der Schlußphase der Weimarer Republik war die Politik der Gewerkschaftsspitzen, auch der Freien Gewerkschaften, auf Anpassung ausgerichtet (Gregor Strasser, Kurt von Schleicher), was die nationalsozialistische Machtergreifung begünstigte.

Politische Parteien und Gruppierungen waren gerade wegen ihrer Vielfalt ein die Weimarer Zeit prägendes Moment. Sie spiegelten aber auch die sozialen und politischen Probleme wider. Wie schon in den letzten Jahrzehnten vor dem Ersten Weltkrieg blieben bis 1930 vier politische Richtungen entscheidend, die dann ab 1930 durch die NSDAP ergänzt wurden:

- *Linksparteien,* sich auf die Grundlinien des Marxismus berufend, diesen allerdings unterschiedlich auslegend: *Kommunisten und Sozialdemokraten,* einschließlich der „Unabhängigen" Sozialdemokraten. Die Spaltung der SPD in Kommunisten und Sozialdemokraten brachte unterschiedliche Varianten der marxistischen Ideologie zum Ausdruck, wie sie auch schon vor 1914 in innerparteilichen Auseinandersetzungen in der SPD vorhanden waren.
  Der Stimmenanteil der Wähler dieser Parteien lag im Reichsdurchschnitt im allgemeinen bei 33 bis 45 v.H., d. h. diese politische Richtung war – hemmend oder fördernd, je nach der Beurteilung der Aktivitäten – die stärkste Gruppierung für die Beeinflussung der Entwicklung der Weimarer Republik.
- Demokraten, Deutsche Volkspartei und einige Splitterparteien setzten die Tradition der nationalliberalen und der nicht auf nationale Ziele ausgerichteten *liberalen Parteien* der Zeit vor 1914 fort. Wenn auch der *Mittelstand,* das *Bürgertum,* parteimäßig sehr stark gegliedert war, so hätte es auch summiert mit einem Anteil von 15 bis 25 v.H. immer nur zusammen mit anderen Gruppierungen einen politischen Einfluß ausüben können.
- Das *Zentrum* und die Bayerische Volkspartei vereinigten den Kern der *katholischen Wählerschaft.* Der auf diese Parteien entfallende Stimmenanteil von 15 bis 20 v.H. erfaßte Wähler aus fast allen Bevölkerungsschichten.
- Die *Deutschnationale Volkspartei* und einige andere rechte Splittergruppen setzten die politische Richtung der Konservativen aus der Vorkriegszeit fort. Ihr Anteil schwankte zwischen 10 und 25 v.H.
- Die *Nationalsozialisten* waren bis zur September-Wahl 1930 relativ unbedeutend (< 10 v.H.) geblieben. In der Weltwirtschaftskrise (1929 bis 1933), vor allem als die Langfristigkeit der gedrückten wirtschaftlichen Situation deutlicher wurde, nahm die Wählerschaft der Nationalsozialisten fast sprunghaft zu, wie die Reichstagswahlen zeigen:

Tab. 6a: Reichstags-Wahlergebnisse 1912 bis 1933 (Stimmenanteile)

Wahltermin	Reichstag 12.1.1912	National-vers. 19.1.1919	Reichstag 1920/22	Reichstag 4.5.1924	Reichstag 7.12.1924	Reichstag 20.5.1928	Reichstag 14.9.1930	Reichstag 31.7.1932	Reichstag 6.11.1932	Reichstag 5.3.1933
SPD	34,8	37,9	21,6	20,5	26,0	29,8	24,5	21,6	20,4	18,3
USPD		7,6	17,9							
KPD			2,1	12,6	8,9	10,6	13,1	14,3	16,9	12,3
SPD/USPD/KPD	34,8	45,5	41,6	33,1	34,9	40,4	37,6	35,9	37,3	30,6
Zentrum p.p.	16,4	19,7	18,0	16,6	17,3	15,2	14,8	15,6	15,0	13,9
Liberale Parteien	25,9	23,0	22,2	14,9	16,4	13,6	8,3	2,2	2,8	1,9
DNVP	9,2	10,3	15,1	19,5	20,5	14,2	7,0	5,9	8,3	8,0
NSDAP				6,6	3,0	2,6	18,3	37,3	33,1	43,9
Sonstige	13,7	1,5	3,1	9,3	7,9	14,0	14,0	3,1	3,5	1,7
Wahlbeteiligung in v.H.	84,9	83,0	79,2	77,4	78,8	75,6	82,0	84,0	80,6	88,7

Die NSDAP wuchs also in der Weltwirtschaftskrise:

Mai 1928 =	2,6 v.H. der Stimmen =	12 Sitze
September 1930 =	18,3 v.H. der Stimmen =	107 Sitze
Juli 1932 =	37,3 v.H. der Stimmen =	230 Sitze
November 1932 =	33,1 v.H. der Stimmen =	196 Sitze
März 1933 =	43,9 v.H. der Stimmen =	288 Sitze

Die Zuordnung der NSDAP-Wähler zu bestimmten Gruppen der Gesellschaft ist immer wieder versucht worden, nicht zuletzt, um die Schuld an den Folgen der NS-Herrschaft anderen und nicht der eigenen Gruppe anlasten zu können. Dabei wird aber nicht beachtet, daß ein nicht unerheblicher Anteil der Wähler aus folgenden Gründen die NSDAP gewählt hat:

- Aus Protest gegen die bis 1930 als stärkste Gruppierungen im Reichstag sitzenden Parteien, die nicht in der Lage waren, die *Probleme der Bevölkerung* zu lösen.
- Aus nationalem Protest, weil man glaubte, daß aufgrund der Erfahrungen mit den Parteien der Weimarer Republik eine *Vertretung der nationalen Interessen* nur von der NSDAP (Reparationen, Überwindung der Benachteiligungen aus dem Frieden von Versailles usw.) zu erwarten war.

Im Prinzip kann man daher davon ausgehen, daß die Mehrheit der Wähler der NSDAP eine Veränderung der (innen- und außen-)politischen Lage anstrebte, daß aber die Zielrichtung der *NS-Politik bis 1933 vieldeutig* genug *formuliert* war, um sogar gegensätzliche Wunschvorstellungen der Wähler anzusprechen.

Die *Wählerschaft der NSDAP* rekrutierte sich vor allem aus folgenden sozialen und politischen Schichten:

- Teile des *konservativ* und *national* ausgerichteten Bürgertums, vor allem Wähler der DNVP (6 bis 7 Prozentpunkte).
- Teile des *ehemals liberal* ausgerichteten Bürgertums, der selbständigen Landwirte, allgemein des selbständigen und des unselbständigen *Mittelstandes* (10 bis 11 Prozentpunkte).
- Teile der *Arbeiterschaft,* vor allem derjenigen Gruppen, die aufgrund einer *langen Arbeitslosigkeit* von den bisher stark im Reichstag vertretenen marxistischen Parteien (insbesondere SPD, weniger KPD) keine Änderung der Einkommensmöglichkeiten in absehbarer Zeit erwarteten (3 bis 4 Prozentpunkte).

Ein Vergleich der Wahlergebnisse von 1928 bis 1933 zeigt, daß mit der Ausdehnung der Wählerschaft der NSDAP parallel ging

- eine Reduzierung der liberalen Parteien und der Splittergruppen (Bündelung auseinanderstrebender, mit den bisherigen großen Parteien unzufriedener Gruppen) und
- eine Halbierung des Wähleranteils der DNVP, deren konservativer Rest unter Hugenberg dann über die Bildung der Harzburger Front (1931) in nicht unerheblichem Maße zur Machtergreifung durch die NSDAP beitrug.

Der seit 1930 stete Rückgang des Stimmenanteiles der SPD wurde durch eine Zunahme der Stimmenanteile der KPD ausgeglichen, so daß diese beiden Linksparteien insgesamt rein numerisch kaum Verluste zu verzeichnen hatten.

Eine Analyse der Wähler zeigt darüber hinaus,

- daß *nicht* oder nur in geringem Maße die manchmal als entscheidend angesehene Gruppe der *Inflationsgeschädigten* die NSDAP sich hat entwickeln lassen.
- Die (langandauernde) *Weltwirtschaftskrise mit ihren Einkommensschmälerungen* und der Bedrohung vor allem auch des *Mittelstandes* (der in der marxistischen Terminologie sog. „kleinen Warenproduzenten": Bauern, Handwerker, Einzelhändler, freie Berufe), einschließlich der Arbeitslosen mit zuvor höheren Einkommen, war der entscheidende Faktor.

Die aufgrund der vorhandenen politischen Situation erforderliche, aber fehlende Kompromißbereitschaft der demokratischen Parteien, vor allem auch der SPD, bei Regierungsbildungen hatte das „System" politisch unbeweglich gemacht und damit bei breiten Bevölkerungsschichten das Vertrauen untergraben.

d) Die Anfänge zur Überwindung der Krise

Da die *Arbeitslosigkeit die am stärksten die Bevölkerung beeinträchtigende Erscheinung der Weltwirtschaftskrise* in Deutschland (und in anderen Ländern) war, setzten die *Bemühungen* zur Bekämpfung der Krise hier an:

- In einzelnen Vorschlägen und Plänen (Brauns-Gutachten, Lautenbach-Plan, Wagemann-Plan) war vorgesehen, *den volkswirtschaftlichen Kreislauf*, oder vielleicht besser den Kreislauf der Depression, durch eine expansive Geldpolitik *anzukurbeln.* Das wichtigste Finanzierungsinstrument für eine solche Politik war der (kurzfristige) *Wechsel.*
- Woytinski, Tarnow und Baade schufen 1932 mit dem sog. *WTB-Plan* (nach den Anfangsbuchstaben der Namen der drei Autoren) des Allgemeinen Deutschen Gewerkschaftsbundes einen konkreten Vorschlag. Danach sollten *zusätzlich* zu den normalen Haushaltsausgaben von der öffentlichen Hand, einschließlich Post und Bahn, *2 Mrd. RM* für Aufträge *ausgegeben* werden. Die *Finanzierung* war ebenfalls *über Wechsel* vorgesehen.

Diese Pläne wurden *von der Reichsregierung* (Reichskanzler Brüning), *von der Reichsbank und von den Reparationsgläubigern abgelehnt.* Man befürchtete, daß die Finanzierungsart durch die damit verbundene zusätzliche Geldschöpfung wiederum eine inflationäre Entwicklung in Gang setzen könnte.

Das Merkwürdige an dieser Situation war:
- Brünings deflationäre Geldpolitik verminderte die Leistungsfähigkeit der deutschen Volkswirtschaft allgemein und damit auch für die Bedienung der Reparationsforderungen.
- Die Reparationsgläubiger (und auch viele deutsche Politiker) sahen diese deflationäre Politik als die Voraussetzung einer stabilen Währung und damit der Leistungsfähigkeit des Reparationsschuldners an.

Der Kern des Problems und gleichzeitig die Grenze für die von den entscheidenden Stellen abgelehnten geldpolitischen Maßnahmen waren:
- Die Ausdehnung des Geldvolumens durch die Zunahme der kurzfristigen Staatsverschuldung brauchte noch keine inflationäre Entwicklung in Gang zu setzen,
- solange noch freie Kapazitäten (Arbeitslose und nicht im Produktionsprozeß befindliche Anlagen) vorhanden waren.
- Die durch die Geldvermehrung ansteigende Nachfrage konnte aus der zunehmenden Produktion befriedigt werden.

Anders als im Ersten Weltkrieg und bei der inflationären Entwicklung nach dem Ersten Weltkrieg
- konnte die Produktion noch ausgedehnt werden und
- wäre die Erzeugung von Gütern des zivilen Bedarfes gestiegen.

Neben Plänen für die Ankurbelung der Wirtschaft durch eine zusätzliche Verschuldung des Staates (Finanzierung über Wechsel) traten bald auch solche, die auf andere Weise zu einer Verbesserung der Situation auf dem Arbeitsmarkt führen sollten. In einer Rede in Münster kündigte der Reichskanzler v. *Papen* am 28. August 1932 einen *Plan* an, der durch eine Notverordnung vom 4. September 1932 die erforderliche gesetzliche Grundlage erhielt:

- *135 Mill. RM aus normalen Haushaltsmitteln* des Reiches sollten für Arbeitsbeschaffungsmaßnahmen (Wasserbau, Hausreparaturen usw.) aufgebracht (und an anderer Stelle eingespart) werden.
- *Steuergutscheine über 700 Mill. RM* sollten die Steuerschuldner mit einem marktfähigen Papier im Zusammenhang mit der Einstellung Arbeitsloser versehen, das zwar dem Staat später vorgelegt werden konnte, dann aber auf eine infolge der Ankurbelung der Wirtschaft verbesserte Haushaltssituation traf bzw. treffen sollte. Bei 400 RM je Arbeitsplatz konnten damit 1,75 Mill. Arbeitskräfte eingestellt werden.

- Weitere *Steuergutscheine bis zu 1,5 Mrd. RM* wurden in Höhe von 40 v.H. der zwischen dem 1. Oktober 1932 und dem 30. September 1933 gezahlten Steuern ausgegeben. Sie konnten bis 1938 zur Bezahlung von Steuern und Zöllen verwendet werden.
- *302 Mill. RM* sollten an *Krediten* für die Finanzierung öffentlicher Arbeiten vom Reich und von öffentlichen Betrieben aufgenommen werden.

Der Papen-Plan wurde unter seinem Nachfolger, dem Reichskanzler v. Schleicher noch erweitert, die Steuergutscheine wurden gegen Ende Januar 1933 um 500 Mill. RM aufgestockt, obgleich die Möglichkeiten des Papenplanes noch nicht ausgenutzt waren.
Der *Erfolg* dieser Maßnahmen war *bis Ende Januar 1933 gering*:

- Die aus dem öffentlichen Haushalt aufgebrachten Mittel bedeuteten lediglich eine Umschichtung. Sie hätten die Konjunktur nur dann günstig beeinflussen können, wenn sie durch die geänderte Ausgabenrichtung eine günstigere Multiplikatorwirkung gehabt hätten. Dies ist jedoch nicht nachweisbar.
- Von den Steuergutscheinen waren bis Ende Januar 1933 erst 325,7 Mill. RM ausgegeben. Die davon ausgehenden Wirkungen konnten noch nicht sehr groß sein, da die Rückgabemöglichkeit für diese Gutscheine sich über fünf Jahre erstreckte.
- Die Kredite für öffentliche Arbeiten sind in ihrer Wirkung mit auch in den vorhergehenden Jahren finanzierten Notstandsarbeiten vergleichbar. Sie ersetzten im wesentlichen sonst fällige Unterstützungsleistungen.

Insgesamt kann man den *Maßnahmen v. Papens und v. Schleichers keine ausschlaggebende Wirkung zumessen.* Entscheidend ist dabei wohl gewesen:

- Der *Umfang der Mittel* war unter Berücksichtigung des Ausmaßes der Krise *zu gering.*
- Die *Labilität der politischen Verhältnisse* ließ keine grundsätzliche Wendung erwarten, so daß das psychologische *Klima für Investitionen* und die Verwendung von Spargroschen *nicht günstig* war und damit die sog. Selbstheilungskräfte der Wirtschaft nicht wirksam werden konnten.

- Die *Belebung der Wirtschaft* konnte eigentlich *nur* stärker *über den Bausektor* (Hoch- und Tiefbau) erfolgen. Die Verkündung von entsprechenden Plänen Ende August kam für die *dem Ende zugehende Bausaison zu spät.* Im Frühjahr und Frühsommer sind hier die Beeinflussungsmöglichkeiten stärker und besser.
- Die *Schwerfälligkeit der Bürokratie* (von der Ministerialbürokratie, die über die Richtlinien und Durchführungsbestimmungen entscheidet, bis hin zur untersten Ebene, die über den einzelnen Fall der Maßnahmen zu entscheiden hat) verlängert den Prozeß der Wirksamkeit solcher Entscheidungen über Monate hin.

Im *Ergebnis* läßt sich sagen, daß bereits vor dem Ende der Weimarer Republik *Ansätze* für die Überwindung der Krise *vorhanden* waren, daß diese *aber*

- zu *gering dimensioniert* und
- noch *nicht voll wirksam* geworden waren.

Die später unter den Nationalsozialisten entscheidende Finanzierung über eine Ausdehnung der Staatsverschuldung war im wesentlichen aber nur in Plänen vorhanden und wurde nur in geringem Umfang in den Maßnahmen v. Papens und v. Schleichers angewendet.
Die im Januar 1933 geringere Zahl der Beschäftigten (11,487 Mill. Mitglieder der Krankenkassen) als im Februar 1932 (11,928 Mill.) zeigt eindeutig, daß das konjunkturelle Niveau im Winter 1932/33 geringfügig niederiger lag als im Winter zuvor. Trotzdem wird in vielen wissenschaftlichen Äußerungen der saisonale Aufschwung vom Herbst 1932 als konjunktureller Aufschwung interpretiert, offensichtlich um die Bemühungen der Nationalsozialisten zu schmälern und damit ohne eine Beurteilung der wirklichen Zielrichtung (Aufrüstung, Expansionskrieg) der Nationalsozialisten.

Nationalsozialistische Wirtschaftspolitik und Kriegswirtschaft

1. Das Grundkonzept der nationalsozialistischen Wirtschaftspolitik

Das nationalsozialistische Parteiprogramm

Das am 24. Februar 1920 beschlossene nationalsozialistische Parteiprogramm (das sog. 25-Punkte-Programm) wurde bis 1933 nicht abgeändert. Für die Gestaltung der Wirtschaft und der Gesellschaft waren aus diesem Programm vor allem folgende Punkte von Bedeutung:

3. Es werden Kolonien gefordert „zur Ernährung unseres Volkes und Ansiedlung unseres Bevölkerungs-Überschusses".
11. „Abschaffung des arbeits- und mühelosen Einkommens".
12. „. . . restlose Einziehung aller Kriegsgewinne".
13. „Verstaatlichung aller . . . vergesellschafteten (Trusts) Betriebe".
14. „Gewinnbeteiligung an Großbetrieben".
15. „. . . großzügiger Ausbau der Altersversorgung".
16. – Schaffung und Erhaltung „eines gesunden Mittelstandes".
    – „Kommunalisierung der Groß-Warenhäuser und ihre Vermietung zu billigen Preisen an kleine Gewerbetreibende".
    – „Schärfste Berücksichtigung aller kleinen Gewerbetreibenden bei Lieferung an den Staat, die Länder oder Gemeinden".
17. – Eine den „nationalen Bedürfnissen angepaßte Bodenreform".
    – „Unentgeltliche Enteignung von Boden für gemeinnützige Zwecke" (1928 wurde von Adolf Hitler ausdrücklich erklärt, daß die Partei „auf dem Boden des Privateigentums" stehe und daß daher nur „auf unrechtmäßige Weise" erworbener oder „nicht nach den Gesichtspunkten des Volkswohls" verwalteter Boden hiermit gemeint sei. „Dies richtet sich demgemäß in erster Linie gegen die jüdischen Grundstücksspekulations-Gesellschaften").
    – „Abschaffung des Bodenzinses".
    – „Verhinderung jeder Bodenspekulation".

Versucht man diese Punkte durch einen Vergleich mit den Programmen anderer Parteien dahingehend einzuordnen, mit welchen anderen Programmen eine weitgehende Übereinstimmung zu verzeichnen ist, dann kommt man zu folgendem Ergebnis:

– Programme der marxistischen Parteien: Ziff. 11, 12, 13, 14, 15, 17.
– Programme der mittelständischen Parteien: Ziff. 12, 16.
– Programme der national ausgerichteten Parteien der Mitte und der Rechten: Ziff. 3.

Im Ergebnis wurden damit breite Wählerschichten angesprochen, zumal da über das 25-Punkte-Programm hinaus der nationale, auf Revision des Vertrages von Versailles ausgerichtete Aspekt die Parteipropaganda der Jahre von 1929 bis 1933 sehr stark beherrschte.

Die *Zielrichtung* der NSDAP war nach den Äußerungen vor 1933 in folgenden drei Komponenten zu finden:

– *Antikapitalistische Formulierungen* sollten die *Arbeiterschaft* ansprechen (Verstaatlichung, Gewinnbeteiligung, Abschaffung des arbeitslosen Einkommens) und waren in ihrem Inhalt identisch mit entsprechenden marxistischen Forderungen. Die von Gottfried Feder ausgehenden Einflüsse sind in diesem Teil des Programms zu finden: Die „Brechung der Zinsknechtschaft", die Bekämpfung des Leih- und Börsenkapitals, des „raffenden" (nicht aber des „schaffenden") Kapitals.
– Das „schaffende" Kapital wurde hiervon ausgenommen, weil nur so die (finanzielle) Hilfe der *Industrie* (z. B. Fritz Thyssen, Wilhelm Keppler usw.) und die Absicherung der Aufrüstung zu erwarten war. Die Beseitigung der „Verinternationalisierung der deutschen Wirtschaft" (Adolf Hitler) war ein anderes in diesem Zusammenhang benutztes Schlagwort, das sowohl als gegen den Kapitalismus generell oder auch nur gegen das ausländische Kapital gerichtet angesehen werden konnte.
– Die *Förderung des Mittelstandes*, etwa in der Abgrenzung der in der marxistischen Terminologie sog. kleinen Warenproduzenten in der Landwirtschaft (Bauern), im Gewerbe (Handwerker) und im Handel (kleine Einzelhändler), darüber hinaus sowohl den

„alten" Mittelstand der Selbständigen als auch den „neuen" der Arbeitnehmer ansprechend.

- Die Forderung von *Kolonien* und der Einbeziehung aller Deutschen in ein *„Groß-Deutschland"* (wörtlich Punkt 1) zeigte die außenpolitisch auf Expansion ausgerichtete und an frühere geschichtliche Entwicklungen anknüpfende Komponente, durch die vor allem die *nationalen Kreise* angesprochen werden sollten.

Im übrigen waren einige Punkte – wie in den meisten damaligen (und auch heutigen) Parteiprogrammen – so allgemein gehalten, daß nur kleine Wählergruppen direkt angegriffen wurden.

Die Ordnung von Wirtschaft und Gesellschaft

Im allgemeinen wird die *Wirtschafts- und Gesellschaftsordnung der Nationalsozialisten*, wie sie ab 1933 verwirklicht wurde, recht *unterschiedlich beurteilt*. Es wird versucht, sich selbst und seine eigenen Vorstellungen hiervon zu distanzieren und eine Parallele zu der bekämpften politischen Richtung zu beweisen:

- Die mehr *liberalistisch ausgerichteten Gruppen* gehen von einer Gegenüberstellung der Planwirtschaft und der Marktwirtschaft aus und rechnen die nationalsozialistische Wirtschafts- und Gesellschaftsordnung zum Typ der *Planwirtschaft*, der zentralen Verwaltungswirtschaft.
- Die *Sozialisten* (Marxisten) betonen die Tatsache, daß das Privateigentum an den Produktionsmitteln unter den Nationalsozialisten erhalten blieb und gehen davon aus, daß im Nationalsozialismus (Faschismus) die Kapitalisten sich eine Wirtschafts- und Gesellschaftsordnung geschaffen haben, mit deren Hilfe sie die imperialistische Komponente der letzten Stufe der Gesellschaftsformation des *Kapitalismus* (Verknüpfung der Ideen von Karl Marx und Wladimir Lenin) in besonderer Weise haben ausprägen können (zugleich teilweise auch Hinweis auf die Beherrschung des Staates durch die Kapitalisten = Stamokap).

Diese Beurteilungen sind vor allem dadurch verständlich, daß für die Anhänger der Marktwirtschaft (Liberalismus) das Problem der Steuerung der Wirtschaft (zentral durch die staatliche Verwaltung

oder dezentral durch den freien Wettbewerb) und für die Sozialisten die Frage nach dem Eigentum an den Produktionsmitteln (Privateigentum in einer industrialisierten, d. h. mit Produktivkapital angereicherten Wirtschaft) entscheidend ist. Die Wirtschaftsordnungen lassen sich aber nicht nach diesen beiden isoliert betrachteten Hauptkriterien charakterisieren und beurteilen. Auch Werner Sombart hatte versucht, unter Berücksichtigung des genannten Schemas der nationalsozialistischen Wirtschaftsordnung eine Bezeichnung zu geben. Er sprach vom „organisierten Kapitalismus", und zwar unter dem Eindruck der beginnenden Organisation nach Verbänden.
Die Grundzüge der nationalsozialistischen Wirtschafts- und Gesellschaftsordnung sind im Prinzip uneinheitlich und daher nur schwer zu schematisieren: (1) Anfängliche Vorstellungen der führenden Personen wurden unter dem *Einfluß der tatsächlichen Verhältnisse nach der Machtübernahme* geändert. (2) Die *Ausrichtung auf die Aufrüstung* und schließlich auf den Krieg haben manchen Ansatz aus pragmatischen und kurzfristig wirksam gewordenen Gründen gewandelt. (3) Die *Akzentuierung* ist *aus wahltaktischen* und anderen *Gründen* nach außen anders erfolgt als in der wirklichen Zielvorstellung.
Als *Grundlinien* der Wirtschafts- und Sozialpolitik der Zeit *bis 1938* lassen sich folgende Erscheinungen herausarbeiten:

Rechtliche Grundlage der Gestaltung wurden:

- Das Reichsnährstandsgesetz vom 13. September 1933 brachte die ersten Regelungen für die Landwirtschaft, den Gartenbau, den Weinbau, die Fischerei, die Nahrungsgüterindustrie und den Handel mit Nahrungsgütern.
- Das Gesetz über den vorläufigen Aufbau des Handwerks vom 29. November 1933 brachte die Voraussetzungen für die Einführung der Pflichtinnungen und des Führerprinzips im Handwerk.
- Das Gesetz zur Ordnung der nationalen Arbeit vom 20. Januar 1934 regelte die innerbetrieblichen Verhältnisse in der gesamten Wirtschaft neu (Betriebsführer, Gefolgschaft, Ersetzung der Betriebsräte durch die Vertrauensräte usw.).
- Das Gesetz zur Vorbereitung des organischen Aufbaus der deutschen Wirtschaft vom 27. Februar 1934 (Aufbaugesetz) ermög-

lichte es, die Wirtschaftsverbände als die alleinigen Repräsentanten der einzelnen Wirtschaftszweige anzusehen. Diese Wirtschaftsverbände erhielten eine Schlüsselstellung in der nationalsozialistischen Wirtschaftsplanung und -ordnung.

- Die Erste Durchführungsverordnung zum Aufbaugesetz vom 27. November 1934 (und weitere Durchführungsverordnungen) brachten die Ausführung und Verfeinerung der Organisation der Wirtschaft.
- Der Erlaß des Reichs- und Preußischen Wirtschaftsministers über die Reform der Organisation der gewerblichen Wirtschaft vom 7. Juli 1936 brachte eine stärkere Vereinheitlichung und Übersichtlichkeit der Organisation der Wirtschaft.

Die Daten der einzelnen Gesetzgebungsteile und die relativ vagen Äußerungen der vorhergehenden Zeit zu den in der Gesetzgebung der Jahre 1933 bis 1935 geregelten Problemen zeigen, daß man erst nach der Machtübernahme langsam konkrete Pläne zur Gestaltung der Wirtschaft und der Gesellschaft schuf.

Der *materielle Inhalt* der rechtlichen Grundlage und des durch die Partei geäußerten Willens war:

- Die Gliederung der Wirtschaft in *Verbände*, die
  - alleinige Vertreter der Einzelunternehmen und der Gesamtheit der Unternehmen gegenüber dem Staat waren und
  - die gleichzeitig auch im Rahmen des Führerprinzips die Bindeglieder des Staates zu den einzelnen Unternehmen sein sollten.
- Der Reichswirtschaftsminister bestellte die *Führer* der Verbände und berief sie ab, d. h. das Verbändeprinzip war nicht demokratisch organisiert, wenn auch in Wirklichkeit meistens ein der Mehrzahl der Verbandsmitglieder genehmer „Führer" bestellt wurde (im allgemeinen aus dem Kreis der Verbandsmitglieder).
- *Sämtliche Unternehmer* und Unternehmen, vom größten Konzern bis zum kleinsten Selbständigen, waren damit in die Wirtschaftsordnung und d. h. in die *Befehlshierarchie* („Befehlsgewalt nach unten, Verantwortung nach oben") eingeordnet.
- *Daneben* blieben die *Kammern* als bisherige Organe einer teilweisen Selbstverwaltung weiterhin bestehen. Hierin war eine Konzession an die überkommenen Selbstverwaltungsorganisatio-

nen zu sehen, die aber als Steuerungsmittel in der nationalsozialistischen Wirtschaftsordnung nicht eingesetzt werden konnten, da sie als Behörden zu unbeweglich waren oder nur schwer in die Befehlsstruktur eingebaut werden konnten.

Ein Schaubild verdeutlicht den Aufbau der Wirtschaft, vgl. Abbildung 38. Die Gliederung enthielt mit den Reichs- und Wirtschaftsgruppen (Verbände) die fachliche Ordnung und mit den Kammern die regionale Ordnung. Außerdem gab es aber im Laufe der Jahre einige Änderungen, insbesondere wurden die Bezirksgruppen und die Industrie- und Handelskammern als Abteilungen in die Bezirkswirtschaftskammern aufgenommen. In Beiräten waren die Querverbindungen zu den Gemeinden und zum Reichsnährstand institutionalisiert. Die gleichzeitige Organisation der Arbeitgeber und Arbeitnehmer in der Deutschen Arbeitsfront (DAF) führte auch im Bereich der Arbeitsverfassung zur Beseitigung der Tarifvertragsfreiheit, der Streiks und der Aussperrung.

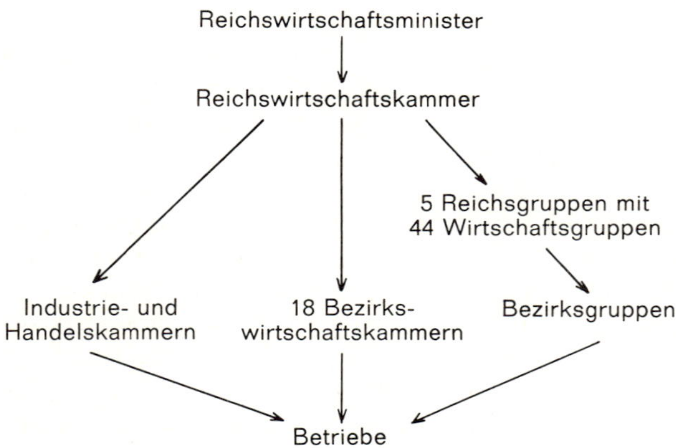

Abb. 38: Die Ordnung der Wirtschaft unter den Nationalsozialisten (schematisiert), ohne Handwerk und Landwirtschaft

Schon *aus diesen Grundzügen wird deutlich*, daß die nationalsozialistische *Wirtschaftsordnung weder* als *kapitalistische noch* als *sozialistische* zu bezeichnen ist:

- Die Vorherrschaft der von den Nationalsozialisten beeinflußten *Verbände* (Führerprinzip) entsprach jedenfalls äußerlich dem *„Kooperativen Staat“* von Ferdinand Fried (Pseudonym für Ferdinand Friedrich Zimmermann).
- Die *„gebundene“ Wirtschaft*, statt der „freien“ Wirtschaft oder der Planwirtschaft, sollte sich auf Eingriffe des Staates (Preise, Löhne, Produktionsvolumen) beschränken, d. h. die Wirtschaft entsprechend den Zielen der NSDAP (seit Dezember 1933 Einheit von Partei und Staat), insbesondere den Zielen hinsichtlich der Rüstungs- und Autarkiepolitik beeinflussen, jedoch nicht wie in einer Planwirtschaft die endgültigen Entscheidungen völlig nach oben verlegen. Erst 1942 wurde, gedrängt von der Notwendigkeit der Kriegswirtschaft, die Planwirtschaft im Zusammenhang mit der Mobilisierung aller Kräfte eingeführt.
- Das *Eigentum an den Produktionsmitteln* blieb in privater Hand. Die persönliche Verantwortung sollte allerdings nach dem Grundsatz „Gemeinnutz geht vor Eigennutz“ auf das Gemeinwohl ausgerichtet sein.
- Die nationalsozialistische „Marktordnung saugt nicht etwa nach Art der Kollektivwirtschaft in großen Staatsmonopolen die wirtschaftliche Einzeltätigkeit auf (siehe Sowjet-Rußland!). Sie ordnet vielmehr nur die *selbständig bleibende Einzeltätigkeit* nach großen Richtlinien“... Diese Marktordnung „schaltet falschen Wettbewerb aus und wird damit zur Grundlage des Leistungswettbewerbs“ (so Hermann Reischle 1935 in „Odal“, einschl. des in Klammern gesetzten Hinweises auf die Sowjet-Union. Die Hervorhebung der „selbständig bleibenden Einzeltätigkeit“ vom Verfasser, nicht von Reischle.).

Für die wirkliche Situation und damit für die Einordnung und Beurteilung der nationalsozialistischen Wirtschafts- und Sozialpolitik wurden folgende Faktoren entscheidend:

- Die Hervorhebung des *Berufsstandes*: „Der Stand wird also Sachwalter der Rechtmäßigkeit der seiner Führung unterstellten wirtschaftlichen Selbstverwaltung“ (Hans Merkel, 1935).
- Die *Bereitwilligkeit* der Mehrzahl der in den Verbänden zusammengefaßten Personen (Unternehmer, Arbeitnehmer, Handwerker, Bauern, Verwaltungsbeamte und -angestellte), sich in die neue Ordnung einzufügen und damit die nationalsozialistische Wirtschafts- und Sozialpolitik und d. h. auch die Machtausübung zu unterstützen. Diese Bereitwilligkeit läßt sich untergliedern
  - in die allgemeine Bereitwilligkeit, die Albert Speer in seinen Memoiren folgendermaßen beschrieb: „Die Menschen schie-

nen nach der langen Krise frischer und hoffnungsvoller. Alle wußten, daß es sich dieses Mal nicht um einen üblichen Kabinettwechsel gehandelt hat", und

- in die bei einzelnen Berufsgruppen für den Nationalsozialismus und insgesamt auch für die Überwindung der Krise und die Gestaltung des neuen Staates besonders wichtige Bereitwilligkeit zur Unterstützung. Dabei ist aber zwischen der Zeit vor 1933 und ab Januar 1933 zu unterscheiden: (a) Vor 1933 waren in den einzelnen Berufsgruppen im allgemeinen nur einzelne Personen bereit, die Nationalsozialisten zu unterstützen (z. B. Fritz Thyssen). Der breite Strom der finanziellen Hilfen kam weniger aus dem Kreis der die DNVP und andere Parteien unterstützenden Großindustrie, sondern vor allem aus zahlreichen kleinen Einzelspenden der mittleren Unternehmen. (b) Ab Januar 1933 war sodann die Unterstützung und Mitarbeit eines großen Teiles der einzelnen Berufszugehörigen in allen Wirtschaftszweigen Voraussetzung für die Absicherung der durch die Nationalsozialisten erlangten Macht.

Versucht man, die Wirtschaftsordnung der Nationalsozialisten mit einem Begriff zu bezeichnen, dann könnte man auf die Organisation der *Stände* als Grundeinheiten beruflicher und sozialer Großgruppen abstellen, aber auch darauf, daß durch das *Führerprinzip* die sonst durchaus mögliche demokratische Verfassung (Wahl der Vertreter in den Gremien und der Exekutiv-Personen durch die Gremien) ausgeschlossen wurde. Das entscheidende ist aber nicht das Etikett, sondern die Tatsache einer *Ordnung eigener Art.* Im übrigen muß bedacht werden, daß für Adolf Hitler nicht die Verwirklichung einer irgendwann einmal für richtig gehaltenen Wirtschafts- und Sozialordnung das angestrebte Ziel war, sondern die Ausdehnung der Macht:

- Die Wirtschaft hatte die Machtmittel (Rüstung) bereitzustellen.
- Die Nation war eine Idee, die Hitler helfen sollte, einen Machtanspruch zu formulieren und Macht auszuüben.

Diese kurze Skizzierung der Grundzüge der Wirtschaftsverfassung berücksichtigt nicht die zahlreichen Abweichungen. Im Prinzip lebte der Nationalsozialismus fast bis zum Ende des Krieges

- von der Bereitwilligkeit breiter Bevölkerungsschichten, die staatliche Ordnung aufrechtzuerhalten und die allgemeine Entwicklung mindestens zu tolerieren (Mitläuferproblem, insbesondere auch in der Beamtenschaft) und
- von der Improvisation, die zahlreiche Planungslücken und Fehlplanungen unschädlich machte.

Die Diktatur ließ dem einzelnen zum beiderseitigen Vorteil häufig einen großen Freiraum.

2. Die Entwicklung der tatsächlichen Verhältnisse bis 1938

Die Arbeitsbeschaffungspolitik

Wie bereits gezeigt worden war, bestanden im Zeitpunkt der Machtübernahme durch die Nationalsozialisten schon

- einige gedankliche Vorarbeiten für die Arbeitsbeschaffung, auf die die neue Regierung ohne weiteres hätte zurückgreifen können.
- Darüber hinaus waren unter den Vorgängern Hitlers (Papen und Schleicher) bereits einige Maßnahmen begonnen worden.

Damit war es für die NSDAP möglich, innerhalb kurzer Zeit der Konjunktur einen entscheidenden Impuls zu geben. Zudem hatte auch die NSDAP im Juli 1932 das sog. *Strassersche Sofortprogramm* angekündigt, das nach dem Austritt Gregor Strassers aus der Partei im Dezember 1932 als „Das nationalsozialistische Arbeitsbeschaffungsprogramm und seine Finanzierung“ bezeichnet wurde. Im Prinzip waren hier die wichtigsten Elemente einer Arbeitsbeschaffungspolitik aufgezeichnet:

- *Propaganda-Grundsätze* sollten diese Maßnahmen als erforderlich und die Geldwertstabilität nicht beeinträchtigend der Bevölkerung schmackhaft machen:
  - „Arbeitslosigkeit bringt Not. Arbeit schafft Brot“, d. h. Einkommen, um Brot zu kaufen.
  - „Nicht Kapital schafft Arbeit. Arbeit schafft Kapital“ (Mehrwert).

  Die Beseitigung der Arbeitslosigkeit wurde als der Schlüssel für die Überwindung der Krise angesehen.

- Die *Finanzierung* der Arbeitsbeschaffungsmaßnahmen:
  - Zu etwa einem Viertel *aus eingesparten Unterstützungen*, was überschlägig schon bei einer Relation von 1 zu 4 zwischen dem Durchschnitt der Unterstützungen je Arbeitslosem und durchschnittlichem Lohnsatz rechnerisch realisierbar gewesen wäre.
  - Zur Hälfte durch den gegenwärtigen *Einsatz künftiger*, durch die zunehmende wirtschaftliche Aktivität steigender *Steuereinnahmen*. Dies entsprach den Steuergutscheinen Papens und Schleichers. Da der Ausgleich nach etwa fünf Jahren abgeschlossen sein sollte, entsprach dies etwa 10 v.H. der Kosten der Maßnahmen für jedes der fünf Jahre. Bei einer Steuerlastquote von etwa 20 v.H. war dieser Teil ebenfalls realisierbar.
  - Zu etwa einem Viertel sollten die Mittel durch *„produktive Kreditschöpfung“* aufgebracht werden. Der Hinweis: „Eine so geringe Ausweitung des Kreditvolumens ist ohne jede Gefahr für den Bestand der Währung“ zeigt, wie sehr man auf die Inflationsbefürchtungen Rücksicht nehmen mußte.

Dieses Programm stand nicht in Konkurrenz zum 25-Punkte-Programm:
- Das Sofort-Programm sollte das kurzfristige Problem der konjunkturellen Entwicklung lösen.
- Das 25-Punkte-Programm war auf die langfristige Gestaltung der Wirtschaft und der Gesellschaft ausgerichtet.

Obgleich damit
- ein Parteiprogramm vorhanden war, das auch realisiert werden konnte, und
- die gesetzlichen Grundlagen durch das Ermächtigungsgesetz des Reichstages vom 24. März 1933 – beschlossen auch mit den Stimmen von nicht der NSDAP angehörenden Reichstagsabgeordneten, z. B. Theodor Heuß, Heinrich Brüning usw. – für ein vereinfachtes Gesetzgebungsverfahren geschaffen worden waren,

benötigte man mehrere Monate bis zur Einleitung der ersten Maßnahmen. Daß eine Demokratie in dieser Beziehung schneller sein konnte, zeigen die als New Deal bezeichneten, mit dem Bankengesetz vom 9. März 1933 eingeleiteten Bemühungen der USA. Da die Amtszeit des Präsidenten Roosevelt erst am 4. März 1933 begonnen hatte, lagen hier nur 5 Tage zwischen der Aufnahme der Amtsgeschäfte und dem Ingangsetzen wirtschaftspolitischer Maßnahmen.

Das erste einschlägige, in der Breitenwirkung aber noch unbedeutende Gesetz war in Deutschland das am 10. April 1933 erlassene Gesetz über die Aufhebung der Kraftfahrzeugsteuer. Die Wirkungsmöglichkeit war eine doppelte:

- Die Erhöhung der Nachfrage nach Automobilen sollte die Produktion ausdehnen. Der Effekt lag bei etwa 30.000 bis 35.000 Arbeitsplätzen (1932 = 45.000; 1935 = 80.000 Arbeitskräfte in der Kraftfahrzeugindustrie), von denen einige aber sicher auch ohne Aufhebung der Kraftfahrzeugsteuer besetzt worden wären.
- Wichtiger war der Zusammenhang mit dem Autobahnbau. Die Gründung der „Reichsautobahnen" (27. Juni 1933) und die damit in Gang gesetzte Weiterführung des schon vor 1933 geplanten und begonnenen (Autobahn Bonn-Köln) Fernstraßennetzes konnten mit der Ausdehnung der Automobilproduktion in enge Verbindung gebracht werden (Ziel war für 1939/40 : 3 bis 4 Mill. Automobile und 6.000 km Autobahnen).

Erst am 1. Juni 1933, d. h. vier Monate nach der Machtübernahme, kam das „Erste Gesetz zur Verminderung der Arbeitslosigkeit", das sog. *Reinhardt-Programm*, genannt nach dem Staatssekretär im Reichsfinanzministerium Fritz Reinhardt. Dem Reichsfinanzminister war aufgrund dieses Gesetzes die Möglichkeit gegeben, kurzfristige Kredite zur Arbeitsbeschaffung – meistens durch Einschaltung der bereits 1930 gegründeten Gesellschaft für öffentliche Arbeiten – in Höhe von 1 Mrd. RM aufzunehmen. Hierdurch war bereits eine wichtige, in den folgenden Jahren stark ausgedehnte Finanzierungsmöglichkeit über Schatzanweisungen und Wechsel vorgezeichnet.

Im einzelnen läßt sich die Vielzahl der nationalsozialistischen Arbeitsbeschaffungsmaßnahmen folgendermaßen zusammenstellen:

- Abschaffung der Kraftfahrzeugsteuer (April 1933).
- Gesetz zur Überführung weiblicher Arbeitskräfte in die Hauswirtschaft (Juni 1933).
- Gesetz zur Förderung von Eheschließungen (Juni 1933).
- Erstes Gesetz zur Verminderung der Arbeitslosigkeit vom 1. Juni; Ergänzung am 1. September 1933.
- Gesetz über die Errichtung eines Unternehmens Reichsautobahnen vom 27. Juni 1933.
- Gebäudeinstandsetzungsgesetz vom 21. September 1933.
- Steuersenkungen für Wohnungsbau und Landwirtschaft vom 21. September 1933.
- Einführung der allgemeinen Wehrpflicht am 16. März 1935.

Die Höhe der für diese Maßnahmen aufgebrachten Mittel in Form von

- Krediten,
- Steuerstundungen oder -erlassen und
- direkten Unterstützungen (verlorene Zuschüsse)

wird für die ersten beiden Kalenderjahre meistens mit 5 Mrd. RM und mehr angegeben. Unsicherheit hinsichtlich dieser Angaben beruht auf folgenden Umständen:

- Es kann nicht immer eindeutig zwischen Arbeitsbeschaffungs- und Aufrüstungsfinanzierung unterschieden werden.
- Die Finanzierung über Einrichtungen im Eigentum oder unter dem Einfluß des Reiches (Deutsche Gesellschaft für öffentliche Arbeiten = Öffa, 1930 gegründet; Deutsche Bau- und Bodenbank, seit 1923; Deutsche Rentenbank-Kreditanstalt, seit 1925; Deutsche Boden-Kultur; Deutsche Golddiskontbank = Dego, 1924 gegründet, bis zu 5 Mrd. RM Degowechsel; Metallurgische Forschungsanstalt = Mefo, 1933 gegründet, bis zu 12 Mrd. RM Mefowechsel; Deutsche Siedlungsbank, seit 1930 bestehend; Deutsche Verkehrs-Kreditbank, seit 1923 bestehend) verwischte die Übersicht.

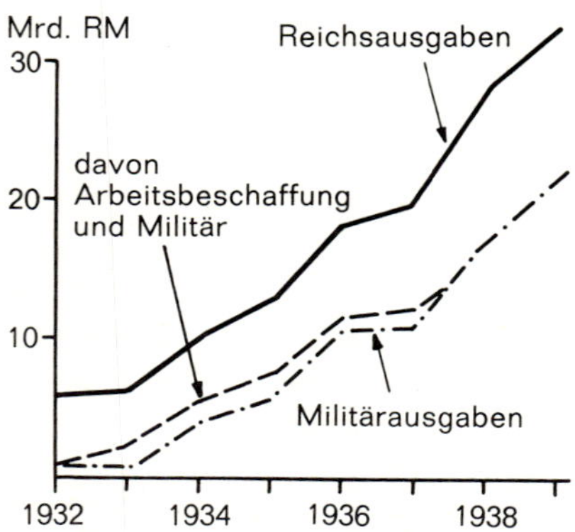

Abb. 39: Entwicklung der Reichsausgaben insgesamt, der Militärausgaben und der Aufwendungen für Arbeitsbeschaffungsmaßnahmen von 1932 bis 1939

- Die Steuerausfälle durch Steuererlaß und Steuerstundungen sind nicht immer exakt registriert worden.

Im Grundzug kann man aber von den aus Abbildung 39 ersichtlichen Größenordnungen der Finanzierungshilfen und Staatsausgaben direkter und indirekter Art ausgehen. Die Mittel für zivile Zwecke lagen bis zum 1. September 1939 bei etwa 7 bis 8 Mrd. RM, die für militärische Zwecke bei angenähert 60 Mrd. RM. Im einzelnen lassen sich die die Arbeitslosigkeit vermindernden Maßnahmen bis zum Frühjahr 1939 (Ende des Haushaltsjahres am 31. März 1939) folgendermaßen untergliedern:

- Zivile Zwecke:
  - Ausbau des Eisenbahnnetzes und der Eisenbahnanlagen: 1 Mrd. RM
  - Wohnungsbau: 2,5 Mrd. RM
  - Autobahnbau: 2,5 bis 3 Mrd. RM
  - Landeskulturelle Maßnahmen: 1,5 Mrd. RM
- Militärausgaben: 50 Mrd. RM, plus etwa 10 Mrd. RM vom 1. April bis zum 31. August 1939.

Im ersten Jahr nach der Machtübernahme standen zwar die zivilen Ausgaben noch im Vordergrund. Die Militärausgaben überstiegen aber bereits 1934 die zivilen Ausgaben für die Arbeitsbeschaffung.
Die Zahl der Beschäftigten und der Arbeitslosen entwickelte sich folgendermaßen (Zahlen jeweils für August):

1932	5,2 Mill. Arbeitslose	12,8 Mill. Arbeitnehmer
1933	4,1 Mill. Arbeitslose	14,1 Mill. Arbeitnehmer
1934	3,4 Mill. Arbeitslose	15,9 Mill. Arbeitnehmer
1935	1,7 Mill. Arbeitslose	17,1 Mill. Arbeitnehmer

An dieser Entwicklung waren aber nicht nur die Maßnahmen der Regierung beteiligt, sondern auch die Einstellung der Bevölkerung, insbesondere auch der Unternehmer. Bereits im März und April 1933, d. h. bevor irgendwelche Aktivitäten der Regierung zu erkennen waren, verbesserte sich die Beschäftigungslage stärker als im Jahr zuvor, vgl. Abbildung 22. Die Hoffnungen waren gerade in dieser Hinsicht bei den zahlreichen Protestwählern groß. Man begann wieder in der Erwartung zu investieren, daß die Nachfrage nach Waren aller Art steigen würde.

Trotzdem trat gerade im Baugewerbe im Sommer 1934 (Zahl der Arbeitslosen April 1934 = 107.000, Juni 1934 = 139.000) und im Jahre 1935 (Zahl der Beschäftigten 1934 = 1,73 Mill., 1935 = 1,77 Mill.) wieder eine gewisse Stagnation ein. Im Ergebnis wird man sagen können:

- Die erste Phase des konjunkturellen Aufschwungs wurde getragen von:
  - den allgemeinen Erwartungen auf eine wirtschaftliche Verbesserung (Innovations-Investitionen zur Kostensenkung und in Erwartung zunehmender Nachfrage),
  - den auslaufenden und erst jetzt nach dem Ende der für die Bauwirtschaft schlechten Jahreszeit voll wirksam werdenden unter Papen und Schleicher vorbereiteten Maßnahmen (von insgesamt vorgesehenen > 1 Mrd. RM waren erst etwa 300 Mill. RM eingesetzt), ferner
  - ab Herbst 1933 auch durch die von den Nationalsozialisten eingeleiteten Maßnahmen.
- Ab 1935 wirkten die erhöhten Militärausgaben durch
  - Abzug von 1 Mill. Männern aus dem Arbeitsmarkt (der Rückgang der Arbeitslosenzahl: 1932/33 = 1,1 Mill.; 1933/34 = 0,7 Mill.; 1934/35 = 1,7 Mill. im Jahre 1935 war zum überwiegenden Teil darauf zurückzuführen),
  - Bauvorhaben (Kasernen, Depots, Flugplätze, Munitionsanstalten usw.),
  - Nachfrage nach Rüstungsgütern der metallverarbeitenden Industrie.

In welcher Weise gerade diese Nachfrage aus dem militärischen Bereich die Konjunktur angeregt hat, zeigt die Relation zwischen zivilen und militärischen Ausgaben des Staates in Abbildung 39, aber auch ein Vergleich mit den Erfolgen des New Deal in den USA. Dort sank die Arbeitslosenzahl von 1932 bis 1938 von 14 auf 7 Mill. Die Ausgaben für Arbeitsbeschaffungsprogramme lagen bei mehr als 4 Mrd. Dollar (= 570 Dollar je Wiederbeschäftigtem = 2.400 RM nach dem Wechselkurs bis zum 31. Januar 1934 oder 1.400 RM nach dem Wechselkurs ab 1. Februar 1934). Auf deutsche Verhältnisse übertragen, bedeutet dies, daß die Wiedereingliederung von etwa 6 Mill. Arbeitslosen je nach Wechselkurs etwa 8,4 bis 14,4 Mrd. RM erforderte. Tatsächlich wurden bis 1937, d. h. bis zu Erreichung der Vollbeschäftigung etwa 40 Mrd. RM ausgegeben. Die größeren Erfolge in der Arbeitsbeschaffungspolitik der Nationalsozialisten (im Vergleich zu den USA) beruhten demnach allein auf der weit größeren Summe der aufgewendeten Mittel.

Die Beurteilung der nationalsozialistischen Arbeitsbeschaffungspolitik erfolgte durch die Zeitgenossen unter folgenden Gesichtspunkten:

- 1935 hatte die Arbeitslosenzahl im August mit 1,7 Mill. eine Stufe erreicht, die vergleichbar mit den Jahren 1924 bis 1929, d. h. mit den sog. Goldenen Zwanzigern, war.
- In einigen Berufszweigen trat bereits 1935 ein langsam spürbar werdender Mangel an Fachkräften auf (vor allem Metallverarbeitung), was darauf hindeutete, daß bald die Grenzen des Arbeitsmarktes erreicht sein würden.

Im ganzen läßt sich sagen:

- Die grundsätzliche Art der Wirtschaftsbelebung durch Neuverschuldung des Staates erwies sich als richtig (vgl. auch Keynes' deficit spending, das von Brüning in einem Gespräch mit Keynes noch als inflationär wirkend abgelehnt wurde).
- Die Ausdehnung dieser Methode über die Erreichung der Vollbeschäftigung im Jahre 1937 hinaus war für den Bestand der Währung gefährlich und konnte nur durch eine Festlegung der Preise und Löhne neutralisiert werden.
- Die Finanzierung von in überwiegendem Maße Rüstungsausgaben machte die Arbeitsbeschaffung in doppelter Weise unsolide:
  - Die Reduzierung der Staatsschulden nach erfolgtem konjunkturellen Aufschwung aus den stärker fließenden Steuereinnahmen war nicht mehr möglich.
  - Die Anhäufung von Rüstungsgütern führte, verbunden mit einer hegemonialen Einstellung Adolf Hitlers, zwangsweise in die Katastrophe des Zweiten Weltkrieges.

Nicht erwähnt wurde bisher der *Arbeitsdienst*. Obgleich er in der nationalsozialistischen Arbeitsbeschaffungspolitik eine erhebliche Rolle spielte, hatte er für die Entlastung des Arbeitsmarktes keine entscheidende Bedeutung ab 1933. Die Entwicklung verlief folgendermaßen:

- Seit 1926 war in der Jugendbewegung eine Tendenz zur Errichtung von freiwilligen Lagern mit Arbeitseinsatz im Interesse gemeinschaftlicher Aufgaben vorhanden.
- Im August 1931 wurde der Arbeitsdienst als eine amtliche Einrichtung geschaffen. Zahl der dienstwilligen Männer: 106; März 1932: 27.000; ab Juli 1932 wurden die Aufnahmebedingungen erleichtert, so daß bis zum Oktober 1932 250.000 Dienstwillige zusammengefaßt waren.

- Nach der nationalsozialistischen Machtergreifung im Januar 1933 wurde zunächst der freiwillige Arbeitsdienst stark propagiert; eine personelle Ausdehnung fand jedoch nicht in nennenswertem Maße statt.
- Mit der Einführung der allgemeinen Wehrpflicht im März 1935 wurde (Gesetz vom 26. Juni 1935) auch die Arbeitsdienstpflicht eingeführt, und zwar für Männer und Frauen zwischen 18 und 25 Jahren. Für die Männer wurde der Arbeitsdienst, wie auch schon seit 1933, zugleich zur vormilitärischen Ausbildung genutzt. Damit wurde aber keine personelle Ausdehnung des Arbeitsdienstes erreicht:
  - Die Zahl der „Arbeitsmänner" sank von 230.195 im Januar 1935 auf 165.576 im Dezember 1937 und hatte auch zwischenzeitlich nur selten (im Juni und Juli 1937) die Zahl von mehr als 250.000 erreicht.
  - Die Zahl der „Arbeitsmaiden" stieg von 10.651 im Januar 1935 auf 17.946 im Dezember 1937.

  Damit waren die Männer der einzelnen Jahrgänge zu etwa 70 bis 90 v.H. und die Frauen zu etwa 5 bis 7 v.H. erfaßt (Dienstpflicht 6 Monate).

Die Entwicklung im sekundären Sektor

Da der sekundäre Sektor in der Weltwirtschaftskrise am stärksten geschrumpft war, hatte er im folgenden konjunkturellen *Aufschwung* die günstigste Ausgangsbasis. Gemessen an der Zahl der Beschäftigten wuchsen die einzelnen Branchen des sekundären Sektors:

Metallgewerbe	+ 207
Baugewerbe	+ 226
Steine, Erden, Chemie	+ 132
Elektro, Optik, Feinmechanik	+ 140
Textil, Bekleidung, Leder	+ 54
Holz, Druck, Papier	+ 63
Nahrungsmittelgewerbe	+ 27
Bergbau	+ 84
Gewerbe insgesamt	+ 106

Sieht man davon ab, daß ein Teil des Baugewerbes auch für den privaten Wohnungsbau beschäftigt war, dann waren die der Nachfrage der privaten Haushalte am nächsten stehenden Gewerbe nur in einem unter dem Durchschnitt liegenden Maße gestiegen. (Sie waren in der Weltwirtschaftskrise allerdings auch am wenigsten geschrumpft.) Die Reallöhne stiegen in der Zeit von 1933 bis zum Zweiten Weltkrieg zwar um etwa 20 bis 25 v. H. Sie holten damit aber lediglich den Rückgang während der Weltwirtschaftskrise wieder auf. Wesentliche Impulse gingen daher von der privaten

Nachfrage für die konjunkturelle Entwicklung nicht aus. Die Konjunktur wurde im gewerblichen Bereich hervorgerufen:

- durch Investitionen in der gewerblichen Wirtschaft (32 Mrd. RM) und im Wohnungsbau (18 Mrd. RM)
- durch Investitionen im Bereich der öffentlichen Hand (17 Mrd. RM) und
- durch die Wiederaufrüstung (etwa 40 Mrd. RM, d. h. fast 20 v.H. der gesamten Wertschöpfung von Industrie und Handwerk von 1933 bis Sommer 1939).

Während im allgemeinen in einem konjunkturellen Aufschwung die zweite Phase in erheblichem Maße von der steigenden Nachfrage der privaten Haushalte mitgetragen wird, überwog hier die Aufrüstung.
Im Rahmen der *Autarkiepolitik* wurde

- der Ausbau derjenigen Branchen bevorzugt gefördert, mit deren Hilfe Einfuhren aus dem Ausland ersetzt werden konnten.
- Darüber hinaus wurden neue industrielle Standorte eingerichtet, um die Anfälligkeit der Wirtschaft gegen gewaltsame Eingriffe von außen zu vermindern.

Im einzelnen sind unter diesen Maßnahmen zu nennen:

- Der *Ausbau der Industrie in Mitteldeutschland*, im Dreieck Hannover-Magdeburg-Halle, sollte die übrigen Industriegebiete (Ruhrgebiet, Oberschlesien, Sachsen) ergänzen. Zudem lag Mitteldeutschland strategisch günstig (weit von den Grenzen entfernt). Die Rohstoffversorgung dieses Gebietes baute auf den vorhandenen Bodenschätzen auf:
  - Eisenerz für die Metallindustrie in Salzgitter (Erzeugung), Braunschweig, Magdeburg, Wolfsburg, Brandenburg, Hannover (Verarbeitung).
  - Braunkohle für die Elektrizitätsversorgung bei Helmstedt, Bitterfeld und in der Lausitz.
  - Kali und Braunkohle für die chemische Industrie.

  Im einzelnen waren folgende Industriezweige vorgesehen:
  - Chemische Industrie: Kohlehydrierung, Stickstoffgewinnung, Kunststofferzeugung (insbesondere Buna) in Leuna, Bitterfeld usw. (1943 wurden 4 Mill. t Benzin usw. durch Kohlehydrierung und andere Verfahren gewonnen).

  - Fahrzeugbau: Wolfsburg (Volkswagenwerk), Brandenburg (LKW-Werk von Opel).
  - Flugzeugindustrie: Junkers in Dessau, Köthen, Bernburg, Aschersleben, Halberstadt, Magdeburg usw.; Heinkel in Mecklenburg und Brandenburg.
- *Ausbau der Industriegebiete in Österreich*, im Sudetengebiet und später in Böhmen und Mähren (große Entfernung zu den englischen Flugplätzen). Die Einverleibung dieser Gebiete ermöglichte zudem zusätzlich die Einberufung von mehr als 1 Mill. Soldaten ab 1939.

Nicht gedeckt werden konnte aber trotz aller Anstrengungen *der Bedarf* an:

- Speziellen Rohstoffen, die nicht zu ersetzen waren: Mangan, Chrom, Nickel, Wolfram.
- Spezialmetalle, die nur begrenzt im deutschen Herrschaftsbereich verfügbar waren: Eisenerz, Aluminium, Kupfer, teilweise auch Zink.
- Treibstoffe und Ersatzstoffe hierfür. Die Kohlehydrierung konnte den Bedarf der Wehrmacht nur über kurze Perioden befriedigen. Der zivile Bedarf (Landwirtschaft, Straßentransport) blieb ungedeckt, so daß z. B. in der Landwirtschaft Rationalisierungsmaßnahmen nur begrenzt durchgeführt werden konnten.
- Rohstoffe biologischen Ursprungs: Wolle, Flachs und Leder waren trotz einer Ausdehnung der Schafhaltung und des Flachsanbaues nur begrenzt verfügbar. Die künstliche Textilfaser wurde zwar bereits 1938 (Perlon) in Deutschland entwickelt. Zur Produktionsreife gelangte das Verfahren aber erst nach 1945.

Insgesamt war der sekundäre Sektor

- fast völlig in die nationalsozialistische Politik eingefügt, was vor allem die Rüstungsaufträge und die Autarkiepolitik betrifft, aber
- es bestand auch eine umfangreiche Aktivität seitens einiger Industrieller, die mindestens zeitweise die NSDAP und deren Politik finanziell und auf andere Weise unterstützten.
- Zudem wurden die bestehenden Zusammenschlüsse innerhalb des sekundären Sektors (Kartelle, Konzerne, Verbände und Kammern) als wichtige Ansatzpunkte für die Organisation der

Industrie – ausgerichtet auf die Unterstützung der expansiven Außenpolitik – genutzt.

Die enge Verbindung von Industrie und Nationalsozialismus war aber nicht Ausdruck einer einheitlichen und übereinstimmenden Konzeption des einzuschlagenden politischen Weges. Die Nationalsozialisten waren auf die zustimmende Haltung der Industrie angewiesen und nutzten diese durch entsprechende Zusagen aus. Die Industrie glaubte (so wie Hugenberg und andere politische Kräfte), die Nationalsozialisten für die eigenen Interessen einspannen zu können. Solange wie die Machtausdehnung Deutschlands von den Nationalsozialisten ohne allzu großes Risiko betrieben wurde, waren beide Zielrichtungen im Grundzug gleich, bestand eine *Übereinstimmung* zwischen

- der *Expansionspolitik der Nationalsozialisten* und
- der *Expansionsrichtung*, vor allem *der Exportindustrie*, die dadurch eine Verbesserung ihrer Absatzmöglichkeiten im Ausland sah, verbunden mit dem steigenden Absatz im Inland aufgrund der wirtschaftlichen Aktivitäten der Nationalsozialisten (Arbeitsbeschaffung, Rüstung). Die Autarkiepolitik schützte zudem die Industrie vor der ausländischen Konkurrenz.

Die auch in der Industrie vorhandenen Gegenkräfte

- waren am Anfang der NS-Zeit zu schwach oder zu wenig intensiv in ihren Bemühungen (z. B. Carl Duisberg) oder
- konnten später, als das Risiko des nationalsozialistischen Weges deutlich wurde, nicht mehr aus der eingeschlagenen Richtung ausbrechen oder
- hatten mit ihrer (zudem recht späten) Distanzierung keinen über ihre eigene Person hinausgehenden Erfolg (Fritz Thyssen).

Der tertiäre Sektor

Auch der Dienstleistungssektor war in starkem Maße in die nationalsozialistische Wirtschaftspolitik eingeordnet:

- Der Handel wurde durch die Vorbereitungen der Bewirtschaftung, durch die anfänglichen Verbrauchslenkungen und durch die Autarkiebestrebungen beeinflußt.

- Das Verkehrswesen war gekennzeichnet durch die Förderung des Automobilbaues und des Straßenbaues.
- Das Geld- und Bankwesen erhielt seine Ausrichtung durch die Einspannung in die Finanzierung der Arbeitsbeschaffungs- und Rüstungsausgaben.
- Die Verwaltung und die Wehrmacht konnten sich erheblich ausdehnen – gemessen an der Zahl der dort Beschäftigten – durch den Ausbau der staatlichen und der Parteiverwaltung, ferner durch die Erhöhung der Zahl der in der Wehrmacht Dienenden.

Der Binnenhandel wurde zur Unterstützung der Autarkiebestrebungen herangezogen:

- Beeinflussung der Verbrauchsstruktur, z. B. Propagierung des Verbrauches von inländischen Produkten, die relativ reichlich vorhanden waren (Zucker: „Eßt mehr Zucker, Zucker nährt, Zucker sparen grundverkehrt").
- Regelung des Einzelhandels und der Preise durch Marktordnungen usw.

Der Außenhandel, der für das industrialisierte Deutschland bereits vor dem Ersten Weltkrieg eine große Bedeutung erlangt hatte (19 v.H. des Nettosozialproduktes wurden exportiert), konnte dieses Ausmaß auch nach der Überwindung der Weltwirtschaftskrise nicht wieder erhalten:

- Sowohl in der Weimarer Zeit als auch ab 1933 wurde der Weltmarkt durch offene und versteckte Behinderungen geprägt (Export Deutschlands in realen Einheiten 1913 = 100; 1925 = 67; 1929= 98; 1933 = 51; 1937 = 49).
- Die Devisenbewirtschaftung (seit Kanzler Brüning) wurde von den Nationalsozialisten in die Autarkiepolitik eingefügt. Es wurde versucht, den Import nicht parallel zum allgemeinen wirtschaftlichen Aufschwung in Deutschland wachsen zu lassen (Zuteilung der Devisen nach einer Dringlichkeitsskala mit Rohstoffen und Halbfabrikaten).

Die Entwicklung des deutschen Außenhandels von 1932 bis 1938 zeigt Abbildung 40.

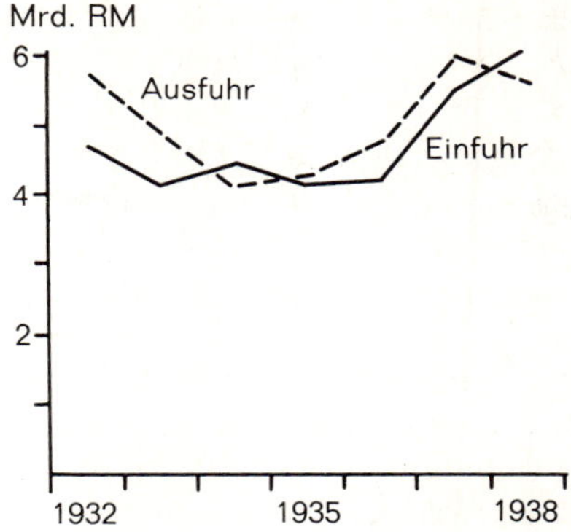

Abb. 40: Entwicklung des Außenhandels Deutschlands von 1932 bis 1938 in Mrd. RM

Während die *Eisenbahnen* keine besonderen, über die langsame technische Entwicklung hinausgehenden Aspekte aufzuweisen hatten, wurde der *Straßenverkehr* durch die Nationalsozialisten vorrangig gefördert. Die Gründe waren unterschiedlich:

- Die *Förderung des Straßenbaues*, insbesondere des Autobahnbaues (durch Gesetz vom 27. Juni 1933 Errichtung einer Körperschaft des öffentlichen Rechts mit dem Namen „Reichsautobahnen" als Zweigunternehmen der Deutschen Reichsbahn). Man ging davon aus, daß die Autobahnen das Verkehrswesen im 20. Jahrhundert ebenso ändern würden wie die Eisenbahnen im 19. Jahrhundert.

  Schon bestehende Ansätze für den Autobahnbau:

  - In den 20er Jahren plante Piero Paricelli (Italien) ein europäisches Autobahnnetz (z. B. eine Strecke von Dänemark nach Sizilien). Baubeginn in Italien 1924 mit einer Strecke von Mailand zu den oberitalienischen Seen.
  - 1924 wurde die STUFA (Studiengesellschaft für Automobilstraßen) als Vorgängerin der Forschungsgesellschaft für das Straßenwesen zur Vorplanung eines Autobahnnetzes gegründet (Planung 1932 = 20.000 km).
  - Gründung einer deutschen Gesellschaft für den Bau einer Autobahn von Norddeutschland (Hansestädte) über Frankfurt nach Basel (HaFraBa) 1925.

- Ende der 20er Jahre Projektion einer Autobahn von Bonn über Köln nach Düsseldorf durch den Landtag der Rheinprovinz. Die erste Teilstrecke von Bonn nach Köln wurde 1932 in Betrieb genommen.

Bis zum Beginn des Zweiten Weltkrieges wurden in Deutschland insgesamt 2.100 km Autobahnen fertiggestellt.

- Die *Zunahme der Personenkraftwagen* von 0,5 auf 1,4 Mill. und der Lastkraftwagen von 0,15 auf 0,4 Mill. bedeutet fast eine Verdreifachung des Anfangsbestandes, eine grundlegende Wandlung der Verkehrssituation war damit aber nicht erreicht, wenn auch der Ansatz für eine langfristige Entwicklung, wie sie dann erst nach 1950 eintrat, gegeben war.
- Die *Eisenbahnen* erhielten zwar im Zusammenhang mit den Arbeitsbeschaffungsmaßnahmen ebenfalls neue Impulse (Netto-Investitionen in Höhe von 2 Mrd. RM von 1933 bis 1939), die zu einer Verbesserung der technischen Einrichtungen führten. Ein Ausbau des Streckennetzes erfolgte aber über den 1914 erreichten Rahmen hinaus nicht mehr.
- Die *Schiffahrt* hatte zu Beginn des Jahres 1933 ihre Kapazitäten aufgrund der Weltwirtschaftskrise nur teilweise ausgenutzt. Auch der Abbau der Tonnage um etwa 10 v.H. in der Weltwirtschaftskrise von 1929 bis Ende 1932 hatte die freien Kapazitäten noch längst nicht aufgezehrt. Da auch der Außenhandel nicht zunahm, entstand kein neuer, durch die freien Kapazitäten abzudeckender Bedarf an Seeschiffsraum, so daß von 1933 bis 1939 lediglich eine Erweiterung der deutschen Handelsflotte um etwa 2 v.H. eintrat, d. h. noch nicht einmal der Stand von 1929 erreicht wurde (1929 = 2,5 Mill. NRT; 1939 = 2,3 NRT). Auch die Binnenschiffahrt hatte lediglich einen Zuwachs von 6,59 auf 6,7 Mill. t Tragfähigkeit zu verzeichnen, d. h. um weniger als 2 v.H. Dabei zeigte sich eine leichte Verschiebung der Relation zwischen Schleppkähnen (minus 2,2 v.H.) und Selbstfahrern (plus 23 v.H.). Der Anteil der Selbstfahrer am gesamten Bestand lag aber immer noch bei nur 13 v.H.

Aus verschiedenen Gründen versuchten die Nationalsozialisten auch das *Geld- und Bankwesen* in ihre Herrschaftsstrukturen einzugliedern. Im allgemeinen gelang ihnen dies ohne Schwierigkeiten, zumal da die Regelung des Bankwesens den Kreditinstituten viele Vorteile, vor allem eine Verringerung des Risikos zu bringen schien. Daß im Endeffekt das Risiko sich als besonders hoch erwies, wurde von den meisten Verantwortlichen in der Bankbranche übersehen.

Im wesentlichen kam es zu folgenden *Änderungen*:

- Durch Gesetz vom 27. Oktober 1933 wurde das Reichsbankgesetz vom 30. August 1924 geändert: Neben Gold, Devisen, Wechseln und Schecks konnte die Reichsbank nunmehr auch *Schuldverschreibungen* des Reiches, der Städte und der Bodenkreditbanken sowie Lombardforderungen *entgegennehmen*. Dies bedeutete eine erhebliche Ausdehnung der Geldbeschaffungsmöglichkeiten der Wirtschaft und der öffentlichen Hand, meistens über Banken.
- Durch Gesetz vom 12. Februar 1937 wurde die Selbständigkeit der *Reichsbank* beseitigt. Sie wurde *unmittelbar dem* (Führer und) *Reichskanzler unterstellt,* stand faktisch aber auch zuvor über Schacht seit März 1933 in dieser Abhängigkeit.

Durch beide Maßnahmen wurde auch rechtlich die Bereitschaft der Reichsbankführung (seit März 1933 Hjalmar Schacht) zur Finanzierung der Arbeitsbeschaffung und der Rüstung abgesichert.

Neben der Reichsbank wurde aber auch der *übrige Teil des Bankensystems* von den neuen Regelungen betroffen:

- Im September 1933 wurde ein „Untersuchungsausschuß für das Bankenwesen“ (parallel zu einer Börsenreform) eingesetzt. Er sollte durch seinen Bericht die wichtigsten Voraussetzungen für den „ständischen Aufbau“ auch des Bankensystems und die Ausschaltung des jüdischen Einflusses schaffen (Vorbereitung eines entsprechenden Gesetzes).
- Das Kreditwesengesetz vom 5. Dezember 1934 erweiterte die durch die Notverordnungen vom 19. September und 8. Dezember 1931 eingeführte Bankenaufsicht. Das zunächst eingerichtete „Kuratorium“ wurde durch ein „Aufsichtsamt für das Kreditwesen“ und durch einen „Reichskommissar für das Kreditwesen“ abgelöst.

Eine zunächst erörterte, teilweise von den Nationalsozialisten vor 1933 auch geforderte Verstaatlichung des Kreditwesens wurde nicht vorgenommen. Hier wie auch bei der Organisation der anderen Wirtschaftszweige nutzte man die Bereitschaft der Mehrzahl der „Wirtschaftsführer“ zur Zusammenarbeit mit den Nationalsozialisten zur Verwirklichung der eigentlichen Ziele (Aufrüstung und Hegemonie in Europa) aus. Der sozialistische Aspekt war mit dem Ausscheiden Gregor Strassers aus der NSDAP im Dezember 1932 zurückgedrängt worden, der nationalistische Flügel unter Adolf Hitler bestimmte die Zielrichtung der Parteipolitik.

Mit den hier genannten Maßnahmen waren die wichtigsten Voraussetzungen geschaffen worden für

- eine Vermehrung des Geldes (zur Finanzierung der NS-Vorhaben),
- eine vorübergehend mögliche Vertuschung der Finanzierung unrentabler (Rüstungs-)Projekte,
- eine zunehmende staatliche Verschuldung, die bereits in Friedenszeiten den Schuldendienst des Reiches (1938) über ein aus den ordentlichen, d. h. laufenden Haushaltseinnahmen zu bewältigendes Maß hinaushob. Mehr als 10 v.H. der Steuereinnahmen mußten ab 1938 für den Schuldendienst aufgewendet werden.

Die *Verwaltung* erfuhr eine zunehmende Ausdehnung aus verschiedenen Gründen, die insgesamt aber Ausdruck der nationalsozialistischen Politik waren:

- Die allgemeine und die spezielle Verwaltung des Staates mußten erweitert werden, da die Gestaltung der Wirtschaft und der Gesellschaft neue Arbeitsplätze schuf. Dabei nahm die eigentliche Lenkung der Wirtschaft noch den geringeren Teil der von 2,4 auf 3,1 Mill. angewachsenen, im öffentlichen Dienst stehenden Personen ein.
- In diesen Zahlen sind mit enthalten die aufgrund der Einheit von Partei und Staat hierzu zu zählenden Personen in den umfangreichen parteigebundenen Aufsichts- und Verwaltungseinrichtungen.

Insgesamt kann man davon ausgehen, daß die Zahl der unproduktiv eingesetzten Personen, wie in jeder zur Planung angelegten Verwaltung, erheblich zunahm. Das Widersprüchliche hieran war aber:

- Die durchgehend vorhandene Doppelgleisigkeit von umfangreichen Mitarbeiterstäben in Verwaltung und Partei, nicht selten auch noch in den Verbänden.

- Die weitgehend unrealistische Planung und die Improvisation, die Belassung von Einzelinitiativen für eben diese Improvisationen.

Die *Wehrmacht* nahm rein zahlenmäßig sogar eine noch größere Zahl von Arbeitskräften auf. Der Personalbestand der Wehrmacht entwickelte sich folgendermaßen:

1932 = 145.000
1935 = 1.000.000
1938 = 1.400.000

Die Landwirtschaft

Die Agrarpolitik der Nationalsozialisten war sowohl

- ein *Teil der Wirtschaftspolitik,* die auf die Unabhängigkeit vom Ausland (Autarkiepolitik) ausgerichtet war, als auch
- ein *Teil der ideologiebestimmten Gesellschaftspolitik* (Förderung des Mittelstandes, der kleinen selbständigen Wirtschaftseinheiten).

Die *„Blut- und Boden-“Politik* enthielt demnach die beiden Komponenten:

- Die Förderung des Bauerntums als der wichtigsten biologischen Grundlage für einen gesunden Volkskörper (auf arischer Basis).
- Die Steigerung der landwirtschaftlichen Produktion zur Sicherung der Ernährung des Volkes (bei einer freiwilligen Abgrenzung nach außen in Friedenszeiten und bei einer unfreiwilligen Abgrenzung in Kriegszeiten).

Für die *Schaffung eines „gesunden Bauerntums“* wurden zwei Wege beschritten:

- Die bestehenden bäuerlichen Betriebe sollten mit Hilfe des am 29. September 1933 erlassenen *Reichserbhofgesetzes* vor dem Übergang in familienfremde Hände gesichert werden (gesetzliche Regelung der Erbfolge, Veräußerungs- und Belastungsverbot). Alle Höfe mit 7,5 bis 125 ha Nutzfläche (= fast 1 Mill. Höfe mit 14,2 Mill. ha landwirtschaftlicher Nutzfläche = 54 v.H. der gesamten landwirtschaftlichen Nutzfläche; bis 1936 0,7 Mill. Höfe mit 35 v.H. der Fläche) wurden erfaßt. Für größere und kleinere Betriebe gab es Ausnahmeregelungen.

- Die Vermehrung der bäuerlichen Wirtschaften (Ackernahrung, d. h. Betriebe, die eine Familie mit ausreichendem Einkommen versehen konnten) sollte in Fortsetzung der aufgrund des Reichssiedlungsgesetzes vorgenommenen *ländlichen Siedlung* erfolgen. Insgesamt wurden 22.000 neue Siedlungen mit zusammen 380.000 ha von 1933 bis 1941 errichtet (∅ 2444 Höfe pro Jahr: trotz der Anlaufschwierigkeiten waren es von 1919 bis 1932 ∅ 4286, d. h. gemessen an der Siedlungstätigkeit der Weimarer Zeit war unter den Nationalsozialisten die Siedlungstätigkeit sogar zurückgegangen, zumal wenn man bedenkt, daß ein Teil der ab 1933 abgeschlossenen Verfahren bereits vor Januar 1933 begonnen worden war und in den ersten Jahren ab 1919 die Erfolge der Siedlungsmaßnahmen noch gering gewesen sind).

Der Produktions- und Absatzbereich für Nahrungsmittel wurde durch die Gründung des *„Reichsnährstandes“* mit Gesetz vom 13. September 1933 in die nationalsozialistische Politik einbezogen:

- Der Reichsnährstand umfaßte mit den *Erzeugern*, den *Be- und Verarbeitern* von landwirtschaftlichen Produkten, ferner dem *Handel* mit Agrarprodukten den gesamten Bereich, der für die Erzeugung und für die Verteilung von Nahrungsmitteln wichtig war (so daß damit eine wichtige Voraussetzung für die Organisation der späteren Kriegswirtschaft mit der Lenkung und der Erfassung der Produktion, ferner der Zuteilung geschaffen worden war).
- Die *vertikale Gliederung in Landes-, Kreis- und Ortsbauernschaften* wurde durch eine *horizontale Gliederung in drei Hauptabteilungen* (Der Mensch, Der Hof, Der Markt) ergänzt.
- Die Abteilung „Der Hof“ versuchte über die sog. *Hofkarte*, d. h. eine von jedem Betriebsleiter auszustellende Übersicht seiner Produktion, durch individuelle Beratung die Produktionswünsche der Regierung in der „Erzeugungsschlacht“ durchzusetzen.
- Die Abteilung „Der Markt“ bediente sich der ab 1934 gegründeten *„Hauptvereinigungen“* (für Getreide, für Viehwirtschaft usw.), um die *Erfassung und Verteilung* zu steuern. Diese Vereinigungen waren als selbständige Körperschaften des öffentlichen Rechts nach dem Verbände- und Führerprinzip aufgebaut (zwangsweiser

Zusammenschluß der beteiligten Betriebsinhaber; Ernennung eines Leiters durch die übergeordnete Einrichtung). Neben den Mengen wurde von hier aus auch Einfluß auf die Preise genommen (Preisfestsetzung).

Die Bemühungen zur Steigerung der Produktion waren recht vielfältig:

- Die Ausdehnung der jährlich genutzten Fläche durch Urbarmachung von Ödland (Moore usw.) und durch Neulandgewinnung an den Küsten waren im ganzen recht gering.
- Die intensivere Nutzung der vorhandenen Flächen:
  - Umbrechen von Grünland und Nutzung als Ackerland.
  - Verbesserung der inneren Verkehrslage der einzelnen Betriebe durch Flurbereinigung.
  - Übergang zu je Flächeneinheit ertragreicheren Früchten (vor allem Ausdehnung des Anbaus der Zuckerrübe von 300.000 auf mehr als 500.000 ha).
  - Senkung der Düngemittelpreise und Förderung des Verbrauchs an Düngemitteln.
  - Ausdehnung und Intensivierung der wirtschaftlichen Beratung.
- Teilweise Erhöhung der Agrarpreise, insbesondere ab 1937.

Das Ergebnis dieser Bemühungen war recht mager, wenn man bedenkt, daß die Agrarproduktion von 1924 bis 1932 um 25 v.H. gestiegen war und nunmehr von 1933 bis 1939 um weniger als 10 v.H. anwuchs. Bei einem solchen Vergleich ist allerdings zu berücksichtigen, daß bei einem niedrigeren Niveau (1924) die Chancen einer Erhöhung der Produktion günstiger waren als bei dem 1933 erreichten Niveau (Gesetz vom abnehmenden Ertragszuwachs), obgleich die Entwicklung ab 1949 gezeigt hat, daß mit technischen Mitteln noch erhebliche Leistungssteigerungen je Flächeneinheit zu erzielen waren.

Die Produktionsausdehnung wurde ab 1933 begleitet durch die Propagierung einiger bisher völlig unrentabler Produkte, die insbesondere unter dem Gesichtspunkt der weitgehenden Autarkie (durch gezielte Beratung und Preisgestaltung) gefördert wurden:

- Die Flachsproduktion stieg von 2.000 (1933) auf 28.000 t (1939) Schwingflachs jährlich.

- Die Zahl der Schafe stieg von 3,5 Mill. auf 5 Mill.
- Die Produktion an pflanzlichem Öl stieg innerhalb von fünf Jahren auf mehr als das Zehnfache, von 4000 auf 45000 t.

Die aufgrund der Produktionssteigerungen zurückgehende Einfuhr an landwirtschaftlichen Produkten und die zugleich auch in anderen Ländern anwachsende Agrarproduktion schien sich im Sommer 1939 zu einer Weltagrarkrise zu entwickeln, als die guten Ernteaussichten ein erhebliches Überangebot ankündigten. Der Beginn des Zweiten Weltkrieges führte aufgrund der weltweiten Hortungskäufe und der bald folgenden Produktionsausfälle zu einer erheblichen und fast 20 Jahre anhaltenden Nahrungsmittelknappheit. Die deutsche Regierung hatte umfangreiche Vorräte mit Hilfe der „Reichsstellen" für einzelne landwirtschaftliche Erzeugnisse angelegt. Diese Vorräte umfaßten den Zuschußbedarf für etwa zwei bis drei Jahre.

Die Sozialpolitik

Der *Kern* der nationalsozialistischen Sozialpolitik sollte die Schaffung einer *Einheitsversicherung* sein:

- Jeder Arbeitnehmer sollte hinsichtlich aller Risiken (Krankheit, Invalidität, Altersunterstützung) in einer Versicherung sein (Transparenz).
- Der Arbeitgeberanteil sollte bei einer gleichzeitigen Lohnerhöhung um 8 v.H. abgeschafft werden, so daß der Arbeitnehmer den vollen für ihn abgeführten Betrag als von seinem Lohn abgezogen erkennen konnte.
- Die Versicherung sollte möglichst breiten Schichten geöffnet werden.
- Nicht ein bestimmtes Alter, sondern die Arbeitsunfähigkeit sollte für den Beginn von Rentenzahlungen entscheidend sein, so daß auch über das 65. Lebensjahr hinaus eine mögliche Vollbeschäftigung den Bezug von Rente ausschloß. Das Volk sollte nicht „zu einem Rentnervolk" erzogen werden.

Diese Pläne wurden ab 1935 konkret formuliert, jedoch nicht verwirklicht. Die *sozialpolitischen Maßnahmen* der Nationalsozialisten lassen sich in drei Gruppen gliedern:

- Die *Arbeitsbeschaffungsmaßnahmen* sollten die Lage der ohne oder nur mit geringem Einkommen ausgestatteten Familien verbessern.
- Die gesetzliche *Sozialversicherung* wurde in einigen Punkten *verbessert* (Unfallversicherung auch für die Bauern und die in ihrem Haushalt lebenden Personen; Waisenrenten konnten auch über das 15. Lebensjahr hinaus bis zum 18. gewährt werden; Öffnung der Rentenversicherung für alle Deutschen zum freiwilligen Eintritt). Eine grundlegende Änderung, vor allem im Sinne einer Vereinheitlichung der verschiedenen Systeme und der besseren Transparenz für die Versicherten, fand nicht statt.
- Durch Gesetz vom 29. Dezember 1938 wurde die *Altersversorgung für das Handwerk* eingeführt. Wahlmöglichkeit für den einzelnen Handwerker zwischen Versicherung bei einer öffentlichen oder privaten Lebensversicherung oder bei der Reichsversicherungsanstalt für Angestellte.

Infolge der Arbeitsbeschaffung ging die Zahl der von den Bezirksfürsorgeverbänden betreuten Personen zurück:

- 1932/33: fast 5 Mill.
- Herbst 1937: 1,7 Mill.

Das (bereits vor der Machtübernahme bestehende) Winterhilfswerk und die NSV (Nationalsozialistische Volkswohlfahrt) standen völlig unter dem Einfluß der NSDAP und sollten die soziale Komponente der Partei hervorheben.

Zur NS-Sozialpolitik ist aber auch zu zählen:

- Die *Aufhebung der Gewerkschaften und der Arbeitgeberverbände.*
- Die *Schaffung der Deutschen Arbeitsfront* (DAF) mit den Zielen:
  - Zusammenfassung aller selbständigen und unselbständigen Beschäftigten („der schaffenden Deutschen der Stirn und der Faust“).
  - „Die Bildung einer wirklichen Volks- und Leistungsgemeinschaft“ (Verordnung vom 24. Oktober 1934), vor allem durch Beseitigung der bisherigen Möglichkeiten des Arbeitskampfes (Streikrecht).
  - Einordnung jedes Deutschen an einem „Platz im wirtschaftlichen Leben“, wo er „zur höchsten Leistung befähigt (ist)

und damit den größten Nutzen für die Volksgemeinschaft gewährleistet".

Da die DAF zugleich eine Gliederung der Partei und mit staatlichen Aufgaben betraut war, entsprach sie dem in der Einheit von Partei und Staat begründeten Totalitätsanspruch.

Die *sozialen Verhältnisse*, insbesondere die Sozialstrukturen *änderten sich* über die Arbeitsbeschaffung hinaus *nicht entscheidend*:

- Das zielgerichtete Expansionsstreben und die verschwommenen, unrealisierbaren Vorstellungen der Parteiführung ließen grundlegende Wandlungen nicht zu.
- Die Ausrichtung des gesamten Lebens auf eine Partei brachte Umschichtungen (Parteifunktionäre vom Gauleiter bis zum Blockwart), die mehr punktuell von Bedeutung waren.
- Die gleichzeitige Ausschaltung eines Teiles der bisher in Wirtschaft, Politik, Wissenschaft und Gesellschaft bestimmenden Personengruppen war mindestens für die Betroffenen ein wichtiger Einschnitt in ihrem Leben, wirkte sich aber nicht unmittelbar für die Mehrheit der Bevölkerung aus (z. B. wurden 1628 Hochschullehrer und Forscher aus ihren Tätigkeitsbereichen entlassen).
- Die anfängliche Benachteiligung, später dann sogar Bekämpfung einer ganzen Bevölkerungsgruppe (0,5 Mill. Juden = 0,8 v.H. der Gesamtbevölkerung) und die Inhaftierung oder Kontrollierung antinationalsozialistischer Personen (Konzentrationslager, Gestapo) trugen über die Nachteile für die Betroffenen hinaus Unruhe und Unsicherheit in einen nicht unerheblichen Teil der Bevölkerung.

Das öffentliche Finanzwesen

Das öffentliche Finanzwesen war im Zusammenhang mit der Finanzierung des wirtschaftlichen Aufschwunges von 1933 bis 1939 durch eine zunehmende Staatsverschuldung gekennzeichnet, vgl. Abbildung 41. *Bis zum Jahre 1938* wurde der überwiegende Teil der Neuverschuldung über die *Mefo-Wechsel* finanziert. Gerade diese Schulden waren durch Militärausgaben bestimmt. Der enge Zusammenhang zwischen den Mefo-Wechseln und der Finanzierung der

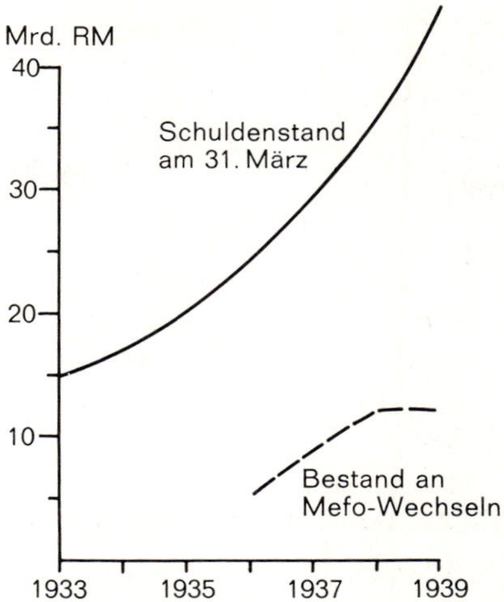

Abb. 41: Schuldenstand am Ende der einzelnen Haushaltsjahre (31. März), Bestand an Mefo-Schulden (in Mrd. RM)

Rüstung wird auch daraus deutlich, daß Rüstungsgüterproduzenten die Gesellschafter der Metallurgischen Forschungsanstalt GmbH waren: Krupp, Rheinmetall, Siemens und Deutsche Werke.
Insgesamt wurden vom Reich bis zum Beginn des Zweiten Weltkrieges seit der Machtergreifung ausgegeben:

– 105 Mrd. RM,
– davon etwa 60 Mrd. RM für Militärzwecke.

Die Angaben der Militärausgaben schwanken erheblich. Die größte Ziffer ist mit 90 Mrd. RM von Adolf Hitler selbst genannt worden, allerdings wohl nur, um die Gegner zu bluffen (Rede am 1. September 1939). Die Militärausgaben wurden finanziert:

– 20 Mrd. RM aus Steuermehreinnahmen
– 12 Mrd. RM aus Einnahmen von Bahn, Post, Reichsbank und anderen erwerbswirtschaftlichen Quellen
– 28 Mrd. RM durch Erhöhung der Nettoneuverschuldung

Gerade die Tatsache, daß mit der zunehmenden Ankurbelung der Wirtschaft ab 1933 die Steuereinnahmen des Reiches von etwa

6 Mrd. auf 18 Mrd. RM im Jahre 1938 angestiegen sind, zeigt, daß die Form der Mittelbeschaffung bis zu diesem Zeitpunkt nicht bedenklich, insbesondere durch die Arbeitsbeschaffung gerechtfertigt war. Die Verwendung dieser Mittel zu Rüstungszwecken, d. h. weder zu einem Ausbau der Kapazitäten der Volkswirtschaft noch zu einer Erhöhung der Infrastruktur, macht die NS-Wirtschafts- und Finanzpolitik in diesem Punkt verwerflich.
Die Schuldaufnahme der Länder und der Gemeinden wurde restriktiv geregelt. Die Ausgaben für neue, speziell nationalsozialistische Zwecke wurden über das Reich oder eine der neuen, die Einheit von Partei und Staat ausdrückenden Organisationen in die Wege geleitet, nicht aber dezentralisiert.

3. Die Beurteilung der nationalsozialistischen Wirtschafts- und Gesellschaftspolitik

Vergleicht man die Politik der Nationalsozialisten bis zum Kriegsbeginn mit dem vor der Machtergreifung bestehenden Parteiprogramm, dann kommt man zu folgendem Ergebnis:

- Die im *25-Punkte-Programm* stehenden Ziele wurden im wesentlichen nicht erreicht, jedenfalls nicht die für Wirtschaft und Gesellschaft unmittelbar relevanten Ziele, die am Anfang dieses Abschnittes aufgeführt worden sind.
- Die aber im 25-Punkte-Programm ebenfalls enthaltenen
  - antisemitischen und
  - hegemonialen

  Vorstellungen wurden in einer Weise verwirklicht, die zuvor allenfalls als Befürchtung vermutet werden konnte.
- Dies beeinflußte auch die wirtschaftliche und soziale Entwicklung:
  - Die Rüstung und insbesondere ihre Finanzierung durch eine kräftige Erhöhung der Staatsverschuldung brachten die Wirtschaft insgesamt und vor allem das Währungssystem in ein zunächst nur labiles, bald aber nur noch mit drastischen Maßnahmen einhaltbares Gleichgewicht (Nachfrageüberhang).
  - Im Jahre 1938 war damit aber ein Punkt erreicht, der – da drastische Maßnahmen zur Gesundung der Staatsfinanzen

nicht in der Linie der Nationalsozialisten lagen – notwendigerweise zur Bereinigung der drohenden inneren Krise auf eine – im Ergebnis katastrophale – Lösung durch die schon immer beabsichtigte Expansion drängte.

– Die antisemitischen Auswüchse (bis hin nach Auschwitz) nahmen ebenfalls im Jahre 1938 mit der sog. Kristallnacht zum ersten Mal Formen an, die auch die letzten Zweifel an der eingeschlagenen Linie beseitigten oder wenigstens hätten beseitigen sollen.

Wenn man auch davon ausgehen kann, daß vor allem die Entwicklung der Machtausweitung über die Reichsgrenzen von Anfang an angestrebt und beabsichtigt war, so ist es doch verkehrt, hier eine allgemeine Planmäßigkeit zu sehen. Im allgemeinen, und so auch im Bereich der Wirtschaft, handelte man recht sporadisch und stark improvisierend. Es wurden zwar Wirtschaftspläne aufgestellt, die sich aber mehr an den Rüstungs- und Autarkiewünschen Adolf Hitlers ausrichteten als an grundlegenden und abgesicherten Berechnungen. Dies zeigt sich auch schon daran, daß

– der erste Vierjahresplan (1933 bis 1937) bereits vor seinem Ende durch
– den zweiten Vierjahresplan (1936 bis 1940) abgelöst wurde.

Auch der zweite Vierjahresplan wurde dann nicht mehr voll durchgeführt, sondern die entsprechenden Einrichtungen der Beeinflussung von Produktion und Verbrauch wurden in die Kriegswirtschaft eingegliedert.
Auch die Organisation der gesamten Wirtschaft und der meisten Menschen in den zahlreichen neuen halbstaatlichen und halbparteigebundenen Einrichtungen

– wurde zwar unter dem Vorzeichen der Schaffung einer neuen antikapitalistischen und antimarxistischen Gesellschaft vollzogen, wodurch sich viele Menschen blenden ließen, weil sie tatsächlich an die Schaffung einer neuen konfliktlosen Gesellschaft auf diesem Wege glaubten,
– diente aber allein der Zusammenfassung und Ausrichtung der gesamten Wirtschaft auf die Absicherung der außenpolitischen Ziele.

Die Arbeitsbeschaffung war anfangs ein wichtiges Mittel zur psychologischen Unterstützung der „Bewegung“, sie wurde aber gleichzeitig und überwiegend, wie Abbildung 39 gezeigt hat, bereits von Anfang an für die Aufrüstung, die sog. Wehrhaftmachung des Volkes, und damit für das wichtigste Ziel der Nationalsozialisten eingesetzt.

4. Die nationalsozialistische Kriegswirtschaft 1939 bis 1945

Die Kriegsziele

Im Gegensatz zum Ersten Weltkrieg waren die Kriegsziele der am Kriege beteiligten wichtigsten Länder sehr unterschiedlich:

- Die *Achsenmächte* Deutschland, Italien und Japan waren auf Expansion mit Gewalt eingestellt. Sie waren damit die Kriegsverursacher.
- Die kleineren *verbündeten Länder der Achsenmächte* (Finnland, Ungarn, Rumänien usw.) waren in den Sog, vor allem Deutschlands, geraten und beteiligten sich daher nur relativ unlustig an den Kämpfen. Die Ungewißheit eines Sieges Deutschlands ließ auch die Wünsche der kleineren Verbündeten nur verhalten zum Ausdruck kommen.
- *Die späteren Sieger* wollten
  - die Angreifer zurückweisen und
  - die Machtbasis der Hauptländer Deutschland und Japan vermindern oder zerstören.

  Die spätere Teilung Deutschlands und die Abtrennung eines großen Teiles (jenseits der Oder-Neiße-Linie) hatte in erster Linie den Zweck, die Basis für die Wiedererrichtung einer im Verhältnis zu den Nachbarstaaten zu großen wirtschaftlichen und damit auch militärischen Macht zu beseitigen.

Der Kampf gegen die UdSSR, der in Europa nach den Verlusten an Menschenleben auf beiden Seiten und nach den wirtschaftlichen Zerstörungen alle anderen Teilgeschehen des Krieges weit überragte, wurde von den Nationalsozialisten auf zweierlei Weise motiviert:

- Als man 1941 diesen Kampf begann, wurde der Hauptakzent auf die Rettung Europas vor dem Bolschewismus gelegt.
- Daß es sich hierbei in erster Linie um eine Propagandaäußerung gehandelt hat, zeigt eine Äußerung des Reichspropagandaministers Goebbels am 17. November 1942 (d. h. zwei Tage vor der Stalingrad-Offensive der UdSSR, als man daher noch an den anscheinend unmittelbar bevorstehenden Endsieg glaubte) in der Stadthalle in Wuppertal: „Wir wollen einen kolonialen Besitz auf eigenem europäischen Raum beschaffen, und das ist unser begrenztes Ziel, und für dieses Ziel opfern wir unsere Soldaten" (Zahl der „Opfer" an der Ostfront bis zu diesem Zeitpunkt: 0,6 Mill. Gefallene und Vermißte; 1,3 Mill. Verwundete).

Die Entwicklung der Produktion

Die *Rüstungsproduktion* unterschied sich in den ersten Kriegsjahren kaum von der der vorhergehenden Jahre der Wiederaufrüstung. Eine Kriegswirtschaft im eigentlichen Sinn war nicht vorbereitet, sondern „nur" die Organisation der Wirtschaft unter zwei Gesichtspunkten:

- Die Autarkiebestrebungen und -maßnahmen waren eine wichtige Voraussetzung für einen Krieg, der mit einer Handelsblockade Deutschlands verbunden war.
- Die Aufrüstung führte dazu, daß die deutsche Wirtschaft am Anfang des Zweiten Weltkrieges bereits weiter zur Kriegswirtschaft hin entwickelt war als die der anderen Länder, z. B. Englands.

Unter diesen Gesichtspunkten läßt sich folgende Tendenz im Kriege erkennen:

- Zunächst lebte man aus der – im Vergleich zum Gegner recht vollen – Hand, d. h. die Lücken, die durch die schnellen Siege mit dem Verbrauch eines Teiles des eingesetzten Materials entstanden waren, konnten zwischen den einzelnen Feldzügen weitgehend wieder aufgefüllt werden.
- Dies gelang nicht mehr bei längerwährender starker Abnutzung:
  - Die Luftwaffe wurde daher durch den sog. Kampf um England im Sommer und Herbst 1940 entscheidend betroffen (und

gegenüber der Entwicklung in den gegnerischen Ländern zurückgeworfen).

- Die Marine hatte ihre großen Verluste bei den Überseeschiffen 1940 und 1941 (Norwegen-Feldzug, „Bismarck"-Versenkung) und bei den Unterseebooten 1943/44 (Radarortung).
- Das Heer hatte die entscheidenden Verluste bei den großen Kesselschlachten vom Juli bis Oktober 1941 in Rußland. Die Abnutzung war so stark, daß nicht mehr genügend Kräfte für die Eroberung Moskaus übriggeblieben waren. Diese Situation ist vergleichbar mit der Abnutzung des kaiserlichen Heeres 1914 bis zum Beginn der Marneschlacht, als ebenfalls dann für den entscheidenden Abschluß des Angriffs die Kräfte fehlten. Da das Heer die Hauptmacht der NS-Wehrmacht bildete, lag hierin vielleicht das wichtigste Ereignis des Krieges, wenn man dies bei der Vielfalt der „Höhepunkte" überhaupt irgendeinem Geschehen zusprechen kann.

- Die Anstrengungen ab 1942 (von Sauckel für den Arbeitseinsatz, von Speer für die Rüstung organisiert) brachten dann eigentlich

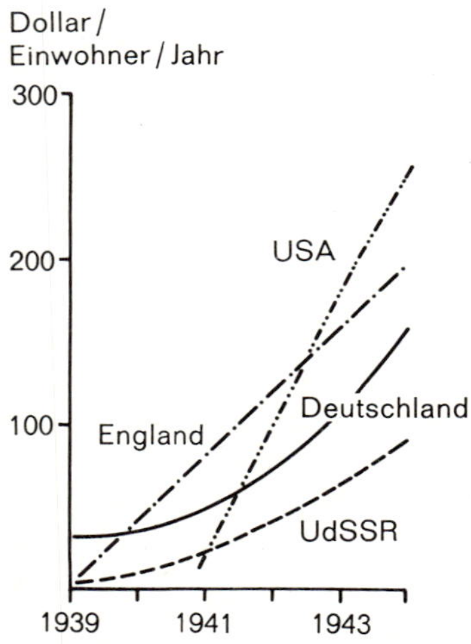

Abb. 42: Militär- und Rüstungsausgaben in einigen Ländern im Zweiten Weltkrieg in Dollar/Einwohner/Jahr

erst den Übergang zur Kriegswirtschaft. Trotz der gewaltigen Steigerung der Produktion an Kriegsgütern hinkte man nunmehr immer etwas oder bald sogar stärker hinter den schon 1941 auf volle Touren gekommenen Kriegsanstrengungen der Gegner her; vgl. Abbildung 42.

In welchem Maße Hitler bereits im August 1941 auf das Ende des Rußlandfeldzuges eingestellt war, ergibt sich aus folgenden Tatsachen:

- Aus dem Ersatzheer und aus den rückwärtigen Einheiten wurden Soldaten entlassen.
- Die Produktion von Kriegsgütern wurde nicht mehr ausgedehnt, um nicht Kriegsgüter zu produzieren, für die keine Verwendung mehr bestand.

Die Neuorganisation der Wirtschaft als Kriegswirtschaft ab Frühjahr 1942 erfolgte unter folgenden Gesichtspunkten:

- Es wurden *Ausschüsse* gebildet, die unter der Leitung eines aus der Wirtschaft kommenden Koordinators für einzelne Kriegsgüter verantwortlich waren (z. B. für Panzer oder LKW).
- Es wurden *Ringe* gebildet, die unter der Leitung eines aus der Wirtschaft kommenden Koordinators für bestimmte Warengattungen zuständig waren (z. B. Zahnräder).

Die Rüstungsproduktion im engeren Sinne umfaßte in v.H. der gesamten industriellen Produktion:

1938	=	7 v.H.
1939	=	12 v.H.
1940	=	14 v.H.
1941	=	19 v.H.
1942	=	26 v.H.
1943	=	37 v.H.
1944	=	48 v.H.

Die industrielle *Produktion für den zivilen Bedarf* wurde von der Rüstungsgüterproduktion zunächst nicht wesentlich beeinträchtigt:

- Von 1933 bis 1938 wurden freie und zusätzlich errichtete Kapazitäten für die Rüstungsgüterproduktion eingesetzt, so daß der zivile Bedarf lediglich dadurch berührt wurde, daß die Versorgung

der Bevölkerung geringere Zuwachsraten aufzuweisen hatte, als dies aufgrund der steigenden Einkommen möglich war (Anregung zum Sparen).
- Von 1939 bis 1941 ging die Verbrauchsgüterproduktion lediglich geringfügig um etwa 5 v.H. zurück, d. h. die zivile Nachfrage brauchte nur zu einem geringen Teil zurückgenommen zu werden. Den steigenden Einkommen der privaten Haushalte stand jedoch damit kein steigendes Güterangebot gegenüber.
- Von 1942 bis 1944 wurde dann die Rüstungsgüterproduktion vor allem auf Kosten des zivilen Bedarfs an Verbrauchsgütern ausgedehnt, so daß bis 1944 die Versorgung der Zivilbevölkerung mit industriellen Erzeugnissen um etwa 30 v.H. zurückging, vgl. auch Abbildung 26.

Die *Nahrungsmittelproduktion* und damit die Ernährungslage der Bevölkerung wurde durch folgende Maßnahmen beeinflußt, so daß Ernährungsschwierigkeiten in dem Ausmaße, wie sie im Ersten Weltkrieg aufgetreten waren, vermieden wurden:

- Die landwirtschaftliche Produktion war in den Friedensjahren der Nationalsozialisten nicht erheblich gestiegen, so daß hier keine erhebliche Verbesserung der Ernährungslage bewirkt werden konnte (Rückgang im Krieg etwa 18 v.H.).
- Die Vorratsbildung war 1939 mit z. B. 6 Mill. t Brotgetreide und 0,6 Mill. t Nahrungsfett bereits so weit entwickelt, daß verbunden mit schnellen Bewirtschaftungsmaßnahmen Fehler (z. B. Verschwendung am Anfang des Krieges) unterblieben.
- Die Eroberung zahlreicher europäischer Länder und Gebiete bis zum Herbst 1941 ermöglichte es, durch (freiwillige oder zwangsmäßige) Lieferungen aus dem Ausland die Grundversorgung sicherzustellen (etwa 8 bis 12 v.H. des Bedarfes aus dem Ausland).

Bis in den Sommer 1944 konnte so eine Ernährung mit täglich fast 2.000 Kalorien aufrechterhalten werden. Erst danach und vor allem dann in den Jahren 1946 und 1947 sank die Kalorienversorgung aus den Zuteilungen auf einen erheblich unter dem erforderlichen Maß von 2.300 Kalorien liegenden Pegel, vgl. Abbildung 43.

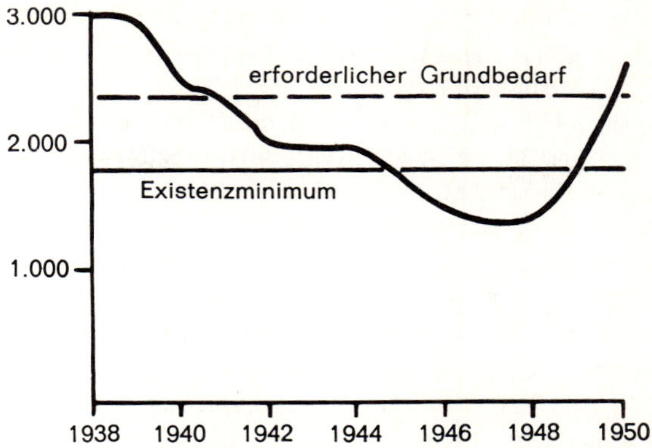

Abb. 43: Versorgung der deutschen Bevölkerung mit zugeteilten Nahrungsmitteln (in Kalorien/Tag/Person) von 1938 bis 1950

Die *wichtigsten Einfuhrgüter* des industrialisierten Deutschland, nämlich *Nahrungsmittel* und industrielle *Rohstoffe*, konnten zwar nicht im Übermaß, aber in der Weise aus den eigenen Vorräten, durch den Einsatz von Ersatzstoffen und durch die Einfuhr aus den beherrschten Gebieten und aus dem neutralen Ausland (Schweden, Türkei, Spanien) zur Verfügung gestellt werden, daß *keine Engpässe* eintraten. Kriegswichtige *Ausnahmen* von dieser generellen Situation waren:

- *Rohöl* und die Produkte der Weiterverarbeitung (Benzin für Flugzeuge und Militärfahrzeuge, Dieselöl für Panzer und schwere Lastkraftwagen).
- *Spezialmetalle* für die Herstellung von Spezialstahl (Chrom usw.)

Der Außenhandel sank in realen Einheiten auf etwa 75 v.H. (1944) des letzten Friedensjahres (1938).

Kriegskosten und Kriegsfinanzierung

Die Kosten des Zweiten Weltkrieges lagen für Deutschland und insgesamt wesentlich über denen des Ersten Weltkrieges:

4 Bill. RM direkte Kriegskosten, davon etwa 12 v.H. auf deutscher Seite (= 510 Mrd. RM) und etwa 25 v.H. bei

den Achsenmächten und ihren Verbündeten (1 Bill. RM). Die USA gaben für sich und ihre Alliierten etwa 1 Bill. RM aus.

5 bis 6 Bill. RM indirekte Kriegskosten (Sachverluste, unterlassene Investitionen usw.), davon mehr als ein Viertel in der UdSSR.

Während die USA der wichtigste Finanzier der Alliierten war, erbrachte die UdSSR (unfreiwillig) die größten Opfer an Sachvermögen. Die Verwüstungen des größten Teiles der UdSSR westlich der Wolga führten zur Vernichtung von mehr als 30 v.H. des Produktionskapitals der Wirtschaft des Landes. Die UdSSR war damit – und mit etwa 20 Mill. Toten – das Land, das durch den Zweiten Weltkrieg

– die stärksten und umfangreichsten Verluste zu ertragen hatte,
– zugleich aber auch der Deutschen Wehrmacht die umfangreichsten Verluste an Menschen und Rüstungsmaterial zufügte.

Der Umfang der deutschen *Kriegsausgaben* läßt sich nicht mehr genau feststellen, da die letzten Monate keine Übersicht mehr gewährten und außerdem eine gewisse Überschneidung zwischen Zivil- und Kriegsausgaben bestand (z. B. Versorgungszahlungen für die Familienangehörigen von Soldaten, die Ersetzung von Luftkriegs- und anderen Schäden):

– Gesamte Reichsausgaben 1939 bis 1945 = 685 Mrd. RM
– Militärausgaben 1939 bis 1945 = 510 Mrd. RM

Die hierfür erforderlichen Mittel wurden folgendermaßen aufgebracht:

– 200 Mrd. RM Steuereinnahmen, davon rein rechnerisch 25 Mrd. RM für Kriegskosten, d. h. mit etwa 5 v.H. wurde im Zweiten Weltkrieg ein geringerer Teil der Kriegskosten über Steuern abgedeckt als im Ersten Weltkrieg mit 6 v.H.
– 40 Mrd. RM sonstige Einnahmen des Reiches (Post, Bahn, Reichsbank usw.)
– 95 Mrd. RM Kontributionen, Naturallieferungen der besetzten Gebiete und „Matrikularbeiträge“ der verbündeten Länder
– 350 Mrd. RM Neuverschuldung

Die Neuverschuldung erfolgte „geräuschlos", d. h. die Kapitalsammelstellen (Banken, Sparkassen, Versicherungen) erwarben Schuldtitel des Reiches. Wie im Ersten Weltkrieg wurde damit ein Teil der durch die Rüstungsausgaben vermehrten Kaufkraft wieder abgeschöpft. Bis zum Ende des Krieges sammelte sich aber bei der Reichsbank ein Teil der Schuldtitel des Reiches (mehr als 80 Mrd. RM), so daß insoweit ein Kaufkraftüberhang vorhanden war bzw. entstand.

Für die Geldwertstabilität ergab sich dabei folgende Konstellation:

- Zunahme des aktuellen Kaufkraftüberhanges = 80 Mrd. RM
- Durch die Sparkassen und Banken mit innerhalb eines Jahres von den Kunden abrufbaren Mitteln finanzierte Schuldtitel = potentieller Kaufkraftüberhang = 225 Mrd. RM
- Unterversorgung der Bevölkerung durch Rückgang der Produktion der Güter des zivilen Bedarfes = 180 Mrd. RM
- Nettosozialprodukt zu Faktorkosten Deutschlands 1938 in den Grenzen von 1937 = 80 Mrd. RM

Im Ergebnis war ein umfangreicher Nachholbedarf bei der Zivilbevölkerung entstanden, der mehr als die Summe der Wertschöpfung von zwei Friedensjahren ausmachte. Diesem Nachholbedarf – auf Grund einer mehrere Jahre herrschenden Unterversorgung – stand die vor allem in den beiden letzten Kriegsjahren wachsende zusätzliche Kaufkraft in Form der bei der Reichsbank befindlichen Reichsschuldtitel gegenüber. Die größte Gefahr mußte aber davon ausgehen, daß bei einem verlorenen Krieg auch der potentielle Kaufkraftüberhang vom Publikum realisiert wurde und die Kapitalsammelstellen gezwungen waren, sich durch Vorlage der Schuldtitel bei der Reichsbank zu refinanzieren.

Während des Krieges versuchte man die hiervon ausgehenden inflationären Entwicklungen einzudämmen:

- „Sparfeldzüge" und „eisernes Sparen" sollten die überschüssigen Geldmittel bei den Kapitalsammelstellen zusammenführen.
- Preis- und Lohnfestsetzungen setzten die entsprechende Politik der Währungsstabilisierung der Vorkriegsjahre fort.

Insgesamt war damit die Situation im Jahre 1945 keine günstigere als Ende 1918. Auch jetzt war die Steuerschraube nur geringfügig angezogen worden, auch jetzt vertraute man auf die Finanzierung des Krieges durch Leistungen der Besiegten nach einem erfolgreich beendeten Krieg, auch jetzt spielte man in der Kriegsfinanzierung – wie überhaupt – va banque.

Der Arbeitsmarkt

Von einem Arbeitsmarkt kann man schon in den letzten Vorkriegsjahren nicht mehr sprechen, da der Arbeitsplatzwechsel nur noch mit erheblichen Schwierigkeiten möglich war. Im Kriege wurde der Arbeitsmarkt gekennzeichnet durch:

– die Einberufung von mehr als 11 Mill. Männern zur Wehrmacht (und zur Waffen-SS) über den Bestand an Soldaten im Frühjahr 1939 mit 1,4 Mill. Mann hinaus und
– die Maßnahmen zur Ausfüllung der so entstandenen Lücken.

Die Einberufung zur Wehrmacht umfaßte immerhin bis zum Kriegsschluß etwa 45 v.H. aller männlichen Beschäftigten. Die von der kriegswichtigen Wirtschaft benötigten Fachkräfte kamen aus zwei Quellen:

– Etwa 2 Mill. UK-Stellungen, d. h. Unabkömmlichkeits-Erklärungen, erhielten einen Restbestand an Fachkräften.
– Für die Industrie wurden Zivilarbeiter nach Deutschland vor allem aus den industrialisierten Teilen der Niederlande, Belgiens und Frankreichs geholt. Die Feinmechanik, insbesondere auch der Flugzeugbau, waren stark auf diese Kräfte angewiesen.

Dort wo nur geringe Vorkenntnisse für die Ausführung der Arbeiten erforderlich waren, wo insbesondere ein schnelles Anlernen möglich war, wurde auf Kriegsgefangene und Zivilarbeiter zurückgegriffen. Insgesamt wurden während des Zweiten Weltkrieges ungefähr folgende Kriegsgefangene und Zivilarbeiter (z. T. mit Frauen und Kindern) nach Deutschland gebracht:

– Kriegsgefangene: etwa 7 Mill., darunter 5 Mill. aus der UdSSR, 1 Mill. Franzosen, 0,5 Mill. Polen.
– Zivilarbeiter: mehr als 6 Mill; davon waren etwa 4 Mill. aus der UdSSR; knapp 0,5 Mill. waren aufgrund freier Verträge (z. B. aus Italien, Belgien, den Niederlanden) angeworben worden.

Die Sterblichkeit unter den Kriegsgefangenen und den zwangsweise nach Deutschland geschafften Zivilgefangenen war sehr groß. So überlebten z. B. von den 5 Mill. Kriegsgefangenen aus der UdSSR nur etwa 2 Mill. die Gefangenschaft. Zu keinem Zeitpunkt waren daher mehr als 7,5 Mill. ausländische Arbeitskräfte der genannten beiden Gruppen in der deutschen Wirtschaft beschäftigt.

Die Beschäftigung von Frauen, die im Ersten Weltkrieg geholfen hatte, die Lücken der Einberufungen auszufüllen, ist im Zweiten Weltkrieg ohne große Bedeutung geblieben:

- Von 1939 bis 1941 nahm die Zahl der beschäftigten Frauen sogar von 14,6 auf 14,1 Mill. ab. Die nationalsozialistische Politik hatte den Frauen eine andere Aufgabe zugedacht (Bevölkerungspolitik).
- Von 1941 bis Ende 1944 stieg die Zahl der beschäftigten Frauen dann von 14,1 auf 14,9 Mill. an. Vor allem die Rüstungsindustrie war wegen der zu befürchtenden Sabotage eher für deutsche Frauen als für ausländische Zivilarbeiter geeignet.

Einen eigentlichen Arbeitskräftemangel gab es in der kriegswichtigen Wirtschaft der Nationalsozialisten im Zweiten Weltkrieg nicht. Die schlechten Lebensumstände der ausländischen Arbeiter, insbesondere auch die hohe Sterberate, zeigen:

- die Geringschätzung der Nationalsozialisten für das Leben des einzelnen (weil man davon ausging, daß der Ersatzbedarf an Arbeitskräften in ausreichendem Maße durch zwangsweise Deportationen gedeckt werden konnte) und
- die Not des einzelnen, in die Mühlen der nationalsozialistischen Arbeitsorganisation geratenen Menschen.

5. Das Ergebnis der nationalsozialistischen Herrschaft

Im Mai 1945 war die Wirtschaft Deutschlands auf einem Tiefpunkt angelangt, der nur mit wenigen Katastrophen früherer Jahrhunderte vergleichbar ist. Die Nationalsozialisten hatten zwar ein Land übernommen, das durch die Weltwirtschaftskrise und teilweise auch durch die Forderungen aufgrund des Friedensvertrages von Versailles (und dessen Ausführung) bereits in seiner Entwicklung erheblich zurückgeworfen war und sich wirtschaftlich und gesellschaftlich in einer schlechten Situation befand. Das Jahr 1945 übertraf aber noch diesen Zustand:

- Umfangreiche Gebiete wurden von Deutschland abgetrennt (etwa 25 v.H. der Fläche von 1937).
- Die dort lebende Bevölkerung wurde – soweit sie nicht durch die Kampfhandlungen und durch die ersten Maßnahmen der Besatzungstruppen umgebracht oder verschleppt worden war – vertrieben.
- Das restliche deutsche Gebiet wurde in vier Besatzungszonen geteilt, die sich danach zu zwei in starkem Gegensatz zueinander stehenden Staaten (Bundesrepublik Deutschland und DDR) entwickelten.
- Mit etwa 8 Mill. Toten hatte das deutsche Volk erhebliche Verluste aufzuweisen, die nur noch von der UdSSR (etwa 20 Mill. Tote) übertroffen wurden. Insgesamt wurden in Europa im Zweiten Weltkrieg 35 bis 40 Mill. Menschenleben vernichtet, einschl. 5 bis 6 Mill. Juden aus allen besetzten Gebieten Europas.
- In der berüchtigten Wannsee-Konferenz am 20. Januar 1942 (unter der Leitung des Chefs des SD Reinhard Heydrich) ging man davon aus, daß etwa 11 Mill. Juden zu deportieren (und damit zu vernichten) seien. Solche Zahlen können das millionenfache Leid nur andeutungsweise wiedergeben.
- Die wirtschaftlichen Kapazitäten im verbliebenen Teil Deutschlands waren im Durchschnitt aller Wirtschaftszweige auf etwa 70 bis 80, unter Berücksichtigung allein des industriellen Bereiches auf 30 bis 35 v.H. des Standes von 1937 (das erste Jahr der Vollbeschäftigung) gesunken.

Die Aussichten auf eine Überwindung der Not schienen in Anbetracht der Verluste an Menschen und Produktionskapital, an landwirtschaftlicher Nutzfläche (28 v.H.) und Bodenschätzen, ferner aufgrund der anfänglichen, durch den Morgenthau-Plan geprägten Tendenz in der alliierten Wirtschaftspolitik äußerst schlecht. Ein langwieriger Leidensweg schien den Menschen in Deutschland bevorzustehen.

Soziale Marktwirtschaft (Bundesrepublik Deutschland) und sozialistische Planwirtschaft (DDR) im geteilten Deutschland (1945 bis 1990)

Während das 19. Jahrhundert zunächst durch das Zusammenwachsen der deutschen Wirtschaft zu einer Einheit gekennzeichnet war und die Zeit von 1871 bis 1945 eine Wirtschafts- und Währungseinheit innerhalb der Grenzen des Deutschen Reiches sah, brachte *das Jahr 1945* eine Zäsur in dieser Entwicklung, die als der Anfang einer *neuen Epoche* bezeichnet werden kann:

- Etwa *ein Viertel der Fläche* des Deutschen Reiches wurde gänzlich *abgetrennt.*
- Die *Vertreibung* der Menschen aus diesen Gebieten und aus anderen osteuropäischen Gebieten *erhöhte die Bevölkerungszahl* im Zeitpunkt einer auch wirtschaftlich krisenhaften Situation im restlichen Deutschland *um mehr als 11 Mill.* Menschen.
- Die *wirtschaftliche Teilung* dieses restlichen Deutschland in vier Besatzungsgebiete und ab 1949 in zwei sich unterschiedlich organisierende Staaten wurde durch die mitten durch Deutschland gehende politische Trennungslinie zwischen dem Ost- und dem Westblock erheblich verschärft.
- Die *gesellschaftliche Entwicklung* ging in den beiden Teilen Deutschlands *völlig verschiedene Wege*:
  - Im westlichen Teil wurde bewußt an weiterentwickelte Gedanken und Vorstellungen des Liberalismus (*Neoliberalismus*) angeknüpft und die Gestaltung der Gesellschaft und der Wirtschaft (*soziale Marktwirtschaft*) mehr einer an dem Wettbewerb orientierten Wirtschaftsordnung überlassen.
  - Im östlichen Teil Deutschlands wurden die Gedanken des Marxismus-Leninismus maßgeblich für eine Änderung der wirtschaftlichen und der sozialen Strukturen (*Sozialismus*), so daß die Wirtschaftsordnung *(Zentralverwaltungswirtschaft)* durch die zentrale Festlegung von Produktion, Investitionen und Verbrauch geprägt wurde.
- Die mit der *Ausrichtung der Wirtschaft* zwischen Oker und Oder, d. h. *in der DDR*, *auf den Osten* vorgenommene Abgrenzung und Abschirmung gegen den Westen und insbesondere gegen den

westlichen Teil Deutschlands, ließ den Warenaustausch und damit die wirtschaftlichen Verflechtungen und Ergänzungsmöglichkeiten mit eben diesem Westen noch unter das Niveau normaler zwischenstaatlicher Beziehungen sinken. Demgegenüber wurden die Beziehungen zum Ostblock, vor allem zur UdSSR, zu einer nie zuvor gekannten Intensität ausgebaut. Die Handelsbeziehungen zwischen Leipzig und Wladiwostok waren formell und faktisch leichter in Gang zu halten als die zwischen Magdeburg und Braunschweig.

Diese bis 1990 bestehende Teilung Deutschlands macht es erforderlich, lediglich die Pläne der alliierten Siegermächte für ganz Deutschland und die daraus erwachsenden Ansätze einer gemeinsamen Verwaltung darzustellen, die dann getrennten Entwicklungen in den verbliebenen Teilen aber *in verschiedenen Abschnitten* darzulegen.

1. Die gemeinsamen Pläne und die Ansätze gemeinsamer Wirtschaftspolitik der Alliierten

Das erklärte Ziel der alliierten *Pläne* war die Zerschlagung des deutschen Wirtschaftspotentials,

- um so die *Basis für eine Militärmacht*, wie man sie in beiden Weltkriegen zu spüren bekommen hatte, zu *beseitigen* und nicht wieder entstehen zu lassen,
- ferner um die deutsche *Konkurrenz auf dem Weltmarkt* mit Industriegütern *auszuschalten* oder jedenfalls auf ein Minimum zu senken.
- Die für diese beiden Ziele erforderliche Reduzierung der Ausstattung Deutschlands mit industriellen Produktionsstätten sollte zugleich über die notwendigerweise damit verbundene Senkung und die dann auf einem niedrigen Niveau verbleibende Entwicklung des Lebensstandards eine *Strafe für die Vernichtung von Menschen und Sachvermögen* in den Ländern der Kriegsgegner Deutschlands sein.

Die Vielfalt der Überlegungen, Vorschläge und ausgearbeiteten Pläne läßt sich meistens gänzlich oder teilweise auf diese Kernpunkte zurückführen.

Im Prinzip standen sich aber zunächst, d. h. seit etwa 1941, als man begann, Pläne über die Gestaltung Deutschlands nach dem Kriege zu erörtern, zwei Meinungen gegenüber, die in den Vorstellungen zweier Minister (Staatssekretäre) der USA zum Ausdruck kamen:

- Der amerikanische *Kriegsminister Stimson* ging in seinem Plan von der Überlegung aus, daß man die besiegten Deutschen nicht mit gleicher Methode behandeln dürfe, wie diese die von ihnen eroberten Länder und Völker behandelt haben. Gerade wegen dieser knebelnden Haltung Deutschlands führte man einen fast als Kreuzzug anzusehenden Krieg. Die Atlantic Charta vom 14. August 1941 müsse daher auch für die Deutschen gelten. Daher müsse zwar
  - eine *Aufgliederung des deutschen Gebietes* in verschiedene Einheiten erfolgen (hierin war bereits ein aus Sicherheitsüberlegungen erklärbares Abweichen vom Selbstbestimmungsrecht der Atlantic Charta zu sehen),
  - aber die *Industrie* solle im wesentlichen *erhalten* bleiben:
    1. Zur Sicherung von Reparationsleistungen.
    2. Zur Erhaltung eines über dem Existenzminimum liegenden Lebenstandards.
- Der amerikanische *Finanzminister Morgenthau* hatte für die Konferenz von Quebec (September 1944) einen Plan vorgelegt, der zunächst angenommen, dann zwar (Ende September 1944) von Roosevelt abgelehnt wurde, aber als einzige konkrete Äußerung über die Gestaltung der deutschen Wirtschaft Einfluß auf die sonst in dieser Hinsicht planlose Wirtschaftspolitik der Besatzungsmächte erhielt. Nach dem *Morgenthau-Plan* war vorgesehen:
  - *Gebietsabtretungen* an Rußland, Polen, Dänemark und Frankreich sollten das deutsche Staatsgebiet verkleinern.
  - *Das übrige Deutschland* sollte in mehrere getrennte Gebiete aufgegliedert werden.
  - Zur Vernichtung des Kriegspotentials sollte die gewerbliche Produktion an Ruhr und Saar „stillgelegt“ werden. Eine inter-

nationale Kontrollinstanz sollte „den *Abbruch der Industrieanlagen*“ überwachen.

- *Deutschland* sollte ein „vorwiegend Ackerbau und Viehwirtschaft treibendes Land“ werden. „Deutschlands Weg zum Frieden führt über den *Bauernhof*“.
- Die *Vertreibung der Menschen aus dem Ruhrgebiet* sollte nicht durch physische Gewalt, sondern durch Hunger erfolgen.
- Desgleichen war die *Vertreibung der Deutschen aus den abzutretenden Gebieten* vorgesehen.

Verschiedene Konferenzen der späteren Siegermächte in den letzten beiden Kriegsjahren (vor allem Teheran November/Dezember 1943 und Jalta Februar 1945) *legten* die *Nachkriegspolitik* in ihren Grundzügen *fest*:

- Kompensation der polnischen Landverluste an die UdSSR (in etwa Curzon-Linie) durch deutsche Gebiete östlich der Oder.
- Teilung des übrigen Deutschlands in Besatzungszonen und später verschiedene Staaten.
- Einsetzung eines Kontrollrates mit Regierungsfunktionen für das gesamte Deutschland.
- Grundsätzliche Festlegung von (noch nicht der Höhe nach bestimmten) Reparationszahlungen.

Die *Konferenz von Potsdam* (17. Juli bis 2. August 1945) bestätigte diese Punkte im wesentlichen:

- Der vorgesehene *alliierte Kontrollrat* war formell vom 30. August 1945 bis zum 20. März 1948 (letzte gemeinsame Sitzung der vier Oberbefehlshaber der einzelnen Besatzungszonen) *Inhaber der Regierungsgewalt* in Deutschland (Kontrollratsgesetze stellten den Kern der Rechtsordnung dar), jedenfalls für die alle Besatzungszonen angehenden Probleme.
- Zugleich erfolgte die Bestätigung der noch zu vollziehenden *Aussiedlung der Deutschen aus den osteuropäischen Ländern* und aus den Gebieten östlich der Oder und Neiße.
- Die *Festlegung der Reparationen scheiterte*. Daher wurde folgende Regelung getroffen:
  - Die UdSSR sollte ihren Anspruch (10 Mrd. $) in erster Linie in

der eigenen Besatzungszone realisieren (was bis 1953 in Höhe von etwa 50 Mrd. Mark erfolgte).

- Von den in den westlichen Zonen vorgesehenen Demontagen sollte ein Viertel zugunsten der UdSSR vorgenommen werden (Ende der Demontagen und damit der Reparationen aus den Westzonen 1951; etwa 5 Mrd. Mark).

Der im *März 1946* im Einvernehmen aller vier Besatzungsmächte aufgestellte *„Industrieplan“* brachte

- eine Präzisierung der Vorstellungen der Alliierten und damit
- eine Leitlinie, bis zu der sich die deutsche Wirtschaft entwickeln konnte und durfte.
- Am wichtigsten war die durch diesen Plan nun deutlich gewordene endgültige Abkehr von den Zielen des Morgenthau-Planes.

Der Industrieplan legte die obere Grenze für die Entwicklung der industriellen Produktion in Deutschland fest. In groben Zügen bestanden noch folgende Beschränkungen:

- Die *Produktion* sollte insgesamt *etwa 65 v.H. des Niveaus von 1936* oder 50 bis 55 v.H. von 1938 nicht überschreiten, d. h. sich nicht wesentlich über das Krisentief von 1932 hinausheben.
- *Einige Industrien*, die der Rüstung dienen konnten, wurden gänzlich *verboten*: Luftfahrtindustrie, Werften, Ammoniakherstellung, Kugellagerproduktion, Erzeugung von schweren Werkzeugmaschinen und schweren Fahrzeugen.
- Eine *zweite Gruppe* wurde *mit Produktionsbeschränkungen* belegt: Stahl-, Werkzeugmaschinen-, Elektro- und Automobilindustrie.
- *Andere Industriezweige* unterlagen *keinen rechtlichen Beschränkungen*, z. B. die Textilindustrie. Die Knappheit an Rohstoffen (Devisenmangel zur Einfuhr von Baumwolle und Wolle) brachte aber auch hier faktische Grenzen (z. B. auch Zementmangel für das Baugewerbe).
- *Andere Zweige* der Wirtschaft wurden *uneingeschränkt gefördert*: Der Steinkohlenbergbau sollte den Mangel an Kohle auch in den westeuropäischen Ländern lindern helfen.

Die aufgrund dieser Beschränkungen der Produktion freibleibenden Kapazitäten wurden für die Demontage vorgesehen. In den folgen-

den Jahren – vor allem seit 1948 – ging man jedoch von diesem Plan ab, so daß hiervon keine langfristigen Beeinträchtigungen, insbesondere keine Produktionseinengungen, ausgingen.
In Potsdam hatten sich bereits deutlich die Gegensätze zwischen den ehemals Alliierten gezeigt. Damit deuteten sich schon die getrennten Wege der sowjetischen Besatzungszone zur Deutschen Demokratischen Republik (DDR) und der westlichen Besatzungszonen zur Bundesrepublik Deutschland (BRD) an. Die Entwicklung in den beiden Teilen des ehemaligen Deutschen Reiches war so verschieden und die wirtschaftlichen Beziehungen waren so gering, daß eine getrennte Darstellung im folgenden vorgenommen wird, und zwar zur Vermeidung von Wiederholungen unter Einbeziehung der jeweiligen tatsächlichen Verhältnisse von 1945 bis 1949.
Eine Beurteilung dieser Zweiteilung Deutschlands (unter Abtrennung umfangreicher Gebiete nach Vertreibung der dort verbliebenen deutschen Einwohner) mit den Worten Helmut Böhmes: „Auch sie, die Bundesrepublik, war – wie die DDR und damit die Teilung Deutschlands – ein Resultat der Besatzungspolitik, ein Beweisstück dafür, daß die Alliierten zwar den Krieg gewonnen, aber den Frieden verloren hatten“ wird den tatsächlichen Verhältnissen und politischen Zielen nicht gerecht:

- Die Teilung Deutschlands war nach allgemeiner internationaler Ansicht für die Erhaltung des Friedens günstiger. Der Frieden war damit nicht „verloren“.
- Die Besatzungspolitik war von vornherein eine Politik der Interessensphären, bezog sich also nicht isoliert auf das besetzte Land, sondern darauf, die Interessensphäre des anderen Alliierten nicht durch den Zuwachs des ganzen Landes zu stark werden zu lassen.

2. Wirtschaft und Gesellschaft in der Bundesrepublik

Die wirtschaftliche und die gesellschaftliche Entwicklung in den westlichen Besatzungszonen und in der Bundesrepublik läßt sich in *folgende Perioden* gliedern:

- Die *Zeit der Unsicherheit* und der Not von 1945 bis 1949.

- Der *Wiederaufbau* und das Wirtschaftswunder (1949 bis 1960).
- Die *Zeit der Vollbeschäftigung* und der Neuorientierung (1961 bis 1972).
- Die Zeit des strukturellen Wandels und des begrenzten Wachstums (1973 bis 1982).
- Neuer Aufbruch und verstärkte Einbindung in die Europäische Gemeinschaft (1982 bis 1989).

a) Die Jahre der Not bis 1949

Für die *privaten Haushalte* standen folgende Probleme im Vordergrund:

- Die *Ernährung* war nicht mehr gesichert, denn
  - die Menschenzahl vergrößerte sich durch den Zustrom von Flüchtlingen und Vertriebenen (in den drei westlichen Besatzungszonen lebten: 1939 = 39,3 Mill. Einwohner; 1946 = 43,7; 1949 = 46,8), während
  - die Ertragsfähigkeit der Böden aufgrund der Unterversorgung mit Düngemitteln und der Reduzierung des Viehbestandes stark gesunken war (Landwirtschaftliche Produktion: 1939 = 100; 1947 und 1948 = 72).

  Bei knappen Rationen konnten nur etwa 60 v. H. des Bedarfs aus der inländischen Produktion zugeteilt werden (etwa 35 bis 40 v. H. einer normalen Versorgung, vgl. Abbildung 43, S. 179).
- Die *Wohnungsverhältnisse* waren verheerend:
  - Während des Krieges wurden über 20 v.H. des Wohnraumbestandes vernichtet.
  - Dem Zustrom von mehreren Millionen Menschen stand damit ein verminderter Wohnungsbestand gegenüber.

  Einwohner je Wohnung: 1939 = 3,7; 1946 = 5,6; 1949 = 5,6. Zahl der Wohnungen: 1939 = 10,7; 1946 = 8,0; 1949 = 8,3 Mill. Jeder dritte Haushalt hatte keine eigene Wohnung.
- Die Grundversorgung der Bevölkerung mit *Kleidung und Hausrat* (insbesondere für Ausgebombte, Flüchtlinge und Vertriebene) konnte aus der geringen Produktion nicht gewährleistet werden.

– Die Versorgung mit *Energie* (Kohle, Elektrizität, Gas, Holz) war aufgrund der gesunkenen Produktion und der zwangsweisen Ausfuhren (vor allem von Steinkohle) nur begrenzt möglich, was besonders im Winter 1946/47 gesundheitsgefährdende Folgen hatte. (Die Zahl der Sterbefälle je 1000 Einwohner lag in diesen beiden Jahren um 10 v.H. über den folgenden Jahren.)

Für die *Wirtschaft* gab es folgende Probleme:

– Die *Produktionskapazitäten* waren durch die Kriegs- und Nachkriegsereignisse erheblich gemindert worden: Bomben, Kampfhandlungen, Demontagen, aber auch unterlassene Ersatzinvestitionen.
– Die Unterversorgung mit *Rohstoffen und Halbfabrikaten* aus dem Ausland führte in einzelnen Wirtschaftszweigen dazu, daß noch nicht einmal die reduzierten Produktionskapazitäten ausgenutzt werden konnten (z. B. Textilindustrie).
– Einem *Arbeitskräftemangel* (noch nicht zurückgekehrte Kriegsgefangene) in einigen Gebieten stand ein *Arbeitskräfteüberschuß* vor allem in den ländlichen Bereichen gegenüber (Unterbringung der Evakuierten, Vertriebenen und Flüchtlinge in den nicht zerstörten kleinen Städten und Dörfern).

Die *industrielle Produktion* war in den drei Westzonen bis 1946 auf *etwa 30 v.H. des Standes von 1938* abgesunken.

Die kontinuierliche Versorgung der Bevölkerung und der Wirtschaft wurde ferner beeinträchtigt durch den Ausfall der Lagerhaltung:

– Die vorhandenen Vorräte waren am Kriegsende zwangsweise oder durch normalen Verbrauch schnell abgebaut worden.
– Die verringerte Produktion erschwerte die für eine regelmäßige Versorgung erforderliche Wiederauffüllung der Vorratslager.
– Die fortschreitende Geldentwertung (durch Zwangspreise nur mühsam teilweise überdeckt) verleitete zum Horten, vor allem auch bei den Produzenten und im Handel (Immobilisierung von Waren bei gleichzeitiger Warenknappheit).

Als Tiefpunkt der Entwicklung kann das Jahr 1947 angesehen werden:

– Stagnierende Produktion bei zunehmender Bevölkerungszahl.
– Brennstoffmangel bei extremer Kälte.
– Auswintern von Getreide mit geringerer Ernte 1947.
– Ausbleiben von Niederschlägen mit zusätzlicher Beeinträchtigung der Ernte.

Die Not konnte nur durch die *Hilfe der Besatzungsmächte* vor dem Abgleiten in eine krisenhafte Hunger- und Seuchensituation bewahrt werden. Vor allem die von den USA finanzierten und gelieferten Nahrungsmitteleinfuhren (bis hin zu umfangreichen Maislieferungen) waren hier entscheidend. Zugleich zeigte sich damit aber auch bereits, wenn auch zunächst noch zögernd, die Abkehr von der Besatzungspolitik der ersten Nachkriegszeit. *Zwei Tendenzen* wurden damit ab 1947/48 für die Politik, insbesondere der USA gegenüber Westdeutschland, von Bedeutung:

- Die *Begünstigung einer wirtschaftlichen Entwicklung*, die die Produktion über das Existenzminimum hinaushob, verminderte zugleich den Zwang zu Hilfsmaßnahmen.
- Die damit verbundene *Verbesserung des Lebensstandards* erleichterte die im Zeichen des beginnenden Kalten Krieges erforderlich erscheinende Immunisierung der Gesellschaft gegen kommunistische Ideen. (Obgleich sicher die Umstände der Eroberung Ostdeutschlands durch die russischen Armeen und die anfängliche Besatzungspolitik in der sowjetischen Zone hier stärker gewirkt haben dürften.)

Die Schaffung der Bizone (Zusammenschluß der englischen und der amerikanischen Besatzungszone) mit einer zentralen Verwaltung unter Beteiligung deutscher Fachleute (als Vereinigtes Wirtschaftsgebiet ab 1. Januar 1947) lag in der Linie der neuen Besatzungspolitik und war zugleich ein wichtiger Schritt zur Schaffung der Bundesrepublik im Jahre 1949. Hierin war zugleich eine Reaktion auf die geringe Bereitschaft der russischen Besatzungsmacht zur Zusammenarbeit zu sehen.

b) Der wirtschaftliche Aufschwung (1949 bis 1960)

Der *wirtschaftliche Aufschwung* hat sich *ab 1948* in einem solchen Ausmaß vollzogen, daß man von einem *„Wirtschaftswunder"* sprach. Die äußere Erscheinung dieses wirtschaftlichen Wachstums (und die Entwicklung bis zur Gegenwart) ergibt sich aus den folgenden zwei hier dargestellten Entwicklungsreihen (Zunahme des Volkseinkommens und der Beschäftigtenzahl).

Das Erscheinungsbild der wirtschaftlichen Entwicklung von 1948 bis 1990

Das wirtschaftliche Wachstum

Die Entwicklung des Volkseinkommens, d. h. des Nettosozialprodukts zu Faktorkosten, wie sie schon in Abbildung 5 dieses Buches dargestellt worden ist (von 700 auf 3.000 Mark in Preisen von 1913 je Einwohner), war in den zurückliegenden Jahrzehnten nicht einheitlich erfolgt, vgl. Abbildung 44. Die 50er Jahre unterschieden sich eindeutig von der vorhergehenden und von der nachfolgenden Zeit:

- Die Jahresraten lagen höher als in allen anderen Zeitabschnitten.
- Das Wachstum erfolgte relativ kontinuierlich über fast 20 Jahre bis zur ersten größeren Rezession von 1967, ohne krisenhafte Erscheinungen in einzelnen Jahren aufzuweisen.

Trotzdem zeigte sich eine konjunkturelle Entwicklung, deren Zyklen mit vier bis fünf Jahren kürzer waren als die entsprechenden konjunkturellen Verläufe in der Zeit vor dem Ersten Weltkrieg mit sieben bis zehn Jahren.

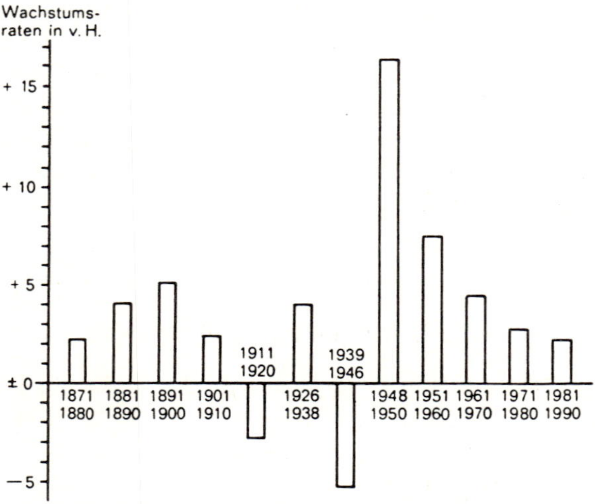

Abb. 44: Durchschnittliches jährliches wirtschaftliches Wachstum in Deutschland (bis 1946 Deutsches Reich, ab 1950 Bundesrepublik)

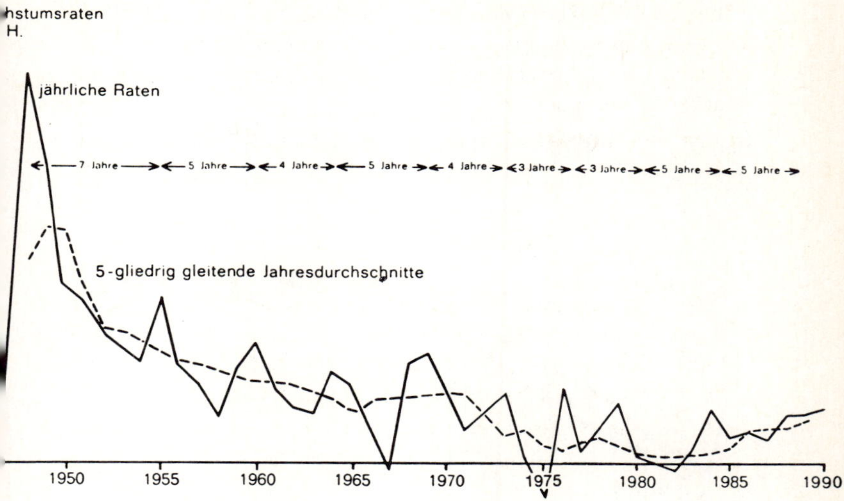

Abb. 45: Wirtschaftliches Wachstum in der Bundesrepublik nach dem Zweiten Weltkrieg

Aus Abbildung 45 lassen sich folgende Feststellungen ablesen:

- Die Regelmäßigkeit der Zyklen erleichtert es, die gesamte konjunkturelle Entwicklung zu durchschauen und zu beeinflussen.
- Die fünfgliedrig gleitenden Jahresdurchschnitte überdecken die Zyklen und zeigen die allgemeine Entwicklung an, die sich offensichtlich bei deutlich weniger als 4 v.H. einpendelt.
- Die Wachstumsraten waren in den 50er Jahren vor allem auch deshalb so hoch, weil 1939 bis 1946 ein starker Rückstau eingetreten war.
- Die realen Wachstumsraten des Volkseinkommens von 1975 bis 1990 deuten darauf hin, daß der Rhythmus sich durch die Energiekrise und andere Einflüsse bisher nicht grundsätzlich geändert hat.

Der Arbeitsmarkt

Die Betrachtung des Arbeitsmarktes erfolgt unter *zwei Gesichtspunkten*:

- Die *Gesamtzahl der Beschäftigten* und die Zahl der Arbeitslosen.
- *Die Personengruppen*, die das zur Verfügung stehende Potential an Arbeitskräften (Heimkehrer, Vertriebene, Flüchtlinge, Gastarbeiter) veränderten.

Die Entwicklung dieser Größen ist aus Abbildung 46 ersichtlich.

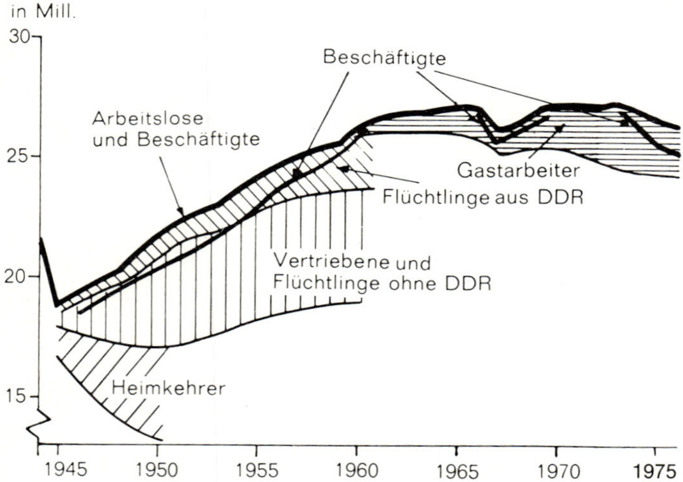

Abb. 46: Arbeitslosigkeit und Beschäftigungssituation in Westdeutschland von 1944 bis 1972

- Die *Gesamtzahl der Erwerbstätigen stieg* von 1945/46 knapp 19 auf knapp 27 Mill. 1970/72, d. h. um 42 v.H., fiel dann aber bis 1983 auf 25,3 Mill. (1990 = 28,4; 1992 = 28,9).
- Der *Rückgang am Ende des Krieges* wurde hervorgerufen durch den Produktionsrückgang vor allem im industriellen Bereich und begleitet durch das Ausscheiden der ausländischen Kriegsgefangenen und Zivilarbeiter.
- Seit dem Ende des Krieges erhöhte sich die Zahl der zur Verfügung stehenden *Arbeitskräfte aus folgenden Quellen:*
  - Mehr als 4 Mill. deutsche *Kriegsgefangene* kehrten bis Ende 1950 wieder heim.
  - Bis 1961 kamen 1,8 Mill. *Flüchtlinge* aus der sowjetischen Besatzungszone bzw. aus der DDR und 4,7 Mill. *Vertriebene* und Flüchtlinge aus den abgetrennten Gebieten und anderen Ländern nach Westdeutschland (ohne nichtarbeitende Familienangehörige).
  - Von 1959 bis 1972 siteg die Zahl der *ausländischen Arbeitskräfte* in der Bundesrepublik Deutschland (der sog. Gastarbeiter) von weniger als 100 000 auf mehr als 2,3 Mill., 1976 = 2,2 Mill., 1990 = 2,0 Mill.

- Die Erreichung der *Vollbeschäftigung* war bis zum Jahre *1960* (die Zahl der Arbeitslosen sank auf weniger als 1 v.H. der Erwerbstätigen) durch den Zustrom der Heimkehrer, der Flüchtlinge und der Vertriebenen hinausgezögert worden.
- Die Beschäftigung von *Gastarbeitern* in größerer Zahl wurde *erst* erforderlich, als der Zustrom aus der DDR durch den Mauerbau im August *1961* gestoppt wurde.
- Die relative *Konstanz der Erwerbstätigen seit 1964* – mit Ausnahme der Rezessionsjahre 1966 und 1967 – war wegen der Reduzierung der Beschäftigungsquote bei der einheimischen Bevölkerung nur durch eine Gastarbeiterzahl von fast 9 v.H. der Beschäftigten zu erreichen (bis 1973).
- Die Verknappung der Arbeitskräfte führte zu Dezentralisierungserscheinungen: In landwirtschaftlich orientierten Gegenden begünstigte die mögliche Abwanderung aus der Landwirtschaft die Ansiedlung überwiegend mit angelernten Arbeitskräften auskommender Gewerbebetriebe.
- Seit Herbst 1973 bewirkten verschiedene Einflüsse eine starke Zunahme der Arbeitslosenzahl (auf etwa 1 Mill. 1975/79 und 2,26 1983):
  - Der zu erwartende normale zyklische Abschwung.
  - Die teilweise aus spekulativen Gründen (Eigentumswohnungen) zu starke Ausdehnung teurer Wohnungsbauten führte zu einer Krise der Wohnungsbauwirtschaft.
  - Der Anstieg der Ölpreise (und die drohende Verringerung der verfügbaren Benzinmengen) verminderte die Nachfrage nach Personenwagen (1973 = 3,4 Mill., 1974 = 2,6 Mill. Stück im Inland produziert). Die dadurch bewirkte Verringerung der Arbeitsplätze wurde wegen der Rationalisierung im Auto-Boom bis 1978 (= 3,6 Mill. Stück produziert) nur teilweise rückgängig gemacht.
  - Die weltweite Verminderung des wirtschaftlichen Wachstums (auch in den Ländern der Dritten Welt und den sozialistischen Ländern) verringerte die Möglichkeiten, die schlechten Absatzchancen im Inland durch eine Steigerung des Exports auszugleichen.

  Ein zu geringes (1974 und 1981) oder ein negatives (1975 und 1982) Wachstum führten dazu, daß die durch Produktivitätssteigerungen (technischer Fortschritt) freiwerdenden Arbeitskräfte nicht durch eine Kapazitätsausweitung neue Arbeitsplätze erhalten haben.

Das *wirtschaftliche Wachstum* war die *Voraussetzung für* eine erhebliche *Steigerung der Einkommen* der breiten Massen in der Zeit von 1948 bis 1978 (unter der Voraussetzung einer entsprechenden Verteilung). Die *Vollbeschäftigung* war die *Voraussetzung für* die *Verringerung der* in (einkommensbedingter) *Not* befindlichen Bevölkerungsteile. Die Vollbeschäftigung mußte daher wie in den 50er Jahren so auch 1989/90 bei 1,7 bis 2 Mill. Arbeitslosen das wichtigste wirtschaftspolitische Ziel sein.

Die Grundlagen für den wirtschaftlichen Aufschwung ab 1948

Die wichtigsten Faktoren, deren Zusammenwirken den wirtschaftlichen Aufschwung in der Weise beeinflußt hat, daß man von einem „Wirtschaftswunder" für die Zeit von 1948 bis 1965 sprechen konnte, lassen sich in folgende vier Punkte gliedern:

- Die Ordnung des Geld- und Währungswesens (Währungsreform).
- Der Übergang zu einer durch den Wettbewerb gekennzeichneten Wirtschaftsordnung („soziale Marktwirtschaft").
- Die Kapital- und Devisenhilfen zur Finanzierung von Investitionen und Einfuhren (Marshall-Plan).
- Die wirtschaftliche und gesellschaftliche Gesamtsituation.

Die Währungsreform

Aufgrund der Geld- und Währungspolitik des Deutschen Reiches bis 1945 (Finanzierung der Rüstung und des Krieges) war das Geldvolumen erheblich ausgedehnt worden:

– Notenumlauf:	1933	=	3,9 Mrd. RM
	1936	=	4,5 Mrd. RM
	1939	=	9,0 Mrd. RM
	1945	=	60,0 Mrd. RM

– Buchgeld: Gläubiger des Bankensystems (Sichteinlagen):

	1933	=	18 Mrd. RM
	1936	=	30 Mrd. RM
	1939	=	45 Mrd. RM
	1945	=	160 Mrd. RM
– Spareinlagen:	1933	=	12 Mrd. RM
	1936	=	15 Mrd. RM
	1939	=	18 Mrd. RM
	1945	=	100 Mrd. RM

Von diesen in ganz Deutschland gegen Ende des Krieges vorhandenen Geldmitteln oder geldähnlichen Forderungen in Höhe von zusammen 320 Mrd. RM war bis 1948 ein Teil (etwa 110 Mrd. RM) nicht mehr verfügbar:

- In den Gebieten jenseits der Oder-Neiße-Linie Buchgeld und Spareinlagen: 35 bis 40 Mrd. RM

- Durch Sperrung aller Bankkonten in der sowjetischen Besatzungszone: 70 Mrd. RM
- Durch die Kriegsereignisse vernichtete Banknoten von unbestimmter Größe (etwa 5 bis 10 Mrd. RM).

Trotzdem war in den ersten Nachkriegsjahren ein erheblicher Geldüberhang vorhanden, der die *Nachfrage* monetär absichern konnte:

- Während des Krieges unterlassene *Ersatzinvestitionen und Kriegsschäden* führten zu einem hohen Investitionsbedarf der Unternehmen.
- Der auch *bei den privaten Haushalten aufgestaute Ersatzbedarf*, insbesondere bei den Vertriebenen und Ausgebomten, führte zu einer steigenden Nachfrage nach Kleidung und Hausratsgegenständen.

Das in Höhe von 15 bis 18 Mrd. RM bis 1948 ausgegebene Besatzungsgeld vergrößerte das Mißverhältnis zwischen Nachfrage und Warenangebot. Die auf 30 v.H. des Vorkriegsniveaus zurückgegangene industrielle Produktion stand damit einem überdimensionalen, finanziell abgesicherten Bedarf gegenüber. *Es drohte eine Inflation* wie nach dem Ersten Weltkrieg:

- *Ein Teil der Preise* wurde durch die seit 1939 bestehenden Bewirtschaftungsmaßnahmen (Zuteilungen nach Plan und zu festgesetzten Preisen) *zurückgestaut*, bewirkte aber gleichzeitig, daß für diese knappen Produkte ein Anreiz zur Ausdehnung der Produktion fehlte.
- *Daneben* entwickelte sich ein *schwarzer Markt*, der aus folgenden Quellen gespeist wurde:
  - Aus der laufenden Produktion, soweit sie der Bewirtschaftung entzogen war oder sich entzog.
  - Aus Beständen der Besatzungsmächte.
  - Aus Sachwertabgaben der privaten Haushalte.

  Die Preise des schwarzen Marktes lagen im allgemeinen beim 20- bis 100-fachen des festgesetzten Preises, je nachdem wie hoch (Nahrungsmittel, Zigaretten, Kleidung) oder wie niedrig (Rundfunk, Teppiche) die allgemeine Wertschätzung war. Viele Güter waren aber weder auf dem schwarzen Markt noch gegen Bezugsberechtigungen zu erwerben.

Die *Pläne zur Reform des Währungssystems* lassen sich auf zwei Grundideen reduzieren:

- *Paul Binder* schlug bereits im Juli 1945 vor, daß *alle Sach- und Geldvermögen bis zu 70 v.H.* zugunsten des Staates zu belasten oder *zu vermindern* seien. Bei gleichzeitiger Berücksichtigung der durch den Krieg eingetretenen Vermögensverluste bedeutete dies eine Kombination von Währungsreform und Lastenausgleich. Die Verbindung der Währungsreform und des Lastenausgleichs ist für die von deutscher Seite erwogenen Pläne bis in den Sommer 1948 hinein charakteristisch gewesen.
- Die Überlegungen *Adolf Webers*, der Plan der *Gewerkschaften* und der sog. *Colm-Dodge-Goldsmith-Plan* (der dann die Grundlage der Reform wurde) gingen von einer Reduzierung der Geldvermögen und einer Belastung der Sachvermögen aus. Mit der Lösung des Währungsproblems sollte aber nicht der Ausgleich der Kriegsverluste verbunden werden, da dieser als zu kompliziert angesehen wurde.

Zu einer *gemeinsamen Währungsreform* in allen vier Besatzungszonen kam es *wegen der Uneinigkeit der Besatzungsmächte nicht.* In den *drei Westzonen* wurde die Reform zum 20./21. Juni 1948 durchgeführt:

- Als neue Währung wurde die *Deutsche Mark* (DM) von der im März 1948 neugeschaffenen Bank Deutscher Länder ausgegeben.
- Das *Altgeld (RM)* wurde zunächst 100 : 5, im Oktober 1948 100 : 6 und schließlich 1953 *100 : 6,5 reduziert.* Angemeldet wurden 110 Mrd. RM Buchgeld (einschl. Spareinlagen) und 13,5 Mrd. RM Bargeld.
- *Je Einwohner* wurde ein *Sockelbetrag von 60 RM* in 60 DM umgetauscht (in zwei Etappen).
- *Arbeitgeber* erhielten *je Beschäftigtem 60 DM* (als Kredit), die bei der Umstellung angerechnet wurden.
- *Altgeldguthaben der öffentlichen Hand* wurden *gestrichen.* Öffentliche Einrichtungen erhielten zwischen einem Sechstel (Gebietskörperschaften) und einem Zwölftel (Bahn, Post) der Ist-Einnahmen vom 1. Oktober 1947 bis zum 31. März 1948 (als bare Betriebsmittel).
- *Einige Zahlungsverpflichtungen* (Arbeitseinkommen, Renten, Mieten) wurden *1 : 1* umgestellt. *Die meisten* Schuldverhältnisse wurden *10 : 1* umgestellt. Dadurch entstandene Gewinne (bei den Schuldnern) wurden in Lastenausgleichsberechnungen einbezogen und mußten, vermindert um Kriegsschäden, an den Lasten-

ausgleichsfonds geleistet werden. Dabei wurden aber zahlreiche Ausnahmen sofort oder später eingeführt.

- *Das neue Geldvolumen* lag in den Monaten nach der Währungsreform bei *etwa 13 Mrd. DM* (Bar- und Buchgeld).

Mit der Währungsreform war ein Problem besonderer Art zu lösen:

- Die Finanzierung der Rüstung und des Krieges war, soweit sie durch eine Verschuldung des Staates erfolgte, vor allem durch Kredite der Banken, Bausparkassen und Versicherungen, d. h. der verschiedenen Kapitalsammelstellen erfolgt („geräuschlose Kriegsfinanzierung“). Das Deutsche Reich bestand nicht mehr und damit auch kein Schuldendienst. Es mußte eine Regelung für die bei den genannten Geldsammelstellen vorhandenen Schuldtitel gegen das Reich oder einer im Eigentum des Reiches stehenden Firma (Mefo, Öffa usw.) getroffen werden.
- Bei den Banken, Kassen und Versicherungen wurden die Schuldtitel bis 1948 auf der Aktivseite in die Bilanzen einbezogen, da nur auf diese Weise eine ausgeglichene Bilanz (ohne große Verlustposten) herzustellen war. Da diese Schuldtitel nunmehr wertlos waren, mußte hierfür ein Ersatz geschaffen werden.

Beide Probleme wurden mit Hilfe der sog. *Ausgleichsforderungen* gelöst:

- Die genannten Institute erhielten Ausgleichsforderungen über 17 Mrd. DM (bis zum 31. März 1950), später auf 22,4 Mrd. DM erhöht.
- Schuldner dieser Forderungen waren zum überwiegenden Teil die im Sommer 1948 als wichtigste Inhaber der staatlichen (Steuer-)Gewalt bestehenden Länder, zum geringen Teil die Verwaltung des Vereinigten Wirtschaftsgebietes (1949 durch die BRD abgelöst).
- Die Tilgung der Ausgleichsforderungen ist langfristig bis fast zum Ende des 20. Jahrhunderts vorgesehen.
- Die Forderungen gegen das Reich und andere öffentliche Einrichtungen sind zum überwiegenden Teil erloschen. Die Schulden gingen mithin von etwa 400 Mrd. RM auf 22 Mrd. DM Ausgleichsforderungen zurück.

Die soziale Marktwirtschaft

Eine wichtige Voraussetzung für die *schnelle* wirtschaftliche Entwicklung nach 1948 war der Übergang zur „sozialen Marktwirtschaft“. Diese Aussage ist in dieser Absolutheit allerdings nicht aus dem wirtschaftlichen Wachstum heraus allein als bewiesen anzusehen:

- Der Tiefpunkt der wirtschaftlichen Aktivitäten in den Jahren 1946 und 1947 war so niedrig, daß vermutlich fast jede Wirtschaftsordnung oder Wirtschaftspolitik Erfolge aufzuweisen gehabt hätte.
- Aber auch das im Verhältnis zur sowjetischen Besatzungszone und DDR schnellere wirtschaftliche Wachstum ist nicht unbedingt vergleichbar, da dort die Voraussetzungen aufgrund der sowje-

tischen Forderungen schlechter waren (Reparationsleistungen aus der Bundesrepublik Deutschland = 5 Mrd. DM, aus der DDR = 50 Mrd. DM).

- Man wird daher der neuen Wirtschaftsordnung nur einen Teil, allerdings einen erheblichen Teil des wirtschaftlichen Wachstums zuordnen können.

Kern der sozialen Marktwirtschaft ist:

- Die *Marktwirtschaft*, d. h. insbesondere der sich aus Angebot und Nachfrage (Wettbewerb als antreibende und regulierende Kraft) entwickelnde Preis beeinflußt den Umfang und die Ausrichtung von Produktion (das Angebot) und von Konsum und Investitionen (die Nachfrage). Aufgrund des *freien Wettbewerbs* steigt die Produktion in den einzelnen Wirtschaftszweigen so lange, wie noch eine das Angebot übertreffende Nachfrage vorhanden ist und damit noch erhöhte Preis- und Gewinnchancen ausgenutzt werden können (und umgekehrt). Der entscheidende Vorteil der Marktwirtschaft gegenüber der Planwirtschaft ist die optimale Ausnutzung der Produktionskapazitäten („optimale Allokation der Ressourcen") und die Möglichkeit zur rechtzeitigen Reduzierung bzw. Ausdehnung von Produktionen, d. h. die Vermeidung von zu starken Fehlentwicklungen (Warenmangel oder Warenüberschüsse). Aufgrund der Wettbewerbssituation besteht zudem ein starker Anreiz zur Weiterentwicklung des technischen Fortschritts.
- Die *soziale* Komponente liegt in den Maßnahmen des Staates (Gesetzgebung) zur Verhinderung oder Beseitigung von negativen Auswirkungen der Marktwirtschaft, ferner in der Regelung vom freien Wettbewerb nicht erfaßbarer Vorgänge:
  - Die Vielzahl der *sozialpolitischen Regelungen* im engeren Sinne: Rentenversicherung, Krankenversicherung, Bildungswesen usw.
  - Maßnahmen zur *Beseitigung* verschuldeter und unverschuldeter *Benachteiligungen* einzelner Personen oder von Gruppen: Wohngeld, Unterstützung der Landwirtschaft, des Bergbaues und anderer Wirtschaftszweige, steuerliche Vergünstigungen für bestimmte Berufs- und Einkommensgruppen usw. Subventionen und Marktbeschränkungen werden im allgemeinen jedoch nicht als Anpassungs-, sondern als

Erhaltungshilfen gewährt. Sie erweitern damit meistens den verkrusteten und rückschrittlichen Teil der Wirtschaft.
- *Wirtschaftspolitische Regelungen* mit sozialpolitischer Zielsetzung: Vollbeschäftigung, Ermöglichung und Begünstigung der Berufswechsel, Erhaltung der Geldwertstabilität usw.

Die soziale Marktwirtschaft ist *nur funktionsfähig*:

- wenn für das Bestehen des *freien Wettbewerbs* gesorgt wird. Der „Monopolkapitalismus" im Sinne der marxistischen Terminologie ist daher nicht identisch mit der sozialen Marktwirtschaft. Die Erhaltung des freien Wettbewerbs und damit die Gestaltung des Gesetzes gegen Wettbewerbsbeschränkungen (erste Fassung vom 27. Juli 1957) ist eine wichtige Voraussetzung für das Bestehen dieser Gesellschafts- und Wirtschaftsordnung. Die bis in den Sommer 1973 hinein zögernde Haltung der verschiedenen Bundesregierungen zur Verbesserung oder Wiedereinführung des Wettbewerbs auf einigen Teilmärkten war daher nicht systemkonform: Markenartikelpreise und Fusionsprobleme sind dabei die wichtigsten Punkte;
- wenn die *Sozial- und die Subventionspolitik* dort, wo und solange die *Wettbewerbsverzerrungen* vorhanden sind, nicht aber auf Dauer, wirksam wird (über den Rahmen der kontinuierlichen Sozialpolitik, z. B. gesetzliche Sozialversicherung, hinaus);
- wenn nicht nur innerhalb der Volkswirtschaft, sondern auch nach *außen systemfremde Einflüsse* abgewehrt werden:
  - *Freie Wechselkurse* wirken gegen die Übertragung von Änderungen des Preisniveaus, d. h. insbesondere inflationärer Entwicklungen in den Ländern der Handelspartner (Verhinderung des Imports der Inflation über die Einfuhr mit steigenden Preisen versehener Einfuhrgüter und durch zunehmende Absatzchancen der einheimischen Wirtschaft auf den ausländischen Märkten bei dort steigenden Preisen – Exportboom –).
  - *Abbau der* eigenen *Handelsschranken* und Neutralisierung der nichtsystemkonformen Handelsmanipulationen anderer Staaten durch Zölle, Abschöpfungen, Subventionen, Normen usw. (die Öffnung der Grenzen wirkt wettbewerbsfördernd; das zusätzliche Warenangebot verstärkt die Konkurrenz, was vor allem bei der zunehmenden Tendenz zum Großunternehmen wichtig ist).
  - *Abwehrmaßnahmen gegen Dumping-Preise,* d. h. gegen Preise unter den Gestehungskosten, die vor allem bei den devisenschwachen Ländern *des Ostblocks* weit verbreitet waren.

Die Vielzahl der binnenwirtschaftlichen und der außenwirtschaftlichen Beeinflussungsmöglichkeiten und -erfordernisse zeigt, daß die *soziale Marktwirtschaft keineswegs leicht zu handhaben* ist, auf keinen Fall im Sinne des Laisser-faire (Nachtwächterstaat des 19. Jahrhunderts) betrieben werden kann.

Nachteile der sozialen Marktwirtschaft sind:

- In *Notzeiten* sind die einkommensschwachen Bevölkerungsgruppen wegen der Verknappung des Warenangebotes schon in der *Grundversorgung* (Nahrung, Kleidung, Wohnung) *gefährdet.* Daher wurde die soziale Marktwirtschaft ab 1948 erst nach und nach eingeführt.
- *Aufgrund des privaten Eigentums* an den (Produktiv-)Vermögensgegenständen haben in der Regel *die Vermögenden höhere Einkommen* und damit eine günstigere Voraussetzung zur weiteren Vermögensbildung als die nur oder überwiegend von Arbeitseinkommen Abhängigen. Hier ist einer der Ansatzpunkte für die Notwendigkeit der sozialen Komponente. Die Vermögensverteilung in der BRD ist in etwa folgende:
  - 30 v.H. öffentliche Hand.
  - 20 v.H. bei den von Lohneinkommen und Renten lebenden Familien (= 85 v.H. der Bevölkerung).
  - 50 v.H. bei den Unternehmerfamilien (= 12 v.H. der Bevölkerung).

  Die „sozialistische Marktwirtschaft“, d. h. die Verknüpfung des Wettbewerbsprinzips mit dem genossenschaftlichen oder öffentlich-rechtlichen Eigentum an den Produktionsmitteln (teilweise in Jugoslawien angestrebt, auch in der BRD von einigen Gruppen innerhalb der SPD), vermeidet diesen Nachteil, hat aber gleichzeitig folgende Fehler:
  - Verringerung der Reagibilität der Produktion (entsprechend einer Planwirtschaft).
  - Verringerung der Effektivität der eingesetzten Mittel, da das persönliche Interesse fehlt und auch nicht durch die an sich systemfremde „persönliche materielle Interessiertheit“ (Prämien und andere Vergünstigungen) ersetzt werden kann.
  - Die Identität von Staatsfunktionär, Parteifunktionär, Gewerkschaftsfunktionär und Betriebsleitung begünstigt die Wirksamkeit betriebsfremder Einflüsse, so daß auch die Interessen der Arbeitnehmer nur noch zufällig vertreten werden.

Damit ist ein weiterer Vorteil der sozialen Marktwirtschaft genannt: Die *Bipolarität Unternehmer-Arbeitnehmer* sichert die Rechte der

Arbeitnehmer mehr, jedenfalls bei der Existenz starker Gewerkschaften, als die Identität der Unternehmensleitung mit der Arbeitnehmervertretung. Hier stehen im Wettbewerb:

- Die *Wirtschaftlichkeit*, das ökonomische Prinzip, d. h. die Effektivität der auf eine möglichst weitgehende und optimale Befriedigung des menschlichen Bedarfes ausgehende Tätigkeit (Effektivität der Volkswirtschaft, ohne Berücksichtigung der Einkommensverteilung).
- Die *soziale Gerechtigkeit*, d. h. insbesondere die Schonung der im Betrieb tätigen Personen vor Überbeanspruchungen (im Verhältnis zur Leistungskraft und zur Entlohnung).

Das erste Prinzip wird meistens mehr von den Kapitaleignern, das zweite von den Arbeitnehmern vertreten, auch wenn beide ebenfalls an dem jeweils anderen Prinzip interessiert sind, schon weil hier Wechselwirkungen (Wirtschaftlichkeit als Voraussetzung eines gesunden und lohnzahlungsfähigen Unternehmens, Leistungskraft der Arbeitnehmer als Voraussetzung der langfristigen Wirtschaftlichkeit) bestehen. Bezieht man auch noch den Gesetzgeber in diese Betrachtung ein, dann handelt es sich um eine Tripolarität, die allerdings durch eine Interessenverflechtung neutralisiert werden kann (z. B. waren 226 Abgeordnete der SPD und der FDP des 1972 gewählten Bundestages Gewerkschaftsmitglieder oder gar -funktionäre des DGB; andererseits ist die unternehmerische Komponente in der CDU/CSU-Fraktion mit 52 Selbständigen von Bedeutung; in allen Fraktionen ist der öffentliche Dienst überproportional vertreten).

Die *grundsätzliche Weichenstellung* durch die Auswahl der Wirtschaftsordnung geschah *durch Ludwig Erhard* (seit März *1948* als Direktor für Wirtschaft des Vereinigten Wirtschaftsgebietes, ab 1949 Bundesminister für Wirtschaft der Bundesrepublik Deutschland):

- Gestützt auf entsprechende, in der *Wissenschaft* vor allem von *Wilhelm Röpke und Walter Eucken* bei den Auseinandersetzungen mit den wettbewerbsfeindlichen Wirtschaftsordnungen der 30er und 40er Jahre vorgenommene Überlegungen.
- Unter *tatkräftiger Hilfe Alfred Müller-Armacks*, der insbesondere in den Jahren *1945 bis 1948* die Vorteile der sozialen Marktwirtschaft als den besten Weg aus der Not der Nachkriegsjahre (und die Konformität der sozialen Marktwirtschaft mit dem demokratischen System) herausgestellt hat.
- Gegen den erklärten Willen der auf die Planwirtschaft eingeschworenen SPD und gegen Teile der CDU. (Die CDU hat erst

auf dem Düsseldorfer Parteitag 1949 die „soziale Marktwirtschaft" in ihr Programm aufgenommen.)

Wichtigste Gegenargumente waren:

- *Ideologische Überlegungen* ließen die SPD eigentlich bis zum Godesberger Programm (1959) abseits stehen. Die seit nunmehr über hundert Jahre währenden Auseinandersetzungen über die gesellschaftspolitischen Ziele der Partei (bzw. ihrer Vorgänger) zeigte sich auch in den nach den Erfolgen der Erhardschen Wirtschaftspolitik wieder deutlich werdenden Zieländerungen.
- Die 1948 noch *geringe Produktion* schien einem Erfolg des Wettbewerbsprinzips im Wege zu stehen. Der relativ langsame Übergang seit 1948 war, wie der Erfolg gezeigt hat, den tatsächlichen Möglichkeiten angepaßt; durch ein geringfügiges Vorauseilen wurde offensichtlich der wirtschaftliche Aufschwung mit immer neuen Impulsen versehen, ohne daß nachteilige Auswirkungen in nennenswertem Umfang eintraten. Die Aufhebung der unter Brüning durch Notverordnung vom 31. Juli 1931 eingeführten Devisenbewirtschaftung am 29. Dezember 1958 ist der letzte Schritt auf diesem Wege gewesen.

Ausgenommen vom Übergang zur Marktwirtschaft blieben insbesondere:

- Wohnungsmarkt (Kostenmieten, Wohngeld usw.).
- Nahrungsmittelproduktion (Grüner Plan).
- Energiebereich (genehmigungspflichtige Strompreise, Kohlepreise über Einheitsgesellschaft).
- Transportbereich:
  - Bundesbahn (genehmigungspflichtige Tarife).
  - Bundespost (Porto, Telefongebühren usw. vom Staat festgesetzt).
  - Güterfernverkehr (genehmigungspflichtige Tarife).
  - Nahverkehrsmittel, einschließlich Taxis (genehmigungspflichtige Tarife).
- Krankenversorgung (Regulierung über Krankenkassen).

Diese Ausnahmen sind ein wesentlicher Teil der Sozialpolitik, d. h. der sozialen Komponente der sozialen Marktwirtschaft. Sie erfassen in erster Linie Wirtschaftsbereiche, die aus vielerlei Gründen einem freien Wettbewerb nicht zugänglich sind.

Der Marshall-Plan

Die durch den Krieg stark in Mitleidenschaft gezogene Produktion in vielen europäischen Staaten konnte nicht aus eigenen Kräften in kurzer Zeit wieder stark ausgedehnt werden. Die *USA* haben daher *verschiedene Hilfsprogramme* in Gang gesetzt. Diese umfaßten für die Bundesrepublik Deutschland im wesentlichen:

- Rohstoff- und Nahrungsmittellieferungen in Höhe von *1,8 Mrd. Dollar aus dem GARIOA-Programm* (Government Appropriation and Relief for Import in Occupied Areas, d. h. nach Deutschland, Österreich und Japan).
- *Marshall-Plan-Mittel in Höhe von 1,3 Mrd. Dollar* als Devisenhilfe innerhalb des am 5. Juni 1947 vom US-Außenminister Marshall verkündeten und von 1948 bis 1952 durchgeführten European Recovery Program (ERP).
- *253 Mill. Dollar aus anderen Programmen.*

Während das GARIOA-Programm zur Linderung der Not unmittelbar nach dem Zweiten Weltkrieg diente, sollte durch den Marshall-Plan die Wirtschaft in Gang gesetzt werden (im Rahmen des Kalten Krieges).

In der Bundesrepublik Deutschland kamen die Mashall-Plan-Mittel zugute:

– Landwirtschaft und Ernährung	=	42 v.H.
– Industrie und Handwerk	=	50 v.H.
– Transportkosten der Lieferungen	=	8 v.H.

Die aus verschiedenen Quellen und in verschiedenen Plänen abgewickelten Hilfen (z. B. auch 200 Mill. Dollar von England und 15 Mill. Dollar von Frankreich geleistet) wurden teilweise als Darlehen gegeben, teilweise aber ohne Rückforderungsrecht. Da diese Mittel insoweit nur als Geschenk an die Länder, nicht aber an die letzten Empfänger geleistet wurden, wurde aus den zurückfließenden Geldern in der Bundesrepublik Deutschland das ERP-Sondervermögen gebildet, dessen Bestand an Forderungen und anderen Aktiva sich von 1952, dem letzten Jahr der Marshall-Hilfe, bis 1992 von 5,4 auf 13,3 Mrd. DM erhöht hat. Insgesamt sind bis 1992 einschließlich der Wiedervergabe der Mittel 86 Mrd. DM in der Bundesrepublik Deutschland ausgegeben worden.

Aus den USA flossen bis 1957 in verschiedene Länder:

- Mehr als 30 Mrd. Dollar militärischer Hilfe.
- Etwa 30 Mrd. Dollar nichtmilitärischer Hilfe, teils als Geschenk, teils als Kredit. Die Bundesrepublik Deutschland erhielt hiervon 3,4 Mrd. Dollar = 11,3 v.H.

Die *Beweggründe* für diese Hilfen waren recht unterschiedlich:
- In den USA war die Kriegsfinanzierung durch Staatsverschuldung (64 v.H.) und Steuerhöhungen (36 v.H.) bewältigt worden. Die hohen Steuereinnahmen konnten nach 1945 aus konjunkturellen Gründen nicht zur Schuldentilgung verwendet werden.
- Die Umstellung der US-Wirtschaft auf nichtmilitärische Produkte zeigte, daß die inländische Produktionskapazität den inländischen Bedarf weit überstieg. Daher sollten mit dem überwiegenden Teil der Hilfsmittel nur US-Produkte gekauft werden.
- Die bereits vor dem Ersten Weltkrieg und auch zwischen den beiden Weltkriegen bestehenden engen Handelsbeziehungen zu Europa waren eine wichtige Voraussetzung für die wirtschaftliche Entwicklung der USA. Sie sollten wieder in Gang gesetzt werden.
- Die Einbeziehung des östlichen Europa in die russische Einflußsphäre ließ eine wirtschaftliche Stärkung der westeuropäischen Länder geboten erscheinen, um die Anfälligkeit für kommunistische Ideen zu verringern.

Sämtliche Ziele waren mit finanziellen Mitteln des Staates in gleicher Weise zu erreichen, zumal da fast nur US-Waren im Rahmen der Abwicklung der einzelnen Pläne gekauft werden durften.

Die Bedeutung der Hilfen für Westdeutschland wird aus Tabelle 7 ersichtlich. Ohne die ausländischen Hilfen wäre die Notlage in den ersten Nachkriegsjahren noch größer gewesen und hätte der wirtschaftliche Aufschwung nicht so schnell erfolgen können. Im Jahre 1952 war in der Bundesrepublik Deutschland bereits wieder ein Ausfuhrüberschuß von 4,3 v.H. vorhanden.

Die Gesamtsituation

Die genannten drei Punkte allein sind für das wirtschaftliche Wachstum noch nicht ausreichend gewesen, wenn sie auch wesentlich das Ausmaß des Aufschwunges beeinflußt haben. Die Gesamtsituation bot eine Fülle von einzelnen Ansatzpunkten, die sich auf folgendes reduzieren lassen:

- *Der Wille* bei der Mehrzahl *der Bevölkerung*, die Not zu überwinden, schuf das psychische Klima, ohne das z. B. die Markt-

Tabelle 7: Finanzierung der Einfuhren Westdeutschlands von 1945 bis 1951 aus ausländischen Hilfen

Jahr	Einfuhr in Mill. Dollar	Davon aus fremder Hilfe	Hilfen in v.H. der Einfuhren
1945	96	64	66
1946	689	468	68
1947	843	600	71
1948	1.588	1.026	64
1949	2.237	956	43
1950	2.700	480	18
1951	3.503	427	12

wirtschaft nicht die erforderlichen Impulse hätte bekommen können. Die schon bald sichtbaren Erfolge, nämlich die Tatsache einer fühlbaren Beseitigung der Warenknappheit, die Hoffnung, den unruhigen und unsicheren Jahren entrinnen zu können, förderte den einmal in Gang gesetzten Prozeß.

- Das Vorhandensein *ausgebildeter Arbeitskräfte* ermöglichte die Ingangsetzung und Ausdehnung einer umfangreichen industriellen Produktion (im Gegensatz zu den heutigen Entwicklungsländern).
- Der *Zustrom der Flüchtlinge und Vertriebenen* wirkte sich in vielerlei Hinsicht förderlich aus:
  - Es standen *Arbeitskräfte* in ausreichendem Maße zur Verfügung. Abbildung 46 zeigt, daß die Zahl der Arbeitslosen weit geringer war als die Zahl der zugewanderten Arbeitskräfte.
  - Die *Gründung von gewerblichen Betrieben* durch Heimatvertriebene verbesserte die regionale Wirtschaftsstruktur, da die Vertriebenen gerade *in* die ländlichen, überwiegend *landwirtschaftlich ausgerichteten Gegenden* eingewiesen wurden.
  - Da schon bald im sekundären und tertiären Sektor die Wertschöpfung je Arbeitskraft höher lag als im primären Sektor,

bedeutete die *Verstärkung des sekundären und des tertiären Sektors* eine zusätzliche Quelle des wirtschaftlichen Wachstums in gesamtwirtschaftlicher Sicht.

Die Aussichten auf eine Rückkehr in die Heimat wurden offensichtlich von den Flüchtlingen und Vertriebenen in der Mehrzahl so gering eingeschätzt (im Gegensatz zu den mehr als 20 Jahre währenden offiziellen Beteuerungen aus allen politischen Parteien), daß bereits 1958 die volle Eingliederung gelungen und eigentlich nur durch partiellen Mangel an Arbeitsplätzen verzögert worden war. (Die Charta der Vertriebenen von 1950 mit dem Verzicht auf Gewalt war eine konkrete und realistische Äußerung, deren Bedeutung von den meisten Politikern der BRD, insbesondere von den „Sonntagsrednern", lange Zeit nicht begriffen wurde.)

- Die Möglichkeiten zur Wiederanknüpfung *alter Handelskontakte im Inland und im Ausland* erleichterten den Warenaustausch erheblich. Als Industrieland hatte Deutschland schon früher eine stärkere Verflechtung mit den westlichen Industrienationen gehabt als mit den nunmehr abgeschnittenen osteuropäischen Volkswirtschaften. Nachteilig war in dieser Hinsicht in nennenswertem Maße die Trennung vom mitteldeutschen Industriegebiet (Thüringen, Sachsen, Sachsen-Anhalt), ferner von Schlesien.
- Die Jahre der hektischen Aufrüstung und der Kriegswirtschaft hatten die technische Gesamtentwicklung des Produktionsapparates verlangsamt. Durch Reparationen war eine ganze Reihe veralteter Anlagen völlig verschwunden. Die *Beseitigung des Rückstandes im technischen Fortschritt* ließ die Produktivitätsentwicklung in wenigen Jahren die Entwicklung durchmachen, die in anderen Ländern längere Zeit beansprucht hatte. Hierin liegt ein wesentlicher Grund für die im Verhältnis zu anderen Industrieländern hohen Zuwachsraten des Volkseinkommens. Mit der Annäherung an das Niveau der übrigen Industrieländer (Schweden, Belgien, Frankreich, England usw.) verlangsamten sich daher die Zuwachsraten.
- Die *hohen Investitionsraten* (18 v.H. des Nettosozialproduktes zu Marktpreisen gegenüber 13 v.H. von 1885 bis 1913 und 6 v.H. von 1924 bis 1938) erlaubten die Beseitigung des technischen Rückstandes. Sie waren möglich, weil durch die Steuer- und Wirt-

schaftspolitik die Finanzierung übermäßiger Wachstumsraten des Kapitalstockes über die Preise nicht verhindert wurde, eine Finanzierung durch Ausgabe neuer Aktien wohl bei dem zunächst weit verbreiteten Mangel an gesparten Mitteln auch nicht erfolgreich gewesen wäre.

- Die *Entwicklung des Außenhandels* (zur Beschaffung der erforderlichen Devisen für Rohstoffe, Nahrungsmittel und Investitionsgüter) stand *in Abhängigkeit von den Liberalisierungstendenzen.* Für die übervölkerte BRD wurde der Außenhandel, d. h. der Export arbeitsintensiver Güter, wie schon vor dem Ersten Weltkrieg in gesteigerter Form eine Notwendigkeit.
- Änderungen in der Struktur, vor allem der Industrie, wurden durch den Neuanfang begünstigt. Die Gründung neuer Unternehmen (Grundig usw.) erhöhte die Chancen des wirtschaftlichen Wachstums durch eine *Änderung der Wirtschaftsstruktur auch im gewerblichen Bereich.*

Die Entwicklung der einzelnen Wirtschaftssektoren

Der sekundäre Sektor

Der gewerbliche Sektor ist der *Hauptträger des wirtschaftlichen Wachstums* ab 1948 gewesen. Innerhalb des sekundären Sektors waren es vor allem die in Tabelle 8 an der Spitze stehenden *vier Branchen*: Metallgewerbe, Baugewerbe, Gewerbe der Steine, Erden und Chemie, ferner die Elektro- und Feinmechanikgewerbe. Die Zunahme der Beschäftigtenzahl im sekundären Sektor um fast 4 Mill. von 1950 bis 1970 verteilt sich auf diese vier Branchen etwa folgendermaßen:

Metallgewerbe	48 v.H.
Elektro- und Feinmechanik	23 v.H.
Steine, Erden, Chemie	16 v.H.
Baugewerbe	13 v.H.

Gemessen an den Anteilen der einzelnen Branchen am gesamten gewerblichen Sektor ergaben sich folgende *Verschiebungen*:

- Das *Metallgewerbe* und die Gewerbe der *Elektro- und der Feinmechanikbranche* konnten ihren *Anteil* erheblich *erhöhen.* Sie waren die eigentlichen Träger des wirtschaftlichen Wachstums, zumal da diese Gewerbezweige

Tabelle 8: Die Entwicklung der einzelnen Gewerbezweige von 1939 bis 1989 nach der Beschäftigtenzahl (Arbeitnehmer), in der Bundesrepublik Deutschland (1939 = Gebiet der Bundesrepublik Deutschland)

Gewerbezweig	1939		1950		1961		1970		1989	
	1	2	1	2	1	2	1	2	1	2
Metall	2.146	27,0	1.994	22,8	3.649	28,7	4.046	32,0	3.128	36,4
Bau	1.368	17,2	1.556	17,8	2.132	16,8	2.118	16,8	1.050	12,2
Steine, Erden, Chemie	650	8,2	802	9,1	1.350	10,6	1.474	11,5	1.305	15,2
Elektro, Feinmechanik	376	4,7	495	5,7	1.268	10,0	1.446	11,5	1.342	15,6
Textil, Leder	1.308	16,6	1.509	17,2	1.589	12,6	1.237	9,8	469	5,5
Holz, Druck, Papier	738	9,3	908	10,3	1.095	8,6	1.067	8,4	644	7,5
Nahrung	903	11,4	902	10,3	1.063	8,2	972	7,7	477	5,5
Bergbau	447	5,6	591	6,8	572	4,5	290	2,3	181	2,1
Insgesamt	7.936	100,0	8.757	100,0	12.718	100,0	12.650	100,0	8.596	100,0

1 = Zahl der Beschäftigten in 1.000; 2 = Beschäftigte in v.H. aller im Gewerbe Tätigen

auch in enger Beziehung zur Sachgüterausstattung (Investitionen) und damit zum technischen Fortschritt standen (Verlängerung der Produktionswege = stärkerer Anstieg der Investitionsgüterproduktion als der der Konsumgüterproduktion).

- Das *Baugewerbe* und die Gewerbe der *Steine, Erden und Chemie* konnten ihren *Anteil halten,* d. h. sie dehnten sich im gleichen Maße aus wie die Gesamtbeschäftigtenzahl im sekundären Sektor wuchs.
- Die *Nahrungsgewerbe* und die Gewerbe der *Holz-, Druck- und Papierbranchen* konnten die Beschäftigungszahlen nur noch unterdurchschnittlich ausdehnen.
- Der *Bergbau* und die *Bekleidungsgewerbe* hatten insgesamt sogar einen *starken Rückgang* zu verzeichnen (Bergbau minus 51 v.H., Textil und Bekleidung minus 18 v.H.). Im Bergbau stand diese Entwicklung in Abhängigkeit von der Produktivitätsentwicklung (+ 220 v.H.) bei gleichzeitiger Verringerung der inländischen Nachfrage um etwa 30 v.H.
- Die Zahlen für 1989 zeigen die *seit 1973* eingetretenen strukturellen Änderungen.

Vergleicht man diese Entwicklung in der Bundesrepublik Deutschland mit der in den letzten Jahrzehnten des Deutschen Reiches (Abbildung 47), dann wird deutlich, daß sich in der Bundesrepublik Deutschland in kräftigerem Maße die Gesamttendenz fortsetzte. Es handelte sich dabei um eine Entwicklung, die im Grunde genommen bereits mit der Industrialisierung ihren Anfang genommen hat (vgl. Abbildung 24 in Bd. 2 der Wirtschafts- und Sozialgeschichte, S. 136).

Seit den siebziger Jahren hatten sich andere Strukturwandlungen ergeben: Der sekundäre Sektor schrumpfte generell, der tertiäre Sektor wuchs. Im sekundären Sektor schrumpften vor allem die Eisen- und Stahlerzeugung, die Textil- und Lederindustrie, das Baugewerbe und weiterhin der Bergbau, ebenfalls einige Branchen der Eisenverarbeitung, insbesondere die Werftbetriebe. Diese Wandlungen wurden von Produktivitätsveränderungen unterschiedlicher Art begleitet.

Wie schon im 19. Jahrhundert gab es auch jetzt starke Unterschiede in der Entwicklung der Produktivität, d. h. der Wertschöpfung je Beschäftigtem in realen Einheiten:

		1949/70	1970/90
Chemie	=	+ 350 v.H.	+ 42 v.H.
Metall	=	+ 300 v.H.	+ 58 v.H.
Bergbau	=	+ 220 v.H.	+ 18 v.H.
Landwirtschaft	=	+ 170 v.H.	+ 125 v.H.
Bauwirtschaft	=	+ 120 v.H.	+ 15 v.H.

Aus dieser Zusammenstellung wird deutlich, welches die das wirtschaftliche Wachstum tragenden Branchen und Sektoren gewesen

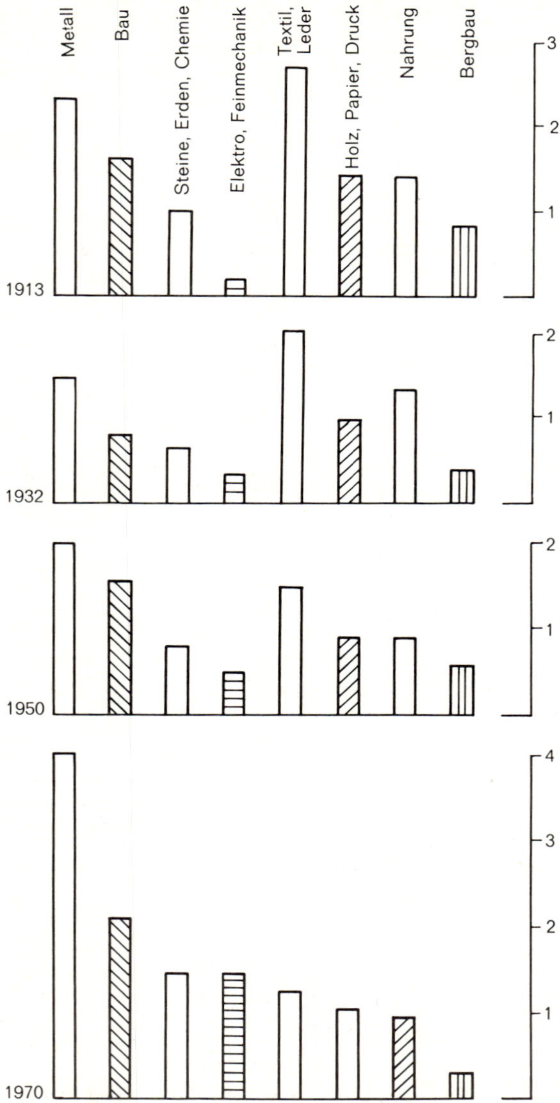

Abb. 47: Entwicklung der einzelnen Gewerbezweige von 1913 bis 1970 (Deutsches Reich und BRD) nach der Beschäftigtenzahl (in Mill.)

sind. Die bis 1970 *zurückbleibenden Bereiche* der Wirtschaft haben in unterschiedlicher Weise versucht, die Erträge und damit die Einkommen der Beschäftigten abzusichern:

- Die Bauwirtschaft hat mit Hilfe der überdurchschnittlich *stark ansteigenden Preise* für Bauten den Anteil am Volkseinkommen erhöht.
- Die Landwirtschaft konnte wegen der teilweisen Überproduktion und der niedrigen Weltmarktpreise diesen Weg nicht gehen. Der *Einsatz öffentlicher Mittel* (Subventionen) hat die fehlenden Preissteigerungen ausgeglichen, so daß auch hier die Realeinkommen seit 1949 ständig gestiegen sind.

Aus diesen Angaben und Überlegungen wird ersichtlich, in welchem Maße das wirtschaftliche Wachstum (d. h. die Zunahme der jährlichen Wertschöpfung je Einwohner) in Abhängigkeit steht zur Produktivitätsentwicklung in einzelnen – und zwar möglichst vielen – Wirtschaftszweigen. Die Reallöhne sind auf Dauer in ihrer Ausdehnungsmöglichkeit von eben dieser Entwicklung abhängig, denn nur ein erzeugter Wert kann als Einkommen verteilt werden. Bei darüber hinausgehenden Lohnerhöhungen wird das Inflationspotential ausgedehnt.

Der hohe Anteil des Handwerks am sekundären Sektor (1950 = 36 v. H.; 1960 = 32 v. H.; 1970 = 35 v. H.; 1980 = 34 v. H.; 1990 = 34 v. H.) bringt den hohen Bedarf an individuellen Leistungen, zugleich damit aber auch eine wichtige Quelle der Verteuerung vieler Erzeugnisse des Gewerbes zum Ausdruck.

Die *Änderungen der gesamtwirtschaftlichen Strukturen* wurden hervorgerufen *durch Änderungen innerhalb der einzelnen Gewerbezweige.* Die Entwicklung der Betriebsgrößenstruktur im *Baugewerbe* bis 1972 mag hier als – allerdings nicht repräsentatives – Beispiel dienen. Die Betriebsgrößenstruktur hat sich in der aus Abbildung 48 ersichtlichen Weise entwickelt.

Da das Baugewerbe mit dem zunehmenden Verstädterungsprozeß seit den 70er Jahren des 19. Jahrhunderts gegenüber der vorindustriellen Zeit einen grundlegenden Wandel durchgemacht hat, wurde die gesamte Zeit von 1882 bis 1972 in die Abbildung aufgenommen. Daraus ergibt sich:

- Der Anteil der in mittleren Betriebsgrößen Beschäftigten ist über die gesamten neun Jahrzehnte relativ konstant geblieben.
- Mit der zunehmenden technischen Entwicklung im Baugewerbe, insbesondere auch im Tiefbau, nahm das Gewicht der größeren Betriebe zu und das der Kleinbetriebe ab.

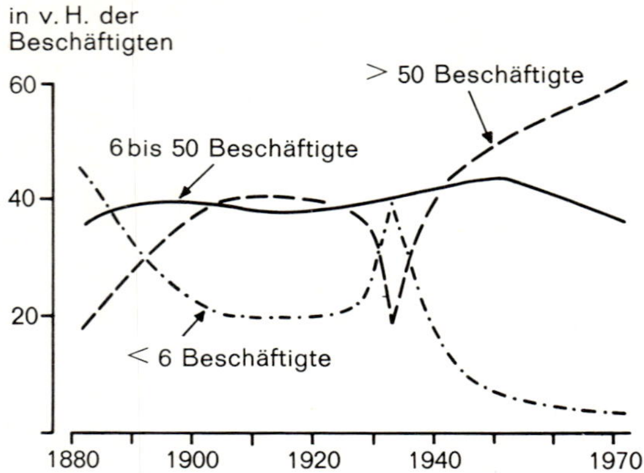

Abb. 48: Betriebsgrößenstruktur (gemessen an der Beschäftigtenzahl) im Baugewerbe von 1882 bis 1972 im Deutschen Reich und in der BRD (in v.H. aller Beschäftigten)

- In Krisensituationen waren die Arbeitsplätze in den größeren Betrieben erheblich mehr gefährdet als in den kleineren.

Im gesamten *industriellen Bereich* war folgende Entwicklung von 1950 bis 1972 zu beobachten:

- *Kleinstbetriebe* mit weniger als 10 Beschäftigten hatten einen *Rückgang* von 0,18 auf 0,16 Mill. Beschäftigte zu verzeichnen (= 3 und 1,8 v.H. aller in der Industrie Beschäftigten).
- Alle anderen Betriebe hatten sowohl eine Zunahme der Betriebszahlen als auch der Beschäftigten zu verzeichnen. Die Betriebe mit 10 bis 99 Beschäftigten nahmen dabei am wenigsten zu, so daß ihr Anteil von 23 auf 17 v.H. sank. Der Anteil der Betriebe mit 100 bis 999 Beschäftigten blieb mit 41 bzw. 42 v.H. relativ konstant, während die *Großbetriebe* mit 1000 Beschäftigten und mehr von 33 auf 39 v.H. *anstiegen*. Nach wie vor *dominierten* damit aber noch *die Klein- und Mittelbetriebe*.

Entscheidend ist *für die industrielle Entwicklung* der Umfang der Nachfrage gewesen:

- Der *Export* spiegelt die Nachfrage aus dem Ausland wider. Der

Anteil der Produktion, der von den einzelnen Industriezweigen im Ausland abgesetzt wurde, lag um 1960 bei etwa:

Metallgewerbe	= 32 v.H.
Elektro- und Feinmechanik	= 24 v.H.
Chemie (ohne Steine, Erden)	= 22 v.H.

Insgesamt gingen in der Zeit von *1950 bis 1972 etwa 20 bis 25 v. H. der* gesamten industriellen *Produktion ins Ausland* (ohne handwerkliche Erzeugnisse).

- Die *Nachfrage im Inland* stand in enger Beziehung zur wirtschaftlichen Entwicklung:
  - Die umfangreichen *Nettoinvestitionen* in Höhe von fast einem Fünftel der Wertschöpfung sicherten den Investitionsgütergewerben zusammen mit den *Ersatzinvestitionen* und dem Export eine ständig steigende Nachfrage.
  - Die aufgrund des wirtschaftlichen Wachstums *steigenden Realeinkommen* und der große Ersatzbedarf der privaten Haushalte führte auch bei den *Konsumgütergewerben* zu einer sich ständig ausdehnenden Nachfrage, die insgesamt aber hinter der Nachfragesteigerung bei Investitionsgütern zurückblieb.

Die gewerbliche Wirtschaft ermöglichte eine Steigerung der Einkommen und erhielt dadurch selbst immer neue, von der steigenden Nachfrage ausgehende Wachstumsimpulse.

Der primäre Sektor

Die Landwirtschaft als Hauptteil des primären Sektors hat in den letzten 40 Jahren in der Bundesrepublik eine *starke Wandlung* erlebt, die durch verschiedene parallel verlaufende und ineinandergreifende Linien gekennzeichnet ist:

- Die *Produktion insgesamt und* (bei sich langsam reduzierendem Flächenfonds) *je Flächeneinheit* stieg in einem solchen Maße, daß die Selbstversorgungssituation sich gegenüber der Zeit vor dem Zweiten oder vor dem Ersten Weltkrieg im gesamten Deutschen Reich nicht grundsätzlich geändert hat. Der Selbstversorgungsgrad macht dies deutlich, vgl. Abbildung 49.

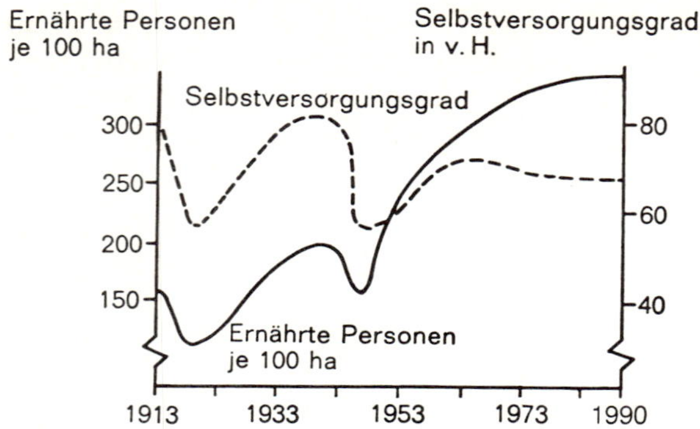

Abb. 49: Ernährte Personen je 100 ha landwirtschaftlicher Nutzfläche (LN) und Selbstversorgungsgrad in v.H. aller Einwohner im Deutschen Reich (bis 1945) und in der Bundesrepublik Deutschland

Die zugleich in Abbildung 49 aufgenommene Kurve der je 100 ha LN voll ernährten Personen zeigt den Aufschwung der landwirtschaftlichen Produktion. Dabei ist allerdings zu berücksichtigen, daß für die Zeit bis 1945 mit den ostdeutschen Gebieten klimatisch und hinsichtlich der Bodenfruchtbarkeit unterdurchschnittliche Ertragsverhältnisse den Reichsdurchschnitt abgesenkt haben. Im Ergebnis bleibt aber etwa eine Verdoppelung der Hektarerträge.

Als Gründe für diesen Aufschwung der landwirtschaftlichen Produktion für den menschlichen Bedarf lassen sich anführen:

- *Erhöhte Düngergaben* je ha und Jahr (Stickstoff und Phosphorsäure):

  1913 = 6 kg N und 18 kg P_2O_5
  1950 = 24 kg N und 25 kg P_2O_5
  1972 = 80 kg N und 65 kg P_2O_5
  1990 = 128 kg N und 52 kg P_2O_5

- *Ersatz der Zugtiere durch Schlepper*, so daß die Futterflächen (etwa 1,5 Mill. von insgesamt 13 Mill. ha LN) für die Produktion von Nahrungsgütern frei wurden. Die Verdrängung der Zugtiere durch den Schlepper zeigt Abbildung 50.

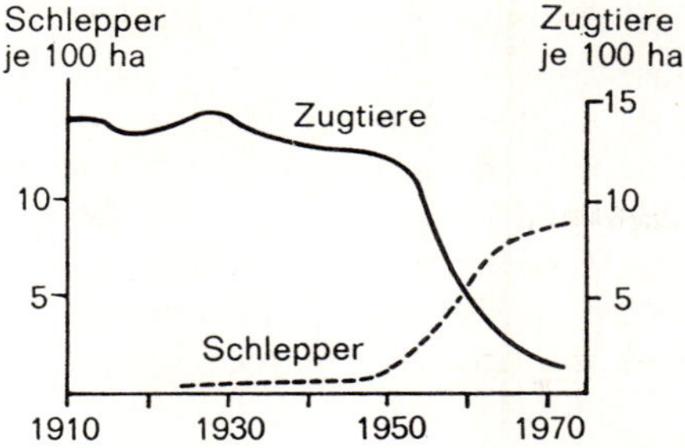

Abb. 50: Schlepper und Zugtiere in der Landwirtschaft des Deutschen Reiches (bis 1945) und der Bundesrepublik Deutschland (nach 1945) je 100 ha LN

– Im engen Zusammenhang mit der Steigerung der Flächenproduktivität und der Technisierung stand die *Erhöhung der Produktion je Arbeitskraft* und die Verringerung der Arbeitskräfte. Während im 19. Jahrhundert und zu Beginn des 20. Jahrhunderts noch die Zahl der in der Landwirtschaft Beschäftigten zunahm (1800 = 7 Mill., 1913 = 10,7 Mill.), war in der Zeit zwischen den beiden Weltkriegen eine Phase der Stagnation eingetreten (zwischen 9,5 und 10 Mill.). Ein geringfügiger Anstieg unmittelbar nach dem Kriege (1939 im Gebiet der Bundesrepublik Deutschland = 5,3 Mill., 1949 = 5,9 Mill.) nahm einen Teil der einströmenden Flüchtlinge auf. Von 1949 an ging dann im Zusammenhang mit der zunehmenden Rationalisierung der Produktion die Zahl der in der Landwirtschaft Beschäftigten zurück (1959 = 3,8 Mill., 1969 = 2,3 Mill., 1989 = 1,1 Mill. Manche Schätzungen und Berechnungen gehen von weniger als 0,8 Mill. Beschäftigten 1989 aus, da ein Teil der Arbeitskräfte wegen Alter, Krankheit usw. nicht voll tätig ist). Die Überalterung der landwirtschaftlichen Bevölkerung, insbesondere die geringe Mobilität unter den kleineren Bauern der älteren Generation, zeigt, daß hier eine erhebliche Verzögerung der Schrumpfungstendenz vorhanden war. Das jährliche Ausscheiden von fast 0,2 Mill. Beschäftigten in vielen Jahren ging seit 1975 mit der Verringerung der älteren Gruppe zurück. Gemessen an dem gegenwärtigen Arbeitskräftebesatz der Betriebe mit mehr als 10 ha ist lediglich noch ein Bedarf von 0,9 Mill., in den Betrieben mit mehr als 20 ha ein Bedarf von 0,6 Mill. Beschäftigten vorhanden.

– Auch die *Betriebszahl* hat sich parallel zum Rückgang der in der Landwirtschaft Beschäftigten *verringert*:

  – 1950 gab es:
    1,3 Mill. = 65 v.H. Vollerwerbsbetriebe (∅ 9,7 ha)
    0,1 Mill. = 5 v.H. Zuerwerbsbetriebe (∅ 3,5 ha)
    0,6 Mill. = 30 v.H. Nebenerwerbsbetriebe (∅ 1,1 ha)
    2,0 Mill. Betriebe insgesamt

  – 1990 gab es:
    0,28 Mill. = 46 v.H. Vollerwerbsbetriebe (∅ 22,5 ha)
    0,10 Mill. = 15 v.H. Zuerwerbsbetriebe (∅ 11,5 ha)
    0,25 Mill. = 39 v.H. Nebenerwerbsbetriebe (∅ 5,0 ha)
    0,63 Mill. Betriebe insgesamt

– Der Trend zu weniger Arbeitskräften und zu größeren Betrieben steht in engem Zusammenhang mit der *Ausdehnung des Kapitalstockes* (insbesondere Maschinen) in der Landwirtschaft (ohne Bodenwert) : 1949 = 70 Mrd. DM; 1989 = 280 Mrd. DM. Ermöglicht wurde die Technisierung der landschaftlichen Produktionsverfahren in erster Linie durch den Übergang von der biologischen (tierischen oder menschlichen) zur mechanischen Kraftquelle (Schlepper). Da man den entsprechenden Vorgang in der gewerblichen Wirtschaft als Industrialisierung bezeichnet, kann man hier von einer *Industrialisierung der Landwirtschaft* sprechen, die im 19. Jahrhundert parallel zur Industrialisierung des gewerblichen Sektors nicht durchführbar war, weil die Dampfmaschine nichtstationär betrieben und unabhängig von einem Schienensystem zu schwerfällig und damit unrentabel war.

Bereits in der ersten Hälfte der fünfziger Jahre zeigte sich, daß die deutsche Landwirtschaft in der bisherigen Form unter den Bedingungen des Weltmarktes nicht konkurrieren konnte. Es wurden vom Staat aber keine Anpassungshilfen gegeben, sondern man versuchte den Bestand zu konservieren. Vier Marktordnungen für Getreide und Futtermittel, für Zucker, für Milch, Milcherzeugnisse und Fette, ferner für Vieh und Fleisch regelten 1950 und 1951 durch Importausgleichsstellen die inländischen Preise für die wichtigsten Produkte der Landwirtschaft. Damit erhielten die Landwirte feste Preise, die im allgemeinen deutlich über den Weltmarktpreisen lagen. Das Landwirtschaftsgesetz von 1955 schrieb diese Agrarpolitik unter dem Gesichtspunkt der angemessenen Einkommenssicherung fest.

Der tertiäre Sektor

Drei Bereiche des tertiären Sektors sollen im folgenden besonders hervorgehoben werden:

- Das Verkehrswesen
- Der Binnen- und der Außenhandel
- Das Geldwesen und das Bankensystem

Das Verkehrswesen:

Im Verkehrswesen war von 1949 bis 1960 am auffälligsten die Entwicklung der Motorisierung:

– Bestand an PKW	:	1949	=	0,5 Mill.
		1960	=	4,2 Mill.
– Bestand an LKW	:	1949	=	0,3 Mill.
		1960	=	0,6 Mill.

Die Ausdehnung des PKW-Bestandes ist auf *zwei Faktoren* zurückzuführen:

- Die *Mobilität der Arbeitskräfte* wurde erheblich erleichtert. Flüchtlinge, Landwirte und andere in kleinen Orten lebende Personen konnten schneller in den sekundären und tertiären Sektor eingegliedert werden, ohne den bisherigen Wohnplatz mit preisgünstigerem Wohnen aufgeben zu müssen. Zugleich wurde durch diese Verbesserung der Mobilität über den Aktionsradius der öffentlichen Verkehrsmittel hinaus eine Entlastung der Ballungsgebiete, die sonst noch schneller gewachsen wären, verzeichnet.
- Die *Bequemlichkeit* führte auch zur Motorisierung von Verkehrsbedarf parallel zu *öffentlichen Verkehrsmitteln*, zumal da diese hinsichtlich Pünktlichkeit, Häufigkeit der Fahrten, Kapazität und Sauberkeit *kein hohes Niveau* hatten (und haben).

Tabelle 9: Personenbeförderung in Mrd. Personenkilometer (Pkm) in der Bundesrepublik Deutschland (teilweise geschätzt)

Jahr	Privat-PKW		Bundesbahn		Sonstige	
	Pkm	v.H.	Pkm	v.H.	Pkm	v.H.
1949	1	2	31	60	20	38
1971	200	67	38	13	61	20
1989	400	79	45	9	62	12

Hinzukommt, daß mit Hilfe des PKWs auch die Ausnutzung der Freizeit besser ermöglicht wurde.

Die Aufwendungen für Straßenbau und individuelle Verkehrsmittel machen bis zu 10 v.H. des gesamten Volkseinkommens aus. Allerdings ist die Personenbeförderung mit Hilfe von PKWs inzwischen auch die umfangreichste, vgl. Tabelle 9.

Das Straßenverkehrsproblem ist damit zu einem der schwierigsten überhaupt geworden. Die Vernachlässigung der öffentlichen Verkehrsmittel, insbesondere durch die Gemeinden, aber auch durch Post und Bahn, ferner die fehlende Koordinierung hat den Nachholbedarf in diesem Bereich wachsen lassen. Er trifft nunmehr mit den zusätzlichen Anforderungen der technischen Modernisierung zusammen.

Die Entwicklung im *Güterverkehr* zeigt Tabelle 10.

Tabelle 10: Güterbeförderung in Mrd. Tonnenkilometer (tkm) in der Bundesrepublik Deutschland (teilweise geschätzt)

Jahr	LKW		Bundesbahn		Binnenschiffe		Rohrleitung	
	tkm	v.H.	tkm	v.H.	tkm	v.H.	tkm	v.H.
1949	13	20	44	66	9	14	0	0
1960	24	24	53	54	22	22	0	0
1971	45	24	79	43	45	24	16	9
1990	165	58	64	22	47	16	10	4

Dabei ist bei den Transportleistungen der LKWs nur der sog. Fernverkehr berücksichtigt. Insgesamt hat vor allem die Bundesbahn an dem allgemeinen Aufschwung des Gütertransports nicht voll teilgenommen. Ihr Anteil ist ständig gesunken.

Die Tragfähigkeit der Binnenschiffahrtsflotte hat nach 1949 zunächst zugenommen:

1949 = 3,2 Mill. t Tragfähigkeit
1960 = 5,3 Mill. t Tragfähigkeit

Auch die Leistungen der Seeschiffahrt haben durch den steigenden Güteraustausch und durch die zunehmende Verflechtung der Weltwirtschaft zugenommen. Die Tragfähigkeit der Handelsflotte der Bundesrepublik Deutschland entwickelte sich in Mill. NRT:

1949 = 0,26 NRT 1960 = 3,00 NRT

Die *Eisenbahn* (Bundesbahn und sonstige) ist ebenfalls in einem *Modernisierungsprozeß* begriffen:

- Die Dampflokomotiven wurden bis in die siebziger Jahre vollständig durch 2.700 Elektro- und 5.200 Diesellokomotiven verdrängt (1951 = 8.807 Dampfloks).
- Die Zahl der Bahnhöfe wurde von 6.400 im Jahre 1949 auf 3.400 (1986) verringert.
- Etwa 10 v.H. des Streckennetzes (3.000 km) wurden stillgelegt.
- 38 v.H. der Strecken wurden elektrifiziert (mehr als die Hälfte der Kapazität).

Der Binnenhandel:

Im Binnenhandelsbereich zeigten sich folgende Entwicklungstendenzen:

- Mit der *Ausdehnung* der volkswirtschaftlichen Produktion stieg der *Umsatz*: 1950 = 18 Mrd. DM, 1978 = 230, 1990 = 619.
- Die Zahl der im Einzelhandel *Tätigen* nahm von 1950 = 1,3 Mill. auf 1968 = 2,3 Mill. zu (1978 = 2,1 Mill.; 1990 = 2,3 Mill.).
- Da zugleich die Zahl der Geschäfte um mehr als 10 v.H. (= 50.000) zurückging, war auch eine Änderung in der Betriebsgrößenstruktur zu verzeichnen.
- Die Zahl der Selbstbedienungsläden stieg von 1957 < 1.400 auf 1972 84.000. Auch in diesem Bereich war aber bereits wieder eine gegensätzliche Entwicklung in Gang gekommen, nachdem im Jahre 1971 mit > 86.000 Betrieben ein Höhepunkt erreicht worden war.

Der Außenhandel:

Der wirtschaftliche Aufschwung in der BRD stand in engem Zusammenhang mit der Entwicklung des Außenhandels:

- Die *Einfuhr* wuchs mit der Ausdehnung der inländischen Produktion. Dabei stieg auch die Einfuhr von Fertigwaren kontinuierlich und stärker als die aller anderen Einfuhrgüter, so daß heute (1989) fast zwei Drittel der Einfuhren aus Fertigwaren besteht.

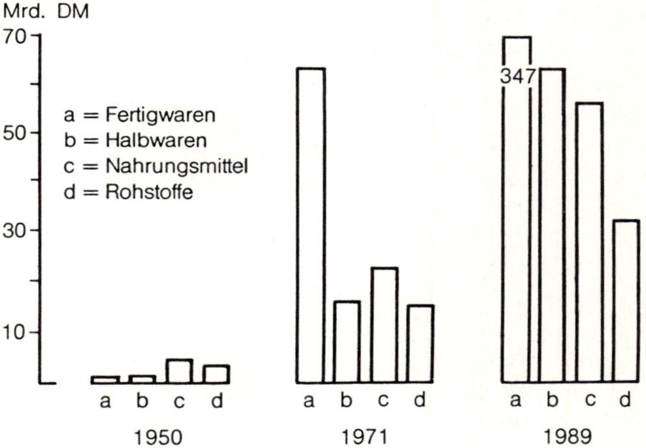

Abb. 51: Die Einfuhr der BRD von 1950 bis 1989 in Mrd. DM

Die *hochindustrialisierten Länder sind füreinander die besten Abnehmer.* Die Arbeitsteilung zwischen den Industrieländern ist stärker ausgeprägt als die zwischen entwickelten und unterentwickelten Ländern (Einfuhr 1986: Fertigwaren 260 Mrd. DM, Halbwaren 60, Nahrungsmittel 55, Rohstoffe 31). Der Zuwachs der Einfuhr lag vor allem bei den Fertigwaren.

– Nach dem Umfang ist die *Ausfuhr* sogar noch stärker gestiegen als die Einfuhr. Dabei ist der Anteil der Rohstoffe an der Ausfuhr immer mehr zurückgegangen (insbesondere Steinkohle). Der größte Teil der Ausfuhr bestand 1986 mit zusammen 93 v.H. aus industriellen Fertig- und Halbwaren. Die Nahrungsmittelausfuhr erreichte jedoch mit etwas mehr als 5 Mrd. DM im Jahre 1971 fast einen ebenso hohen Wert wie die Fertigwarenausfuhr im Jahre 1950 (5,422 Mrd. DM). 1989 lag sie zwar bei 32 Mrd. DM, war aber weitgehend durch Exportsubventionen begünstigt.

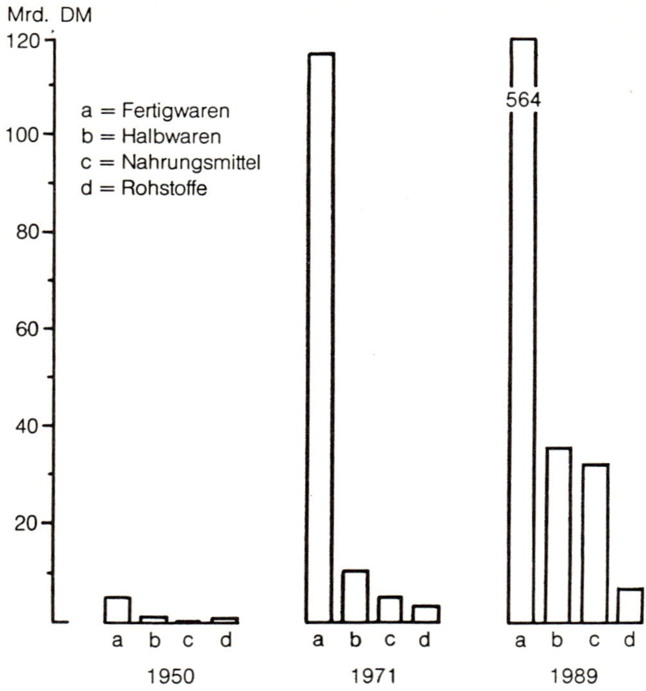

Abb. 52: Die Ausfuhr der BRD von 1950 bis 1989 in Mrd. DM

Die Bedeutung des Außenhandels für die deutsche Volkswirtschaft wird vor allem aus folgenden Fakten deutlich:

- Die industrielle Produktion ging wachsend von einem Zehntel bis zu einem Drittel ins Ausland.
- Die Exportquote (Anteil des Exports am Volkseinkommen) lag vor 1914 bei weniger als 20 v.H. und stieg für die BRD bis 1990 auf fast 40 v.H.
- Der Handel mit dem Ostblock betrug bis 1960 weniger als 5 v.H. des gesamten Außenhandels der BRD.

Das Geldwesen und das Bankensystem:

Nach der Währungsreform von 1948 konnten die Banken ihre wichtigsten Aufgaben in Westdeutschland wieder wahrnehmen:

- Das Kreditgeschäft.
- Die Vermittlung des Zahlungsverkehrs.
- Die Verwaltung der Einlagen (und ihre Anlage).
- Die Kapitalsammlung und -leitung.

Eine Übersicht der Bilanzen der einzelnen Bankengruppen zeigt die *Wandlung im Bankenwesen*, vgl. Tabelle 11.

Tabelle 11: Geschäftsvolumen (Bilanzsummen) der Bankengruppen in der BRD von 1951 bis 1989 in Mrd. DM

Bankengruppe	1951		1978		1989	
	Gesch.vol.	v. H.	Gesch.vol.	v. H.	Gesch.vol.	v. H.
Kreditbanken	14,6	37,1	498,2	25,1	1.064	24,9
Realkreditinstitute	3,2	8,1	261,3	13,1	577	13,5
Girozentralen	5,5	14,0	325,6	16,4	663	15,5
Sparkassen	9,4	24,0	433,3	21,8	916	21,4
Zentralkassen	0,9	2,3	84,2	4,2	184	4,3
Kreditgenossenschaften	2,8	7,1	200,4	10,1	523	12,2
Sonstige	2,9	7,4	185,1	9,3	315	8,2
Zusammen	39,3	100,0	1.988,1	100,0	4.278	100,0

Aus dieser Übersicht wird deutlich:

- Alle Bankengruppen hatten im Laufe der 40 Jahre ein erhebliches Wachstum ihres Geschäftsvolumens zu verzeichnen.
- Der Anteil der Kreditbanken (Privatbanken) ging allerdings von 37,1 auf 24,9 v. H., d. h. erheblich zurück.
- Eine Vergrößerung des Anteils war vor allem zu verzeichnen:
  - bei den Realkreditinstituten (private Hypothekenbanken und

öffentlich-rechtliche Grundkreditanstalten), ein Hinweis auf die umfangreiche Finanzierung des Wohnungsbaues über Darlehen,
- bei den Zentralkassen der Genossenschaften, deren Ausgleichsfunktionen immer mehr zunahmen,
- bei den „Sonstigen", vor allem bei den Teilzahlungskassen, die das tägliche Teilzahlungsgeschäft abwickelten.

Insgesamt kommt in der Ausdehnung des Geschäftsvolumens der Banken zum Ausdruck, daß die Bankentätigkeit von 1951 bis 1989 schneller anstieg als das Volkseinkommen:

– Bankentätigkeit	=	+	10.855 v. H.
– Volkseinkommen	=	+	2.260 v. H. nominal
	=	+	505 v. H. real

Ursachen für den überproportionalen Anstieg der Bankentätigkeit im Verhältnis zum Anstieg des Volkseinkommens waren:
- Die Intensivierung der Geldbeziehungen innerhalb der Volkswirtschaft und nach außen führte etwa zu einer Verzehnfachung der Bilanzen (insbesondere die überproportionale Buchgeldschöpfung war hier von Bedeutung).
- Die Abnahme des Wertes der DM bewirkte allein eine Verdreifachung der Bilanzsummen.

Aus beiden Gründen kam es zu einer *Ausdehnung des Geldvolumens* von etwa 12 Mrd. DM Bargeld und Sichteinlagen am Ende des Jahres 1948 auf 465 Mrd. DM Ende 1989; vgl. Abbildung 53 für die Zeit bis 1971. Zugleich stiegen die Spareinlagen, die bei der Vielzahl der Konten auch eine umfangreiche potentielle Kaufkraft darstellen, von weniger als 3 auf 470,7 Mrd. DM (1978) und 428 (1990).

Das Banken- und das Währungssystem waren in der Bundesrepublik Deutschland nach der Währungsstabilisierung durch folgende Probleme gekennzeichnet:
Die *Banken* hatten durch die Geldentwertung ihr *Eigenkapital* zum überwiegenden Teil *verloren* und nur teilweise über die Ausgleichsforderungen genügend neue Mittel erhalten, um in den ersten Jahren nach der Währungsreform ihre innere Stabilität zu verbessern. Die umfangreichen Geldgeschäfte und der fast kontinuierliche Boom für Bankgeschäfte erlaubte es allerdings bald, aus den Gewinnen (Reservenbildung und Ausgabe von ganz oder teil-

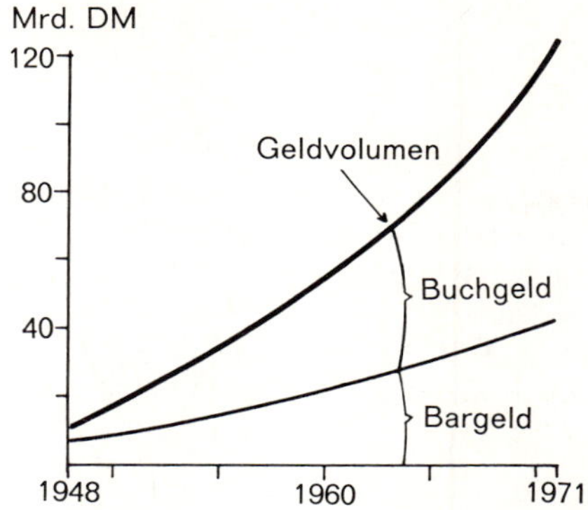

Abb. 53: Entwicklung des Geldvolumens in der BRD in Mrd. DM von 1948 bis 1971

weise kostenlosen Aktien an die Aktionäre) und teilweise auch durch die Ausgabe neuer Aktien an der Börse die Eigenkapitalbasis zu verbessern. Abbildung 54 zeigt diese Situation, die sich vor allem von der Zeit nach 1923 (vgl. Abbildung 24) grundlegend unterschied, bei den privaten und öffentlichen Kreditanstalten von 1951 bis 1971. Im Gegensatz zur Ausdehnung der Bankgeschäfte (insbesondere der Kreditoren) in den „Goldenen Zwanzigern" stieg auch jetzt der Posten der Liquidität, so daß der Umfang dieser Mittel bei etwa dem Doppelten (33 bis 41 v.H. der Kreditoren) lag als in den 20er Jahren (18 bis 20 v.H. von 1928 bis 1930).

Das Ausmaß der *Geldentwertung* zeigt Abbildung 55. In diese Abbildung wurden mitaufgenommen:

- Die jährlichen Änderungsraten der Geldentwertung (insgesamt von 1949 = 100 auf 1989 = 315, gemessen am Preisindex für die Lebenshaltung, und 263, gemessen an allen Preisen).
- Die jährlichen Änderungsraten der Real- und der Nominallöhne.
- Das jährliche wirtschaftliche Wachstum (= Änderungsrate des Volkseinkommens in realen Einheiten).

Abbildung 55 zeigt, daß die Geldentwertung bis 1978 ein Ausmaß angenommen hatte, das offensichtlich zu einer Beeinträchtigung

- des (realen) wirtschaftlichen Wachstums,

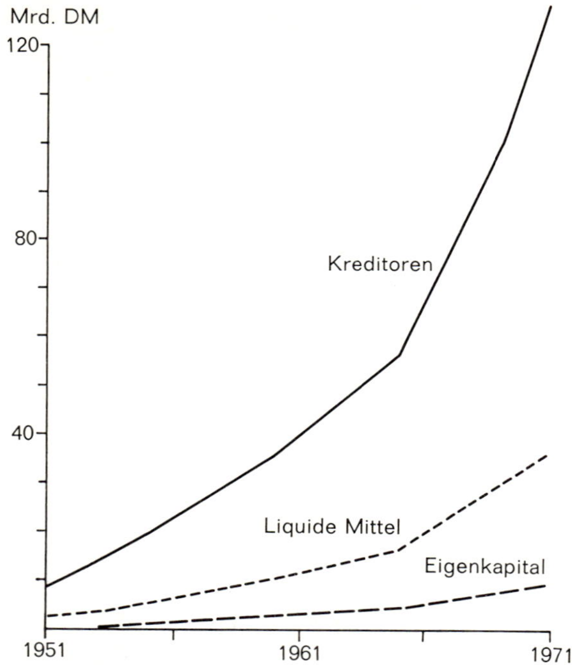

Abb. 54: Kreditorensumme, liquide Mittel (Kassenbestände plus Guthaben bei Banken, ohne Postscheckguthaben) und Eigenkapital (Grundkapital und Reserven) der privaten und der öffentlich-rechtlichen Kreditanstalten von 1951 bis 1971

- der Reallohnentwicklung und
- damit des Wohlstandes der breiten, von Lohneinkommen abhängigen Volksschichten (einschl. Rentnerhaushalte fast 90 v.H.)

geführt hatte.

Als *Ursachen* für diese *Inflation* lassen sich verschiedene Faktoren anführen:

- Die Entwicklung der *Relation von Nachfrage und Angebot*:
  - Die *Geldvermehrung* und vor allem die *Ausdehnung des Kreditvolumens* der Banken (Ausdehnung des Buchgeldes, vgl. Abbildung 53) hat die inländische Nachfrage gesteigert. In der gleichen Richtung wirkten über zwei Jahrzehnte hin die *Zahlungsbilanzüberschüsse*, die 1971 zur Bildung eines Gold- und Devisenschatzes von etwa 60 Mrd. DM bei der

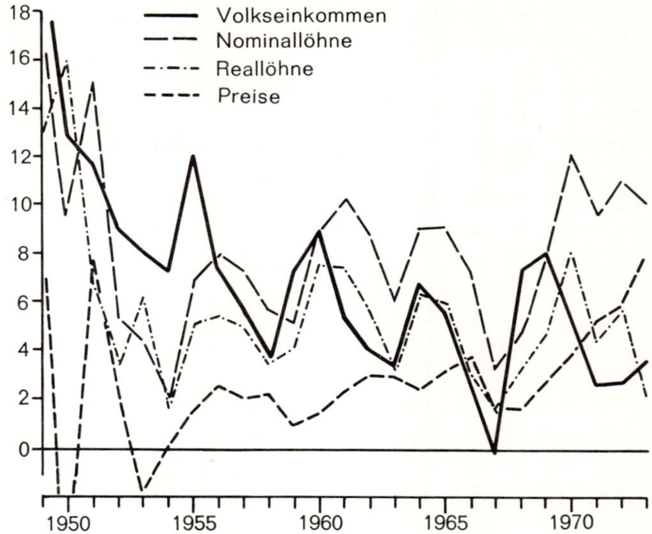

Abb. 55: Jährliche Änderungsraten des Volkseinkommens, der Preisentwicklung, der nominalen und der realen Löhne in der BRD von 1949 bis 1973 (1973 geschätzt)

Bundesbank geführt hatten. Diese Mittel wurden nur teilweise neutralisiert.

- Die im Ausland meistens noch stärkere Geldentwertung hatte zur Folge, daß bei den relativ festen Wechselkursen ein besonderer *Anreiz zum Export* vorhanden war und außerdem ausländische Produzenten nicht zur Ausweitung ihres Absatzes in der BRD angeregt wurden.

- Die Erhöhung der *Produktionskosten*:
  - Die Rohstoffpreise sind zunächst, vor allem beim Einkauf im Ausland, langfristig stark gesunken (Entwicklung der terms of trade zugunsten der Industrieländer).
  - Vorprodukte (Halbfabrikate) sind im allgemeinen Preistrend ebenfalls teurer geworden.
  - Die Löhne haben sich kontinuierlich erhöht.
  - Die Steuern haben als indirekte Steuern (Kostensteuern) ebenfalls die Produktionskosten gesteigert. Die Löhne sind aufgrund der zunehmenden Lohnsteueranteile (Steuerprogression) nur teilweise den Arbeitnehmern zugute gekommen, so daß allein schon ein Ausgleich der Brutto-Lohnerhöhungen zu einer stärkeren Preiserhöhung führen mußte, als die Nettolohnvermehrung betrug.

- Die Entwicklung der Gewinne brachte von 1950 bis 1960 einen Anstieg der Unternehmergewinne um mehr als 20 v.H. über dem Anstieg des Kapitalstockes.
  Berücksichtigt man auch noch das Kapitaleinkommen (Zinsen, Dividenden usw.), dann ist aufgrund der Akkumulation des Kapitals aus den Unternehmereinkommen hier ebenfalls eine überproportionale Einkommensvermehrung vorhanden gewesen.

Die Preisentwicklung war bereits im ersten Jahrzehnt der Bundesrepublik durch *inflationäre Erscheinungen* gekennzeichnet (1949 = 100; 1960 = 120).

Die öffentlichen Finanzen

Die *Einnahmeseite* der öffentlichen Kassen wurde von den unterschiedlichen Steuern bestimmt. Die Anteile der wichtigsten Steuern und der Zölle lagen in v. H. aller ordentlichen Einnahmen bei den aus Tabelle 12 ersichtlichen Werten.

Tab. 12: Anteile der einzelnen Steuerarten und der Zölle in der Bundesrepublik Deutschland 1950, 1971 und 1990

	1950	1971	1990
Einkommen- und Lohnsteuer	18	35	38
Körperschaftsteuer	7	4	5
Umsatzsteuer, Mehrwertsteuer	24	25	27
Tabaksteuer	10	4	3
Mineralölsteuer	< 1	7	7
Kraftfahrzeugsteuer	2	2	2
Gewerbesteuer	6	7	5
Grundsteuer	5	2	2
Vermögensteuer	1	2	1
Sonstige Steuern	25	10	9
Zölle	3	2	1

Der Vergleich der Anteile der einzelnen ordentlichen Einnahmen für 1950, 1971 und 1990 zeigt, daß sich die direkten Steuern erheblich erhöht haben. So wuchsen die Lohn- und Einkommensteuern bis 1971 auf den doppelten Anteil. Auch bei den übrigen Steuern sind die entscheidenden Änderungen in den Jahren von 1950 bis 1971 eingetreten, während danach die Struktur im wesentlichen gleichgeblieben ist.

Die *Verteilung der Steuern* in v. H. auf Bund (einschließlich Lastenausgleichsfonds), Länder (einschließlich der Hansestädte und Berlin), Gemeinden und Europäische Gemeinschaft sah folgendermaßen aus:

Bund:	1950 = 52; 1965 = 57; 1978 = 49; 1990 = 47.
Länder:	1950 = 35; 1965 = 31; 1978 = 34; 1990 = 35.
Gemeinden:	1950 = 13; 1965 = 12; 1978 = 14; 1990 = 14.
EG:	1978 = 3; 1990 = 4.

Im Ergebnis ist also die Verteilung der insgesamt von knapp 19 Mrd. DM (1950) auf 567 Mrd. DM (1990) angestiegenen Steuereinnahmen fast gleich geblieben (Zunahme der Steuereinnahmen zu einem erheblichen Teil aufgrund der Inflation von etwa 100 auf 325 v. H.). Benachteiligt wurden vor allem die Gemeinden, z. B. gegenüber der Zeit vor dem Ersten Weltkrieg und in der Weimarer Republik. Ein erheblicher Teil ihrer Finanzquellen waren nunmehr Überweisungen und Zuweisungen, d. h. sie konnten einen erheblichen Teil ihrer Verwaltungs- und Investitionsaufgaben nur aufgrund dieser finanziellen Zuflüsse von Bund und Ländern wahrnehmen.

Die *Ausgaben* sämtlicher öffentlicher Haushalte waren von Leistungen für die Soziale Sicherung (25 bis 27 v. H.), der Besatzungskosten bzw. der Verteidigung (12 bis 17 v. H.), dem Wohnungsbau (8 bis 12 v. H.), dem Bildungsbereich (9 v. H.) und dem Verkehrswesen (5 bis 7 v. H.) gekennzeichnet. Dabei dienten die Ausgaben für soziale Sicherheit der Bewältigung der Kriegsfolgelasten und der Wiederherstellung eines Netzes der sozialen Absicherung. Auch die Wohnungsfinanzierung war zunächst in erster Linie eine Folge der Kriegslasten.

Die sozialen Probleme und die Sozialpolitik

Die *Sozialpolitik* der Bundesrepublik Deutschland war in den Anfangsjahren und teilweise noch über das erste Jahrzehnt hinaus durch zwei Komponenten gekennzeichnet:

- Die Kriegsfolgen brachten eine erhebliche zusätzliche Belastung der öffentlichen und der Versicherungshaushalte.
- Die Weiterentwicklung der Sozialpolitik wurde anfangs teilweise durch die Beseitigung der Kriegsfolgen beeinträchtigt.

Die Kriegsfolgelasten:

Als Kriegsfolgelasten im weitesten Sinne sind hier drei Bereiche zu nennen:
Mit der *Wiedergutmachung* sollten Schäden, die politische Gegner der Nationalsozialisten und die andere Personen wegen der Rasse, des Glaubens oder der Weltanschauung, erlitten hatten, ausgeglichen werden, auch soweit diese Schäden bereits vor dem Kriege entstanden waren. Aufgrund mehrerer Entschädigungsgesetze wurden bis 1990 mehr als 60 Mrd. DM Wiedergutmachungsleistungen erbracht. Israel erhielt als globale Entschädigung für die Kosten der Ansiedlung und der Ausstattung von ehemaligen Einwohnern Europas 3,45 Mrd. DM (Vertrag vom 10. September 1952), zahlbar bis 1965.
Die *Kriegsopferversorgung* umfaßte die Versorgung der Kriegsbeschädigten (1950 = 1,5; 1960 = 1,4; 1978 = 1,0; 1990 = 0,6 Mill.) mit Grundrenten, Ausgleichsrenten, Heilbehandlung und orthopädischer Versorgung. Hinzu kam die Unterstützung der Hinterbliebenen (Witwen, Waisen, Eltern) mit entsprechenden Grundrenten und Einkommensausgleichsrenten (1950 = 2,5 Mill. Empfänger; 1960 = 1,8; 1978 = 1,1; 1990 = 0,7). Die Ausgaben für die Versorgung der Kriegsopfer wurden aus dem Bundeshaushalt finanziert. Sie betrugen: 1950 = 2,3 Mrd. DM; 1960 = 3,9; 1978 = 13,0; 1990 = 13,0. Insgesamt wurden von 1950 bis 1990 hier 300 Mrd. DM aufgebracht.
Der *Lastenausgleich* (Gesetz vom 14. August 1952, zuvor aber bereits unter der Obhut der Militärregierung Soforthilfegesetz vom 8. August 1949) sollte nach einigen Plänen ursprünglich mit der Währungsreform gekoppelt werden. Dies wurde aber aufgrund von Widerständen vor allem bei den US-Amerikanern verhindert, weil ein solches gekoppeltes Verfahren als zu kompliziert angesehen wurde. Mit dem Lastenausgleich sollten die infolge der Kriegsereignisse

eingetretenen unterschiedlichen Vermögensverluste der Privatpersonen teilweise ausgeglichen werden. Dieses Ziel wurde nicht erreicht, da die Abgaben derjenigen, die ihr Vermögen behalten hatten, dafür zu niedrig waren. Die Abgabenleistungen sollten bei 50 v. H. der Vermögenswerte liegen. Bei Grundstücken wurde aber nur von 50 v. H. der Einheitswerte ausgegangen, d. h. es wurde nur ein Bruchteil des Verkehrswertes berücksichtigt. Die meisten Grundeigentümer konnten die Ausgleichsabgaben leicht aus den Grundstückserträgen erbringen. Eine gewisse Verknüpfung mit der Währungsreform vom 20. Juni 1948 und den Folgegesetzen trat insofern doch noch ein, weil Hypothekenschuldner nur 10 v. H. ihrer Schuld an den bisherigen Gläubiger zu zahlen hatten, die übrigen 90 v. H. aber an den Lastenausgleichsfonds. Man wollte hier Umstellungsgewinne vermeiden.

Empfänger der Lastenausgleichszahlungen waren etwa 9,5 Mill. Flüchtlinge und Vertriebene aus den Gebieten jenseits der Oder-Neiße-Linie und aus anderen Ländern Osteuropas, ferner die wohl mehr als 1 Mill. politischen Flüchtlinge aus der SBZ/DDR, allerdings ohne die 2 bis 2,5 Mill. Flüchtlinge, die nicht als politische Flüchtlinge anerkannt wurden, ferner etwa 3,4 Mill. Bombengeschädigte, 0,37 Mill. Währungsgeschädigte und einige tausend Reparationsgeschädigte. Die Ausgaben stiegen von 0,8 Mrd. Mark im Jahre 1949 (Soforthilfe) auf 4,4 Mrd. DM 1962 und gingen danach langsam wieder zurück. 1978 lagen sie bei 3 Mrd. DM. 1979 liefen die 27 bis 30 Jahre der Zahlungsverpflichtungen ab. 1990 wurden noch 1,1 Mrd. DM ausgezahlt, vor allem als Renten.

Insgesamt wurden bis zum 31. März 1979 etwa 110 Mrd. DM an Leistungen erbracht, der weit überwiegende Teil als Rente, als zinsgünstige Kredite oder als Ausbildungsbeihilfe.

Diese Mittel kamen aus folgenden Quellen:

Vermögen (letzte Rate am 10. Febraur 1979)	= 47 v. H.
Steuermittel (Bund und Länder)	= 32 v. H.
Rückflüsse aus Darlehen	= 12 v. H.
Kredite des Bundesausgleichsamtes	= 9 v. H.

Renten, Unterhaltshilfen und ähnliche regelmäßige Zahlungen nahmen etwa ein Drittel der Mittel in Anspruch. Die Entschädigung für Vermögensschäden war aufgrund der gesetzlichen Bestimmungen nur sehr gering. Bis Ende 1991 waren an Hauptentschädigung gezahlt worden (in Mrd. DM):

16,354	Vertreibungsschäden
4,023	Kriegssachschäden
0,180	Ostschäden
3,647	Schäden in der SBZ und Ost-Berlin
0,319	Reparationsschäden
24,523	insgesamt

Hinzu kamen 11,823 Mrd. DM Zinsen wegen später Zahlung. Hauptentschädigung und Zinsen hierfür machten etwa ebenfalls ein Drittel der bis 1991 gezahlten Beträge aus. Das verbleibende Drittel umfaßte Beihilfen und Darlehen für die Wiedereingliederung (Wohnungsbau, Errichtung von Betrieben usw.).

Die Sozialpolitik im engeren Sinne:

Die *gesetzliche Sozialversicherung* war bis 1956 durch die Wiedererrichtung und Organisation der seit den Bismarck'schen Gesetzen im 19. Jahrhundert entwickelten Einrichtungen gekennzeichnet: Krankheit, Arbeitsunfall, Berufskrankheit, Erwerbsunfähigkeit, Alter, Tod und Arbeitslosigkeit waren die wichtigsten Risiken, gegen deren negative Auswirkungen in wirtschaftlicher Hinsicht eine begrenzte Absicherung wieder geschaffen wurde.

Wie schon nach dem Ersten Weltkrieg war auch nach dem Zweiten Weltkrieg die finanzielle Grundlage der Einrichtungen der gesetzlichen Sozialversicherung verlorengegangen (die Geldentwertung hatte die Rücklagen der Versicherungseinrichtungen vernichtet), so daß nicht wieder auf das vor dem Ersten Weltkrieg angestrebte Ziel hingearbeitet werden konnte: Jeder Beitragspflichtige schafft während seines Arbeitslebens im Durchschnitt den Kapitalstock, aus dem in Zukunft für ihn die Leistungen erbracht werden können (Kapitaldeckungsverfahren). Statt dessen mußte auf das schon nach dem Ersten Weltkrieg eingeführte Prinzip zurückgegriffen werden: Die Leistungen der gegenwärtig Beitragspflichtigen werden für die gegenwärtig Berechtigten aufgewendet (Umlageverfahren, Generationenvertrag). Der für ein Kapitaldeckungsverfahren erforderliche Kapitalstock von 1.000 Mrd. DM und mehr würde die Anlagemöglichkeiten in der Bundesrepublik Deutschland allerdings wohl weit überschreiten. Eine Mischung zwischen beiden Verfahren würde vor allem die Verantwortung des Staates für die Verluste bis 1945 deutlich machen. Die Einrichtungen der gesetzlichen Sozialversicherungen erhielten nach der Währungsreform vom 20./21.Juni 1948 keine Ausgleichsforderungen wie die Banken und teilweise auch die privatwirtschaftlichen Versicherungen.

Die wichtigsten Neuregelungen in der Sozialversicherung waren:

- *Rentenversicherung*: Neben einer Ausdehnung der Leistungen ist hier vor allem die Dynamisierung durch die Rentenreform von 1957 zu nennen. Dieses Verfahren war eigentlich darauf ausgerichtet, die Renten an den Wertsteigerungen der Löhne und Gehälter teilnehmen zu lassen. Es wurde aber zugleich auch zu einer Anpassung an die Inflationsraten.
- *Krankenversicherung*: Die Arbeiter erhielten (seit 1957) in den ersten sechs Wochen eines Krankheitsfalles ihren vollen Nettolohn (zunächst bestehend aus Krankengeld und teilweiser Lohnfortzahlung, später vollständig als Lohnfortzahlung). Die Arbeiter wurden damit den Angestellten gleichgestellt.
- Die *Altershilfe für Landwirte* wurde 1957 eingeführt. Sie hatte zwei Ziele:
  - Die Versorgung der älteren Landwirte und damit die Sicherung ihrer Unabhängigkeit von den Übernehmern des einzelnen Hofes (sozialpolitisches Ziel).
  - Die Vermeidung eines zu langen Hinauszögerns der Hofübergabe (agrarpolitisches Ziel). 1956 waren 20 v. H. der selbständigen Landwirte über 65 Jahre alt, bald danach waren es weniger als 10 v. H. Darunter waren auch viele Landwirte, die wegen der geringen Nutzfläche des Hofes, einem Nachfolger keine Perspektive mehr geben konnten.
  - Bald wurden auch für die sogenannten *freien Berufe* eigene Versicherungseinrichtungen geschaffen, oder es wurde die Angestelltenversicherung für diese Gruppe geöffnet.

Die allgemeine soziale Lage:

Die *Sozialausgaben* stiegen während der gesamten Zeit der alten Bundesrepublik Deutschland nicht nur im gleichen Maße wie das Sozialprodukt und die Einkommen, sondern sie wuchsen überproportional (Sozialbudget in Mrd. DM und Sozialquote in v. H. des Bruttosozialprodukts):

1950 = 16,8 Mrd. DM = 17,1 v. H.
1955 = 29,5 Mrd. DM = 16,4 v. H.
1960 = 68,9 Mrd. DM = 22,7 v. H.
1965 = 114,6 Mrd. DM = 25,0 v. H.
1970 = 180,1 Mrd. DM = 26,7 v. H.
1975 = 346,6 Mrd. DM = 33,7 v. H.
1980 = 478,7 Mrd. DM = 32,4 v. H.
1985 = 576,1 Mrd. DM = 31,4 v. H.
1990 = 714,8 Mrd. DM = 29,7 v. H.

Die allgemeine soziale Lage wurde vor allem von der Entwicklung der Reallöhne bestimmt (vgl. Abbildung 6), da der Anteil der Selbständigen und der mithelfenden Familienangehörigen an den Erwerbstätigen zurückging (1950 = 32 v. H.; 1960 = 23 v. H.; 1973 = 16 v. H.). Die familienfremden Arbeitskräfte nahmen dementsprechend von 68 über 77 auf 84 v. H. zu. Der Anteil der Löhne am Volkseinkommen wurde aber nicht im gleichen Maße ausgedehnt wie die Unselbständigenquote, vgl. Abbildung 56.

Die Abbildung zeigt deutlich zwei unterschiedliche Teilphasen:

- Von 1950 bis 1960 nahm zwar der Anteil der Unselbständigen von 68 auf 77 v. H. zu, der Lohnanteil am Volkseinkommen aber nur von 58 auf 61 v. H. Trotz des ansteigenden Reallohnes je Beschäftigten sank der je Arbeitskraft über den Lohn zur Verfügung gestellte Anteil am Volkseinkommen. Der ebenfalls zu entlohnende Kapitalstock stieg stärker als die Zahl der Erwerbstätigen.
- Von 1960 bis 1972 erhöhte sich die Unselbständigenquote dann von 77 auf 84 v. H. Aufgrund der geringen Arbeitslosigkeit konnten die Arbeitnehmer eine kräftigere Erhöhung ihres Anteiles am Volkseinkommen erreichen: 1960 = 61; 1972 = 69 v. H.

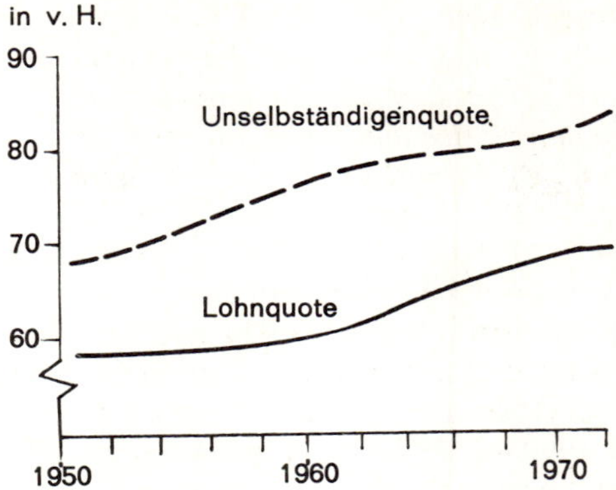

Abb. 56: Entwicklung der Unselbständigenquote (Anteil an der Gesamtzahl der Erwerbstätigen) und der Lohnquote (Anteil der Bruttolöhne am Volkseinkommen) in der BRD von 1950 bis 1972

Die im Jahrzehnt bis 1960 unter dem Produktivitätsfortschritt liegende Zunahme der Löhne ergibt sich bereits aus Abbildung 55, ebenso die ab 1960 teilweise über dem Produktivitätsfortschritt liegende Lohnzunahme (vgl. die Reallohn- und die Volkseinkommenszunahmen von 1949 bis 1972 in Abbildung 55).

Die erwerbswirtschaftlichen Unternehmereinkommen, einschließlich der gewerblichen Wohnungsvermietung flossen, gemessen an der Verteilung des Produktivkapitals, 1972 folgenden Gruppen zu:

56 v. H. inländischen Privatpersonen,
17 v. H. ausländischen Privatpersonen und
27 v. H. staatlichen, gemeinnützigen oder gemeinwirtschaftlichen Kapitaleignern.

Änderungen der Sozialstruktur:

Änderungen der Sozialstruktur ergaben sich vor allem durch die *Aufnahme der Flüchtlinge und Vertriebenen*, die aus ihrem bisherigen Lebensweg geworfen waren, zu einem erheblichen Teil andere Berufe, alle eine andere mitmenschliche Umwelt erhielten. Damit wurde zugleich aber auch die Sozialstruktur in den meisten Dörfern und Kleinstädten gewandelt. Nach und nach zogen viele dieser Menschen in die mittleren und größeren Städte, wo mit der Beseitigung der Kriegsschäden auch neue Arbeitsplätze entstanden. Es kam insgesamt zu einer erheblichen Verbesserung, zunächst der beruflichen, dann aber auch allgemein der sozialen Mobilität. Zugleich *verminderte sich die Zahl der Selbständigen und der mithelfenden Familienangehörigen.* Langfristig betrachtet, nahm die Zahl der Selbständigen folgendermaßen ab: 1950 = 3,412; 1960 = 3,308; 1972 = 2,811; 1982 = 2,316; 1990 = 2,580 Mill. Die Verluste lagen dabei fast ausschließlich in der Landwirtschaft, wo von 1950 bis 1990 insgesamt etwas über 1 Mill. Bauern ihren Hof aufgegeben haben. Die Zahl der mithelfenden Familienangehörigen nahm ebenfalls erheblich ab: 1950 = 3,253; 1960 = 2,599; 1970 = 1,809; 1982 = 0,924; 1990 = 0,578 Mill. Auch hier war der Rückgang in der Landwirtschaft am stärksten. Immerhin ging die Zahl der mithelfenden Familienangehörigen in diesem Wirtschaftsbereich während der ganzen Zeit von etwas über 2 Mill. 1950 auf knapp 400.000 1989 zurück.

Die *Verminderung der selbständigen Bauernfamilien* und der mithelfenden Familienangehörigen führte dazu, daß die Dörfer immer weniger durch eine auf die Landwirtschaft ausgerichtete Bevölkerung bestimmt wurden. Dieser Prozeß erhielt aber erst in der zweiten Hälfte der sechziger Jahre mit der Ausdehnung der Individualmotorisierung zusätzliche Impulse, weil nunmehr der Wohnsitz bei einem Berufswechsel nicht verlegt zu werden brauchte.

Die wichtigsen sozialen und politischen Kräfte:

Die Politik der *Gewerkschaften* beeinflußte die Sozialpolitik nicht unerheblich. Der Anteil der in Gewerkschaften organisierten und damit die Gewerkschaftspolitik auch finanziell tragenden Arbeitnehmer lag durchweg bei etwa einem Drittel und etwas darüber. Die Gewerkschaftsbewegung war nach dem Zweiten Weltkrieg durch eine starke Vereinheitlichungstendenz gekennzeichnet, was die Einflußmöglichkeiten verstärkte. Die Gewerkschaftspolitik, vor allem die des Deutschen Gewerkschaftsbundes (DGB), der mehr als 80 v. H. aller gewerkschaftlich Organisierten umfassenden und daher wichtigsten Vereinigung, war vor allem auf folgende Punkte ausgerichtet:

- Erhöhung der *Lohneinkommen.*

- Ausbau der *Mitbestimmung* nach dem 1951 eingeführten Modell für die Montanindustrie mit einer gleichen Zahl von Arbeitnehmer- und Kapitalvertretern, dazu ein unabhängiges Mitglied im Aufsichtsrat.
- Das *Betriebsverfassungsgesetz* von 1952 gewährte den Betriebsräten die Mitwirkung an Vereinbarungen, die nicht bereits in den Tarifverträgen geregelt waren.
- Für den öffentlichen Dienst wurde 1955 das *Personalvertretungsgesetz* wirksam, das den Gewerkschaftsvertretern eine erhebliche Mitbestimmung in Personalangelegenheiten gewährte.

Die *Gesellschaftspolitik der politischen Parteien* war entsprechend den unterschiedlichen Ansatzpunkten im wesentlichen von zwei Richtungen geprägt:

- Die Verfechter der *sozialen Marktwirtschaft* trugen den gesellschaftlichen Aufbau, der zum überwiegenden Teil an die liberalen (und bürgerlichen) Ideen des 19. Jahrhunderts anknüpfte. Träger dieser Politik waren und wurden: CDU, CSU und FDP (neben einigen anderen bürgerlichen Parteien, deren Bedeutung immer mehr zurückging).
- Die Verfechter einer *sozialistischen Gesellschaft* waren vor allem in der SPD (und in der KPD) zu finden. Das Überschwenken der SPD auf den wirtschaftspolitischen Kurs der CDU im Godesberger Programm von 1959 (mit einigen Vorbehalten; so heißt es neben der Bejahung der Marktwirtschaft auch: „Sozialismus wird nur durch die Demokratie verwirklicht, die Demokratie durch den Sozialismus erfüllt", wobei der Begriff Sozialismus von vielen Parteifunktionären keineswegs im traditionellen marxistischen Sinne verstanden wurde) drängte die sozialistische Richtung nicht zuletzt aus wahltaktischen Gründen zurück.

Die *vier großen politischen Richtungen* des Kaiserreiches und der Weimarer Republik waren in den neuen Parteien ebenfalls zu finden:

- Die *Wähler des Zentrums* und der Bayerischen Volkspartei bildeten den Kern der CDU/CSU-Wähler.

- Die CDU/CSU wurde mitgetragen von den *konservativen Wählern*, soweit diese nicht vorübergehend oder dauernd zu rechten Splittergruppen hin tendierten.
- Die *liberalen Wähler* waren vor allem in der FDP, aber auch in der CDU/CSU zu finden. Die FDP war dabei zeitweise mehr bürgerlich-liberal (Heuss, Dehler, Maier), zeitweise mehr national-liberal (Mende) ausgerichtet.
- Die SPD (und die KPD) konnten sich zunächst vor allem auf einen erheblichen Teil der *Arbeiterschaft* stützen. Sie versuchten ihr Wählerpotential auszudehnen. Diesem Ziel galt vor allem das Godesberger Programm der SPD.

Die Anfänge der Integration in Westeuropa

Überlegungen zur Bildung einer mehr oder weniger fest gefügten europäischen Staatengemeinschaft waren bald nach 1945 aufgekommen. In den fünfziger Jahren kam es dann zu drei in die Zukunft weisenden Verträgen:

(1) Am 19. September 1950 schlossen die Bundesrepublik Deutschland, Belgien, Luxemburg, Dänemark, Frankreich, Griechenland, Großbritannien, Island, Italien, Niederlande, Norwegen, Österreich, Portugal, Schweden, Schweiz und Türkei einen Vertrag zur Schaffung einer *Europäischen Zahlungsunion* (EZU) ab. Die Zahlungen zwischen diesen Ländern sollten durch eine Verrechnung der Überschüsse und der Defizite erleichtert werden. Die EZU wurde am 27. Dezember 1958 durch das *Europäische Währungsabkommen* (EWA) abgelöst (Garantie der Wechselkurse und Schaffung eines Europäischen Fonds, aus dem einzelne Länder bei auftretenden Währungsschwierigkeiten Hilfe erhalten sollten; gültig bis 31. Dezember 1973).

(2) Ausgangspunkt für den Weg zur durch Vertrag vom 18. April 1951 gegründeten und ab 25. Juli 1952 ins Leben tretenden *Montanunion* (Europäische Gemeinschaft für Kohle und Stahl) zwischen den Ländern Belgien, Bundesrepublik Deutschland, Frankreich, Italien, Luxemburg und den Niederlanden war das Problem der internationalen Einbindung des Ruhrgebietes. Das Ruhrgebiet

war in zwei Weltkriegen die Waffenschmiede Deutschlands gewesen. Gleichzeitig wollte man den möglichen Einfluß der UdSSR über das Ruhrgebiet durch eine internationale Kontrolle vermeiden.

Bei dieser Montanunion konnte man teilweise an die Internationale Rohstahlgemeinschaft zwischen Deutschland, Frankreich, Belgien und Luxemburg vom 1. Oktober 1926 anknüpfen, auch wenn dies wohl nicht bewußt geschah. Die damalige Gemeinschaft war aber privatrechtlicher Natur, jetzt waren die Staaten Vertragspartner.

(3) Durch Vertrag vom 25. März 1957 wurde dann die *Europäische Wirtschaftsgemeinschaft* (EWG) gegründet (Römische Verträge). Hauptziel war die Schaffung eines einheitlichen Wirtschaftsgebietes ohne Handelsschranken: Freizügigkeit für Waren, Dienstleistungen, Kapital und Personen. Dazu sollten zunächst bis zum 1. Juli 1968 alle Zölle und Kontingente abgebaut bzw. nach außen vereinheitlicht werden. Die Bestrebungen, eine gemeinsame Wirtschaftspolitik zu betreiben, zogen sich sehr langsam hin, desgleichen die Harmonisierung der Steuern, der Verkehrsbestimmungen und anderer Rahmenbedingungen der nationalen Volkswirtschaften.

Vor allem Konrad Adenauer war auf deutscher Seite die treibende Kraft dieser Einbindung der Bundesrepublik Deutschland in die beginnende Integration mit westeuropäischen Ländern, vor allem mit Frankreich, weil er erkannte, daß nur auf diesem Wege ein wirtschaftlich erstarkendes Deutschland für seine Nachbarn akzeptabel war.

c) Vollbeschäftigung und Neuorientierung (1960 bis 1973)

Wirtschaftlicher Wandel und Wirtschaftspolitik

1960/61 war die *Vollbeschäftigung* erreicht. Die Zahl der Arbeitslosen lag in den beginnenden sechziger Jahren im Jahresdurchschnitt bei 150.000 bis 160.000. Zahlreiche Wissenschaftler gingen davon aus, daß nicht 3 v. H., wie bisher angenommen, sondern höchstens 1 v. H. Arbeitslose, als Maßstab für eine Vollbeschäftigung anzusehen sind. Die zunehmende Ausrichtung auf die sich wandelnde inländische Nachfrage (Ausdehnung des Massenkonsums) und die immer stärkere Einbindung in die internationalen Märkte (Investitionsgüterexporte) trugen erheblich zur Verbesserung der wirtschaftlichen Situation bei. Dies bedeutete aber auch parallel zum Wiederaufbau der industriellen Produktionsstätten zugleich einen erheblichen Strukturwandel in der Produktionsrichtung, in der Produktionstechnik und im Fächer der Produkte.

Es begannen vor allem in einigen Wirtschaftszweigen erhebliche *Änderungen der Absatzchancen.* Die Textilindustrie ist hier an erster Stelle zu nennen. Die Öffnung der Märkte setzte voraus, daß man bereit war, auch Änderungen im eigenen Lande in Kauf zu nehmen.
In zwei Wirtschaftsbereichen war diese Bereitschaft allerdings nicht vorhanden: In der *Landwirtschaft* und im *Steinkohlebergbau.* Die Landwirtschaft erhielt seit der Einführung der Marktordnungen am Anfang der fünfziger Jahre erhebliche direkte und über die hohen Preise auch indirekte *Subventionen.* Dadurch kam es zu einer Verlangsamung des Abbaus der Erwerbstätigen in der Landwirtschaft. Ein Gutachten von Wissenschaftlern aus dem Jahre 1962 zur Frage der Auswirkungen einer Senkung der Getreidepreise ging davon aus, daß die Verminderung der Einkommen durch eine Verminderung der Erwerbstätigen in der Landwirtschaft kompensiert werden müsse, d. h. durch Rationalisierungen. In der Tat verminderte sich dann die Zahl der Erwerbstätigen in der Landwirtschaft von 1960 bis 1990 erheblich: 1960 3,6; 1972 = 1,9; 1990 = knapp 1 Mill.
Die Spitzenfunktionäre der Landwirte haben damals und auch später leider nur auf die sich verschlechternden Rahmenbedingungen für die Landwirtschaft hingewiesen und finanzielle Unterstützung zur Bewahrung des Bestandes gefordert. Dies begann bei Andreas Hermes, Präsident des Deutschen Bauernverbandes von 1947 bis 1954, bis hin zu Constantin Freiherr Heereman von Zuydtwyck, Präsident des Verbandes seit 1969.
Konstruktive und fachlich fundierte Vorschläge kamen aus dieser Richtung nicht. Man wollte einfach nicht zur Kenntnis nehmen, daß die wirtschaftlichen Rahmenbedingungen der landwirtschaftlichen Produktion sich grundsätzlich geändert haben und weiterhin ändern, so daß die Agrarprolitik vor allem Hilfen zur Anpassung der landwirtschaftlichen Produktion und zur Überleitung im persönlichen Lebensweg des einzelnen Bauern organisieren und vermitteln sollte, nicht aber konservierende Maßnahmen.
Dieses Fehlen eines Eingehens auf die wirklichen Probleme zeigte sich besonders deutlich, als im Herbst 1962 etwa 8.000 Bauern in Göttingen gegen das genannte Gutachten, an dessen Erarbeitung auch zwei Professoren aus Göttingen beteiligt waren, protestierten. Die Basisdaten des Gutachtens stammten aus dem Jahre 1960. In den inzwischen vergangenen zwei Jahren hatten bereits mehr Landwirte ihren Hof aufgegeben, als die Professoren für die Verteilung des landwirtschaftlichen Einkommens auf eine kleinere Zahl Erwerbstätiger angenommen, nicht gefordert hatten. Die 8.000 Bauern

durchschauten dies nicht. Sie vertrauten der wahrheitswidrigen Argumentation der Führung des Bauernverbands unter Edmund Rehwinkel.
Eine ähnliche Fehlentwicklung begann im Herbst 1958 für die *Steinkohleförderung*. Noch im Frühjahr 1958 hatte Ludwig Erhard eine Ausdehnung der Steinkohleförderung gefordert, weil immer noch Engpässe auftraten. Im Herbst 1958 änderten sich die Marktverhältnisse aber grundsätzlich, wohl auch weil in zunehmendem Maße Erdöl eingeführt wurde und die Steinkohle bedrängte. Die Steinkohlebergwerke gerieten in eine Krise, die sich bald als dauerhaft herausstellte, was eigentlich von Anfang an zu erkennen war, denn zum Beginn des Winters war der Absatz von Steinkohle in den früheren Jahren nicht zurückgegangen, jetzt aber doch. Die Zahl der im Bergbau Erwerbstätigen ging daher von 1958 = 579.000 über 1972 = 259.000 und 1982 = 188.000 auf 1989 = 173.000 zurück. Die Steinkohleförderung sank von (1950 = 111) 1958 = 133 über 1972 = 102 und 1982 = 89 auf 1990 = 70 Mill. t. Ein erheblicher Teil dieser Produktion war nur möglich, weil die Steinkohle für die Eisenhütten und die Stahlwerke nicht zum Weltmarktpreis von etwa 100 DM je t, sondern zu 300 DM verkauft werden konnte, was die Rentabilität der Hüttenwerke beeinträchtigen mußte. Außerdem nahmen die Elektrizitätswerke, unterstützt durch Subventionen, aufgrund langfristiger Verträge erhebliche Mengen von Steinkohle ab.

Die in der Landwirtschaft und im Steinkohlebergbau Erwerbstätigen erhielten in wachsendem Maße soviele Subventionen, daß sie allein daraus jeweils das Gehalt eines höheren Beamten direkt hätten ausgezahlt bekommen können. Dies ist nicht die Schuld der dort Erwerbstätigen, sondern das Ergebnis einer verfehlten Wirtschaftspolitik in den Parlamenten, aber auch der zuständigen Verbände (Bauernverband, Bergbau-Gewerkschaft).

Die außenwirtschaftlichen Beziehungen

Die *außenwirtschaftlichen Beziehungen* waren ein wichtiger Impulsgeber für die wirtschaftliche Entwicklung. Dabei kam die zunehmende *Stärke* der deutschen Wirtschaft und *der deutschen Währung* darin zum Ausdruck, daß die DM gegenüber dem Dollar aufgewertet wurde. Während vom September 1949 bis zum März 1961 für einen Dollar 4,20 DM aufzubringen waren, sank dieser Betrag bis zum März 1973 schrittweise auf 2,70 DM, ohne daß die Konkurrenzfähigkeit der Exporteure auf den internationalen Märkten entscheidend beeinträchtigt wurde. Wegen der bis 1973 festgelegten

Wechselkurse ergaben sich allerdings vor jeder Änderung des Tauschwertes für Spekulanten immer wieder Gelegenheiten für erhebliche Gewinne. Der Übergang zu freien Wechselkursen trocknete ein erhebliches Spekulationspotential aus.

Die große *Bedeutung der außenwirtschaftlichen Beziehungen* zeigt sich am Zuwachs des Außenhandels: Export 1960 = 48; 1973 = 178 Mrd. DM. Der Anteil am Bruttosozialprodukt wuchs von 21 auf 25 v. H. Die Einfuhr stieg von 43 auf 145 Mrd. DM. Deutschland wurde damit auch zu einem wichtigen Nachfrager von Waren aus anderen westlichen Industrieländern (etwa zwei Drittel der Einfuhren), aber auch aus Entwicklungsländern. Der Überschuß der Handelsbilanz erlaubte vor allem drei Geld- und Kapitalübertragungen in das Ausland:

- *Direktinvestitionen* der deutschen Wirtschaft in anderen Ländern.
- *Geldübertragungen* zur Finanzierung des schnell sich ausdehnenden *Reiseverkehrs.*
- *Geldübertragungen* aus dem Einkommen der bis 1973 auf 2,3 Mill. angestiegenen Zahl der männlichen und weiblichen ausländischen *(Gast-)Arbeiter.*

Beim Warenaustausch mit den westlichen Industrieländern traten die EWG-Staaten immer mehr in den Vordergrund. Der Außenhandel mit den fünf EWG-Staaten wuchs immerhin in dieser Periode von etwa 33 auf fast 45 v. H. des gesamten Außenhandels. Dabei war die schrittweise Aufhebung der Binnenzölle bis 1968 sicher nicht unwichtig. Es blieben aber vor allem Unterschiede in den Umsatz- bzw. Mehrwertsteuertarifen, die an der Grenze ausgeglichen werden mußten.

Bereiche des tertiären Sektors

Mit dem *Abkommen von Bretton Woods* vom Juli 1944 wurden die internationalen Währungsverhältnisse auf der Basis von *festen Wechselkursen* geordnet. Hinzu kam die Errichtung des Internationalen Währungsfonds und einer Internationalen Bank für Wiederaufbau und Entwicklung, d. h. der Weltbank. Solange bis 1958 in Deutschland der grenzüberschreitende Geld- und Kapitalverkehr staatlich reglementiert oder mindestens durch Kontrollen beeinflußt worden war, konnten die festgelegten Wechselkurse keine entscheidenden Nachteile bewirken. Mit der *Aufhebung der Devisenbewirtschaftung* änderte sich dies. Man mußte daher seit 1961 die Wechselkurse mehrfach ändern, insbesondere um die Folgen der unterschiedlichen Inflationsraten in den einzelnen an dem Bretton-Woods-System beteiligten Ländern zu neutralisieren.

Das Problem zeigte sich, als von 1971 bis 1973 die Bundesbank bei ihren Gold- und Devisenbeständen im Werte von mehr als 80 Mrd. DM *Abwertungen* vornehmen mußte, denn der Dollar hatte nun nicht mehr einen Wert von 4,00 DM, sondern nur noch von 2,70 DM:

- Allein von 1971 bis 1973 verzeichnete die Bundesbank aus diesen Vorgängen Verluste in Höhe von mehr als 20 Mrd. DM, die nur teilweise durch Reserven der Bank gedeckt waren.
- Diese Verluste traten vor allem ein, weil seit 1969 ein starker Zustrom von Spekulationsgeldern, teilweise aber auch an Exportüberschüssen, die in der Zahlungsbilanz nicht neutralisiert werden konnten, in die Bundesrepublik Deutschland floß (1969 bis 1973 = etwa 55 Mrd. DM) und die Wechselkurse nicht rechtzeitig geändert wurden, so daß die internationalen Spekulanten Aufwertungsgewinne kassierten und die im Einvernehmen mit der Bundesregierung und mit den internationalen Gremien und Institutionen im allgemeinen zu zögernd reagierende Bundesbank die entsprechenden Aufwertungsverluste zu tragen hatte.
- Das Grundkapital der Bundesbank in Höhe von 290 Mill. DM und die Rücklagen in Höhe von knapp 1 Mrd. DM waren weit niedriger als die Verluste der Bundesbank. Damit zeigte sich bereits, daß der bisherige Weg nicht mehr begehbar war, denn er hätte nach kaufmännischen Gesichtspunkten zu einer völligen Überschuldung der Bundesbank geführt. Die Worte des damaligen Präsidenten der Bundesbank (am 12. April 1973): „Wenn man Geld drucken kann, wie man dann in Konkurs gehen soll, das ist schon schwierig", wiesen den Weg der Geldvermehrung, der Inflation, d. h. der Anpassung der Inflationsraten in der Bundesrepublik Deutschland an die Geldentwertungsraten in den wichtigsten Handelspartnerländern. Aufgrund der Erfahrungen

mit zwei Inflationen in diesem Jahrhundert ein mehr als bedenklicher Weg!

- Andererseits hat der Anstieg des Goldpreises je Unze von etwa 150 DM 1968 auf mehr als 800 DM 1979 oder sogar für eine kurze Zeit 1980 auf 850 $ (= 1.500 DM) und auch vergleichbare Werte um 800 DM in den achtziger Jahren (inzwischen wieder gesunken) den Wert der Goldreserven der Bundesbank erheblich erhöht, so daß hier Ausgleichsmöglichkeiten bestanden haben, da das Gold im Prinzip zum Ankaufswert und nicht zum Zeitwert in die Bilanzen einging.

Die erwerbswirtschaftlichen *Banken nahmen an dem wirtschaftlichen Aufstieg* teil; sie trugen ihn zu einem erheblichen Teil mit und halfen auch, die wirtschaftlichen Außenbeziehungen zu verbessern. Dabei wirkte sich positiv vor allem auch aus, daß die privaten Großbanken sich in der ersten Hälfte der fünfziger Jahre wieder regional zusammengeschlossen hatten und sich dann in der zweiten Hälfte der fünfziger Jahre auch auf das gesamte Gebiet der Bundesrepublik bezogen wieder reorganisierten. Sie hatten damit nicht nur ihre alte Leistungsfähigkeit erhalten, sondern waren auch den neuen Anforderungen der Finanzierungsprobleme im nationalen und internationalen Bereich gewachsen.

Zugleich wurden die *Girozentralen im Sparkassensektor* und die zentralen Einrichtungen der *Genossenschaftsbanken* in nationale und internationale Finanzierungsvorhaben eingespannt. Insgesamt entwickelte sich die Bundesrepublik Deutschland zu einem wichtigen Zentrum der internationalen Kapitalversorgung. Man konnte allerdings nicht mit den Steueroasen in Luxemburg, der Schweiz und den Bahamas konkurrieren. Die staatlich verordnete Seriosität stand dabei zu sehr im Vordergrund.

Im *Verkehrsbereich* waren vor allem zwei Entwicklungslinien von Bedeutung, die beide zu einem erheblichen Teil mit dem von der SPD in der großen Koalition und der sozial-liberalen Koalition von 1966 bis 1972 amtierenden Bundesverkehrsminister Georg Leber verbunden sind:

- Stillegungspläne der Bundesbahn setzten auf eine Entwicklung, die vom Straßenverkehr geprägt sein sollte.

- Der Ausbau des Autobahnsystems sollte dafür sorgen, daß jeder Bürger in relativer Nähe zu einer Autobahnauffahrt seinen Wohnsitz haben sollte.

Es handelte sich um eine Anpassung an die im Gang befindliche tatsächliche Entwicklung vor der ersten Ölkrise. Als Fortschritt wurde das angesehen, was eigentlich schon von vielen warnenden Stimmen skeptisch betrachtet wurde. Der freie Bürger sollte aber eben in dieser Zeit nicht in seiner Entfaltungsmöglichkeit begrenzt werden.

Die Sozialpolitik und die sozialen Verhältnisse

Das System der sozialen Sicherheit

Mit dem *Rückgang der Arbeitslosigkeit* erhielt auch die Bundesanstalt für Arbeit eine neue Aufgabe durch das Arbeitsförderungsgesetz von 1969, ferner durch die Ausbildungsförderung.
Die durch die beschleunigte Einführung des technischen Fortschritts häufiger erforderliche Umsetzung an einen anderen Arbeitsplatz oder sogar in andere Berufe (nach einigen Angaben bis zu 3 v. H. der Erwerbstätigen jährlich) und die Weiterbildung und damit die Verbesserung der Qualifikation der Arbeitnehmer werden hierdurch gefördert.
Ein Problem tauchte aber auch nach 1973 auf: Die wachsende Arbeitslosigkeit unter unausgebildeten Jugendlichen und hier insbesondere unter denjenigen ohne Hauptschulabschluß hob die Bedeutung einer guten Ausbildung hervor. Technisiert wurden vor allem Routinearbeitsgänge, die bisher von Hilfsarbeitern oder angelernten Arbeitern bewältigt werden konnten. Die steigenden Löhne gerade auch für die Gruppe der nur durch eine praktische Tätigkeit angelernten Arbeitnehmer begünstigte die Einführung neuer Produktionsverfahren. Es war der Weg zur Automatisation, ein Prozeß, der sich allerdings erst in den folgenden Teilperioden im Zusammenhang mit der elektronischen Datenverarbeitung voll entwickelte.

Die *steigende Lebenserwartung* und die *Verkürzung der Arbeitsjahre* durch eine Verlängerung der Bildungs- und der Ausbildungsgänge, ferner die mögliche Vorverlegung der Altersgrenze für den Übergang in den Ruhestand ließen den Anteil des Sozialbudgets am Bruttosozialprodukt immer mehr steigen.

Die private Vorsorge

Auch die private Vorsorge wurde als *grundlegende oder als ergänzende Absicherung* durch die Steuergesetzgebung gefördert. Gerade im sogenannten selbständigen und unselbständigen Mittelstand waren die Einkommen so hoch, daß man bereit und bestrebt war, mit Hilfe einer privaten Vorsorge die Grundlagen dafür zu schaffen, daß nach dem Ende des Arbeitslebens kein grundlegend niedrigerer Lebensstandard in Kauf genommen werden mußte. Teilweise stand dieses Bemühen allerdings im Zusammenhang mit dem Bestreben zur Verminderung der Steuerlast. Auch wenn man diese Komponente nicht unterschätzen darf, hatte sie doch auch im Sinne des Gesetzgebers eine positive Seite: Es wurde Kapital bei den Lebensversicherungsgesellschaften gebildet, das schon wegen der Risikostreuung sowohl für die öffentliche Hand als auch für die Wirtschaft und für die grundpfandrechtlich gesicherten Kredite im Rahmen des Wohnungsbaues zur Verfügung stand.

Die Verbesserung der sozialen Mobilität durch den Ausbau des Bildungs- und Ausbildungswesens

Das *Bildungs- und Ausbildungswesen* wurde auch in den sechziger Jahren weiterentwickelt. Das duale System, d. h. die Verbindung von praktischer Ausbildung in den Betrieben und von schulischer Ausbildung in den staatlichen Einrichtungen, wie es sich seit der Mitte des 19. Jahrhunderts entwickelt hatte, bewährte sich gerade in einer Zeit der zunehmenden Aufnahme von theoretischen Erkenntnissen in den einzelnen Berufsbereichen.

Fortbildung wurde jetzt zur Forderung der Gewerkschaften, ohne daß aber daran gedacht wurde, diejenigen, die eine formelle Ausbildung aus verschiedenen Gründen versäumt hatten, in solchem Maße mit zusätzlichen Ausbildungselementen zu versorgen, daß sie als Fachkräfte gelten konnten. Auch in den Gewerkschaften dachte man versteinert.

Erst in den siebziger und achtziger Jahren setzte sich der Fortbildungsgedanke für erwachsene Arbeitnehmer durch, auch jetzt nur langsam und kaum im Zusammenhang mit den traditionellen Ausbildungsgängen. Die teilweise oder gänzliche Finanzierung dieser Fortbildung durch die Bundesanstalt für Arbeit hat sicher diese Entwicklung erheblich begünstigt.

Die Neue Linke

Seit Anfang der sechziger Jahre breiteten sich auch in Deutschland die Ideen der Neuen Linken aus, die das *kapitalistische System durch eine Revolution abschaffen* wollten. Im Vergleich zum traditionellen Marxismus ging man aber davon aus, daß von der Arbeiterschaft eine solche gewaltsame Revolution in den meisten Industrieländern nicht mehr zu erwarten sei, da die Arbeiter von diesem System zu sehr eingebunden, zu sehr korrumpiert seien. Minderheiten, wie z. B. die Studenten, müßten hier eingreifen und aktiv werden. Unterstützt und dabei auch andere Bevölkerungsteile an sich ziehend wurde diese Bewegung durch die seit 1964 aufkommenden Demonstrationen gegen den Vietnamkrieg.
Ein wichtiger Motor dieser Bewegung wurde der von den Nationalsozialisten 1933 zur Emigration gezwungene und seit 1934 an US-amerikanischen Universitäten lehrende Philosoph und Sozialwissenschaftler Herbert Marcuse. Er forderte zur Bekämpfung der bestehenden wirtschaftlichen und gesellschaftlichen Ordnung, der vom ihm sogenannten spätkapitalistischen Gesellschaft, auf. Er forderte dabei auch „direkte“ Aktionen, sah sich selbst mithin in der Tradition der französischen action directe aus dem 19. Jahrhundert.
Die Neue Linke hatte ihre größte Wirksamkeit in den Jahren 1967 und 1968. Danach zersplitterte sie. Teilweise wandte sie sich dem Terrorismus (Rote-Armee-Fraktion = RAF), d. h. dem Versuch einer gewaltsamen Beseitigung der Repräsentanten des „spätkapitalistischen Systems“, vor allem des „militärisch-industriellen Komplexes“, zu, teilweise versuchte sie in marxistischen Organisationen, bis hin zu den verschiedenen Nachfolgeparteien der KPD oder auch in einzelnen Gewerkschaften und bei den Jungsozialisten un-

terzukommen. Es begann hier der „Lange Marsch durch die Institutionen“, der häufig nach einigen Jahren in einer Anpassung endete.

Die Änderung der politischen Ausrichtung

In der zweiten Hälfte der sechziger Jahre begann eine stärkere *Vermischung des* oben skizzierten *Wählerfeldes.* Es war die Zeit der Zunahme der Zahl der Wechselwähler. Dabei profitierte vor allem die *SPD* davon, daß sie aus ihrer Mitte sehr unterschiedliche wirtschaftliche und soziale Positionen formulierte und dementsprechend ein *breites Wählerspektrum* ansprechen konnte:

- Die Anhänger der „aufgeklärten Marktwirtschaft“ (Schiller 1970, Parteitag der SPD in Saarbrücken) versuchten, sich entsprechend der Hauptrichtung des Godesberger Programms an die „soziale Marktwirtschaft“ und ihre Erfolge anzuhängen. Teilweise wurde die Marktwirtschaft aber auch in der Erkenntnis ihrer engen Verknüpfung mit der Freiheit des Menschen (Freiheit der Berufs- und Arbeitsplatzwahl, Freiheit der unternehmerischen Entscheidungen) und dem nur dadurch gewährleisteten Schutz vor einem totalitären Staat, der für alle Lebensbereiche Zuständigkeiten hat, anerkannt.
- Die Vertreter der „sozialistischen Marktwirtschaft“ gingen von der Wettbewerbsorientierung und einem genossenschaftlichen, gesellschaftlichen oder staatlichen Eigentum an den Produktionsmitteln aus (Anlehnung an die Bestrebungen in Jugoslawien, deren geringe Effizienz allerdings verdrängend). Diese Richtung wurde vor allem von zahlreichen Jungsozialisten vertreten.
- Der „demokratische Sozialismus“ mit Planwirtschaft und nichtprivatem Eigentum an den Produktionsmitteln wurde vom linken Flügel der SPD und der Jungsozialisten immer wieder als Ziel herausgestellt. Hier tendierte man auch zum sogenannten Stamokap (Staatsmonopolistischer Kapitalismus), der von den Marxisten der DDR zu dieser Zeit, vor allem von Kurt Zieschang und Jürgen Kuczynski vertretenen These, wonach sich der Monopolkapitalismus nur deshalb entgegen der marxistischen Prognose so lange hat halten können, weil der von ihm beherrschte Staat ihn stabilisierte.

Die *CDU/CSU* hatte, abgesehen von der mehr partikularistisch und rechtskonservativen Ausrichtung in Bayern, *keine so weitgehenden Unterschiede* innerhalb der beiden Parteien aufzuweisen. Der Arbeitnehmerflügel (Sozialausschüsse) und der Unternehmerflügel (Wirtschaftsrat) äußerten zwar teilweise ebenfalls gegensätzliche Forderungen. Die verschiedenen Richtungen waren aber nicht sehr ausgeprägt. Das Fehlen einer Uneinigkeit in der CDU beruhte eher darauf, daß man sich lediglich auf die soziale Marktwirtschaft als Idee stützte. Darüber hinausgehende Programmprofilierungen unterblieben aber weithin.

Das öffentliche Finanzwesen

Aufgrund der *ersten größeren Wirtschaftskrise* mit einem geringen Rückgang des Bruttosozialprodukts im Jahre *1967* versuchte man, die Finanzpolitik stärker als einen wichtigen Teil der Wirtschaftspolitik einzusetzen. Das Haushaltsgrundsätzegesetz von 1969 schuf den Finanzplanungsrat für eine langfristige Planung der staatlichen Finanzen in Bund, Ländern und Gemeinden. Das Stabilitätsgesetz von 1967 sah die Einrichtung eines Konjunkturrates und die Bildung der Konzertierten Aktion vor.

Die Finanzpolitik war dann allerdings stärker von den tatsächlichen Verhältnissen, aber auch von der ab 1969 aufkommenden Euphorie geprägt. So wurden die Steuereinnahmen nicht grundsätzlich geändert. Man nahm allerdings in Kauf, daß die *inflationäre Entwicklung* einen immer größeren Teil der Lohn- und Gehaltsbezieher zu Steuerzahlern und in die *Progressionszone des Steuertarifs* trieb, so daß sich der Anteil der Einkommen- und Lohnsteuern an der Gesamtheit der Steuereinnahmen erheblich erhöhte. Bei den Ausgaben wurde vor allem der Anteil der Ausgaben für Bildungsaufgaben erheblich angehoben, während die Ausgaben für das Wohnungswesen und für die Soziale Sicherheit aus den Haushalten der Gebietskörperschaften deutlich zurückgingen.

d) Struktureller Wandel und begrenztes Wachstum (1973 bis 1982)

Ölkrise, Ölpreisschock und Umweltbewußtsein

Die sogenannte Ölkrise war eine *Ölpreiskrise*, keineswegs aber eine Ölmengen- oder Ölversorgungskrise. Die Versorgung mit Öl wurde nicht unterbrochen, so daß die wirtschaftliche Entwicklung hierdurch nicht entscheidend beeinträchtigt wurde. Es kam zwar ab 1974 zu einem wirtschaftlichen Abschwung, der 1975 sogar eine Verringerung des Brottosozialprodukts aufzuweisen hatte. Die Bundesrepublik Deutschland hatte jedoch nur etwa 15 Mrd. DM mehr für eine gleichbleibende Menge an Erdöl aufzuwenden, d. h. etwa 10 v. H. des Wertes der gesamten Einfuhr oder 1,5 v. H. des Bruttosozialprodukts.

Parallel dazu kam es aber aufgrund der *Freigabe der Wechselkurse* seit März 1973 zu einer Verbesserung des Wechselkurses zum Dollar und damit zu den meisten Währungen der wichtigsten Handelspartner von 1973 = 2,7 DM auf 1980 = 1,8 bis 1,9 DM je Dollar. Da ein erheblicher Teil der Einfuhren über Dollar bezahlt wurde, verbilligte sich die Gesamteinfuhr aller Waren erheblich stärker als sich die Erdöleinfuhren durch die Preisanhebungen vom Herbst 1973 und in den Jahren 1978/1979 erhöhten. Es war gewissermaßen ein Glücksfall, daß man deutlich vor der Erhöhung der Ölpreise die Wechselkurse freigegeben hatte.

Die *Wirtschaftskrise* hatte offensichtlich andere *Gründe*. Hier sind insbesondere zu nennen:

- Die *allgemeine Schwäche der Weltkonjunktur*: Sie hatte aber auf die deutsche Exportindustrie zunächst keine entscheidenden negativen Auswirkungen, denn der Export wuchs (in Preisen von 1970, d. h. real) von 1972 = 144 über 1973 = 167 auf 1974 = 188 Mrd. DM. 1975 lag der Wert allerdings mit 168 deutlich unter dem Wert von 1974, aber immer noch geringfügig über dem Wert von 1973. In den folgenden Jahren kam es dann wieder zu einem Anstieg: 1976 = 191 und 1977 = 201 Mrd. DM. Die Länder mit umfangreichen Erdölexporten wollten die zusätzlichen Einnahmen nicht oder kaum horten (z. B. Zunahme der Nachfrage nach Gold). Sie erwarben vielmehr Industriegüter oder sie legten einen

nicht unerheblichen Teil ihrer Gewinne in den Unternehmen der Industrieländer an. An beiden Wegen der Verwendung dieser Mittel war die Wirtschaft der Bundesrepublik beteiligt.

- Die *Inlandskonjunktur* wurde von zahlreichen Faktoren beeinflußt. Dazu gehörten auch die Staatsausgaben, insbesondere die Kreditaufnahmen der verschiedenen Gebietskörperschaften. Diese wuchsen erheblich und sorgten damit auch dafür, daß die Zinsen und die Inflation anstiegen.

Infolge der *wachsenden Staatsverschuldung* stiegen die Zinsen, so daß es zu Engpässen bei der Kapitalversorgung kam, was die Investitionen der Wirtschaft verteuerte, soweit diese über den Kapitalmarkt finanziert werden sollten.

Wirtschaftlicher Wandel und neue Technologien

Wandlungen der Wirtschaftsstruktur

In der allgemeinen Entwicklung setzte sich vor allem die *Verminderung der Arbeitsplätze in der Landwirtschaft* von 1,9 auf 1,3 Mill. Erwerbstätige fort. Auch im Gewerbe sank die Zahl der Erwerbstätigen.

In der *industriellen Wirtschaft* begann ein stärkerer Ausbau der *Automatisierung*, zumal da die Einkommen der unteren Lohngruppen aus sozialen Gründen meistens stärker angehoben wurden als die der anderen Lohngruppen, so daß Routinearbeiten, vor allem Fließbandarbeiten, in zunehmendem Maße durch Roboter ersetzt wurden.

Auch im *Dienstleistungbereich* gab es entsprechende Entwicklungen. So schrumpfte die Handelsflotte wieder (von 1973 = 5,5 auf 1982 = 4,7 Mill. NRT), weil die Konkurrenz zu den Niedriglohnländern in der Werftindustrie und in der Schiffahrt (sogenannte Billigflaggen) selbst immer weniger möglich war oder mindestens schwerer wurde.

Zu den Leistungssteigerungen trugen auch neue Transporttechniken bei. Die Massengutfrachter (Großtanker) und die Containerschiffe (mit einer fünfmal so großen Kapazität wie die herkömmlichen Stückgutfrachter) bestimmten bald weitgehend die Seeschiffahrt. So bestanden (nach der Menge)

mehr als 40 v. H. der Einfuhren der Bundesrepublik Deutschland 1977 aus Erdöl und mehr als 11 v. H. aus Eisenerz, zwei Gütern, die mit großen Frachtschiffen zu sehr günstigen Frachtraten transportiert werden konnten und können.
Auch der Lastwagenverkehr wurde erheblich ausgedehnt; der Fernverkehr stieg auf das Doppelte, während der Nahverkehr kaum noch Zuwächse aufzuweisen hatte. Die Eisenbahn nahm an dieser Entwicklung nicht teil; ihre Transportleistung sank sogar, nicht zuletzt auch durch die Verringerung der Zahl der Bahnstationen.
Für die Banken wurden die Auslandsbeziehungen immer wichtiger, vor allem die ins Ausland gewährten Kredite. So lag die Summe der gesamten Ausleihungen aller Banken 1982 bei 425 Mrd. DM an die öffentliche Hand, einschließlich Bundesbahn und Bundespost, 1.290 Mrd. an Unternehmen und private Haushalte und 286 Mrd. an das Ausland, d. h. etwa 13 v. H. aller Ausleihungen gingen in das Ausland.

Insgesamt änderte sich die *Erwerbstätigenstruktur* in der aus Tabelle 13 ersichtlichen Weise.

Tabelle 13: Änderungen in der Wirtschaftsstruktur der Bundesrepublik Deutschland von 1950 bis 1990 nach Sektoren, gemessen an der Zahl der jeweils Erwerbstätigen

Jahr	Erwerbstätige in Mill.			in v. H.		
	prim.	sek.	tert.	prim.	sek.	tert.
1950	5,02	8,69	6,67	24,6	42,7	32,7
1960	3,62	12,52	10,11	13,8	47,7	38,5
1970	2,26	12,99	11,31	8,5	48,9	42,6
1980	1,40	11,71	13,87	5,2	43,4	51,4
1990	0,96	11,31	16,16	3,4	39,8	56,8

1965 war der Höhepunkt des Anteils des sekundären Sektors an der Gesamtzahl der Erwerbstätigen erreicht. Von diesem Jahr an wuchs der tertiäre Sektor nicht nur rein rechnerisch auf Kosten der Landwirtschaft, sondern auch auf Kosten des produzierenden Gewerbes. Dieser durchgehende Wandel zwischen den *drei Wirtschaftssektoren* wurde noch durch *fortwährende Änderungen* innerhalb der ein-

zelnen Sektoren begleitet. Dabei wurden vor allem die Grundstoffindustrien bedrängt, auch im internationalen Wettbewerb. Hinzu kam die Verbesserung der Produktivität in den Produktionsbereichen, die bisher hauptsächlich durch Hilfsarbeiter und durch angelernte Arbeiter bewältigt wurden, die jetzt aber zur Automatisation wegen der einfachen und regelmäßigen Handgriffe besonders geeignet waren.
Mit dieser *Automatisation* war auch die *Ausbreitung der elektronischen Datenverarbeitung* verbunden, auch wenn der Personal-Computer noch nicht seinen Siegeszug durchführen konnte. Vor allem der Dienstleistungssektor erhielt aber die ersten Impulse einer Technisierung der Tätigkeiten, was bisher als wenig aussichtsreich angesehen wurde. Wenn Fourastié z. B. davon ausging, daß der Dienstleistungssektor die Zeit ab etwa 2.000 bestimmen werde, dann hatte er sicher am Anfang der vierziger Jahre des 20. Jahrhunderts noch nicht die elektronische Datenverarbeitung mit in seine Überlegungen einbeziehen können. Im Ergebnis war vielmehr die Erhöhung der Produktivität des Dienstleistungssektors überraschend. Es wurde ein Teil des Zuwachses am Bedarf von Leistungen aus diesem Sektor neutralisiert und damit wurde die von Fourastié und anderen erwartete, aber dann nicht eingetretene Verbesserung der Produktivität im sekundären Sektor kompensiert.

Die wirtschaftspolitischen Gegenmaßnahmen

Die *konjunkturelle Entwicklung*, die Auslastungsquote der Kapazitäten und damit auch die Unternehmergewinne gingen in den siebziger Jahren, vor allem ab 1974, zurück. Dies hatte Folgen für die wirtschaftlichen Aktivitäten und damit vor allem auch für den Arbeitsmarkt. Es wurden aufgrund der von der sozial-liberalen Koalition bestimmten Rahmenbedingungen Arbeitsplätze abgebaut.
Es gab zwar eine ganze Reihe von *wirtschaftspolitischen Maßnahmen*, die die Konjunktur wieder ankurbeln sollten. Dies geschah jedoch ohne Erfolg, sieht man von zwei Ergebnissen ab:
- Es kam zur *Stagflation*, d. h. zu einer Verstärkung der Inflation und gleichzeitig zu einer Stagnation, 1975 sogar zu einer Vermin-

derung der Wertschöpfung, d. h. zu einem Schrumpfungsprozeß in der volkswirtschaftlichen Gesamtproduktion.

- Aufgrund der zahlreichen, fast verzweifelten *Konjunkturprogramme der von der SPD* geführten Regierung unter dem maßgeblichen wirtschaftspolitischen Einfluß des Ministers und dann Bundeskanzlers Schmidt kam es zu einer erheblichen Erhöhung der Staatsschulden, wodurch die folgenden Jahre der öffentlichen Finanzen grundlegend beeinträchtigt wurden. Schmidt war seit Juli 1972 als Wirtschafts- und Finanzminster, dann ab Dezember 1972 nur noch als Finanzminister, allerdings mit der Übertragung der wichtigsten wirtschaftspolitischen Abteilungen vom Wirtschafts- auf das Finanzministerium, und seit Mai 1974 als Bundeskanzler (bis zum Herbst 1982) weitgehend für die staatliche Finanzpolitik verantwortlich.

Der zunehmende Anteil des Schuldendienstes (Zinsen) an den gesamten Staatsausgaben von 1972 = 3,5 auf 1982 = 8 v. H. zeigt die ganze Dimension dieser völlig verfehlten Haushaltspolitik der öffentlichen Hand. Die in der SPD diskutierte Erhöhung der jährlichen Staatsverschuldung auf deutlich über 40 Mrd. DM für das Haushaltsjahr 1983 zeigt, daß man sich seitens dieser Partei mit den Schulden überhaupt nicht wirklich auseinandergesetzt hatte.
Da sind die vielen *Konjunkturprogramme* seit 1973 eher als Programme der Vermehrung der Staatsschulden und nicht als Programme der Wirtschaftsankurbelung zu bezeichnen, denn die Zahl der Arbeitslosen stieg durchaus weiter. Die verschiedenen Programme und die wirkliche Entwicklung zeigen dies deutlich:

- Juni 1973: Erhebung eines Stabilitätszuschlags und einer Investitionssteuer. Dies sollte konjunkturdämpfend wirken.
- Februar 1974: Programm des Bundes und der Länder für Gebiete mit erheblichen Strukturproblemen.
- Oktober 1974: Bereitstellung von 950 Mill. DM zur Ankurbelung der Konjunktur.
- Dezember 1974: 1,735 Mrd. DM wurden für ein Konjunkturprogramm zur Verfügung gestellt.
- August 1975 wurden 5,75 Mrd. DM für eine Unterstützung der Investitionen, insbesondere der Bauinvestitionen, bereitgestellt; man kann in Anbetracht der tatsächlichen Situation seit Herbst

1973 sagen, daß es sich hier um eine richtige Entscheidung der Regierung unter dem Kanzler Schmidt gehandelt hat, daß diese Entscheidung aber 20 Monate zu spät kam.

- Das Programm zur Verminderung der Jugendarbeitslosigkeit in Höhe von 300 Mill. DM vom Januar 1976 brachte keinen Durchbruch, da nicht erkannt wurde, worauf die Arbeitslosigkeit der Jugend beruhte, nämlich zu einem erheblichen Teil auf der Rationalisierung der routinemäßigen Arbeitsvorgänge durch automatisierte Maschinen.
- Im November 1976 stellte die Bundesregierung einen Betrag von 430 Mill. DM für die Schaffung von Arbeitsplätzen für Schwerbehinderte zur Verfügung.
- Im März 1977 zeigte der verzweifelte Aktionismus seinen Höhepunkt: Ein Programm der Bundesregierung für Zukunftsinvestitonen (oder was man so bezeichnete) sollte der Verbesserung der Infrastruktur, der Umweltverhältnisse, der Verkehrsverhältnisse und der Bildungseinrichtungen dienen.
- Im Mai 1977 wurde von der Bundesregierung ein Programm zur Verminderung der Arbeitslosigkeit festgelegt.
- Im November 1977 wurden Steuerentlastungen und Investitionsförderungen durch ein Gesetz vorgenommen.
- Im Februar 1978 beschlossen Bund und Länder ein Programm in Höhe von 1,1 Mrd. DM, um die Beschäftigungsmöglichkeiten für Jugendliche zu verbessern.

Dies war erforderlich geworden, weil eine unüberlegt schnelle Festlegung höherer Qualifikationen der Ausbilder von Lehrlingen in der Wirtschaft von 1972 bis 1975 die Zahl der Lehrstellen von 600.000 auf 300.000 vermindert hatte. Hinzu kam das Eintreten geburtenstarker Jahrgänge in das Berufsleben und die Verminderung des Bedarfs an Hilfsarbeitern in der Industrie infolge der zunehmenden Automatisierung, d. h. eigentlich hätte alles getan werden müssen, um die Zahl der Lehrstellen zu erhöhen. Die sozial-liberale Koalitonsregierung tat aber gerade das Gegenteil, so daß zahlreiche junge Menschen erheblich benachteiligt wurden, beim Start in das Berufsleben beeinträchtigt wurden. Erst Ende der siebziger Jahre wurde diese Fehlentwicklung wieder ausgeglichen, allerdings nicht durch Maßnahmen der Regierung, sondern durch besondere Anstrengungen der Wirtschaft. Bis 1982 stieg die Zahl der Lehrverträge wieder auf über 600.000.

- Im Juli 1978 kam es zu Steuerentlastungen, um die Nachfrage und damit die Beschäftigungsmöglichkeiten zu verbessern.
- Im Mai 1979 beschloß die Regierung ein Programm zur Bekämpfung der Arbeitslosigkeit. Die Arbeitslosenzahl, die beim Beginn der sozial-liberalen Koalitionsregierung bei etwa 150.000 gelegen hatte, näherte sich langsam der Millionen-Grenze.
- Im Juni 1980 wurden die Unternehmen von einem Teil der Steuerlast befreit, weil man so die Arbeitsmarktsituation zu verbessern hoffte.
- Im April 1981 beschloß die Bundesregierung ein Programm, mit dem die Kredite für Investitionen in der Energiewirtschaft gefördert werden sollten.
- Im Februar 1982 beschloß die Bundesregierung eine „Gemeinschaftsinitiative für Arbeitsplätze, Wachstum und Stabilität".

Aus allen diesen wirtschaftspolitischen Maßnahmen wird deutlich:

- Die Bundesregierung merkte nicht, daß ihre eigene Politik von 1969 bis 1975 zu einer Erhöhung der Arbeitslosenzahl von etwa 150.000 auf mehr als 1 Mill. (1973 = 270.000) geführt hatte. Der Hinweis auf die Ölkrise war letztlich eine Ausrede, denn dadurch konnte nur ein Bruchteil der Arbeitslosigkeit verursacht worden sein.
- Der Aktionismus im Sinne einer Erhöhung der Staatsverschuldung, d. h. auf dem Wege des von Keynes herausgestellten deficit spending, konnte nur dann Erfolg haben, wenn er rechtzeitig und an den richtigen Stellen ansetzte. Es galt, vor allem dauerhafte Stellen in der Wirtschaft zu schaffen und nicht solche Stellen, die eher zeitlich befristeten Arbeitsbeschaffungsmaßnahmen entsprechen. Daher stieg die Zahl der Arbeitslosen weiter auf etwa 2 Mill. zum Ende der sozial-liberalen Koalition, aber auch die kumulierte Verschuldung des Bundes stieg von 45,4 Mrd. DM 1969 über 108,5 im Jahre 1975 auf 309,1 Mrd. DM 1982.

Die *Ergebnisse der sozial-liberalen Koalition* waren mithin eine *hohe Arbeitslosigkeit* und eine durch den Schuldendienst die weiteren *Aktionen* der öffentlichen Hand entscheidend *beeinträchtigende Staatsverschuldung.* Immerhin waren 1970 32, 1983 aber bereits

90 Mrd. DM allein für die Zinszahlungen der öffentlichen Hand auszugeben. Der haushälterische Bundesfinanzminister Fritz Schäffer (Finanzminister von 1949 bis 1957) hatte keinen auf die Solidität der Bundesfinanzen achtenden Nachfolger gefunden.
Das Ergebnis der sozial-liberalen Koalition war eine unsoziale Erhöhung der Arbeitslosenzahl und eine ebenfalls unsozial wirkende Erhöhung der Staatsschulden. Denn letztlich mußten die erfolglosen Arbeitsbeschaffungsprogramme die zukünftigen Ausgabemöglichkeiten für Zukunftsinvestitionen, z. B. im Bildungs- und Forschungsbereich, erheblich beschneiden. Die Wirtschaftspolitik war hektisch und unüberlegt, im Ergebnis sogar schädlich für die weitere Entwicklung.

Außenhandel und europäische Integration

Der *Außenhandel* der Bundesrepublik Deutschland konzentrierte sich immer mehr auf die *westlichen Industrieländer.* Hier lag die finanziell abgesicherte Nachfrage. Der Anteil am Export lag bei diesen Ländern bei 75 v. H., während der Handel mit den Entwicklungsländern, einschließlich der Opec-Länder nur 17 v. H. und der mit den Staatshandelsländern sogar nur etwa 5 v. H., davon 2 v. H. mit der DDR, betrug. Innerhalb der EWG bzw. EG wurden zunächst mehr als 40 v. H. des Außenhandels der Bundesrepublik abgewickelt, nach der Erweiterung auf 9 fast 50 v. H. und nach der Erweiterung auf 12 sogar mehr als 50 v. H.
Ein wichtiger Schritt zur weiteren Integration innerhalb der Europäischen Gemeinschaft war die Schaffung des *Europäischen Währungssystems (EWS)* im Jahre 1979. Die Wechselkurse zwischen den beteiligten Ländern wurden festgelegt und durften innerhalb eines bestimmten Rahmens schwanken. Es zeigte sich aber im Grunde, daß hier ein voreiliger Schritt getan worden war, denn die Inflationsraten waren in den beteiligten Ländern aufgrund der unterschiedlichen Wirtschafts-, Finanz- und Währungspolitik sehr unterschiedlich, so daß die Währungen der stärker durch inflationäre Entwicklungen betroffenen Länder im Kurse über den zugelassenen Rahmen hinaus sanken. Die Zentralbanken der anderen Länder hatten Stützungskäufe zu tätigen und bei der dann doch meistens

eintretenden Entwertung erhebliche Verluste zu verzeichnen. Besonders dramatisch waren diese Vorgänge um die italienische Lira und das britische Pfund im Sommer 1992. Damit wurden aber gleichzeitig auch die Nachteile einer zu schnellen Einführung einer einheitlichen europäischen Währung deutlich.

Die sozialen Wandlungen

Die sozialpolitischen Folgen der Wirtschaftspolitik

Die Wirtschaftspolitik der sozial-liberalen Koalition wirkte sich verheerend aus. Die *Zahl der Arbeitslosen stieg* von 1969 = 179.000 über 1972 = 246.000 bis 1982 auf fast 2 Mill. Daran hatte vor allem die von Helmut Schmidt getragene Wirtschaftspolitik einen entscheidenden Anteil, vgl. Abbildung 57. Es war die gegenläufige Politik wie in der Periode des „Wirtschaftswunders" von 1949 bis 1961.

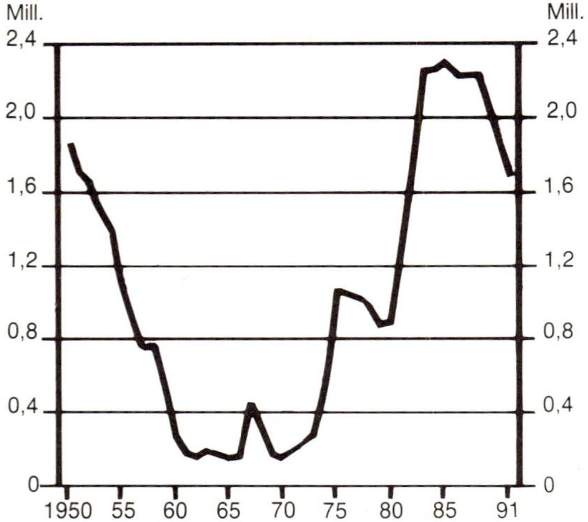

Abb. 57: Zahl der Arbeitslosen in der Bundesrepublik Deutschland von 1950 bis 1991 (bis 1958 ohne das Saarland. – Früheres Bundesgebiet).

Die *wachsende Arbeitslosigkeit* hatte nicht nur unmittelbare Folgen für die betroffenen Erwerbspersonen und ihre Familien, sondern aufgrund der Beiträge zum System der Sozialen Sicherheit auch auf die finanzielle Situation eben dieses Sicherheitssystems und über die nicht erwirtschafteten Steuern (Lohnsteuern und Steuern der Unternehmen) auch auf die Finanzen der öffentlichen Hand.
Dies hatte auch zur Folge, daß über die *Zunahme der inflationären Entwicklungen* die Belastungen der Arbeitnehmer immer größer wurden. Selbst bei den unteren Einkommensgruppen waren bis zu einem Drittel der Bruttolöhne, ohne Arbeitgeberanteile, an Steuern und Beiträgen zur Sozialversicherung zu leisten. Damit war eigentlich die Grenze der Belastbarkeit erreicht, sollte nicht ein größerer Teil der Gruppe teilweise der Sozialhilfe zur Last fallen, zumal da die Steuerbelastung bereits zugriff, wenn die Einkommen noch nicht einmal die Obergrenze der Sozialhilfe erreicht hatten.

Die Sozialpolitik und die sozialen Verhältnisse

Gerade die inflationäre Entwicklung sorgte dafür, daß nicht nur die Sparer, d. h. viele „kleine" Leute, sondern auch die Bezieher kleiner Renten immer stärker benachteiligt wurden. Die Zahl der Renten, die unter den Sozialhilfesatz fiel, nahm stark zu. So lag 1979 die durchschnittliche Altersrente für einen Arbeiter bei 661 DM/Monat, die Unfallrente bei einem vollen Verlust der Erwerbsfähigkeit bei zwei Drittel des letzten Lohnes. Zusatzversorgungen für die ehemals im öffentlichen Dienst Beschäftigten und betriebliche Altersversorgungen für etwa zwei Drittel der in der privaten Wirtschaft Tätigen brachten hier teilweise eine notwendige Ergänzung, entlasteten vor allem aber die zur Zahlung von Sozialhilfe verpflichteten Gemeindehaushalte.
Die *Zahl der Sozialhilfeempfänger nahm erheblich zu.* Sie lag 1969 bei fast 1,5 Mill., 1973 bei etwas über 1,7 Mill. und 1983 bei 3,1 Mill. Wachsende Inflation und steigende Arbeitslosigkeit wirkten sich vor allem sozial sehr negativ aus.
In der Sozialpolitik gab es einige Änderungen innerhalb des Systems der gesetzlichen Sozialversicherung. Vor allem wurde aber

das *Problem der Mitbestimmung* der Arbeitnehmer in den Unternehmen geregelt:

- Das *„Erweiterte Mitbestimmungsgesetz"* vom März 1976 sah eine paritätische Verteilung der Stimmen zwischen Arbeitnehmervertretern und Aktionärsvertretern vor, wobei die Stimme des Aufsichtsratsvorsitzenden bei Stimmengleichheit den Ausschlag geben sollte. Die sogenannten leitenden Angestellten stellten innerhalb der Mitarbeitervertreter eine besondere Gruppe, von der man annahm, daß sie sich hauptsächlich zu den Vertretern des Kapitals schlagen würden.
- In den *Unternehmen der Gewerkschaften* war eine solche *Mitbestimmung keineswegs vorhanden* und wurde auch nach 1976 recht restriktiv angewendet.
- In Unternehmen, die wirtschaftlich keinen Erfolg hatten, sahen auch die Vertreter der Arbeitnehmer, d. h. die Gewerkschaftsfunktionäre die Probleme keineswegs, d. h. die *Mitbestimmung* trug *keineswegs zur wirtschaftlichen Stabilisierung der Unternehmen bei.* Vor allem der Absturz der AEG ist hier zu nennen, während man bei den gewerkschaftlichen Eigenbetrieben die Funktionärswirtschaft als Entschuldigungsgrund akzeptieren muß (Konsum bzw. Coop, BfG, Neue Heimat usw.).

Die politischen Verhältnisse

In der Periode von 1973 bis 1982 wurde die Politik wie überhaupt seit 1969, d. h. seit der Schaffung der sozial-liberalen Koalition, weitgehend von der SPD bestimmt, zumal da die FDP beweisen wollte, daß sie nicht generell eine Wirtschafts- und Sozialpolitik vertreten wollte, wie sie von der CDU/CSU formuliert worden war. In der SPD gab es aber einen erheblichen Widerstreit, der sich nach der Regierungsbildung nach und nach immer stärker herausbildete, da die politischen Flügel der Partei immer weniger bereit waren, Kompromissen zuzustimmen. Die Partei war zunächst euphorisch eingestellt. 1982 verweigerte sie aber dem Bundeskanzler Schmidt die Kurskorrektur zur Vernunft, d. h. die Zustimmung zu Entscheidungen für eine wirtschaftliche und vor allem währungspolitische Stabilität (Staatsschulden, Währungsstabilität).

Die CDU/CSU-Fraktion profitierte von den Fehlern der sozial-liberalen Koalition, nicht aufgrund eigener Programme. Dies gilt z. B. für das Ergebnis des Grundsatzkongresses der CDU von 1977, der keine wirklich neuen Pespektiven hervorbrachte.
Die CDU verlor in der zweiten Hälfte der sechziger und in den beginnenden siebziger Jahren einen erheblichen Teil ihrer traditionellen, d. h. ihrer katholischen Wähler an die SPD. Nicht mehr die Konfession, sondern die eigene soziale Einordnung wurde für die Wahlentscheidung entscheidend.

Die staatlichen Finanzen, insbesondere die wachsende Staatsverschuldung

Der Wille zu *Änderungen* wurde ab 1969 vor allem mit einer *Vermehrung der staatlichen Ausgaben* angegangen. Die Staatsquote, d. h. die Ausgaben des Staates (Bund, Länder, Gemeinden, Sondervermögen, Sozialversicherung usw.), stieg von 1969 weniger als 40 v. H. auf fast 50 v. H. im Jahr 1982, d. h. um ein Viertel. Zu einem erheblichen Teil wurde dieser Ausgabenzuwachs durch eine *kräftige Erhöhung der Staatsschulden* erreicht. Die jährliche Nettoneuverschuldung des Bundes stieg von 1969 bis 1982 von 2 Mrd. auf 36 Mrd. DM. Der Bundeskanzler Schmidt scheiterte im Herbst 1982 zu einem erheblichen Teil daran, daß er nicht bereit war, für 1983 sogar eine Nettoneuverschuldung des Bundes auf deutlich über 40 Mrd. DM zu akzeptieren, was von der Mehrheit seiner Partei gewünscht wurde. Der Schuldenberg des Bundes wuchs von 1969 bis 1982 von knapp über 50 auf 309 Mrd. DM, die jährlichen Ausgaben für den Schuldendienst von weniger als 3 auf 18 Mrd. DM. Die sozial-liberale Koalition war dabei, den Staat finanziell zu strangulieren.
Auch die Länder und die Gemeinden erhöhten ihre Verschuldung erheblich, unabhängig von der regierenden Partei, d. h. auch unter CDU- oder CSU-Regierungen in den Ländern und CDU- und CSU-Parlamenten in den Gemeinden und Gemeindeverbänden.

Steigende Zinssätze (für langfristige Kredite: 1961/65 = 6,2 %, 1971/75 = 9 %, 1981 = 10,6 %), eine erheblich stärker als das Sozialprodukt wachsende Geldmenge und steigende Inflationsraten (Jahresrate 1961/1965 = 3,7 %, 1971/75 = 6,5 %) waren die unmittelbaren Folgen. Zwar behauptete der

Bundesminister Helmut Schmidt, lieber 5 v. H. Geldentwertung hinnehmen zu wollen als 5 % Arbeitslosigkeit. Unter der Politik der sozial-liberalen Koalition stieg die Inflationsrate jedoch deutlich über 5 % an, 1971 erreichte sie sogar 8,1 %. Die Arbeitslosenquote stieg von 1969 = 0,7 v. H. auf 1982 7,5 % und 1983 = 9,1 %. Sie folgte der Geldentwertungsrate mit einem Abstand von etwa 2 bis 3 Jahren. Dabei haben sicher auch andere Faktoren als die Anhebung der Ölpreise im Herbst 1973 und die mit dieser Ölpreiskrise zusammenhängende Beeinträchtigung der Weltkonjunktur mitgewirkt, obgleich man gerade diese Ölkrise oder besser Ölpreiskrise immer wieder als entscheidenden Faktor in der politischen Diskussion herausgekehrt hat, nicht zuletzt, um die eigenen Fehlentscheidungen zu vertuschen.
Wichtig war auch der *Dollarkurs*, weil Auswirkungen auf die Exportmöglichkeiten, z. B. auf den Automobilabsatz in den USA, zu verzeichnen waren. Erstaunlich war aber, daß die Japaner hierdurch nicht entscheidend beeinträchtigt wurden. Die hohen Inflationsraten und die zunehmende Arbeitslosigkeit bewirkten auch bei der von der Bundesregierung unabhängigen Bundesbank eine schärfere Herausarbeitung ihrer Aufgaben als Hüterin der Währung, d. h. der Währungsstabilität, zugleich auch mit Verantwortung für die gesamtwirtschaftliche Entwicklung.

Das Ergebnis der so beeinflußten Finanzpolitik waren *Wandlungen in der Einnahmen- und Ausgabenstruktur* der öffentlichen Hand:
- Die Lohn- und Einkommensteuern nahmen überproportional zu. Sie stiegen von 18 v. H. im Jahre 1950 über 1971 35 v. H. auf 1985 49 v. H. der gesamten Steuereinnahmen.
- Bei den Verbrauchsteuern trat im Grunde keine Veränderung ein.
- Die Bedeutung der Bagatellsteuern wurde immer geringer, auch ein Zeichen der Rationalisierung des Steuersystems.

Es wurde in den siebziger Jahren üblich, darauf hinzuweisen, daß der *öffentlichen Armut*, die sich vor allem bei den finanziell schlecht ausgestatteten Gemeinden häufig in der Nähe der Tragfähigkeit der Schulden bewegte, ein *privater Reichtum* gegenüberstand bzw. gegenübersteht. Der öffentliche Verbrauch stieg so von 1960 bis 1971 um 218 v. H., der private jedoch „nur" um 138 v. H. Die öffentlichen Investitionen wuchsen in derselben Zeit um 232 v. H., die der privaten Wirtschaft aber „nur" um 170 v. H. Die Zunahme der öffentlichen Schulden hatte mithin auch in dem privaten Verbrauch keine Begründung.

Ein nicht unerheblicher Teil der Verschuldung der Gemeinden ist dabei häufig zudem einer starken Tendenz zu repräsentativen und nicht reinen Zweckbauten (z. B. individuell geplanten und ausgeführten „Schwimmopern", nicht aber genormten oder auch sonst in der Ausführung einfachen Schwimmbädern usw.) zu verdanken. Auch ist es keine Ausnahme, daß die leitenden Beamten einer Stadtgemeinde sich umfangreiche zinsverbilligte Baudarlehen und auch solche Dienstfahrzeuge (ebenfalls für den privaten Gebrauch) zugestehen (lassen). Öffentliche Verkehrsmittel, auf die man die Einwohner der Orte immer wieder verweist, werden von den leitenden Beamten einer Stadt nur ausnahmsweise angenommen. Das Finanzgebaren der Gemeinden ist eher darauf ausgerichtet, die Kreditwürdigkeit zu beweisen, als durch sparsame Haushaltsführung Kredite zu vermeiden. Die Geldentwertung unterstützt noch diese Haltung, denn jeder Prozentpunkt der Inflation bedeutet einen Prozentpunkt der Entschuldung des betreffenden öffentlichen Haushaltes in realen Einheiten, aber zugleich einen Prozentpunkt der Verkürzung der Ansprüche des Kreditgebers. Man muß in diesem Zusammenhang nicht unbedingt von Betrug sprechen. Es grenzt aber mindestens daran.

Trotzdem kamen die meisten *Gemeinden* bereits in dieser Zeit an die *Grenze ihrer Schuldenkapazität*, wie die Stagnation der Schulden, in realen Einheiten ausgedrückt, in den achtziger Jahren zeigt. Dies war sowohl Ausdruck einer vorsichtigeren Finanzpolitik als auch Zeichen dafür, daß man die durch die Inflation immer wieder gewachsenen Freiräume nutzte. Die Zinsanteile der Staatsausgaben stiegen von 1973 bis 1982 von 3,7 auf 8 v. H. (von 10,5 auf 44,7 Mrd. DM), die Investitionen und ähnlichen Ausgaben fielen von 23,1 auf 17 v. H. (von 64,7 auf 95,7 Mrd. DM). Der öffentliche Verbrauch wuchs von 73,2 auf 75 v. H. (von 205,3 auf 420,6 Mrd. DM). Für die gesamtwirtschaftliche Entwicklung wirkte sich vor allem die starke Verminderung der Investitionsanteile negativ aus.

e) Neuer Aufbruch und auf dem Weg nach Europa (1982 bis 1990)

Wirtschaftliche Entwicklung und Wirtschaftspolitik

Auch unter der neuen Regierung Kohl, die eigentlich eine Wende bewirken wollte, setzte sich die Entwicklung im Grundzug fort. Dies lag vielleicht auch daran, daß man sich mit der allgemeinen Charakterisierung der Wende als eine geistig-moralische Wende nicht festgelegt hatte, weil man überhaupt nicht wußte, was man wollte, außer daß man die Macht erlangen wollte. Die Fortsetzung der alten Wirtschaftspolitik zeigte sich insbesondere bei den *zwei Wirtschaftszweigen* mit hohen *Subventionen*. Die Zahl der Erwerbstätigen in der *Landwirtschaft* fiel von 1982 = 1,3 auf 1990 nur noch knapp 1 Mill.(= minus 23 v. H.); im *Steinkohlebergbau* war der Rückgang noch geringer, nämlich von 188.000 auf 173.000 Erwerbstätige (= minus 8 v. H.). Daß die Landwirtschaft auch jetzt noch hohe direkte und indirekte Subventionsleistungen erhielt, hing auch damit zusammen, daß es weltweit kaum eine Agrarpolitik ohne Subventionen gab oder gibt, was eigenartigerweise vom Bauernverband nicht herausgestellt wird.

Im übrigen ist die gewaltige Verminderung der Erwerbstätigenzahl in beiden Branchen von 1949 bis 1990 unter zwei Gesichtspunkten zu sehen:

- Aufgrund der weltweit sich verändernden Rahmenbedingungen der Produktion werden immer wieder einzelne Wirtschaftszweige bedrängt. Es ist Aufgabe der Wirtschafts- und der Finanzpolitik, diesen Wirtschaftszweigen die Anpassung an die veränderten Rahmenbedingungen zu ermöglichen, soziale Härten auszugleichen.
- Es ist außerdem aber auch zu berücksichtigen, ob und in welchem Maße man eine Produktion von Grundbedarfsgütern im eigenen Land grundsätzlich bewahren will.

Im Grunde läuft diese politische Betrachtung darauf hinaus, daß man eine Anpassung vornehmen bzw. begünstigen sollte. Dies ist leider für beide Wirtschaftszweige nicht geschehen. Vielmehr stand die weitgehende Konservierung und damit eine sinnlose

Verschleuderung von volkswirtschaftlichen Mitteln (direkte und indirekte Subventionen) im Vordergrund.

Im übrigen waren die Wandlungen in der Wirtschaftsstruktur vor allem durch eine *Ausweitung des tertiären Sektors* bestimmt. Dabei nahm insbesondere der *Straßenverkehr* noch erheblich zu (PKW: 1982 = 24,1; 1990 = 30,7; LKW: 1982 = 1,3; 1990 = 1,4 Mill.), ferner die Leistungen von *Banken* (Bilanzsummen: 1982 = 2,11 Bill. DM; 1990 = 3,83 Bill. DM), *Versicherungen* (Prämieneinnahmen: 1982 = 115; 1990 = 184 Mrd. DM) und *Handel.*

Die *Binnenschiffahrt* blieb auf einem niedrigen und subventionierten Niveau (Wegekosten). Die Eröffnung des Main-Donau-Kanals im Sommer 1992 verbesserte zwar die Transportmöglichkeiten von den Rheinmündungshäfen bis zu den Donaumündungshäfen, über eine Distanz von etwa 3.500 km, brachte aber keine wirklichen wirtschaftlichen Impulse. Schon der erste entsprechende Kanal hatte in den dreißiger und vierziger Jahren des 19. Jahrhunderts unter der parallel aufkommenden Eisenbahn zu leiden, so daß er bald versandete und nicht mehr genutzt wurde. Im Verhältnis zu den Bau- und den Unterhaltungskosten, die die öffentliche Hand trägt, sind die von den Binnenschiffern zu zahlenden Gebühren äußerst gering. Im übrigen setzte sich der Trend fort, daß die Tragfähigkeit der deutschen Binnenschiffe in dieser Zeit weiter stagnierte: 1982 = 3,4; 1990 = 3,5 Mill. t Tragfähigkeit.

Die Tragfähigkeit der *Seehandelsflotte* verminderte sich weiter auf 3,8 Mill. NRT. Daneben wurde aber ein zweites Register zur Beschäftigung von ausländischen Seeleuten zu niedrigeren Tarifen eingerichtet. Außerdem wurde ein Teil der Schiffe deutscher Reeder unter Billigflaggen geführt, so daß im Ergebnis der Zuwachs an Schiffstonnage im Eigentum deutscher Unternehmer nicht genau feststellbar ist. Schätzungen gehen dahin, daß mindestens die Hälfte der deutschen Eigentümern gehörenden Schiffe nicht im deutschen Register geführt wird.

Seit 1983 stiegen die *Unternehmergewinne* wieder, wie allgemein die *Beschäftigungssituation* in der Wirtschaft sich verbesserte. Die Zahl der Erwerbspersonen stieg von 28,6 Mill. im Jahre 1982 auf 30,3 Mill. im Durchschnitt des Jahres 1990, d. h. um 1,7 Mill. Es kam daher nicht zu einem entscheidenden Abbau der Arbeitslosigkeit, denn 1982 waren von den 28,6 Mill. Erwerbspersonen fast 2

Mill. arbeitslos, im Herbst 1982 beim Regierungswechsel sogar etwas über 2 Mill. Bis zum Jahre 1990 stieg die Zahl der Erwerbstätigen zwar von 26,7 auf 28,4 Mill., d. h. um 1,7 Mill. Die Zahl der Arbeitslosen war zwischenzeitlich auf bis 2,3 Mill. (1985) angestiegen. Dies beruhte aber allein darauf, daß die Zahl der Erwerbspersonen zugenommen hatte, denn von 1982 bis 1985 war auch die Zahl der erwerbstätigen Erwerbspersonen etwa gleich hoch geblieben. Die Zunahme der Zahl der Arbeitsplätze hatte nur den Zuwachs der für ein Beschäftigungsverhältnis bereitstehenden Personen kompensiert.

Der *Außenhandel* behielt für die Wirtschaft eine zentrale Position. Von 1982 bis 1990 gingen fast 30 v. H. der industriellen Produktion ins Ausland. Der überwiegende Teil des Exports (55 v. H.) ging in die EG-Länder, weitere 30 v. H. in andere westliche Industrieländer, etwa 4,6 v. H. in die Staatshandelsländer, darunter weniger als 2 v. H. in die DDR, und wenig mehr als 10 v. H. in die Entwicklungsländer, einschließlich der OPEC-Länder.

Dabei war ein erheblicher *Wandel* sowohl in der Struktur des *Absatzes im Ausland* als auch *im Inland* zu verzeichnen. Die einzelnen Wirtschaftszweige wurden von den Änderungen unterschiedlich betroffen. Die Stahlindustrie erwies sich als ein Wirtschaftszweig, der zwar zeitweise große Gewinne einfahren konnte, aber immer wieder auch Krisen ausgesetzt war, da die ausländischen Stahlproduzenten durch Subventionen und Billiglöhne bevorzugt wurden. Hinzu kam für die deutschen Stahlunternehmen die Verpflichtung zur Abnahme der im Vergleich zu den Weltmarktpreisen teuren einheimischen Steinkohle.

Aber auch in solchen Wirtschaftszweigen, die im allgemeinen auf der günstigen Seite der Wirtschaftsentwicklung standen, gab es erhebliche *Turbulenzen, wenn das Management Fehler machte.* Dazu gehörte zunächst die AEG, bald gefolgt von den Unternehmen des Deutschen Gewerkschaftsbundes: Neue Heimat, Coop (Konsum), Bank für Gemeinwirtschaft usw. Die Grundlage wurde hierfür in den sechziger und siebziger Jahren gelegt, weil man offensichtlich davon ausging, daß Unternehmen grundsätzlich immer nur erfolgreich sein können. Man verwirtschaftete innerhalb weniger Jahrzehnte die seit mehr als einem Jahrhundert von den Konsum- und allgemein Gewerkschaftsmitgliedern finanzierten Unternehmen. Die Gewerkschaftsfunktionäre nahmen diese gewaltigen Verluste relativ gelassen hin und nur wenige verloren ihre Posten oder wurden zur Verantwortung gezogen. Sie verlebten oder verleben ihren Ruhestand in materiell abgesicherten Positionen, finanziert von den zuvor vorgenommenen Abzweigungen.

Die Finanzpolitik und die staatlichen Finanzen

Wichtig war eine *Verlangsamung des Wachstums der Staatseinnahmen*, d. h. im Ergebnis eine Verminderung der Staatsquote von fast 50 v. H. des Bruttosozialproduktes 1982 auf 1989 = 45 v. H. Dabei war nicht unwichtig, daß man durch die Progression bei der Lohn- und Einkommensteuer an die Grenzen der von den Betroffenen akzeptierten Belastungen geriet. Im übrigen wurde die *hohe Verschuldung des Bundes und der anderen Gebietskörperschaften* nicht abgebaut, sondern lediglich der Zuwachs an Schulden vermindert. Immerhin war die SPD im Sommer 1982 noch von einer Nettoneuverschuldung in Höhe von deutlich über 40 Mrd. DM im Jahre 1983 ausgegangen. Auch wenn der Rückgang der neuen jährlichen Schulden des Bundes nur sehr langsam erfolgte, muß man dem Bundesfinanzminister Gerhard Stoltenberg zusprechen, daß er überhaupt die Wende erreicht hat. Die Nettoneuverschuldung sank von etwas über 40 Mrd. DM auf etwa 25 Mrd. DM, ein im Vergleich zur Vergangenheit niedriger, aber unter Berücksichtigung der künftigen Belastung immer noch zu hoher Betrag. Stoltenberg fand aber für weitere Konsolidierungsmaßnahmen nicht die erforderliche Unterstützung in der christlich-liberalen Koalition.

Ursachen und Auswirkungen der Inflation

Die *Bekämpfung der inflationären Entwicklung* setzte bereits unter dem Bundeskanzler Schmidt im Sommer 1982 ein. Man wollte damit die eigenen Fehler korrigieren. Die SPD stand dabei in ihrer Mehrheit nicht hinter Schmidt, was entscheidend zum Ende der sozial-liberalen Koalition beigetragen hat. Gegenmaßnahmen gegen die Inflation waren:

- Erhaltung der 1973 eingeführten *freien Wechselkurse*, um die inflationären Einflüsse aus dem Ausland zu vermindern.
- Eine *Steuerung der Geldmenge* durch die unabhängige Bundes-

bank, aber Ausrichtung auch der staatlichen Wirtschaftspolitik auf eine Unterstützung der Bundesbank in diesem Punkt.

- Eine Begrenzung, möglichst eine *Verminderung der Staatsquote* (direkte, indirekte Steuern und Leistungen für das Sozialversicherungssystem), da die einzelnen Bestandteile der Staatsquote entweder als Kosten direkt die Preise erhöhen oder bei den Gewerkschaften die Forderungen nach einem Lohnausgleich zur Erhaltung des Realeinkommens bewirken.
- *Erhöhung der Arbeitseinkommen* nur in dem Maße, wie die durchschnittliche *Produktion* steigt, da jede höhere durchgesetzte Forderung den Spielraum der Unternehmen, die Lohn- und Gehaltserhöhungen aufzufangen, überschreitet.
- Verringerung der Unternehmensgewinne nicht durch Wegsteuern, sondern eine *Verbesserung des Wettbewerbs*, so daß die in der technischen Entwicklung zurückbleibenden Unternehmen bestraft werden.
- Erst die 1982 durch den Bundeskanzler Schmidt einsetzenden Bemühungen zur *Begrenzung der Staatsverschuldung* brachten die Grundlage für eine Verbesserung der Geldwertstabilität, so daß sie in den achtziger Jahren auf durchschnittlich 2 v. H. sank und 1986 sogar bei – 0,2 v. H. lag.
- Ein großes Problem kam für die Stabilisierung der Währung aber in diesem Jahrzehnt noch hinzu: Die *Überschuldung der Entwicklungsländer* und die sich zur *Überschuldung* entwickelnden Schulden *der Staatshandelsländer* (Ostblock).

Die *Auswirkungen der Inflation* waren bei einer längerfristigen Betrachtung erheblich:

- Insgesamt haben sich die *Lebenshaltungskosten* von 1949 bis 1990 um 225 v. H. *verteuert* (1949 = 100; 1990 = 325).
- Damit sind die *Einkommen* derjenigen , die *nicht* über Lohn- und Gewinnerhöhungen einen *Ausgleich* gehabt gaben, *wertmäßig* erheblich *gesunken*.
- Ein Problem besonderer Art stellten und stellen die *Wohnkosten* dar. Baukosten und Betriebskosten stiegen und steigen ständig. Die Gesetzgebung sorgte aber bei dem überwiegenden Teil der vermieteten Wohnungen dafür, daß die Angleichung der Mieten

an diese steigenden Kosten nur sehr zögerlich erfolgen konnte, mit dem Ergebnis, daß der erwerbswirtschaftliche Mietwohnungsbau sowohl von Versicherungen und anderen Großunternehmen als auch von kleineren Kapitalanlegern gemieden wurde und wird. Das System (Inflation und Mietenschutz) sorgt für eine Dauerhaftigkeit der Wohnungsnot.

- Der *Wert der Geldvermögen* ist aufgrund der Inflation erheblich *zurückgegangen.* Hier sind die wichtigsten Verlierer der Inflation angesiedelt: Die große Zahl der Sparer, vor allem *der kleinen Sparer*, die vorsorglich einen Notgroschen zurückgelegt haben; Personen, die *Versicherungsansprüche* haben, die ebenfalls zum überwiegenden Teil solche Versicherungsverträge aufgrund von Überlegungen der Vorsorge abgeschlossen haben; *Erwerber von Rentenpapieren*, insbesondere von Staatspapieren.
- Die unterschiedliche Entwicklung der *Sach- und* der *Geldvermögen* führte zu einer *Bevorzugung* der ersten Gruppe und verringerte damit die Beweglichkeit des wirtschaftlichen Geschehens. Nur weil viele Menschen nicht langfristig denken und planen oder den Inflationsverlusten aus anderen Gründen nicht ausweichen konnten und können, waren die Beeinträchtigungen der Wirtschaft und der Staatsfinanzen nicht sehr groß.
- Die *öffentliche Hand hat wie jeder Schuldner* langfristiger Kredite *von der Inflation profitiert.* Eine Inflationsrate von 3,4 v. H. im Jahre 1990 führte z. B. dazu, daß die öffentlichen Schulden in Höhe von 1.053 Mrd DM ohne einen Pfennig Amortisation bereits real um 34 Mrd. DM abnahmen, auf Kosten der Zeichner von staatlichen Schuldtiteln. Z.Zt. des Kanzlers Brandt waren es bei einer Inflationsrate in Höhe von 7,8 v. H. im Jahre 1971 bei 140 Mrd. DM Staatschulden insgesamt nur 11 Mrd. DM gewesen, am Ende der sozial-liberalen Koalition bei einer Inflationsrate von 4,4 v. H. und einer Staatsverschuldung von 615 Mrd. DM bereits 27 Mrd. DM.

Neue Impulse für die europäische Vereinigung

Mit der Übernahme des Präsidiums der Europäischen Gemeinschaft durch den Franzosen *Jacques Delors* im Jahre 1985 erhielt

die *Vereinigungspolitik* innerhalb der EG neue *Impulse*. Etwa 300 Richtlinien und Verordnungen bereiteten den gemeinsamen Markt zum 1. Januar 1993 vor. Die „Einheitliche Europäische Akte" von 1987 bot die Geschäftsordnung für diese Verhandlungen, ihre Ergebnisse und deren Anwendung.
Parallel förderte man die *Liberalisierung* und die *Deregulierung* innerhalb der EG, in der Erkenntnis, daß man die Reglementierung in den vorhergehenden Jahrzehnten an vielen Stellen zu weit getrieben hatte. Es kam auch das Wort von der *Subsidiarität* auf, d. h. man folgte dem Grundsatz, daß die EG keineswegs alle Entscheidungen an sich ziehen sollte, sondern daß den Mitgliedsländer ein möglichst weiter Spielraum belassen bleiben sollte.
Dabei waren die von den wenig entwickelten Mitgliedsländern geforderten *Transferleistungen* positiv zu sehen, sofern sie wirklich für die Weiterentwicklung des jeweils eigenen Landes ausgegeben werden sollten. Die wirtschaftlichen Fortschritte in Portugal, in Spanien und teilweise auch in Irland zeigen das Ergebnis einer Kombination von zentraler Hilfe aus den Kassen der EG und von eigener Wirtschaftspolitik der beginnenden *Liberalisierung*.
Für alle Länder wirkte sich positiv aus, daß gerade der *Handel in der EG überproportional wuchs*. So stieg der Anteil des Außenhandels der Bundesrepublik Deutschland mit EG-Ländern auf über 50 v. H., der Anteil des Außenhandels Irlands, Portugals und Spaniens mit den EG-Ländern auf etwa 75 v. H.

Die sozialen Probleme

Die Arbeitslosigkeit

Der *hohe Sockel der Arbeitslosigkeit* des Jahres 1983, den die christlich-soziale Koalition von der sozial-liberalen Koalition unter dem Kanzler Schmidt geerbt hatte, konnte nicht entscheidend abgebaut werden, da die Zahl der Erwerbspersonen anstieg, so daß die Zunahme der Erwerbstätigen allenfalls den Zuwachs der auf den Arbeitsmarkt drängenden Personen ausgleichen konnte. Die Arbeitslosenzahl stieg zunächst noch von 1982 = 1,82 auf 1983 = 2,3 Mill., stagnierte dann und fiel schließlich bis 1991 auf 1,6 Mill. Die

Zahl der Erwerbstätigen wuchs zugleich von 26,48 Mill. im Jahre 1983 auf 28,89 Mill. 1991 (plus 2,41 Mill.). Dabei stieg die Zahl der *Teilzeitbeschäftigten* von 3,4 auf 4,9 Mill., d. h. fast die Hälfte aller neuen Arbeitsplätze gehörte zu dieser Gruppe.

Eine *Verbesserung der beruflichen Qualifikation* der Erwerbspersonen und der Rahmenbedingungen für die Unternehmen hatte sich als erfolgreicher erwiesen als umfangreiche staatliche Finanzierungsprogramme der vorhergehenden Jahre. Man erkannte, daß vor allem wenig oder nicht beruflich vorgebildete Personen arbeitslos waren, weil die einfachen Handgriffe, z. B. an Fließbändern, eher automatisiert werden konnten und wegen der steigenden Löhne zur Erhaltung der internationalen Konkurrenzfähigkeit automatisiert werden mußten. Der Roboter verdrängte den angelernten Arbeiter. Betroffen waren vor allem diejenigen Personen, die in den fünfziger und sechziger Jahren nach der allgemeinbildenden Schule als Hilfsarbeiter und als angelernte Arbeiter gefragt waren und nicht erst die finanzielle Durststrecke einer Lehrzeit durchmachen wollten. Dementsprechend ist der *Anteil der nicht beruflich Qualifizierten an den Arbeitslosen* mit etwa 60 v. H. relativ *hoch.*

Die wachsende Zuwanderung

Die *Zahl der* in Deutschland lebenden *Ausländer* hatte *1973/1974 etwa 4 Mill.* erreicht. Es waren fast ausschließlich Menschen, die *von der Wirtschaft* als Arbeitskräfte benötigt und *angeworben* worden waren, ferner deren Familienangehörige. Erst ab 1979/1980 erhöhte sich die Zahl der Ausländer in Deutschland wieder deutlich. Sie wuchs bis 1990 auf 5,2 Mill., d. h. pro Jahr wanderten im Durchschnitt der achtziger Jahre etwa 100.000 Personen zu. Dabei bestand eine erhebliche Fluktuation. Etwa 4 Mill. Personen wanderten ab und etwa 5 Mill. wanderten zu.

Hinzu kamen die in den Statistiken nicht als Ausländer aufgeführten *Aussiedler* (deutsche Staatsangehörige oder Volkszugehörige aus den Ostblockländern) und *Übersiedler* (aus der DDR). Dies waren von 1980 bis 1987 jährlich etwa 60.000 bis 70.000 Menschen. In den folgenden Jahren schnellte deren Zahl auf 200.000 (1988),

380.000 (1989) und 400.000 (1990) Aussiedler und 300.000 Übersiedler (1989 und 1990) hoch.

Damit entstanden spezielle Problem, die von der öffentlichen Hand nur wenig beachtet wurden: Es mußten *Wohnungen und Arbeitsplätze* geschaffen werden. Immerhin hatte sich die Bevölkerungszahl in der Bundesrepublik Deutschland um etwa 1 Mill. Ausländer und 1,8 Mill. Aussiedler und Übersiedler vermehrt. Die Einwohnerzahl wuchs allerdings nur um etwa 2 Mill., da die Zahl der Geburten in fast allen Jahren erheblich unter der Zahl der Sterbefälle lag.

Die zunehmende Bedeutung der Sozialhilfe

Trotz der Zunahme der Arbeitsplätze kam es in den achtziger Jahren zu einem weiteren Anstieg der Zahl der Sozialhilfeempfänger, und zwar von 1983 = 3,1 Mill. auf 1990 = 3,8 Mill. Davon erhielten 1,8 Mill. Personen, die in privaten Haushalten lebten (ein Drittel hiervon war arbeitslos), und 1,1 Mill., die in sozialen Einrichtungen (vor allem Alten- und Pflegeheime) lebten, eine laufende Hilfe zum Lebensunterhalt. Knapp 1 Mill. Personen erhielten Hilfen in besonderen und nicht dauernden Notsituationen.
Die *Unterstützungssätze* waren so *knapp* berechnet, daß man von einem „Wildwuchs" (Bundeskanzler Kohl 1992/1993) nicht sprechen kann. Ein Mißbrauch, etwa durch Verschweigen von anderen Einnahmen, kam und kommt sicher wesentlich seltener vor als das Verschweigen von Kapitaleinnahmen in den Steuererklärungen besser situierter Bürger. Im übrigen kann man einen vermuteten „Wildwuchs" bei der Sozialhilfe nicht durch eine pauschale Verkürzung der Leistungen, sondern nur durch eine individuelle Überprüfung von Personen mit anderen Einkommensarten in den Griff bekommen.

Die Finanzen im System der Sozialversicherung

Bereits die ausgehenden siebziger und erst recht die achtziger Jahre waren durch besondere Probleme in der Finanzierung des Systems der gesetzlichen Sozialversicherung geprägt. Hier zeigten sich die *negativen Folgen einer relativ hohen Arbeitslosigkeit*. Eine Arbeitslosigkeit von nur etwa 0,7 v. H. 1969/1970 bedeutete einen hohen Mittelzufluß zu den einzelnen Einrichtungen der Sozialversicherung. Die unter dem Einfluß der sozial-liberalen Koalition bis 1983 auf 9,1 v. H. hochgeschnellte Arbeitslosigkeit mußte die *Einnahmen* der Arbeitslosen-, der Kranken- und der Rentenversicherung *erheblich vermindern.* So erhielten z. B. die Arbeiter- und die Angestellten-Rentenversicherung aus den Arbeitnehmer- und Arbeitgeberanteilen 1990 etwa 165 Mrd. DM. Bei einer Arbeitslosigkeit von nur 3 v. H. (statt 7,2 v. H.) wären zusätzlich 7 Mrd. DM in diese Kassen geflossen.

Die erneut wachsende Wohnungsnot

Ab 1974 verminderte sich der Wohnungsbau erheblich. Bis 1973 waren vor allem Wohnungen des gehobenen Bedarfs gebaut worden, was den Wohnungsmarkt insgesamt erheblich entlastet hatte. Die Zahl der jährlich fertiggestellten Wohnungen fiel von 1973 = 714.200 über 1982 = 347.000 auf 1988 = 208.600. Danach trat eine leichte Verbesserung ein, so daß 1990 256.500 Wohnungen errichtet wurden. Dabei ging auch der soziale Wohnungsbau erheblich zurück. So wurden 1973 126.800 Wohnungen für den sozialen Wohnungsbau bewilligt, 1982 waren es nur noch 98.900, 1988 38.900 und 1990 92.700.

Parallel dazu nahm die Bevölkerung um etwa 2 Mill. zu. Gleichzeitig ging aber auch die Zahl der Personen je Haushalt von 1950 = 2,99 über 1960 = 2,88, 1970 = 2,74 und 1980 = 2,48 auf 1990 = 2,25 zurück. Dabei nahm die Zahl der Einpersonenhaushalte von 20 auf 35 v. H. aller Haushalte zu. Die *Zahl aller Privathaushalte wuchs* von 1950 = 16,65 über 1960 = 19,35, ferner 1970 = 21,99 und 1980 = 24,81 auf 1990 28,18 Mill.

Dem wachsenden Bedarf stand *kein entsprechender Wohnungsbau* gegenüber, so daß 1990 statistich wohl etwas mehr als 1 Mill. Wohnungen fehlten. Das Hauptproblem war dabei die Finanzierung des Wohnungsbaus und die davon abhängigen Kosten der Wohnungsnutzung (Mieten). Der private Wohnungsbau erhält als Mietwohnungsbau die erforderlichen Impulse nur über eine finanzielle Absicherung der Baukosten und der Betriebskosten, d. h. über angemes-

sene Mieten. Die Behinderungen bei der Mietfestsetzung wirkten entscheidend negativ, wie der Markt für gewerblich genutzte Gebäudeflächen ohne Mietpreisbindungen zeigt.
Das Instrument des *Wohngeldes* war und ist hier wichtiger als die Subventionierung des sozialen Wohnungsbaus, weil damit wirklich einkommensschwachen Personen geholfen wird. Das Problem der *Fehlbelegung* subventionierter Wohnungen wurde bisher nicht gelöst.

Die politischen Verhältnisse

Bereits in den siebziger Jahren wuchs die Gruppe der „Intellektuellen" in der SPD; teilweise wanderten diese Personen auch zu den Kommunisten. Es entstand die eigenartige Situation, daß die ursprünglichen *Arbeiterparteien* zu einem erheblichen Teil nicht mehr durch Arbeiter wie August Bebel in der zweiten Hälfte des 19. Jahrhunderts oder Friedrich Ebert in der ersten Hälfte des 20. Jahrhunderts, sondern *durch sogenannte Intellektuelle geführt* wurden. Im Grunde hatte sich diese Konstellation bereits unmittelbar nach dem Zweiten Weltkrieg ergeben, als Kurt Schumacher zum Vorsitzenden der SPD in Westdeutchland gewählt wurde.
Die in den siebziger Jahren, teilweise unter dem Einfluß der Neuen Linken entstandene *Bewegung der Grünen*, d. h. der sich für die natürliche Umwelt einsetzenden Gruppen, entwickelte sich in den achtziger Jahren zu einer in den Parlamenten und auch an einzelnen Regierungen beteiligten *politischen Kraft*. Dadurch wurde das linke politische Spektrum bereichert; von hier gingen *zahlreiche Impulse* aus, die auch von den traditionellen Parteien teilweise aufgegriffen wurden.
In den achtziger Jahren erstarkte aber auch die *extreme Rechte* mit zahlreichen Splittergruppen, aber auch mit der *Republikanischen Partei*, die ebenfalls in einigen Kommunalparlamenten vertreten war. *Nationalistische und ausländerfeindliche Töne* schlugen teilweise in Gewalttaten um. Wenn manchmal die Ursachen für die Entwicklung darin gesehen wird, daß aufgrund der Bewegung der Jahre 1967 und 1968 viele linke Lehrer an die Schulen gekommen

seien und daß „linke Lehrer rechte Schüler produzieren“, dann wird übersehen, daß der *Rechtsradikalimus in allen Altersklassen* mehr oder weniger zu finden ist, daß die Jugendlichen allerdings stärkere Aktivitäten entwickeln. Jugendarbeitslosigkeit und Perspektivlosigkeit für das eigene Leben scheinen einen stärkeren Einfluß ausgeübt zu haben.

3. Wirtschaft und Gesellschaft in der DDR

Die wirtschaftliche und die gesellschaftliche Entwicklung in dem Gebiet der Sowjetischen Besatzungszone und der Deutschen Demokratischen Republik stand in den ersten Jahren nach 1945 unter folgender Problematik:

- Die *Überwindung der Not*, des Tiefstandes der Produktion mußte in Abweichung von den Verhältnissen in den Westzonen parallel erfolgen zu
- der Befriedigung umfangreicherer *Reparationsforderungen* der UdSSR und
- den durch den beginnenden *Übergang zu einer neuen Wirtschafts- und Gesellschaftsordnung* auftretenden Beeinträchtigungen der Produktion.

Während die Reparationsleistungen 1953 abgeschlossen wurden (Protokoll von Moskau vom 22. August 1953), zog sich der Übergang zur sozialistischen Gesellschaft über fast den ganzen zu betrachtenden Zeitraum hin, mit Schwerpunkten vor allem bis 1972. Hieraus entstanden die Hauptprobleme der DDR.

a) Das Konzept der sozialistischen Planwirtschaft und die tatsächlich verwirklichte Wirtschaftsordnung

Die wichtigsten, mit der Errichtung der sozialistischen Wirtschafts- und Gesellschaftsordnung verbundenen Aspekte waren:

(1) Die *Aufhebung des Privateigentums am Produktionskapital*, einschließlich der landwirtschaftlichen Nutzflächen, als der nach marxistischer Anschauung wichtigsten Quelle der Ausbeutung der Arbeitnehmer durch die Aneignung des Mehrwertes seitens der Kapi-

taleigner. Die entsprechenden Maßnahmen wurden in der DDR in verschiedenen Stufen durchgeführt:

- 1945 wurden die *Großbetriebe enteignet* (Großindustrie, Banken, Versicherungen usw., ferner die landwirtschaftlichen Großbetriebe mit mehr als 100 ha landwirtschaftlicher Nutzfläche). Die Großbetriebe des sekundären und des tertiären Sektors wurden verstaatlicht (Volkseigene Betriebe = VEB). Die meisten landwirtschaftlichen Großbetriebe wurden zunächst zerstückelt und – bis hin zur Eintragung ins Grundbuch – in privates Kleineigentum umgewandelt.
- Der bestehengebliebene oder sogar in der Landwirtschaft noch erweiterte Block der *mittleren und kleinen Betriebe* aus allen Wirtschaftssektoren wurde dann in zwei großen Sozialisierungswellen bis 1961 und bis 1972 zu formell gemeinschaftlich organisierten Betriebseinheiten (*Genossenschaften*) umgewandelt.

(2) Die *Schaffung einer klassenlosen Gesellschaft* war verbunden mit der Beseitigung der Konfliktmöglichkeiten zwischen Arbeitnehmern und (durch den Staat bzw. die Partei repräsentierten) Arbeitgebern. Die individuelle Freiheit wurde angeblich zugunsten des Gemeinwohls und des Solidaritätsprinzips eingeschränkt. Ereignisse wie die am 17. Juni 1953 sind in der DDR wie auch in anderen osteuropäischen Ländern die Ausnahme gewesen. Sie wurden dem „Klassenfeind" angelastet, der angeblich u. a. aus dem Westen die Entwicklung zum Sozialismus beeinträchtigen wollte.

Die Identifizierung der Partei (SED) mit dem Staat und den Unternehmensleitungen begünstigte die *Entwicklung einer neuen Gruppe von Technokraten und Verwaltungsfunktionären*, die aufgrund ihrer Verantwortlichkeit für die Steuerung der Wirtschaft und damit auch für die Versorgungslücken der Bevölkerung leicht in einen Gegensatz zur Bevölkerung geraten konnte und kam.

(3) Der *Übergang zur Planwirtschaft* erfolgte teilweise durch die Übernahme und Weiterentwicklung des Bewirtschaftungssystems der Nationalsozialisten (Erfassung) und des Zuteilungssystems, das auch nach 1945 zur Versorgung der Bevölkerung wie in Westdeutschland noch erforderlich war, so daß der Übergang fließend

und für die Volkswirtschaft, vor allem aber für die Bevölkerung nicht deutlich spürbar wurde. Die Beeinflussung von Produktion und Absatz erfolgte in dieser Anfangsphase aufgrund der Versorgungsenge mehr sporadisch und mit dem Zwang zum häufigen Improvisieren, während etwa ab 1955 das gesamtwirtschaftliche Niveau bereits so hoch war, daß auch vorübergehende Perioden einer

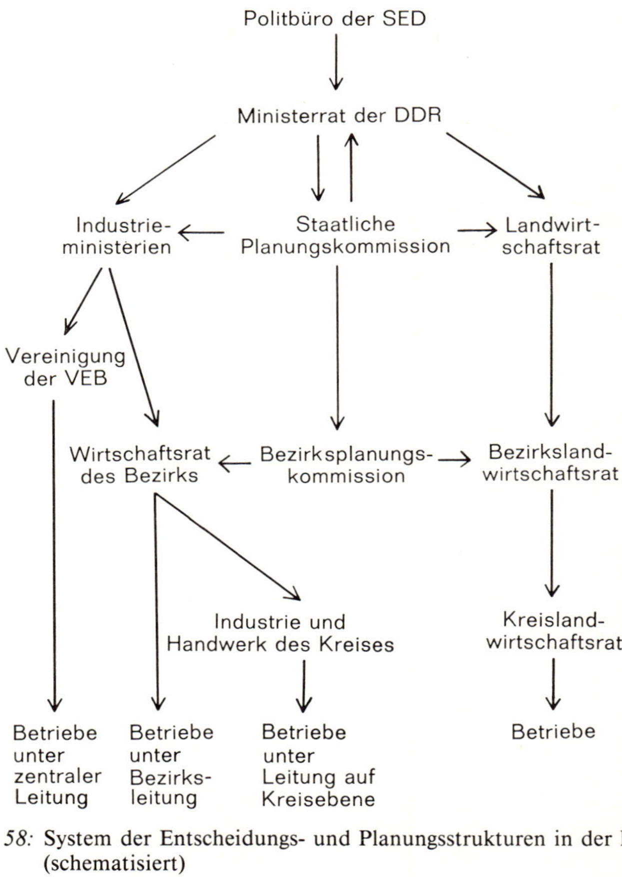

Abb. 58: System der Entscheidungs- und Planungsstrukturen in der DDR (schematisiert)

mehr oder weniger umfangreichen Angebotsverminderung für die Bedürfnisse der privaten Haushalte in Kauf genommen werden konnten. Die Planung erfolgte nunmehr im Grundzug unter Vernachlässigung der nach und nach vorgenommenen Änderungen in der aus Abbildung 58 ersichtlichen Weise.

Grundlagen der Planung wurden ab 1949 *Fünfjahres- und Siebenjahrespläne*. Damit war ab September 1950 zugleich die Eingliederung in das am 25. Januar 1949 gegründete osteuropäische Gegenstück zur EWG vorgenommen, nämlich in den Rat für Gegenseitige Wirtschaftshilfe (RGW oder Council of Mutual Economic Assistance = COMECON). Zunächst wurde vor allem der Außenhandel zwischen den Beteiligten abgestimmt, ab 1955 auch die Produktion und die Investition.

Die *unbefriedigenden Ergebnisse der Planwirtschaft*, z. B. 1962 Rückstände zwischen 25 und 35 v. H., und die vergeblichen Bemühungen, den Lebensstandard der Bundesrepublik zu erreichen (entsprechende Äußerungen vor allem aus den Jahren 1961, 1965 und 1970) zeigten die systemimmanenten Schwächen schonungslos. Man ging daher bereits 1963 zu weniger starren „*Perspektivplänen*" über.

Die einzelnen Betriebe erhielten aufgrund des jeweiligen Planes „*Kennziffern*" für Produktionsvolumen, Produktivität, Rentabilität, Gewinne usw. und hatten danach ihre Anforderungen an Arbeitskräften, Vorprodukten und Finanzmitteln festzulegen. Die so *geplante Produktion* war zugleich eine *Absatzplanung*, da ebenfalls festgelegt wurde,

- welcher Teil der Produktion für *Investitionen* verwendet werden sollte,
- welcher Teil für den *Export* (entsprechend der Abstimmung mit den anderen COMECON-Staaten und der Devisenbilanz mit den westlichen Ländern) vorzusehen war und schließlich
- welcher Teil für die *Versorgung der Bevölkerung* zur Verfügung stehen sollte.

Die *Versorgung der Bevölkerung* blieb lange Zeit *unbefriedigend*:

- *Engpässe in der Grundversorgung* beruhten auf der im Vergleich zu Westdeutschland sehr langsamen Steigerung der Produktion über das niedrige Niveau der Zeit von 1945 bis 1947. Die Zuteilung von Lebensmitteln endete so erst am 1. Juni 1958 (Bundesrepublik 1950). Auch danach gab es aber häufig Engpässe, abgesehen von den meisten Grundnahrungsmitteln.

- *Engpässe in der Versorgung mit auf dem Weltmarkt* angebotenen Produkten (Kakao, Kaffee, Südfrüchte usw.) waren ebenso wie der Mangel an Ausgleichsmöglichkeiten durch Käufe auf dem Weltmarkt bei Produktionsschwankungen und dadurch hervorgerufenen Unterversorgungen in der Devisenbewirtschaftung (und -zuteilung) bedingt.
- Die im ersten Fünfjahresplan und noch bis 1958 vorhandene *Bevorzugung der Investitionen*, vor allem auch im Bereich der Grundstoff- und der Produktionsgüterindustrie (z. B. das Projekt eines Schwerindustriezentrums bei Calbe a.d.Saale = Eisenhüttenkombinat West und am Oder-Spree-Kanal = Eisenhüttenkombinat Ost mit der Wohnstadt Stalinstadt, später in Eisenhüttenstadt umbenannt), beließ die für die Versorgung der Bevölkerung verfügbaren Kapazitäten, einschließlich der Versorgung der Landwirtschaft mit Betriebsmitteln industrieller Herkunft (Maschinen, Düngemittel), auf einem niedrigen Niveau.
- Die *Einordnung in das Wirtschaftssystem des Ostblocks* bis hin zum COMECON führte zu einer Umstrukturierung der Wirtschaft unter Anpassung an die Bedürfnisse der COMECON-Mitglieder, die mindestens in der Anfangsphase auch eine Unterbrechung der Entwicklung einzelner Wirtschaftszweige bedeutete.

Die beiden zuletzt genannten Aspekte konnten *langfristig* gesehen jedoch auch von *positiver Auswirkung* sein, da

- der Ausbau der Produktionskapazitäten der Grundstoff- und der Investitionsgüterindustrie und
- die Zunahme der internationalen Arbeitsteilung

zwei wichtige Grundlagen für die kostengünstige Versorgung der Bevölkerung in der späteren Zeit hätten sein können. Die *Ineffizienz* und damit die *fehlende Rentabilität* dieser Industriezweige führte bald aber dazu, daß hier eher eine Belastung der gesamten Volkswirtschaft eintrat. Man hatte dies wohl auch schnell erkannt und den Ausbau des Hüttenkombinats West bei Calbe a.d. Saale eingestellt.

Für die *Bundesrepublik Deutschland* stellten sich diese *Probleme nicht* in derselben Art wie für die DDR:

- Der Ausbau der *Grundstoffindustrie* erfolgte auf der Basis der schon vor 1945 *vorhandenen* und seit dem 19. Jahrhundert entwickelten Montanindustrie, einschließlich des Braunkohlebergbaus, und der chemischen Industrie, während in der *DDR* eine mit dem Ruhrgebiet vergleichbare Montanindustrie völlig fehlte. *Braunkohleförderung und chemische Industrie* waren aber auch auf dem Gebiet der DDR bis 1945 weit entwickelt. Der vor allem in *Sachsen* beheimatete *Maschinenbau* bot wertvolle Ansätze für eine auch exportorientierte *Investitionsgüterindustrie*, deren Qualitätsstandard und Innovationspotential jedoch bald weit hinter den Erfordernissen des Weltmarktes zurückblieben.
- Die *internationale Arbeitsteilung* ergab sich aus der Einordnung der *Bundesrepublik in viel größerem Rahmen*, nämlich in den freien und nicht von staatlichen, sondern von individualwirtschaftlichen Planungen beeinflußten Außenhandel. Eine wichtige Voraussetzung hierfür war der *Abbau der* umfangreichen, häufig noch seit der Weltwirtschaftskrise bestehenden *Handels- und Devisenregelungen*.

Als *nachteilig* haben sich für die Entwicklung der Wirtschaft in der DDR vor allem bei einer *langfristigen Betrachtung* erwiesen:

- Geht man vom Prinzip einer freien Konsumwahl der Verbraucher aus, dann kann der Bedarf der Bevölkerung nur geschätzt werden (unter Einbeziehung der Entwicklungen in den abgelaufenen Perioden). Bei längere Zeit nutzbaren Gütern (PKW, Fernseher, Kühlschränke usw.), die zudem nicht so sehr der Mode unterliegen, ist diese Schätzung noch angenähert möglich, zumal da auch eine Lagerhaltung zur Überbrückung von Nachfrageschwankungen oder Diskrepanzen zwischen Angebot und Nachfrage dienen kann. Bei Waren, die der Mode unterliegen oder die aufgrund ihrer Nutzungsart nur kurzlebig sind, ist eine *Übereinstimmung der Produktion mit dem jeweiligen Bedarf nur zufällig zu erreichen*. Gerade die zuletzt genannten Produkte nehmen in einer Volkswirtschaft mit steigendem Wohlstand immer mehr zu, so daß unter diesem Gesichtspunkt in einer Planwirtschaft mit zunehmendem Wirtschaftswachstum auch die Problemstellung bei der Planung sich wandelt. Ladenhüter oder Mangelerscheinungen treten immer häufiger auf, allerdings nicht für Güter, die für den Grundbedarf unbedingt notwendig sind.

- Ist schon die Abschätzung und damit die ziffernmäßige Festlegung des Bedarfs der Menschen nicht ganz einfach, so ergeben sich auch bei der *Planung der Produktion Schwierigkeiten*:
  - Die aufgrund der Abschätzung des Bedarfs wünschenswerte *Produktmenge*
  - muß *in Einklang* gebracht werden *mit den Produktionsmöglichkeiten*,
  - *unter Berücksichtigung der* in *späteren* Jahren erforderlichen *Änderungen* der Produktion, d. h. der schon jetzt vorzunehmenden Nettoinvestitonen.
- Selbst wenn diese Probleme gelöst werden können, bleiben noch die *kurzfristigen Unsicherheiten*, die in unvorhersehbaren Schwierigkeiten in der Produktionssphäre liegen: Ausfall eines Aggregates, Verzögerung der Lieferung eines Vorproduktes oder von Rohstoffen um wenige Tage oder völliger Ausfall solcher Lieferungen usw. Besonders deutlich wurde dieses bei der Stromversorgung, die bei Frost und dadurch bedingter Verminderung der Braunkohleförderung häufig nicht mehr gewährleistet war.

Die 1986 vertraglich vereinbarten Stromlieferungen aus der Bundesrepublik Deutschland haben dieses Problem weitgehend gelöst. Die bewußte Abgrenzung zum kapitalistischen Westen hatte allerdings dazu geführt, daß der Übergang zwischen den Stromversorgungssystemen einer besonderen Technik bedurfte, was zunächst nur schrittweise durch besondere Transformationsanlagen bewältigt werden konnte.

Die *Planer* gingen von optimistischen und zuverlässigen Einschätzungen und maximalen Leistungen aus. Sie erkannten die normalen Risiken nicht an und erst recht nicht die Risiken der sozialistischen Planwirtschaft.

Außerdem fehlte eine *genaue Berechnung der Produktionskosten* und damit eine feste Grundlage für die Festsetzung der Preise.

Nicht die Nachfrage und damit der Markt, sondern die Behörden bestimmten die Preise, auch unter *Berücksichtigung sozialer Komponenten.* Die Nachfrage wurde aber dadurch völlig verzerrt. So kostete z. B. ein Kilo Brot weniger als ein Kilo Getreide, so daß die Kleintierhalter verführt wurden, Brot zu verfüttern.
Aus diesen verschiedenen hier genannten wichtigsten Punkten ergibt sich, daß eine *Planwirtschaft*, wie sie in der DDR bestand, ein *sehr feines Instrumentarium der langfristigen Planung* und der (möglichst schnellen) Beeinflussung *zur kurzfristigen Änderung benötigt.* Dieses Instrument wurde aber nicht genügend entwickelt, konnte sich offensichtlich aufgrund der Struktur des Systems, das individuelle innovative Kräfte nicht förderte, auch nicht entwickeln.

b) Die Wandlungen in der Wirtschaft und in der Gesellschaft bis 1949

Auch wenn die eigentliche Sozialisierung häufig erst für die Zeit ab 1949 eingeordnet wird, hat diese Entwicklung doch bereits im Sommer 1945 begonnen: *Großindustrie*, *Banken* und *Versicherungen*, ferner die *landwirtschaftlichen Betriebe mit mehr als 100 ha* wurden bereits im Sommer und Herbst *1945 enteignet.* Man wollte das kapitalistische System beseitigen. An diesen Maßnahmen war nicht nur die sowjetische Besatzungsmacht und die KPD beteiligt, sondern auch die anderen politischen Parteien (SPD, CDU, LDP).

Die Verstaatlichung der Industrie

Die Industrie hatte bald durch die *Reparationsforderungen der UdSSR* erhebliche Verluste zu erleiden. Es kam zu einer erheblichen *Verminderung der Produktionskapazitäten.* Die Forderungen der UdSSR an Reparationen wurden im August 1945 in Potsdam auf 10 Mrd. $ beziffert, eine im Vergleich zu den materiellen Schäden, die die deutsche Wehrmacht und zahlreiche deutsche Behörden und Dienststellen in der UdSSR angerichtet hatten, sehr geringe Summe.

Da die UdSSR von den westlichen Alliierten mit ihren Reparationsforderungen auf ihre Besatzungszone verwiesen wurde, hatte die SBZ und danach die DDR diese Last allein zu tragen. Die *tatsächlichen Leistungen* werden unterschiedlich bewertet:
- Die UdSSR ging von insgesamt 4,292 Mrd. $ Geld- und Sachleistungen aus.
- Westliche Berechnungen gaben einen Wert von 10 bis 12 Mrd. $ Reparationen und etwa 3,5 Mrd. $ Besatzungskosten an, die bis 1953 aus dem Gebiet der DDR erbracht werden mußten (= 60 Mrd. Mark).

Diese *Leistungen* werden meistens folgendermaßen *aufgeschlüsselt*:
- Durch *Demontagen* wurden etwa 5 Mrd. Mark geleistet (nach westlicher Schätzung etwa 40 v. H. des industriellen Produktionspotentials, was, auch auf die Großbetriebe begrenzt, wohl zu hoch gegriffen ist und möglicherweise die Sowjet-AGs mit umfaßt).
- Die *Sachlieferungen* beliefen sich auf etwa 35 Mrd. Mark. Diese machten den Hauptteil der Reparationen aus.
- *Käufe mit erbeutetem deutschen Geld* und mit Besatzungsgeld werden auf 15 Mrd. Mark geschätzt.
- Die *Gewinnentnahmen* aus den sog. *Sowjet-AGs* lagen bei etwa 3 Mrd. Mark, der von der DDR 1952/1953 gezahlte Rückkaufpreis für diese Unternehmen bei 2,55 Mrd. Mark.

Die Unterschiede bei diesen Zahlenangaben in der Literatur beruhen zum Teil auf einem unterschiedlichen Wertmaßstab (Wiederbeschaffungswert, Wert zur Zeit der Demontage usw., also Preise etwa von 1938, von 1945 oder von 1953).

Die *wirtschaftliche Entwicklung* der sowjetischen Besatzungszone wurde in den ersten Jahren nach 1945 mithin durch verschiedene Faktoren *negativ beeinflußt*:
- Die allgemeine *Unterversorgung mit Rohstoffen.*
- Die *Demontage* von Produktionsanlagen als Teil der Reparationen.
- Die Überführung eines weiteren Teiles der Produktionsanlagen in *Sowjet-AGs.*

- Die Veränderung der Verfassung und der Organisation weiter Teile der Wirtschaft durch die *Sozialisierung*, d. h. die Ersetzung der innovativen und anpassungsfähigen Unternehmer durch eine Parteibürokratie.

Die *Sozialisierung* wurde entsprechend folgenden Grundzügen durchgeführt:
Die *Großindustrie* wurde bereits *1945 enteignet. Ein Teil* der vorhandenen Großbetriebe und einige neu errichtete (z. B. Uranbergbau) wurden ab Juni 1946 als *Sowjet-AGs* geführt. Insgesamt entstanden 25 solcher Sowjet-AGs mit 213 Betrieben und mit 30 v. H. der Produktionskapazität der Großindustrie der SBZ/DDR zu dieser Zeit. 1952 waren 0,5 Mill. Personen in Sowjet-AGs beschäftigt.

Zu den Sowjet-AGs gehörten:
- Die gesamte Großchemie (z. B.Leuna),
- 80 v. H. des Kalibergbaues und
- 50 v. H. der Elektroindustrie, der Stahlverarbeitung und des Fahrzeugbaues.

Die *mittelständischen Betriebe* des sekundären Sektors wurden teilweise ebenfalls bereits 1945 *enteignet*. Kriterium war dabei die *Wichtigkeit der Produktion*, wobei die Person des bisherigen Unternehmers zum Nazi oder Kriegsverbrecher deklariert wurde, unabhängig von der Intensität seiner Einbindung in das nationalsozialistische System.
Eine Abbildung verdeutlicht den Übergang von der privaten zur staatlichen oder sozialisierten industriellen Produktion für die Zeit von 1945 bis zur vollständigen Verstaatlichung auch der *seit 1956* entstandenen „*Betriebe mit staatlicher Beteiligung*" (BSB), vgl. Abbildung 59. Bis 1949 war der Anteil der in staatlichen Unternehmen Beschäftigten bereits auf 70 v. H. und mehr angestiegen, die Sozialisierung mithin bereits weit fortgeschritten.

Die Verstaatlichung der Banken

Das *Bankensystem* wurde ebenfalls *verstaatlicht* bzw. die Genossenschaftsbanken wurden neu gegründet, die Sparkassen als kommunale Einrichtungen betrieben, aber nunmehr stärker in die *Zentralisierungstendenzen* des Bankensystems eingefügt.

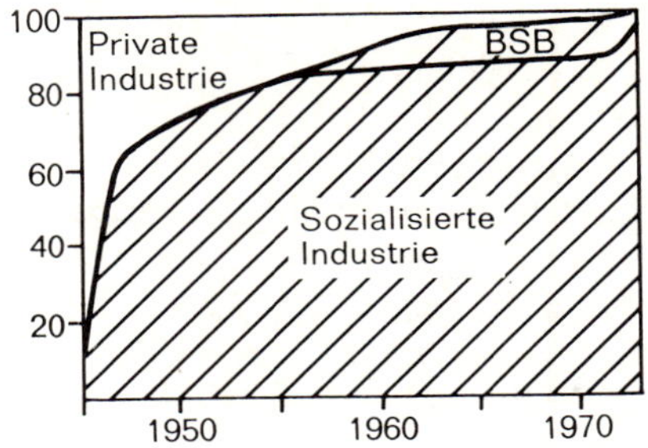

Abb. 59: Eigentumsform der industriellen Betriebe in der SBZ/DDR nach der Zahl der Beschäftigten von 1945 bis 1973

Nachdem die Banken zunächst im Sommer 1945 sämtlich geschlossen worden waren, wurden sie mit einer *neuen Organisation* wieder eröffnet:

- Es entstanden zunächst *fünf Regionalbanken* als „Emmissions- und Girobanken" der fünf Länder. Diese Banken wurden von unten bis oben bis zum Februar 1947 durchgegliedert.
- *Genossenschaftliche* (Raiffeisen, Volksbanken) und *kommunale* (Sparkassen) *Kreditinstitute* wurden ebenfalls, und zwar in Anknüpfung an die ehemaligen Einrichtungen neu gegründet.
- Einige *Privatbanken* hatten zwar ebenfalls zunächst ihren Betrieb eröffnen können. Sie wurden aber noch 1945 in *öffentliches Eigentum* umgewandelt.

Im Mai 1948 wurde auf überregionaler Ebene die „Deutsche Emissions- und Girobank" gegründet, ab Juli 1948 als *„Deutsche Notenbank"* und ab 1968 als „Staatsbank der DDR" firmierend. Sie war die Zentralbank der DDR.

Die sogenannte Bodenreform

Für die Landwirtschaft begann im Herbst 1945 der Übergang zur *Vorstufe zur sozialistischen Landwirtschaft*, sachlich parallel zu entsprechenden Vorgängen in der UdSSR nach 1917.

Der Übergang zur sozialistischen Landwirtschaft begann mit der sogenannten *Bodenreform*.

Diese wurde aufgrund der zwischen dem 2. und 13. September 1945 von den Verwaltungen der fünf Länder Mecklenburg-Vorpommern, Brandenburg, Sachsen, Sachsen-Anhalt und Thüringen erlassenen Verordnungen durchgeführt. Sie erfaßte 7.112 Güter mit mehr als 100 ha Nutzfläche (zusammen 2,6 Mill. ha), 4.278 Höfe mit weniger als 100 ha (mit zusammen 0,124 Mill. ha) und 0,6 Mill. ha Flächen im öffentlichen Eigentum. Die Güter hatten einen Durchschnitt von 366 ha, die Höfe einen solchen von 29 ha. *Enteignet* wurden die *größeren Grundbesitzer* mit mehr als 100 ha, ferner Kriegsverbrecher, Kriegsschuldige und Nationalsozialisten oder als solche bezeichnete Personen, aber auch Staatsbesitz.

Die *Flächen* wurden auf folgende Weise *verwendet*:

- 1,7 Mill. ha = 52 v. H. für 200.000 *Neubauernhöfe* mit durchschnittlich 8,5 ha (darunter 90.000 Vertriebene und Flüchtlinge, als Aussiedler bezeichnet).
- 0,5 Mill. ha = 16 v. H. für 335.000 *Landarme* (Arbeiter, Kleinpächter, landarme Bauern) mit durchschnittlich 1,5 ha.
- 1,0 Mill. ha = 32 v. H. für etwa 550 neue *Staatsgüter* (Volkseigene Betriebe oder Güter = VEB oder VEG).

Dieser Vorgang ist unter folgenden Aspekten zu sehen:

- Wie in Rußland durch Lenin (Dekret über den Grund und Boden) wurde durch die *entschädigungslose Enteignung* des Großgrundbesitzes und die Schaffung zahlreicher kleiner Bauernstellen der überwiegende Teil der landarmen ländlichen Bevölkerung für die neuen Ideen gewonnen.
- Zugleich wurde in der SBZ ein Teil der aus den Gebieten *jenseits der Oder-Neiße-Grenze* hereinströmenden *Bauernfamilien* angesiedelt.
- Da aber eindeutig von Anfang an der spätere Übergang zum *Großbetrieb* (entsprechend den Kolchosen in der UdSSR) *vorgesehen* war, stellte die Einrichtung von 200.000 *Bauernhöfen* eine *Verschwendung von Investitionsmitteln* dar, die gerade in den ersten Nachkriegsjahren wegen der allgemeinen Knappheit an Baumaterial – vor allem in den zerstörten Städten dringend benötigt – unverständlich ist.
- Nach Jürgen Kuczynski wurde dieser Weg beschritten, weil „an landwirtschaftlichen Geräten, an Düngemitteln, an Wohngebäuden ... großer Mangel“ herrschte und man daher eine „menschenintensivere Bearbeitung des Ackers“ durch diese Zerstückelung des Landes zu erreichen versuchte (J. K., Die Bewegung der deutschen Wirtschaft).
- Kuczynski bedachte dabei nicht, daß die durchaus vorhandenen Maschi-

nen und Geräte, für die Verwendung auf den kleinen Flächen verliehen, unwirtschaftlich arbeiteten, daß durch die Zerstückelung des Landes keine zusätzlichen Düngemittel geschaffen wurden und daß eine intensive Landwirtschaft auch auf größeren Flächen betrieben werden kann, allerdings ohne das persönliche Interesse der Arbeitskraft. D. h. ausgerechnet den einzigen anerkennenswerten Grund, nämlich das persönliche unternehmerische Interesse der mehr oder weniger selbständigen Neubauern, nennt Kuczynski nicht.

- Der wirkliche Grund war aber wie in Rußland nach 1917, als man die Landarbeiter und Kleinbauern den Sozialrevolutionären abspenstig machen wollte und machte, auch hier die Gewinnung eines breiteren Rückhaltes in der (ländlichen) Bevölkerung.

Ergänzt wurden die Änderungen in den Eigentumsverhältnissen durch die *Förderung* der von Lenin sogenannten *einfachen Genossenschaften.* Die bereits bestehenden überbetrieblichen Einrichtungen (Handel, Banken) wurden weiter ausgebaut und zu Genossenschaften im sozialistischen Sinne umgewandelt, d. h. nicht mehr die Mitglieder hatten das Sagen, sondern die Partei.

Dabei wurden zunächst teilweise auf genossenschaftlicher Basis, teilweise in einer anderen Rechtsform geschaffen:

- Die *Maschinen-Ausleih-Stationen* (MAS), die die Maschinen der zerschlagenen großen Güter verwalteten und den Kleinbauern zur Verfügung stellten.
- Diese erhielten bald eine Umbennung in *Maschinen-Traktoren-Stationen* (MTS), ohne daß sich ihre Aufgaben aber grundsätzlich geändert haben.
- Die *Vereinigungen der gegenseitigen Bauernhilfe* (VdgB), die vor allem den Bezug von Saatgut und Düngemitteln und den Absatz der landwirtschaftlichen Produkte organisierten bzw. lenkten.

Die bäuerlichen *Betriebe* konnten ihre *Selbständigkeit* aber im Produktionsbereich weitgehend *erhalten.* Das Abgabesoll drängte die Bauern aber doch in die Produktionsrichtungen, die von der sich immer mehr zentralisierenden Planung für richtig gehalten wurden.

Die Verkehrsverhältnisse

Die Verkehrsverhältnisse wurden zunächst dadurch beeinträchtigt, daß wie in den westlichen Besatzungszonen Deutschlands der mo-

torisierte Straßenverkehr unter dem *Mangel an Fahrzeugen und an Treibstoffen* litt. Aber auch die Eisenbahnen wurden behindert. Die *Zerstörung zahlreicher Brücken* wirkte sich hier aus. Hinzu kam, daß die Demontagen auch die elektrifizierten Eisenbahnstrecken betrafen. So wurden die Masten der Oberleitungen zwischen Halle und Magdeburg einfach oberhalb der Betonverankerung abgeschweißt, die Drähte in 16 m lange Stücke (Länge der benutzten Eisenbahnwaggons) geschnitten und in die UdSSR verfrachtet.
Die Abgrenzung der SBZ gegenüber dem westlichen Teil Deutschlands und zunächst auch gegenüber dem Osten führte dazu, daß die bisher sehr starke Ost-West-Orientierung im Verkehrssystem nicht wieder aufgebaut werden konnte. Es mußten *neue Verkehrswege* errichtet oder alte ausgebaut werden:

- Der Weg um West-Berlin war dabei ebenso wichtig (Bau einer Ringeisenbahn) wie
- der Weg zur Küste, da die bisherigen natürlichen Häfen Mitteldeutschlands überwiegend auf westdeutschem Gebiet (Hamburg) oder auf östlichem, jetzt polnischem Gebiet (Stettin) lagen. Die Ausrichtung des Außenhandels auf die mecklenburgischen Hafenstädte verursachte große Kosten.

Sozialpolitische Einrichtungen

Die in der SBZ vorhandenen Einrichtungen der *gesetzlichen Sozialversicherung* wurden bald neu organisiert. Man faßte die verschiedenen Paralleleinrichtungen zusammen und schuf bis 1951 schrittweise ein *einheitliches System*, das alle bisherigen Risiken zusammenschloß und hinsichtlich der erfaßten Bevölkerungskreise erheblich erweitert wurde: Krankheitskosten, Berufsunfähigkeit und Invalidität, ferner Altersversorgung wurden einheitlich organisiert. Eine Arbeitslosenversicherung brauchte es nicht zu geben, da man davon ausging, daß niemand arbeitslos sein würde. Es gab Umsetzungen der Erwerbstätigen, aber keine Entlassungen ohne einen neuen Arbeitsplatz. Die versteckte Arbeitslosigkeit nahm bei diesem System zu, die Produktivität konnte keine großen Fortschritte machen.

c) Wirtschaft und Gesellschaft unter dem Einfluß der zweiten Sozialisierungswelle 1949 bis 1961

Die wachsende Sozialisierung des sekundären Sektors

Im *sekundären Sektor* kam es zu erheblichen *Strukturänderungen*:

- Die noch vorhandenen *mittelständischen Betriebe* wurden teilweise *durch hohe Steuerbelastungen* finanziell *ruiniert*, so daß der einzelne Eigentümer seine Tätigkeit und sein Vermögen aufgab. Teilweise wurde, vor allem ab 1956, mittelständischen Unternehmern die Möglichkeit eröffnet, ihr Unternehmen zu erhalten und zu behalten, wenn sie eine staatliche Beteiligung aufnahmen, so daß der Betrieb nunmehr als *„Betrieb mit staatlicher Beteiligung"* (BSB), meistens in der Form einer Kommanditgesellschaft fortgeführt werden konnte, vgl. Abbildung 59. Diese Form der Betriebe verdankte ihre Entstehung und Erhaltung der Erkenntnis, daß es Nischen in der Produktion gab, die von den großen Unternehmen in einer Planwirtschaft nicht ausgefüllt werden konnten.
- Durch die *Demontagen* war die bisherige Industriestruktur erheblich beeinträchtigt worden, obgleich dies zu einem erheblichen Teil dadurch neutralisiert wurde, daß die meisten demontierten Unternehmen wieder mit Anlagen und Maschinen ausgerüstet wurden, sofern ihre Produktion als wichtig eingestuft wurde. Nur in wenigen Fällen scheint die Demontage dann mindestens für Teile der Anlagen ein zweites Mal erfolgt zu sein (z. B. Solvay-Werke, Bernburg a. d. Saale).
- Die bald einsetzenden Bemühungen zur weitgehenden *Autarkie*, wenigstens gegenüber dem Westen, führten zur dauernden Unterbrechung zahlreicher Ergänzungsbeziehungen zu westdeutschen Industriezweigen. Beschaffungs- und Absatzwege wurden dadurch in gleicher Weise getroffen.
- Die Bestrebungen zum Aufbau einer leistungsfähigen *Grundstoff- und Investitionsgüterindustrie* brachten eine erhebliche Zurücksetzung der von den Demontagen nicht so stark betroffenen *Verbrauchsgüterindustrie*, so daß der letztgenannte Industriezweig bis weit in die fünfziger Jahre weniger produzierte als 1936/38,

während die übrige Industrie bereits das Vorkriegsniveau um 30 bis 40 v. H. überschritten zu haben schien.

Durch diese Wirtschaftspolitik wurden vor allem die chemischen Unternehmen im Raum Merseburg-Bitterfeld und die eisen- und stahlverarbeitende Industrie bevorzugt. Auch die *Braunkohleförderung* wurde erheblich *ausgebaut*, da es der einzige Rohstoff und Energieträger war, der im Gebiet der DDR in reichlichem Maße vorkam. Es kam aber nur darauf an, große Mengen an Kohle zu gewinnen. Auf eine optimale und die *Umwelt* nicht zu sehr *schädigende Verwendung der Kohle* wurde nicht geachtet. Auch wurden die ausgekohlten Flächen eher als Kraterlandschaften zurückgelassen, auf die Rekultivierung kein großer Wert gelegt. *Man lebte* hier wie bei den Anlagen der Wirtschaft und bei den Wohngebäuden *von der Substanz*, verwirtschaftete diese.

Handel und Handelsflotte

Auch die Entwicklung im *Binnenhandel* war vom schrittweisen Übergang *zum sozialistischen System* gekennzeichnet:

- Der *Großhandel*, wegen seiner Versorgung des Einzelhandels ein wichtiger Ansatzpunkt für die Beeinflussung des Binnenhandels, wurde im wesentlichen bereits 1949/1951 durch die Gründung der öffentlich-rechtlichen „*Deutschen Handelszentralen*“ (DHZ) sozialisiert, nachdem Bemühungen zur Einrichtung gemischter Betriebe ab 1946 gescheitert waren, weil sich die privaten Kapitaleigner meistens aufgrund ihrer größeren geschäftlichen Erfahrung gegen die staatlichen (51 v. H.) und konsumgenossenschaftlichen (25 v. H. des Kapitals) Kapitaleigner duchsetzen konnten.
- Der *Einzelhandel* wurde dagegen langsam von nichtprivaten Einrichtungen übernommen, vgl. Abbildung 60, nachdem von 1948 bis 1952 durch die Gründung der staatlichen HO-Geschäfte (HO = Handelsorganisation) ein erster starker Einbruch erreicht war. Es kam zu einer grundsätzlichen Zweiteilung des Handels: Der Konsum verkaufte zu niedrigen Preisen, zunächst auch im Rahmen der Zuteilungen. Die HO verkaufte zu höheren Preisen, auch bewirtschaftete Güter zu überhöhten Preisen ohne Zuteilung, um Kaufkraft abzuschöpfen.

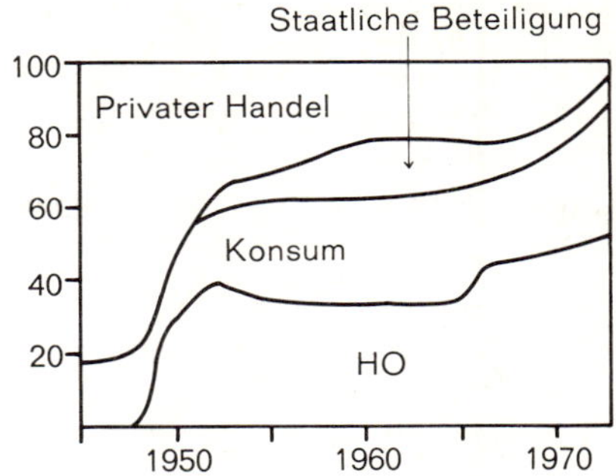

Abb. 60: Eigentumsverhältnisse im Einzelhandel, gemessen am Umsatz (1945 bis 1973)

Der Aufbau der *Handelsflotte* war für den zu erwartenden wachsenden Außenhandel wichtig. Dazu gehörten:

- Der *Ausbau der Ostseehäfen*, insbesondere von Rostock.
- Der *Aufbau einer Werftindustrie*, die zunächst russische Schiffe reparierte und Neubauten für die UdSSR produzierte. Bis 1964 wurden etwa zwei Drittel der Werftkapazitäten für die UdSSR eingesetzt und 0,3 Mill. NRT Schiffsraum für die DDR selbst gebaut.

Währung und Banken

Die *Währungsreform* lag zwar vor dem Jahre 1949. Sie ist aber auch wie in der Bundesrepublik ein wichtiger Schritt gewesen, um sich von den *wirtschaftlichen Folgen des Zweiten Weltkrieges* teilweise zu *befreien*. Die sowjetische Besatzungsmacht hatte sich geweigert, eine Währungsreform zusammen mit den Westzonen durchzuführen. Sie konnte dadurch aber die Währungsreform in den westlichen Zonen nicht verhindern. Sie mußte wegen der Gefahr der Zufuhr an RM-Geld schnell handeln. Das führte zur Währungsreform am Mittwoch, dem 23. Juni 1948. Diese Währungsreform wurde folgendermaßen durchgeführt:

- Bereits 1945 waren etwa 70 Mrd. RM *Buchgeld* bei den Banken *gestrichen* worden.
- Nunmehr wurde auch eine als Deutsche Mark bezeichnete Währung eingeführt (*„Deutsche Mark der Deutschen Notenbank"*). Der Umtausch des bisherigen Geldes wurde auf folgende Weise vorgenommen:
  - 70 RM wurden 1 : 1 umgetauscht.
  - Sparkonten bis zu 100 RM wurden ebenfalls 1 : 1 umgetauscht.
  - Sparkonten mit 100 bis 1.000 RM wurden 5 : 1 umgewandelt.
  - Sparkonten mit einem Bestand von mehr als 1.000 RM wurden 10 : 1 umgetauscht. Bei mehr als 5.000 RM mußte jedoch nachgewiesen werden, auf welche Weise man zu diesem Geld gekommen war. Die meisten dieser Konten wurden dabei vom Umtausch ausgeschlossen.
- Da der *Bankenapparat verstaatlicht* worden war, hatte der Staat die Bestimmung des nunmehrigen Geldvolumens völlig in der Hand. Trotzdem hatte sich bis 1957 wieder soviel Geld in Privathand angesammelt (Mißtrauen gegenüber einer Kontrolle durch die Banken), daß ein *Umtausch* am 13. Oktober *1957* angeordnet wurde:
  - Je Einwohner wurden bis zu 300 DM umgetauscht.
  - Darüber hinausgehende Beträge waren auf ein Sonderkonto einzuzahlen, damit die „Rechtmäßigkeit" der Herkunft dieser Mittel überprüft werden konnte. Vom Ergebnis dieser Prüfung hing es ab, ob dieser Betrag ebenfalls umgetauscht wurde.
  - Insgesamt fiel der Bargeldumlauf von 5,48 Mrd. DM im September 1957 auf 3,71 Mrd. DM im Januar 1958, d. h. um etwa ein Drittel.
- Am 30. Juli 1964 erhielt die DM den Namen „Mark der Deutschen Notenbank", seit 1968 nur noch die Bezeichnung „Mark".

Gleichzeitig begann man auch das Bankensystem neu zu strukturieren. Die *Banken* wurden als ein wichtiges *Instrument zur Kontrolle und Lenkung der Wirtschaft* angesehen.

Es entstanden die *Banken für Handwerk und Gewerbe* für kleinere Betriebe. Sie übernahmen weitgehend die Aufgaben der bisherigen Volksbanken. Für größere Betriebe wurde die *Industrie- und Handelsbank* geschaffen. Nach und nach entstanden *weitere Spezialbanken* für bestimmte Aufgabenfelder.

Die beginnende Kollektivierung der Landwirtschaft

In der Landwirtschaft gab es in dieser Teilperiode *zwei Wellen der Kollektivierung*: Die *erste Welle* richtete sich in den Jahren 1952/1953 gegen die *Großbauern*, d. h. die Kulaken im russischen Sinne. Nach der Beseitigung des Eigentums mit mehr als 100 ha im Herbst 1945 waren nunmehr die Großbauern die wichtigsten Hindernisse, um das freie Unternehmertum in der Landwirtschaft zu beseitigen. Grundlage der Maßnahmen wurde der im Juli 1952 von einer „Parteikonferenz", die in den Statuten der SED nicht vorgesehen war, gefaßte Beschluß eines „planmäßigen Aufbaus des Sozialismus". Walter Ulbricht verkündete diesen Beschluß. Bisher hatte es nur wenige Landwirtschaftliche Produktionsgenossenschaften (LPGs) gegeben. Jetzt wurden sie propagiert und gerade die mit der sogenannten Bodenreform entstandenen *zahlreichen Kleinbauernhöfe* waren immer weniger in der Lage den Nutzerfamilien ein ausreichendes Einkommen zu vermitteln, so daß zunächst aus dieser Gruppe eine starke Bereitschaft vorhanden war, sich zu solchen größeren Wirtschaftseinheiten zusammenzuschließen. Der *politische Druck* wirkte hierbei mit. Bald setzte im Winter 1952/53 auch der Druck auf die mittleren und größeren Altbauern ein. Mittel waren hierbei:

- Die Erhöhung des Ablieferungssolls,
- die Zuteilung von geringeren Mengen an Düngemitteln, Futtermitteln, Saatgut, Zuchtvieh und Geräten,
- die geringere Berücksichtigung durch die MTS-Station,
- die Bereitschaft, Schulden allgemein, insbesondere auch Steuerschulden zu streichen.

Dabei ist zu berücksichtigen, daß *überhöhte Steuersätze als ein gezieltes Mittel zur Ruinierung der* mittleren und größeren *Bauernwirtschaften* eingesetzt worden waren. Die von Privatbauern bewirtschaftete Fläche (ohne die VEGs) verminderte sich von Anfang 1952 bis Ende 1953 von 93 auf 74 v. H. Bis 1959 wurde dieser Anteil durch kleinere örtliche Maßnahmen weiter auf 52 v. H. gesenkt.

Die *zweite Welle* setzte zum Ende der fünfziger Jahre ein und erfaßte *alle Klein- und Mittelbauern*, die sämtlich in die *Landwirtschaftlichen Produktionsgenossenschaften* gezwungen wurden. Es war die Zeit der Schaffung der *höheren Genossenschaften* im Sinne Lenins, d. h. eben der auf die Produktion selbst bezogenen Genossenschaften. Im Frühjahr 1960 erfolgte die „Vollsozialisierung" (bis zum 14. April 1960 von allen Bezirken „gemeldet"), d. h. der Anteil der Privatnutzfläche ging auf 7,6 v. H. zurück. Bei diesem *Rest* handelte es sich weitgehend um *kleine Flächen* , die nebenberuflich, zum überwiegenden Teil neben einer hauptberuflichen Tätigkeit in einer Produktionsgenossenschaft, bewirtschaftet wurden und die vor allem erheblich zur Versorgung der nichtlandwirtschaftlichen Bevölkerung mit tierischen Produkten, mit Obst und mit Gemüse beitrugen.

Um den Übergang für die Mehrzahl der bisher selbständigen Bauern annehmbarer zu machen, wurden *drei Abstufungen* in der inneren *Organisation der LPGs* vorgenommen:
Typ I: Gemeinsame Bewirtschaftung des Ackers, z. T. auch des Grünlandes; Viehwirtschaft, Geräte usw. blieben in individueller Nutzung, desgleichen 0,5 ha.
Typ II: Acker, Grünland und die zur Feldwirtschaft erforderlichen Zugtiere, Maschinen und Geräte wurden der LPG zugeführt; Zucht- und das sonstige Nutzvieh, ferner die Geräte zur Bewirtschaftung der individuellen Nutzfläche (0,5 ha) verblieben in individuellem Eigentum.
Typ III: Acker, Geräte und Vieh wurden der LPG übertragen; dem einzelnen Bauern verblieben maximal: 0,5 ha Land, einschließlich Garten; 2 Kühe und die dazugehörigen Kälber; 2 Mutterschweine und Nachwuchs; 5 Mutterschafe mit Nachwuchs; Ziegen, Geflügel, Kaninchen und anderes Kleinvieh unbegrenzt, bis zu 10 Bienenstöcke.

Damit sind bereits folgende *Probleme der Landwirtschaft* in fast allen Ostblockstaaten dieser Zeit angedeutet:
- Die *umfangreiche Viehhaltung* (weit über den Bedarf der Bauernfamilie hinaus) brachte eine wesentliche Bereicherung des Angebotes an eben diesen Nahrungsgütern. Das Angebot mußte aber zum überwiegenden Teil über staatliche oder genossenschaftliche Einrichtungen abgesetzt werden, damit sich kein wirklicher Markt entwickeln konnte. Die LPGs in der DDR und die Kolchosen in der UdSSR waren nicht in der Lage, ihre Produktion in

allen Bereichen soweit auszudehnen, daß diese hauswirtschaftliche Produktion überflüssig wurde.
- Die Bauernfamilien versuchten, durch die *Erweiterung der Hauswirtschaft ihre Einkommen auszuweiten.* Dies konnte nur durch eine *Ausdehnung der Arbeitszeit* außerhalb der regulären Arbeitszeit im LPG-Betrieb erreicht werden.

Die öffentlichen Finanzen

War schon ein erheblicher Teil der *statistischen Angaben* über die Wirtschaft in den amtlichen Statistischen Jahrbüchern der DDR sehr *unsicher und teilweise bewußt gefälscht*, da solche Veröffentlichungen politische Instrumente zur Vertuschung der eigenen Misere waren, so trifft dies umso mehr für die *öffentlichen Finanzen* zu. Die Finanzen der DDR sind aber auch sonst *nicht mit* denen der *westlichen Industrieländer vergleichbar*, da sie von der international üblichen Strukturierung abwichen, sich an die Rechnungsgepflogenheiten der Staatshandelsländer hielten. Der Staatshaushalt der DDR erfaßte aufgrund der Zentralisierungstendenzen:
- Den eigentlichen Haushalt der Zentrale, die Haushalte der Bezirke, der Kreise und der Gemeinden nach dem Bruttoprinzip.
- Die Finanzpläne der volkseigenen Bereiche der Wirtschaft und der Sozialversicherung nach dem Nettoprinzip.

Die Haushaltsführung wurde seit 1951 (Gesetz vom 15. Dezember 1950) nicht mehr in der Verantwortung der Besatzungsmacht durchgeführt.

Unter Berücksichtigung dieser Besonderheiten läßt sich der *Haushalt der DDR*, der 14 Bezirke (bis 1952 5 Länder), der Kreise und der Gemeinden folgendermaßen gliedern:

Einnahmen:
- Steuern und Abgaben aus den volkseigenen Betrieben und aus den Genossenschaften: 70 bis 80 v. H.
- Steuern und Abgaben von der Privatwirtschaft: 7 bis 12 v. H. (seit 1951 ständig sinkender Anteil).
- Besteuerung der Arbeitseinkommen: 5 bis 7 v. H.
- Sonstige Steuern und Einkommen: 10 v. H.

Die Steuerpolitik zielte darauf ab:

- Zur Vereinfachung der Steuerverwaltung möglichst weitgehend auf die Unternehmen (Betriebe) als Steuerschuldner zurückzugreifen.
- Die private Wirtschaft in ihren Investitionschancen durch die Einführung einer über 90 v. H. hinausgehenden Kapitalistensteuer zu beeinträchtigen (Steuerpolitik als Mittel des Klassenkampfes).

Da in diesem so strukturierten Steuersystem der *weit überwiegende Teil der Einnahmen aus den Betrieben* kam, d. h. es sich insoweit um Kostensteuern handelte, wurden die staatlichen Aktivitäten stärker als in den meisten westlichen Ländern (z. B. Bundesrepublik Deutschland Steuern von Einkommen aller Art = knapp 40 v. H. der Steuereinnahmen vor 1970) über die (höheren) Preise vom Verbraucher finanziert, ein von den Arbeiterparteien in Deutschland seit mehr als hundert Jahren mit Recht als unsozial bezeichnetes Steuersystem.

Ausgaben:

- Etwa 15 bis 18 v. H. für staatliche Investitionen.
- Etwa 5 bis 10 v. H. für das Bildungswesen.
- Etwa 7 bis 12 v. H. für das Gesundheitswesen.
- Etwa 15 bis 20 v. H. für die Sozialversicherungsinstrumente.

Die *Ausgaben lassen sich nur angenähert angeben*, da die Ziffern in den amtlichen Veröffentlichungen nur sehr vage umschrieben sind. Dies gilt vor allem auch für die Militärausgaben im weitesten Sinne, d. h. bis hin zu den Kosten der Ausrüstung der Betriebskampfgruppen. Man kann davon ausgehen, daß diese Rüstungsausgaben wie in allen Ostblockstaaten so auch in der DDR einen höheren Anteil an den Staatsausgaben und an der Verwendung des Volkseinkommens gehabt haben als in den meisten westlichen Ländern. Demgegenüber war die Entwicklungshilfe niedriger und auch noch häufig auf die militärische Ausrüstung konzentriert.

Die Sozialversicherung

Im Rahmen des Aufbaues des Sozialismus wurde auch die Stellung des *Freien Deutschen Gewerkschaftsbundes*, des FDGB, gestärkt. Er hatte im Grunde nicht die Interessen der Beschäftigten zu vertre-

ten, sondern *war Teil der staatlichen Bürokratie*. Daher lag es auch im System, daß der FDGB 1956 die *Verwaltung der Sozialversicherung* übertragen bekam. Dies war die Versicherung für Arbeiter und Angestellte gegen Krankheit, Unfall, Rente und zunächst auch noch Arbeitslosigkeit, wobei letztere aber keine Bedeutung hatte.
Zugleich wurde die *Versicherung der Bauern, Handwerker und anderer selbständiger Gruppen ausgegliedert* und zu einer „*Deutschen Versicherungsanstalt*" zusammengefaßt. Sie wurde dann bald *mit der Kollektivierung* der Kleinunternehmer in Landwirtschaft, Gewerbe und Handel die *Sozialversicherung der Produktionsgenossenschaften*.
Die Beiträge lagen im allgemeinen bei etwa 20 v. H. des Lohnes. Die *Leistungen* außerhalb des Krankenversorgungssystems lagen *sehr niedrig*. Sie überstiegen kaum das Existenzminimum. Arbeitsfähige Hinterbliebene erhielten keine Renten.
Im Prinzip war das Versicherungssystem der DDR darauf abgestellt,

- durch eine Vereinfachung des Verwaltungsapparates (zusammenfassen aller Risiken in einer Versicherung) die Kosten niedrig zu halten und für den einzelnen Versicherten die Beziehungen zur Versicherung überschaubar zu machen,
- durch niedrige Hilfssätze die allgemeine Linie der geringen Versorgung der Bevölkerung in der Gegenwart zugunsten von Investitonen (die in Zukunft dann eine wesentliche Verbesserung der Lebenshaltung bringen sollten) auch in diesem Bereich durchzuhalten.

d) Der weitere Ausbau der sozialistischen Wirtschaft und Gesellschaft von 1961 bis 1971

Diese Periode wurde von Ulbricht und der SED mit dem Bau der Mauer um West-Berlin und dem *Ausbau der Grenzbefestigungen* an der Grenze zur Bundesrepublik Deutschland eingeleitet. Mit einem *gewaltigen materiellen Aufwand*, der der Volkswirtschaft entzogen wurde, begann man sich gegen die „Wahl mit den Füßen", d. h. gegen die Abwanderung aus dem sozialistischen Staat zu wehren. In den fünfziger Jahren waren *jährlich* jeweils *mehr als 100.000 Menschen* aus der DDR abgewandert, *vor dem Sozialismus geflohen*. Ingesamt ging die Bevölkerungzahl in der DDR auf diesem Wege von 1950 bis 1961 um 1,3 Mill. zurück. Die Wiedervereinigung fand schrittweise durch das Entfliehen aus der Unfreiheit statt. Der Mauerbau und die „Verbesserung" der Grenzanlagen zur Bundesrepublik war die einzige Antwort auf die immer deutlicher werdenden Auswirkungen des unmenschlichen Regimes der SED. Das *verkrampfte Festhalten an der marxistischen Doktrin und die Verachtung der Realität* waren Kennzeichen der angeblichen Verwirklichung eines „real existierenden Sozialismus". Die *sozialistische Idee*, wie sie sich im ausgehenden 18. Jahrhundert aus dem Rationalismus und dann vor allem in der ersten Hälfte des 19. Jahrhunderts entwickelt hatte, war während der gesamten Zeit *in einem Dreieck* eingebettet:

- Der *Wille zur rationalen Durchdringung* der wirtschaftlichen und der sozialen Probleme vor allem auch unter Berücksichtigung der sozial und einkommensmäßig unteren Bevölkerungsschichten sollte insbesondere die gedanklichen Voraussetzungen für eine Verbesserung der materiellen Lage dieser Bevölkerungsschicht schaffen.
- Die *Verfälschung dieser Überlegungen und Forschungen durch ideologische Ableitungen* führten dazu, daß nicht mehr die Realitäten, sondern die Wünsche im Vordergrund standen. Der *Sozialismus litt unter utopischen Ideen*, wie z. B. die an der Wirklichkeit vorbeigehenden Ideen von Karl Marx. Auch wenn sein Ausgangspunkt richtig war, war die Weiterentwicklung seiner Gedanken eine absolute Fehleinschätzung.
- Am schlimmsten wirkten sich aber die *Bemühungen der Sozialisten* aus, die ihre *Macht erhalten* wollten, die einfach nicht bereit waren, Wandlungen, die über Jahrtausende immer wieder in der Wirtschaft und in der Gesellschaft aufgetreten waren, zu ermöglichen. Die „*Neue Klasse*" im Sinne des jugoslawischen Kommunisten Milovan Djilas wollte ihre Herrschaft verfestigen und griff dabei, wie schon bei der Machterlangung, zu Methoden eines totalitären Staates, einer Dikatatur. Die *Diktatur des Prole-*

tariats entpuppte sich als eine *Dikatatur der Funktionäre*, bis 1971 unter Walter Ulbrichts Leitung, danach unter der von Erich Honecker. Offensichtlich ist der Sozialismus aus sich heraus letztendlich zu intolerant, um wirklich zum demokratischen Sozialismus zu gelangen. Es wird zwar immer wieder Personen geben, die gerade diese Ausrichtung des Sozialismus nicht als wirklichen Sozialismus akzeptieren. Die Wirklichkeit hat aber gezeigt, daß in der Mehrzahl der Weg des Sozialismus der Weg der DDR ist.

In den sechziger Jahren begann in der DDR eine grundlegende *Neuorganisation der Industrie.* Man faßte bestimmte Produktionsstätten mit ihren Zulieferern usw. zu *Kombinaten* zusammen. Nach und nach wurden etwa 40 v. H. der industriellen Produktion in dieser Form organisiert. Diese für die vielgestaltige industrielle Landschaft der DDR *wenig effiziente Organisationsform* war den entsprechenden Unternehmen in der UdSSR nachgebildet, ohne daß an die möglichen Nachteile gedacht worden war. Hier fand das typische realitätsferne ideologische Denken der SED-Funktionäre seinen Niederschlag.

Einige Wirtschaftszweige waren weiterhin hauptsächlich *auf den Absatz in der UdSSR* oder allgemein im Bereich der RGW ausgerichtet. Dazu gehörten vor allem auch die Werften in den Ostseehäfen. Die Handelsflotte der DDR wurde weiter ausgebaut, und zwar auf etwa 0,55 Mill. NRT im Jahre 1971. Die *Devisenknappheit* der DDR *führte zu einer Art Navigationsakte* mit einer (rechtlichen) Bevorzugung der eigenen Schiffe, ergänzt um (wirtschaftliche) Dumpingpreise auf westlichen Frachtmärkten. Auch im Schiffsbau brauchte man daher nicht auf eine Qualität zu achten, die den weltweiten Qualitätsansprüchen gerecht geworden wäre.

Die *menschenfeindliche Gestaltung* des täglichen Lebens zeigte sich vor allem in den *Stadtteilen*, die in *Plattenbauweise* errichtet wurden. Dazu gehörte z. B. die Stadt Hoyerswerda, die von 1950 bis 1990 von 7.000 auf 70.000 Einwohner wuchs, fast alle neuen Wohnungen in Plattenbauweise ohne ein entsprechendes Umfeld (Grünanlagen, Vielfalt der Geschäfte und Gaststätten usw.). Bedenkt man, daß in den westlichen Industrieländer etwa 50 v. H. der neuen Wohnungen in Ein- und Zweifamilienhäusern entstanden, dann erkennt man vor allem auch die sozialpsychischen Probleme einer so einheitlichen und kalten Siedlung, wobei die schlechte Qualität der Plattenbauweise noch nicht berücksichtigt worden ist. Hoyerswerda war die Wohnstadt für das Braunkohlenkombinat Schwarze Pumpe, das von 1955 bis 1966 mit drei Kraftwerken, zwei Brikettfabriken, drei Kokereien und einem Druckgaswerk aus dem Boden gestampft wurde. Die Einwohner kamen aus allen Teilen der DDR. Aufgrund der schlechten Wohnverhältnisse bauten sich keine oder kaum Nachbarschaften auf. Es gab kaum Familien mit mehreren Generationen.

Ein weiteres Beispiel ist Halle-Neustadt, die Wohnstadt für die südlich Halle a.d.Saale vorhandene chemische Industrie bis hin nach Leuna. *Fast alle mittleren und größeren Städte hatten solche Plattenbauweisen erhalten.* Dabei ist nichts Grundsätzliches gegen diese Bautechnik einzuwenden, sondern gegen die Art und Weise der Durchführung (Qualität der Wohnungen, Gleichförmigkeit großer Komplexe, landschaftliches und geschäftliches Umfeld, Freizeitanlagen usw.). Es wurde *gezielt* darauf abgesehen, die bisherigen *historischen Stadtkerne verfallen zu lassen* und die Bevölkerung schrittweise in solche Platten-Wohnhäuser unterzubringen, nicht zuletzt, um sie auch mental besser in den Griff zu bekommen. Man bedachte nur nicht, daß die schlechte Qualität der Plattenbauten diese noch eher zu Sanierungsfällen machen wird als z. B. die im kapitalistischen Zeitalter gebauten Klinkergebäude.

In der *Landwirtschaft* wurde die fast vollständige Schaffung von *LPGs keineswegs* zum *Erfolg*. Die immer wieder auftretenden Versorgungslücken zwangen dazu, die Einschränkung der Hauswirtschaft noch nicht zu propagieren, einer „*erweiterten Hauswirtschaft*“ von der man selbst zugab, daß sie *vor allem die Frauen mit Doppelarbeit* belasteten.

Im Ostblock war zunächst Polen von Versorgungsschwierigkeiten verschont geblieben und konnte als Agrarexportland harte Devisen in Westeuropa erwerben. In Polen war allerdings ab 1956 die Kollektivierung zunächst teilweise wieder rückgängig gemacht worden, so daß bald etwa 80 v. H. der landwirtschaftlichen Nutzfläche von Privatbauern bewirtschaftet wurden. Es fehlte allerdings aufgrund der Preisverhältnisse an den erforderlichen Anreizen zur Ausdehnung der Produktion über den Markt, so daß sich die Sebstversorgungsmöglichkeiten für die gesamte Bevölkerung ebenfalls schnell verminderten.

Das *Bankensystem* wurde *weiter spezialisiert.* Es gab schließlich folgende Banken mit speziellen Aufgaben:

- Die „Deutsche Investitionsbank“ ab 1966 für die Finanzierung langfristiger Investitionsvorhaben.
- Die „Deutsche Bauernbank“ hatte die Aufgabe, die Genossenschaftseinrichtungen zentral zusammenzufassen.
- Die „Banken für Handwerk und Gewerbe“ waren für kleinere, teilweise oder zunächst noch gänzlich in privater Hand befindliche Betriebe zuständige Genossenschaftsbanken.
- Die „Industrie- und Handelsbank“ war für größere Betriebe zuständig.
- Die „Deutsche Außenhandelsbank“ hatte die finanzielle Abwicklung der Außenhandelsgeschäfte zu betreuen.

Die Aufgaben der *Banken* waren einmal die normalen Aufgaben von Banken. Es standen vor allem aber die Kreditlenkung und die Wahrnehmung der *Aufgaben innerhalb der Wirtschaftspläne im Vordergrund.* Die Kennziffern hatten dabei auch für die Banken eine große Bedeutung.

Eine *ausreichende Altersversorgung* konnte der Staat *nicht organisieren.* So lag der Durchschnittsbetrag einer Unfallrente zwar bei 327 M/Monat, der einer Altersrente aber mit 196 M/Monat deutlich unter dem Existenzminimum. Der Monatslohn eines Arbeiters lag zu dieser Zeit bei etwa 500 M/Monat, allerdings mit starken Unterschieden. Insgesamt war die *Lage der Lohnabhängigen sehr schlecht*, die der Rentner erreichte nicht einmal das Existenzminimum.

Da war es schon provokativ, daß das sogenannte kapitalistische System in Westdeutschland deutlich bessere materielle Ausstattungen für die Arbeiter und für die Rentner gewährte. In Diskussionen mit Wissenschaftlern aus der DDR wich man auf das Argument aus, daß immerhin Theater- und Konzertveranstaltungen zu wesentlich niedrigeren Preisen oder über die Betriebe sogar für die Besucher unentgeltlich angeboten werden würden. Was sollte aber ein Arbeiter oder ein Rentner davon halten, wenn er sich kaum das Notwendige zur Grundnahrung und schon überhaupt nicht eine angemessene Ausstattung für Kleidung und Wohnung erlauben konnte.

e) Neue Hoffnungen und der Weg zum Konkurs (1971 bis 1990)

Enttäuschte Hoffnungen

Im allgemeinen wurde auch in den westlichen Medien davon ausgegangen, daß der Beginn der Tätigkeit des neuen Ersten Sekretärs des Zentralkommitees der SED seit März 1971, *Erich Honecker*, einen *neuen Kurs* bedeuten würde, die *Verkrustungen des Systems*, die unter Walter Ulbricht entstanden waren und sich verhärtet hatten, *beseitigt werden* würden. Eigenartigerweise stand wie in der anfänglichen Beurteilung Hitlers und anderer Diktatoren auch hier die Hoffnung im Vordergrund. Die Realitäten wollte man nicht so recht zur Kenntnis nehmen. Schließlich hatte Honecker nur nach oben kommen können, weil er das mörderische Regime Ulbrichts mit unterstützte. Honecker war für den Bau der Mauer um West-Berlin und für die Verdichtung der Grenzanlagen nach Westdeutschland ebenso mitverantwortlich wie für zahlreiche Tote an diesen Grenzen und in den Gefängnissen der DDR. Eine solche Person konnte keine menschlichen Verhältnisse schaffen. Dies widerstrebte seinem Naturell.
Allein die Tatsache, daß von der DDR im *Mai 1972* herausgestellt wurde, daß die „Überführung von Betrieben mit staatlicher Beteiligung, privaten Industrie- und Baubetrieben in Volkseigentum“ vorzunehmen sei, damit die *“Reste kapitalistischer Tätigkeit“ beseitigt* werden, zeigt, daß Honecker von Anfang an den *Sozialismus vollenden* wollte. Es wurde deutlich, daß er die Fehler des Systems nicht zu erkennen bereit und in der Lage war. Dies zeigte sich dann auch an einer *Verschärfung der Abgrenzung zur Bundesrepublik*, insbesondere am *Ausbau der Tötungsmaschinerie* an der Grenze zu West-Berlin und zur Bundesrepublik (automatische Schießanlagen).
Die Bevölkerung der DDR hoffte allerdings, daß die wirtschaftlichen und die allgemeinen Lebensverhältnisse sich verbessern würden, eine Hoffnung, die Honecker und die anderen Politbüromitglieder aufgrund ihrer grundsätzlichen Einstellung nicht befriedigen konnten und wollten. Sie dachten nur an den *Machterhalt*. Es setzte sich daher die Talfahrt des Sozialismus fort, wobei man allerdings dadurch in einer schlechteren Lage gegenüber den vorherge-

henden 25 Jahren war, daß die übernommene Substanz weitgehend verzehrt und vernichtet war. Nach der Enteignung der letzten „Kapitalisten" mußte man zeigen, ob man auch aus eigener Kraft eine Volkswirtschaft in Gang halten konnte und die Grundbedürfnisse der Menschen zufriedenzustellen in der Lage war.

Die *Wirtschaftsplanung und -politik war keineswegs geeignet*, jetzt endlich zu einer *Verbesserung der Lage der Bevölkerung* beizutragen, sieht man von der bevorzugten Versorgung der Funktionäre und anderer Bevorrechtigter aus Politik und Wissenschaft einmal ab. So durften sich z. B. auch zahlreiche Mitarbeiter der Akademie der Wissenschaften in besonderen Läden mit solchen Waren versorgen, die für den normalen Bürger der DDR nicht erreichbar waren. Es herrschte ein Privilegienwesen, wie es für das ausgehende 20. Jahrhundert in Europa kaum noch denkbar war.

Die industrielle Produktion

In welcher Weise die gesamte Industriepolitik nicht nur in den Anfangsjahren der SBZ/DDR, sondern auch in den folgenden Jahrzehnten auf den Ausbau der nicht konsumnahen Industriezweige ausgerichtet war, ergibt sich daraus, daß 1978 die Investitionsgüterindustrie ein Niveau von 380 gegenüber 100 1936 erreicht hatte. In der Grundstoffgüterindustrie war der Anstieg auf 300 nicht ganz so stark gewesen, während die Verbrauchsgüterindustrie mit etwa 240 erheblich zurückblieb. *Versorgungsengpässe* gab es daher bis zum Ende der DDR *immer wieder* und bei einzelnen Produkten als Dauereinrichtung. Die Kataloge, die es Westdeutschen ermöglichten, über schweizerische oder dänische Firmen Güter aus dem Westen, aber auch aus den osteuropäischen Bruderländern zur Auslieferung in der DDR zu bezahlen, sprechen Bände über die Mangelsituation in der DDR.

Die *Ölpreiserhöhungen* im Herbst 1973 und 1978/1979 hatten auf die Wirtschaft der DDR *zunächst keineswegs den großen Einfluß* wie auf die westdeutsche Wirtschaft. Dies hatte zwei Gründe:

- Die Sowjetunion als Hauptlieferant von Erdöl für die DDR hielt sich jeweils relativ lange an die vorher vereinbarten Preise, d. h. die DDR hatte den erhöhten Weltmarktpreis nicht sofort zu zahlen, sondern jeweils mit einer gewissen zeitlichen Verzögerung.
- Der Anteil von Erdöl an der Energieversorgung der DDR war

nicht so umfangreich wie in der Bundesrepublik, zumal da die Motorisierung nicht so weit fortgeschritten war und auch die Beheizung der Wohngebäude in geringerem Maße durch Heizöl vorgenommen wurde.

Die *Braunkohle* hatte als Energieträger für die DDR eine „strategische Bedeutung". Ihre Förderung wurde auf etwa 300 Mill. t jährlich ausgebaut. Die Verbrennungsanlagen wurden aber nicht so gestaltet, daß die Umwelt möglichst wenig beeinträchtigt wurde. Die Ausdehnung der Braunkohleförderung sollte vor allem auch Erdöl sparen, damit man dieses aus der Sowjetunion bezogene Gut und die daraus hergestellten Produkte gegen harte Devisen in den Westen verkaufen konnte. Die Beeinträchtigung von Natur und Umwelt wurden mithin bewußt in Kauf genommen.

Auch die Fahrzeuge für den *Straßenverkehr* hatten völlig veraltete und die *Umwelt belastende Motoren.* Der Trabant und der Wartburg waren aber die Fahrzeuge, die man überhaupt nur mit mehr als zehn Jahren Lieferzeit erhalten konnte. Die Zahl der PKW stieg immerhin von 1971 = 1,3 Mill. auf 1989 = 3,9 Mill.
Die *Werftindustrie* war immer noch *auf die UdSSR* als Nachfrager *ausgerichtet.* Die Handelsflotte der DDR selbst wuchs auf knapp 0,7 Mill. NRT im Jahre 1990, ein in Anbetracht der Autarkiebestrebungen und wegen der geringen internationalen Außenhandelsbeziehungen zum Westen, d. h. über See, wohl angemessenes Ergebnis.

Im Grunde wurde der Schwerpunkt der industriellen Produktion in den siebziger und achtziger Jahren zunehmend auf die Ausstattung der Braunkohlewirtschaft und auch des Wohnungsbaues verlagert, so daß der Export an Investitionsgütern und die Ausstattung der übrigen Wirtschaft mit Investitionsgütern erheblich zurückgingen oder in einzelnen Branchen mindestens stagnierten.

Der Mißbrauch der Banken und der Sparbeträge

Die *Banken* wurden weitgehend auch zur *Finanzierung des Staates* herangezogen. So waren z. B. die etwa 160 Mrd. Mark Spareinlagen (1989; 1970 = 52 Mrd. Mark) von den Banken zum weit überwiegenden Teil an den Staat und an staatliche Unternehmen ausgeliehen. Sonst kam auch kaum jemand als Kreditnehmer in Betracht, sieht man von kleineren Hypothekenbeträgen privater Hausbesitzer einmal ab. Die *Unternehmen* (Kombinate usw.) wurden vom Staat *zu einer Überschuldung gezwungen*, indem man sie unabhängig von Rentabilität und Gewinnen zu Abgaben an den Staat verpflichtete. Man konnte damit die eigene *staatliche Überschuldung vertuschen* und auf die Wirtschaft verschieben, den Staatsbankrott hinausschieben.

Für die Banken trat aber im Ergebnis die Konkurssituation ein: Den Einlagen der privaten Haushalte in Form von Spareinlagen und anderen Gutschriften standen Forderungen gegen die Wirtschaftsunternehmen und in geringem Maße auch gegen den Staat gegenüber, ohne daß zukunftsträchtige Investitionen mit diesen finanziellen Mitteln geschaffen worden wären, die eine dauerhafte Bedienung der Schulden ermöglicht hätten. Das sozialistische System war über den Staat und über die Wirtschaft völlig bei seiner Bevölkerung überschuldet. Materiell gehörten Staat und der überwiegende Teil der Wirtschaft der Bevölkerung (den Sparern). Sie hatten damit aber keine Anteile an einem gewinnträchtigen „Unternehmen", wie manche noch in der ersten Jahreshälfte 1990 glaubten, als man die DDR-Bevölkerung zu einem Volk von Aktionären machen wollte. Man konnte froh sein, daß man nicht direkt für die Schulden haften mußte.

Die Währungsumstellung zum 1. Juli 1990 konnte nur deshalb mit einer zum überwiegenden Teil 1 : 1 , teilweise etwas ungünstigeren Weise vorgenommen werden, weil Westdeutschland letztlich bereit war, für wertlose Münzen (Alu-Chips), wertloses Papiergeld und wertlose Sparguthaben die wertvolle DM hinzugeben. Dadurch kamen Honecker und seine Spitzengenossen um eine Bankrotterklärung herum.

Der Außenhandel

Der *Außenhandel zeigte* in den achtziger Jahren deutlich die zunehmende *Schwäche des Handels innerhalb des Ostblocks.* Zwar blieb die DDR weitgehend in diesen Handel zwischen den Staatshandelsländern eingeordnet und konnte aufgrund der Zugehörigkeit zum

COMECON auch nicht ausweichen. Trotzdem zeigten sich *wichtige Änderungen*:

- Die Ausfuhr und die Einfuhr wurden zum überwiegenden Teil in den siebziger Jahren (60 bis 70 v. H.) *mit dem Ostblock* abgewickelt, aber in den achtziger Jahren nur noch zu etwa 40 bis 45 v. H. Allein der Handel mit der UdSSR umfaßte in den siebziger Jahren etwa 32 bis 38 v. H., 1987/1989 aber nur noch 25 v. H. Die wirtschaftlichen Schwächen der sozialistischen „Bruderländer“ wurden immer deutlicher.
- Der Anteil der sogenannten *kapitalistischen Länder*, d. h. der westlichen Industrieländer, am Außenhandel lag zunächst bei 20 bis 35 v. H. und stieg bis 1989 auf fast 50 v. H., einschließlich des Handels mit der Bundesrepublik. Ein erheblicher Teil dieses Außenhandels wurde nicht mehr mit den Erlösen aus eigenen Exporten bezahlt, sondern mit staatlichen und privaten Krediten des Westens. So war die DDR im Herbst 1989 bei westlichen Banken und Staaten mit zusammen mehr als 50 Mrd. DM verschuldet. Allein die Bedienung der Schulden (Zinsen, fällige Rückzahlungen) erforderte teilweise mehr Mittel als die DDR durch ihre Westexporte erwirtschaften konnte.
- Der Außenhandel mit den sogenannten *Entwicklungsländern* hatte sich kaum geändert. Er lag auf einem sehr niedrigen Niveau (etwa 5 v. H.).
- Der Handel zwischen der DDR und der *Bundesrepublik* Deutschland hat die Hälfte und mehr des Außenhandels der DDR mit den westlichen Industrieländern ausgemacht. Für die Bundesrepublik war dieser Handel mit weniger als 2 v. H. ohne wirtschaftliche Bedeutung, sieht man vielleicht von einigen spezialisierten Unternehmen ab.

Da die DDR ein Industrieland war, *bestand der größte Teil der Exporte aus Industriegütern*. Ein wesentliches *Hindernis für die freie Entwicklung* des auch von der SED-Spitze als wichtig für ein Industrieland angesehenen *Außenhandels* war die *fehlende Liberalisierung* und die schwerfällige Planung, so daß sich die Wirtschaft der DDR nur langsam oder gar nicht an die Erfordernisse des Weltmarktes anpassen konnte, den Anpassungsmöglichkeiten stets nur mit einem fatalen Abstand folgte. Für den Markt außerhalb des Bereiches der sozialistischen Länder (COMECON) waren viele Waren wegen zu geringer Qualität nicht absetzbar, so daß ein ständiger Devisenmangel den Außenhandel einengte. Die von der Qualität her konkurrenzfähigen Produkte wurden häufig unter den Gestehungskosten verkauft, da Devisen für die DDR ein teures und begehrtes Gut waren. Mit recht zweifelhaften Methoden trieb hier der Stasi-Offizier Alexander Schalck-Golodkowski seine Geschäfte: Er beschaffte für die DDR etwa 40 Mrd. DM Devisen. Unter kaufmännischen und technischen Gesichtspunkten qualitativ einwandfreie Güter waren auf den westlichen Märkten durchaus absetzbar und wurden seitens der DDR auch abgesetzt. Dazu benötigte man keine besondere Einrichtung. Die Devisenbeschaffung durch das von Schalck-Golodkowski geleitete Unternehmen Kommerzielle Koordinierung (KoKo) geschah auf dem halbseidenen bis kriminellen Wege, so z. B. auch durch den *Waffenhandel*, dessen Abteilung in der KoKo von Dieter Uhlig geleitet wurde. Dabei verkaufte man nicht nur Waffen aus der DDR-eigenen Produktion, sondern auch aus den östlichen Bruderländern oder im Westen erworbene. So haben westdeutsche Unternehmen mit der Lieferung von Waffen und von Ausrüstungsgegenständen für Rüstungsfabriken auf diesem Wege die rechtlichen Ausfuhrhindernisse umgangen. Die so erhaltenen Devisen dienten vor allem zur *Finanzierung* der eigenen *Geheimdienste* im Westen und zur *Beschaffung von Westwaren für die Kader*, für die herrschende, die Neue Klasse in Partei, Wirtschaft und Wissenschaft.

Fehlentwicklungen in der Landwirtschaft

Für die Landwirtschaft zeigten sich die Nachteile einer schematisch denkenden und über menschliche Leben sinnlos hinwegschreitenden Gruppe der Spitzenfunktionäre besonders deutlich: Es war der *Übergang zu großen Betriebseinheiten*, die im Durchschnitt etwa 7.000 ha umfaßten und damit völlig *unwirtschaftlich* wurden, denn es fehlte der enge Kontakt zwischen den Hofstellen und der zu bearbeitenden Fläche. Die *Landwirtschaft*, bereits seit dem

19. Jahrhundert als ein *Verkehrsunternehmen wider Willen* bezeichnet, hatte zusätzliche umfangreiche und die Rentabilität senkende Transportleistungen zu erbringen. Außerdem wurde die enge *Verbindung zwischen Bodennutzung und Viehhaltung* dadurch willkürlich *zerschnitten*, daß die Landwirtschaftlichen Produktionsgenossenschaften in solche der Pflanzenproduktion und der Tierzucht geteilt wurden, wobei keineswegs die territorialen Zuständigkeiten immer identisch waren, so daß erhebliche Überschneidungen bei der Futterversorgung und bei der Dungverteilung vorkamen, was den ganzen Wirtschaftsbereich mit zusätzlichen Hindernissen versah. Die von der Pflanzenproduktion organisatorisch getrennte Tierhaltung wurde zu einem erheblichen Teil mit ausländischen, vor allem aus dem Westen bezogenen Futtermitteln versorgt. Dies strapazierte die Devisenkasse der DDR zusätzlich, gaukelte aber der Bevölkerung mindestens für einige Jahr vor, als ob man aus eigener Kraft die Versorgung mit tierischen Produkten und damit die Stabilisierung eines gewissen Versorgungsniveaus überhaupt erreicht habe und erhalten könne.

Fehlorganisation und Ineffizienz

Die Kombinatsorganisation im industriellen Bereich hatte ihre Parallele in der Landwirtschaft gefunden. Wirtschaftlicher Unverstand war das Ergebnis *ideologischer Überheblichkeit* einer kleinen Clique von Spitzenfunktionären, die die Volkswirtschaft in den Konkurs trieben. Nur die *übermäßige Beanspruchung der Arbeitskraft* der Bevölkerung bis hin zu sogenannten freiwilligen und unentgeltlichen Aufbauschichten, auch mit anderen Bezeichnungen, konnte das System halbwegs am Leben erhalten. *Man steigerte die Ausbeutung einer Bevölkerung*, der man vorgaukelte, auf dem Weg zu einer besseren Versorgung, zu besseren Lebensbedingungen zu sein.
Zwar kam es wie auch in den beiden vorhergegenden Jahrzehnten zu einer Verbesserung der Produktionstechnik und zu einer Änderung der Produktionsstruktur. Dies geschah aber durchweg *ohne Berücksichtigung der Umwelt* und deren Schädigung. Im Vordergrund stand allein das Soll und seine Erfüllung. Man sprach daher

außerhalb der Staatshandels- und Staatsproduktionsländer auch von einer *Tonnen-Ideologie*, weil allein auf eine möglichst große Produktion abgestellt wurde, die zudem mit den systemimmanenten Organisationsfehlern nicht auch nur annähernd ein Niveau erreichen konnte, das mit dem der westlichen Industrieländer vergleichbar gewesen wäre. Der Abstand vergrößerte sich und wurde nicht, wie vergeblich immer wieder gefordert und in Aussicht gestellt wurde, kleiner.

Die öffentlichen Finanzen

Das System der öffentlichen Finanzen änderte sich weder auf der Einnahme- noch auf der Ausgabeseite grundsätzlich. Man ging allerdings mehr und mehr dazu über, die von den Betrieben (Kombinaten usw.) *geforderten Überweisungen immer weniger an den Gewinnen* oder anderen Erfolgskriterien der Wirtschaftlichkeit *auszurichten*. Es kam nur darauf an, Geld in die Staatskassen zu leiten. Eigentlich hätte man unter Wirtschaftlichkeitskriterien von dem überwiegenden Teil der Betriebe keine Steuern und Abgaben fordern dürfen. Statt dessen *zwang man die Kombinate und andere Betriebe, sich beim Bankensystem zu verschulden*, so daß man letztlich das volkseigene Vermögen übermäßig verschuldete, während der Staat selbst nur einen geringen Schuldenstand für sich auswies. Selbst aus dem letzten Statistischen Jahrbuch der DDR vom Sommer 1990 werden diese Zusamenhänge nicht ersichtlich, obgleich dies rechtlich und politisch möglich gewesen wäre. Lakonisch schrieb der letzte Präsident des Statistischen Amtes der DDR, Prof. Dr. Arno Donda, generell: „Die bei einigen Kennziffern in zurückliegenden Jahren zeitweise aufgetretenen, durch die Methodik der zentralen Planung bedingten Abweichungen von den bestehenden statistischen Definitionen sind bereinigt worden".

Wie sehr man Geld, vor allem Devisen benötigte, ergibt sich daraus, daß in den achtziger Jahren zunehmend aus nichtigem Anlaß oder ohne einen wirklichen Anlaß *Häftlinge produziert* wurden, *um diese* gegen einen durchschnittlichen Betrag von etwa 100.000 DM an die Bundesrepublik *zu verkaufen*. Insgesamt gingen diesen Weg von 1963 bis 1989 33.755 Häftlinge. Journalisten sprachen vom

Freikauf, was aus der Sicht der Bundesrepublik sicher so bewertet werden kann. Für die DDR war dies eindeutig ein Verkauf von Menschen. Insgesamt erhielt die DDR dafür 3,5 Mrd. DM, d. h. im Durchschnitt je verkauftem Mensch 104.000 DM, *ein Menschenhandel gigantischen Ausmaßes.*

Die soziale Absicherung

Die soziale Lage der *Altersrentner* hatte sich in den letzten beiden Jahrzehnten der DDR *etwas gebessert.* Vor allem war der Abstand zu den Unfallrenten erheblich vermindert. So erhielt ein Invalidenrentner im Jahre 1989 im Durchschnitt 481 M/Monat, ein Altersrentner 446 M. Auch dieser Betrag lag aber erheblich unter dem Existenzminimum. Die Berechnung der Renten erfolgte nicht im erforderlichen Maße in Anlehnung an die Beitragsleistungen.

f) Das Ergebnis des „real existierenden Sozialismus“

Der *Versuch,* auf deutschem Boden den ersten *Arbeiter-und-Bauern-Staat dauerhaft zu verwirklichen, endete* 1989/1990 aufgrund des Gegensatzes zwischen dem Politbüro und allgemein der Parteiherrschaft der SED auf der einen Seite und dem „Volk“ (vgl. die Rufe aus den Demonstrationen „Wir sind das Volk“) auf der anderen Seite. Im Grunde waren es *zwei* unterschiedliche, sich gegenseitig ergänzende *Entwicklungsstränge,* die zur Auflösung des SED-Regimes führten:

- Der *finanzielle Bankrott* war nicht mehr auf Dauer zu vertuschen. Die herrschende Clique konnte das Volk nicht noch mehr ausbeuten.
- Der *allgemeine Trend,* auch in der UdSSR und in anderen „Bruderländern“, *zu einer Auflösung* bzw. Ablösung *der sozialistischen Regime* in Europa erfaßte die DDR erst recht spät. Die DDR fand vor allem in der UdSSR keinen Rückhalt mehr.

Das Ergebnis des jahrzehntelangen Experimentes einer Funktionärsherrschaft sah in den Grundzügen folgendermaßen aus:

Wirtschaftlich hatte man ein Gebiet ruiniert, das im 19. Jahrhundert und in der ersten Hälfte des 20. Jahrhunderts in großen Teilen zu den am weitesten entwickelten Wirtschaftsregionen Mitteleuropas gehört hatte. Sachsen, Thüringen und die südliche Hälfte Sachsen-Anhalts zeichneten sich vor allem durch eine Vielfalt in der Wirtschaftsstruktur aus, die diesem Gebiet nach 1945/1950 sehr günstige Entwicklungsmöglichkeiten in der chemischen Industrie, im Maschinen- und Anlagenbau, in der Fahrzeug- und Textilindustrie und in zahlreichen kleineren Branchen geboten hätten. Statt dessen war 1989/1990 eine *Industrie mit völlig veralteten Anlagen* vorhanden, die nicht in der Lage war, eine Produktqualität zu erreichen, die den internationalen Wettbewerb erlaubt hätte. Hinzu kam die Ruinierung und Verschmutzung der Umwelt in weiten Teilen des Landes, bis hin zur totalen Umweltzerstörung z. B. in den Gebieten des Braunkohleabbaues. In den nördlicheren Gebieten der ehemaligen DDR war diese Beeinträchtigung der Natur nicht so stark, da hier der Industrialisierungsgrad erheblich geringer war, sieht man von einigen Schwerpunkten ab, wie z. B. von dem Standort der Müllkippe bei Schönberg in Mecklenburg, wo u. a. gegen Devisen die hochgiftigen Reste der Seveso-Katastrophe heimlich gelagert wurden, ohne die Verbindung zum Grundwasser zu verhindern. Die Bewältigung der Probleme des Konkurses des sozialistischen Systems werden noch Jahrzehnte und ungeheure Geldmengen erfordern.

Auch die *Landwirtschaft war aufgrund* der Einordnung in die Zentralverwaltungswirtschaft und aufgrund der *Entwicklung zu Riesenbetrieben in einem desolaten Zustand*, indem vor allem die Probleme der Verwendung von Düngemitteln und Mitteln der Schädlingsbekämpfung „großzügig" gelöst wurden, mit dem Ergebnis, daß viele Flächen eigentlich nicht mehr zur Nahrungsgüterproduktion geeignet sind.

Fast völlig *vernachlässigt* wurde der *Dienstleistungssektor*. Die Bereiche der Banken und der Versicherungen, des Handels und der Vorratshaltung, des Verkehrs und der Nachrichtenübermittlung bis hin zum dürftigen Telefonnetz sind hier vor allem zu nennen, aber auch weite Teile des Bildungs- und des Ausbildungswesens, der medizinischen Versorgung und der sozialen Absicherung litten unter der schlechten und damit unzureichenden materiellen Ausstattung und unter den ideologischen Eingriffen und Vorgaben.

Finanziell war die DDR eigentlich bereits Anfang der achtziger Jahre am Ende, wenn man den Ausführungen einiger ehemaliger hoher Funktionäre wenigstens in diesem Punkt Glauben schenken kann. Vor allem der vom bayerischen Ministerpräsidenten Franz Joseph Strauß damals vermittelte große Kredit scheint die Frist bis zum wirtschaftlichen Konkurs verlängert zu haben. *Der Staat war im Inland bei den Banken und damit bei seinen Sparern verschuldet*, hatte aber auch die Unternehmen in unterschiedlicher Weise über die Gewinne und Überschüsse hinaus zu Zahlungen verpflichtet, so daß auch diese Unternehmen sich bei den Banken hoch verschulden mußten. Auch dahinter standen dann die Sparer. D. h. das Geld der Sparer wurde sinnlos für die Erhaltung eines System verwendet, das letztlich allein den Ideologen an der Spitze ein sonniges Leben bescherte.

Hinzu kamen *umfangreiche Schulden im Ausland*. Es sollen im Herbst 1989 allein im westlichen Ausland etwas über 50 Mrd. DM gewesen sein, eine Summe, die von der schwachen DDR nicht mehr über den Erwerb von Devisen aus Exporten bedient werden konnte.

Eine Übersicht über das ganze finanzielle Fiasko der DDR gibt es bisher nicht. Trotz der Zentralisierung der Verwaltung und der übermäßigen Ausdehnung der mit Verwaltungsaufgaben Beschäftigten besteht kein zuverlässiges Zahlenwerk.

Auch das letzte Statistische Jahrbuch der DDR, bereits nicht mehr unter einer SED-Regierung, sondern einer Regierung der demokratischen Parteien (CDU, SPD usw.) erarbeitet und herausgegeben, hilft hier nicht weiter.

Die *soziale Lage* des weit überwiegenden Teils der Bevölkerung war ebenfalls schlecht. Die materielle Ausstattung entsprach dem niedrigen Produktivitätsniveau der Wirtschaft. Die sozialen Chancen für die Jugend waren nur dann gut, wenn der einzelne sich der Partei oder einer ihrer Organisationen anschloß. Die Lernmöglichkeiten waren aufgrund der schlechten Ausstattung der Schulen und der Hochschulen nicht auf dem neuesten Stand, was ebenfalls wiederum die internationalen Wettbewerbsmöglichkeiten der Wirtschaft verschlechterte. Eine interessierte und innovative Bevölkerung erhielt nicht die Chancen, zur Verbesserung der eigenen Lebensverhältnisse in angemessenem Maße beizutragen. Alles versickerte in einer öden und unbeweglichen Organisation von Wirtschaft und Gesellschaft. Die *soziale Lage* vor allem der Alten und der Arbeitsunfähigen befand sich auch nach einem langen Arbeitsleben *auf einem sehr niedrigen Niveau.*

Die *politische Einheitskost* der Sozialistischen Einheitspartei und ihrer Organisationen engte auch die politischen Bewegungsmöglichkeiten erheblich ein. Vor allem das *Grundrecht der Freizügigkeit* bei der Wahl des Wohnortes und bei der Wahl des Berufes war eingeschränkt, der Weg aus der DDR vermauert.

Erstaunlich deutlich hat Bismarck in einer Reichstagsrede am 17. September 1878 den Zustand der DDR im Jahre 1989 vorausgeahnt. Er verglich ein mögliches sozialistisches System mit einem Zuchthaus, „wo keiner seinen selbständigen Beruf und seine Unabhängigkeit hat, sondern wo ein jeder unter dem Zwang der Aufseher steht. Und jetzt im Zuchthaus, da ist wenigstens ein Aufseher zur Kontrolle, das ist ein achtbarer Beamter, über den man sich beschweren kann; aber wer werden die Aufseher sein in dem allgemeinen sozialistischen Zuchthaus? Das werden die Redner sein, die durch ihre Beredsamkeit die große Masse, die Majorität der Stimmen für sich gewinnen, gegen die wird kein Appell sein, das werden die erbarmungslosesten Tyrannen, wie sie je erfunden wurden“.

Zuvor hatte Bismarck aber auch die materielle Seite angesprochen: „Es wird versprochen, es werde besser werden, es gebe bei wenig Arbeit mehr Geld – woher es kommt, sagt kein Mensch, namentlich woher es auf die Dauer kommt, wenn die Teilung, die Beraubung der Besitzenden einmal geschehen sein wird.“

Genau diese beiden Komponenten waren in der DDR verwirklicht worden:

- Die *Beschränkung der Freizügigkeit* wie in einem Zuchthaus.
- Der *Verbrauch der übernommenen materiellen Substanz.*

Man kann die Fahrt Honeckers in den Konkurs auch folgenderma-

ßen kurz skizzieren: Eine Änderung des ineffektiven Systems kam für ihn nicht in Frage. Er hätte eine solche Änderung auch sicher nicht durchsetzen können. Immerhin galt in den siebziger und teilweise auch noch in der ersten Hälfte der achtziger Jahre die Breschnew-Doktrin, d. h. ein Abweichen vom Pfad des Sozialismus hätte eine Invasion wie 1968 in der Tschechoslowakei oder 1979 in Afghanistan zur Folge gehabt. Honecker mußte daher das Volk beruhigen und tat dies in den siebziger und in den beginnenden achtziger Jahren durch den Import von Futtermitteln, so daß z. B. der Verbrauch an Fleisch steigen konnte. Zugleich versuchte er mit Hilfe von Erdölprodukten aus dem aus der Sowjetunion importierten Erdöl zusätzliche Devisen zu gewinnen. Diese Exporte waren aber nur möglich, weil die Braunkohleförderung erheblich ausgebaut wurde. In den ausgehenden siebziger und in den achtziger Jahren wurde zudem der Wohnungsbau ausgedehnt, um auch bei der Versorgung der Bevölkerung mit diesem Grundbedarfsgut eine gewisse Entspannung zu erreichen. Dies mußte aber wiederum die Investitionsgüterindustrie sehr einseitig festlegen und bei anderen Wirtschaftszweigen zur Unterversorgung führen.
Das Ergebnis war eine zunehmende Strangulierung der Wirtschaft und des Staates. Fremdes Vermögen konnte man nicht mehr enteignen. Dieser sozialistische Ausweg aus der eigenen Mißwirtschaft war nunmehr nicht mehr möglich.

4. Das vereinigte Deutschland und der weitere Weg zum Vereinigten Europa (1990 bis 1992)

a) Die wirtschaftlichen und die sozialen Probleme des Zusammenwachsens innerhalb Deutschlands

Die wirtschaftlichen und die sozialen *Probleme* der Jahre ab 1990 standen vor allem *mit der Wiedervereinigung im Zusammenhang.* Die wirtschaftliche Entwicklung brachte eine Verstärkung der unterschiedlichen wirtschaftlichen Kraft in den beiden Teilen Deutschlands:

- In den *alten Bundesländern* wurde die zunehmende *Schwäche der Weltkonjunktur* durch den Warenhunger in den neuen Bundesländern zeitweise mehr als *kompensiert.*
- Zugleich erhielt das *Ausland zusätzliche Absatzchancen* in den neuen Bundesländern.
- Die *Leistungsbilanz der Bundesrepublik* (Saldo der Ausfuhr und Einfuhr an Waren und Dienstleistungen) wurde seit langer Zeit zum ersten Mal wieder *negativ* (1989 = + 107,6 Mrd. DM; 1990 = + 77,4; 1991 = - 34,3).
- Der *Export und der inländische Absatz gingen für die Industrie der neuen Bundesländer zurück*, da man nicht in der Lage war, sich in der Produktion dem Markt anzupassen und dadurch mit den westdeutschen und den ausländischen Anbietern zu konkurrieren. 1988: Bruttoprodukt 811 Mrd. Mark; Export 135 Mrd., davon 63 Mrd. = 46,2 v. H. in westliche Industrieländer, 7 Mrd. = 5,5 v. H. in Entwicklungsländer und 61 Mrd. M = 45,1 v. H. in COMECON-Länder, d. h. durch den Ausfall der Absatzmöglichkeiten in den bisherigen Ländern des COMECON entfielen nur 45 v. H. des Exports und etwas mehr als 7 v. H. des Bruttoprodukts. Daher hatte ein Teil des Exports sicher nach wie vor gute Chancen, sofern man an die Exporterfolge in den westlichen Industrieländern, einschließlich der Bundesrepublik Deutschland, in den letzten Jahren der DDR anknüpfte. Eigenartigerweise brach aber auch hier fast alles zusammen.
- Für die *Industrie der neuen Bundesländer waren daher die Ausfälle der Absatzmöglichkeiten im ehemaligen Ostblock* im Einzelfall sicher *bedrückend, aber nicht generell. Entscheidend* war vielmehr das *Zusammenbrechen des inländischen Absatzes*, da sowohl die Wirtschaft als auch die privaten Haushalte zunächst westliche Investitions- und Konsumgüter gegenüber den Produkten aus der eigenen Wirtschaft bevorzugten.
- Hinzu kam aber auch noch, daß gerade in der Industrie und in der Landwirtschaft die Produktion je Arbeitskraft, d. h. die Produktivität nur etwa bei der Hälfte oder sogar noch weniger des Standards der westlichen Industrieländer gelegen hatte, so daß etwas mehr als 2 Mill. der 8,5 Mill. Erwerbstätigen allein bei

einem Übergang zur westlichen Produktionstechnik und damit Produktivität in Landwirtschaft und Industrie ihren Arbeitsplatz verlieren mußten.
- In Mecklenburg mit seiner einseitigen Ausrichtung der Wirtschaftsstruktur auf Landwirtschaft und Werften waren 1990 bis zu 60 v. H. der für den Arbeitsmarkt bereitstehenden Personen offen oder verdeckt arbeitslos.

Ein Vergleich der tatsächlichen Erwerbstätigenstruktur in den letzten Jahren der DDR und einer fiktiven Erwerbstätigenstruktur nach den Maßstäben der westlichen Industrieländer zeigt die Mängel jedenfalls ziffernmäßig, vgl. Tabelle 14.

Tabelle 14: Tatsächliche Erwerbstätigenstruktur in der DDR 1988 und fiktive Erwerbstätigenstruktur nach den Maßstäben westlicher Industrieländer

Bereich	tatsächlich	fiktiv
Landwirtschaft	900.000	400.000
Industrie	3.800.000	3.000.000
Handwerk	260.000	1.100.000
Staatl. Dienstleistungen	1.840.000	1.100.000
Erwerbswirtschaftl. Dienstl.	1.700.000	2.500.000
Zusammen	8.500.000	8.100.000

Diese Zahlen zeigen den *erforderlichen gewaltigen Strukturwandel*, der noch ergänzt wird durch Änderungen auch innerhalb der einzelnen Bereiche. In der *Landwirtschaft* ist dies der Weg zu individuell genutzten landwirtschaftlichen Betrieben, die mit Sicherheit sogar aufgrund der großen Flächen je Betriebseinheit mit weniger als insgesamt 400.000 Erwerbstätigen auskommen werden. In der *Industrie* kommt es nicht nur darauf an, die Produktivität innerhalb der noch vorhandenen Unternehmen zu verbessern, sondern auch durch die Autarkiepolitik geförderte Unternehmen durch andere zu ersetzen, vor allem *mittelständische und kleine Industriebetriebe* sich entwickeln zu lassen. Am stärksten hat sich das *Handwerk* auszudehnen. Dazu gehört das Bauhandwerk ebenso wie die zahlreichen Handwerksbetriebe in unmittelbarer Nähe der privaten Haushalte. Die *Aufblähung des staatlichen Dienstleistungsbereiches* umfaßt auch die zahlreichen hauptamtlichen Parteifunktionäre. Wie bei den Nationalsozialisten war auch in der DDR hier ein umfangreicher und völlig ineffektiver Apparat aufgebaut worden. Der *erwerbswirtschaftliche Bereich der Dienstleistungen* ist am ehesten den Änderungen zugänglich, da es hier vor allem auf eine Umschulung der vorhandenen Arbeitskräfte ankommt. Der überwiegende Teil dieses Wirtschaftsbereiches ist auf die Leistungen für die privaten Haushalte ausgerichtet (Handel, Banken, Versicherungen usw.). Er konnte inzwischen bereits weitgehend voll leistungsfähig gemacht werden, zumal da die *privaten Haushalte* zu einem erheblichen Teil mit *Einkommen aus Westdeutschland* versehen worden sind.

Die Ausgangszahlen werden im letzten amtlichen Statistischen Jahrbuch der DDR mit fast 9 Mill. Erwerbstätigen angegeben. Aus diesen amtlichen Angaben läßt sich aber die Wirtschaftsstruktur nach der Zahl der Erwerbstätigen nicht zuverlässig und vergleichbar errechnen. Aus Tabelle 14 wird trotz der Unzuverlässigkeit der Zahlen für die DDR wenigstens das grundsätzliche Problem größenordnungsmäßig deutlich.

Der Umfang, der seit 1990 jährlich in die neuen Bundesländer fließenden *finanziellen Mittel* läßt sich *nicht genau berechnen*. Im wesentlichen handelt es sich bisher wohl um folgende Positionen:

- Mit der *Währungsreform* zum 1. Juli 1990 flossen den neuen Bundesländern etwa 180 Mrd. DM zu. Damit erhöhte sich die Geldmenge (M 3 = Bargeldumlauf, Sichteinlagen, Fristeinlagen bis zu vier Jahren, Spareinlagen mit gesetzlicher Kündigungsfrist) in Gesamtdeutschland von etwa 1.200 Mrd. DM in der alten Bundesrepublik um etwa 15 v. H., eine in Anbetracht der Ausdehnung der wirtschaftlichen Basis und der Einwohnerzahl im Ergebnis ungefährliche Größenordnung.
- Die Schaffung des *Fonds Deutscher Einheit* sollte dafür sorgen, daß der Bund und die Länder über zusätzliche *Kreditaufnahmen*

außerhalb der Haushalte zur Finanzierung der Kosten des Konkurses des sozialistischen Systems beitragen konnten. Insgesamt sollten über 75 Mrd. DM über mehrere Jahre dafür aufgebracht werden.

- 110 Mrd. DM waren für den *Kreditabwicklungsfonds* aufzubringen, d. h. für die Altschulden der DDR (fast 30 Mrd. des eigentlichen Staatshaushaltes der DDR; etwa 70 Mrd. für den Ausgleichsfonds, der den Banken Mittel zufließen ließ, da die Forderungen der Banken halbiert wurden, jedoch der überwiegende Teil der Verpflichtungen, insbesondere gegenüber Privatpersonen – Sparer usw. – voll in DM umgerechnet wurden).
- Die *Schulden der Treuhand* am Ende ihrer Tätigkeit werden auf zwischen 250 und 400 Mrd. DM eingeschätzt.
- Die *Beseitigung der Umweltschäden* wird auf mehr als 250 Mrd. DM berechnet.
- Die *Beseitigung des Rückstandes in der Entwicklung der Verkehrseinrichtungen* (Qualität der Straßen, Binnenschiffahrtswege, Eisenbahnen usw.) scheint mit 280 Mrd. DM unter dem Gesichtspunkt der Berücksichtigung auch der Umweltprobleme als zu gering.
- Die Altschulden der ostdeutschen Wohnungsverwaltungsunternehmen werden auf etwa 50 Mrd. DM geschätzt. Eine Regelung wird vor allem dadurch erschwert, daß der Wert dieser Gebäude aufgrund einer nachlässigen Verwaltung nicht sehr hoch ist, so daß z. B. die Summe der erforderlichen Sanierungskosten und der bestehenden Schulden zusammen höher liegt als die möglichen Verkaufserlöse.
- Das *Sozialversicherungssystem* (Arbeitgeber-, Arbeitnehmerbeiträge und staatliche Zuschüsse) zahlt zu einem erheblichen Teil den Unterstützungsbedarf in den neuen Bundesländern. So wurden 1991 von den 72 Mrd. DM Ausgaben der Bundesanstalt für Arbeit 42 Mrd. in Westdeutschland und fast 30 Mrd. in Ostdeutschland ausgegeben. Die Beitragseinnahmen beliefen sich in Westdeutschland auf 65,6 Mrd. DM im Westen und 4,6 Mrd. DM im Osten. Hinzu kam die vom Bund finanzierte Arbeitslosenhilfe in Höhe von 6,9 Mrd. DM im Westen und 0,3 Mrd. DM

im Osten. Die westlichen Beitragszahler der Arbeitslosenversicherung zahlten mithin mehr als 20 Mrd. DM für Arbeitslose und Kurzarbeiter im Osten.

Für 1992 wird davon ausgegangen, daß *neben den privaten Investitionen etwa 180 Mrd. DM aus öffentlichen Kassen* nach Ostdeutschland geflossen sind, je Einwohner mehr als 10.000 DM! Dieser Betrag setzte sich aus folgenden Teilbeträgen zusammen:
- 74 bis 110 Mrd. DM kamen vom Bund.
- 30 Mrd. DM zahlte die Bundesanstalt für Arbeit.
- 10 Mrd. DM leistete der Fonds ERP-Sondervermögen.
- 24 bis 28 Mrd. DM kamen vom Fonds Deutscher Einheit.
- 14 Mrd. DM erbrachte die Rentenversicherung.
- 12 Mrd. DM leisteten die westlichen Bundesländer und die Gemeinden Westdeutschlands.

Nur ein geringer Teil dieser Mittel wurde für die Finanzierung *öffentlicher Investitionen* verwendet, der weit überwiegende Teil für normale Haushaltsausgaben. Die Steuerkraft der Wirtschaft war in den neuen Bundesländern so schwach, daß die westlichen Transferleistungen 1991 und 1992 etwa drei Viertel der gemeindlichen und der Landesausgaben finanzierten.
Im Ergebnis mußten Bund, Länder und Gemeinden aus den alten Bundesländern erhebliche Leistungen für die neuen Bundesländer erbringen. Dabei erwies es sich als negativ, daß die *westdeutschen Gebietskörperschaften* (Bund, Länder und Gemeinden) *bereits hoch verschuldet in diesen Wandlungsprozeß* gingen, d. h. in der rechtlich abgesicherten Verschuldungsfähigkeit beschränkt waren.
Es gab aber auch noch andere *Hinderungsgründe der wirtschaftlichen Entwicklung.* So hatte Bundeskanzler Kohl im Herbst 1990 verkündet, daß in drei bis vier Jahren die neuen Bundesländer eine blühende Wirtschaftslandschaft sein würden, ein sicher anerkennenswerter Wunsch, der aber an den Realitäten vorbeiging. Die Bereitschaft für private Investitionen hing sicher auch damit zusammen, wie man nicht nur das gegenwärtige Lohnniveau, sondern auch die zukünftige Produktivität einschätzte. Investitionen in einem Niedriglohnland waren unwahrscheinlich, da dieser Zustand

in diesem Fall nur eine kurze Zeit dauern sollte. Darin lag die erste Fehlkalkulation, denn man ging gerade davon aus, daß der niedrige Lohn Investoren anlocken würde. Dies konnte aber niemals über die Fiktion eines für mehrere Jahre bestehenden Billiglohnlandes, sondern nur über die ausgebildete und motivierbare Arbeiterschaft gelingen.

Hinzu kam, daß die *besseren Einkommensmöglichkeiten in Westdeutschland* der Grund dafür waren, daß die mit mehr Initiativen versehenen Menschen teilweise versuchten, einen Arbeitsplatz in Westdeutschland zu bekommen. Die in den Jahren 1990 bis 1992 aus diesem Grunde nach dem Westen wandernden und den Wohnsitz verlegenden Personen werden in den amtlichen Statistiken mit jährlich etwa 300.000 angegeben, mit abnehmender Tendenz. Hinzu kamen etwa bis zu 500.000 Pendler, die ihren Wohnsitz nicht verlegten. Im Ergebnis sind mehr als 1 Mill. Arbeitsplätze für ostdeutsche Erwerbspersonen in Westdeutschland entstanden.

Rein kalkulatorisch war aber auch zu verzeichnen, daß die Investitionen in Ostdeutschland zunächst sehr verhalten waren, d. h. daß die westlichen industriellen Unternehmungen eher geneigt waren, die Märkte der neuen Bundesländer aus der bisherigen westlichen Produktion zu bedienen als neue Produktionsstätten zu betreuen. Dies wurde durch das Kaufverhalten der Einwohner der neuen Bundesländer unterstützt, da diese die Westwaren bevorzugten. Die Investitionen im Osten Deutschlands lagen daher in dieser Zeit bei nur etwa 60 v. H. des Westens, zum überwiegenden Teil noch durch Subventionen angeregt. Der Mitnahmeeffekt war hier weit verbreitet. Im Grunde wären mehr als 2 Bill. DM an Investitionen erforderlich, um ein Wirtschaftswachstum zu produzieren, das ausgereicht hätte, die Arbeitslosigkeit auf ein normales Maß zurückzuschrauben. Allerdings muß es fraglich bleiben, ob wirklich dieser Effekt eingetreten wäre, wenn solche Investitionen hauptsächlich über die öffentlichen Haushalte finanziert worden wären. *Entscheidend war die Schwäche der privatwirtschaftlichen Investitionen.*

b) Der weitere Weg zum Vereinigten Europa

Die achtziger Jahre wurden vor allem von dem neuen Präsidenten der Europäischen Kommission getragen. Jacques Delors strebte die politische Union an. Die Kommission verwaltete nicht mehr, setzte nicht mehr nur das um, was im Ministerrat usw. beschlossen wurde, sondern machte selbst Vorschläge und bereitete weitere Schritte zur Vereinigung des Wirtschaftsgebietes und zur Schaffung auch einer lockeren politischen Union vor. Ein wichtiger Schritt war die seit 1985 zunehmende Vereinheitlichung der materiellen, der technischen und der steuerlichen Rahmenbedingungen in den einzelnen Mitgliedsländern. Bis Ende 1992 konnten mehr als 90 v. H. der in diesem Zusammenhang für erforderlich angesehenen etwa 300 Einzelmaßnahmen beschlossen werden, so daß man davon ausging, daß der Gemeinsame Markt, über die Zollvereinheitlichung bis 1968 hinaus, zum 1. Januar 1993 entstehen könne. Dies führte im Jahre 1992 zum Vertrag von Maastricht, der allerdings umstritten blieb, vor allem aufgrund dessen, daß viele Politiker und Journalisten, die über ihn die Öffentlichkeit informieren wollten, ihn offensichtlich nicht gelesen hatten. Die einzelnen Punkte des Vertrages zeigen die Defizite auf dem bisherigen Weg der gemeinsamen Politik. Die wichtigsten Problemfelder unter wirtschafts- und sozialgeschichtlichen Gesichtspunkten sind hier:

(1) Die Schaffung einer einheitlichen Währung und zur Absicherung einer solchen Währung einer unabhängigen Europäischen Zentralbank. Dabei ist vorgesehen, die einzelnen Länder nur bei Vorliegen bestimmter Kriterien aufzunehmen: Defizite der öffentlichen Haushalte höchstens 3 v. H. des Bruttoinlandsprodukts; Gesamtverschuldung der öffentlichen Hand höchstens 60 v. H. des Bruttoinlandsprodukts. Dies sorgte dafür, daß einzelne Länder die wichtigste Quelle ihrer Geldentwertung, nämlich eine die inflationäre Entwicklung begünstigende staatliche Haushaltungspolitik, zu ändern trachteten und trachten.

Die Währungsturbulenzen innerhalb des Europäischen Währungssystems, vor allem mit der italienischen und der britischen Währung im Sommer 1992, zeigten, daß eine gemeinsame Währungspolitik und d. h. vor allem eine Europäische Zentralbank unbedingt notwendig ist, auch zur Entlastung der Deutschen Bundesbank, die – aus britischer Richtung – im Sommer 1992 zum Prügelknaben, zum Verursacher der britischen Währungsschwäche abgestempelt wurde.

(2) Ausbau der Strukturpolitik, d. h. der finanziellen Hilfen für die Länder und Regionen mit einem unterdurchschnittlichen Bruttosozialprodukt je Einwohner.

(3) Wichtig war aber auch die Aufnahme des Begriffes Subsidiarität, ein Begriff, der in der Verfassungswirklichkeit der Bundesrepublik Deutschland aufgrund der föderalen Ordnung (Art. 30 Grundgesetz) und der gemeindlichen Selbstverwaltung (Art. 28, Abs. 2 Grundgesetz) von 1949 an immer von Bedeutung war. Der vorgesehene Regionalausschuß für die Belange der einzelnen Regionen innerhalb der Mitgliedsländer der EG soll die Interessen der Regionen besser berücksichtigen und die Kräfte der Regionen besser zur Geltung kommen lassen.

(4) Angleichung der Sozialpolitik durch Festlegung eines Sockels des sozialpolitischen Standards.

(5) Eine gemeinsame Umweltpolitik, bei der jede Maßnahme der EG auf die Folgen für die Umwelt untersucht werden muß.

(6) Erhaltung individueller Produktionsmethoden (z. B. Reinheitsgebot für Bier in Deutschland oder Camembert aus Rohmilch in Frankreich), aber Konkurrenzmöglichkeit mit anderen Produktionsmethoden und Produkten. Zugleich Festschreibung eines allgemeinen Verbraucherschutzes.

Schluß: Die Grenzen des wirtschaftlichen und des Bevölkerungswachstums

Der Engländer William *Godwin* stellte 1793 die These auf, daß die Bevölkerungszahl auf der Erde unbeschränkt vermehrt und ernährt werden könne, wenn

- die Gesellschaft das Gleichheitsprinzip anerkenne und verwirkliche,
- die Menschen nicht den eigenen Nutzen, sondern den Vorteil der Gemeinschaft in den Mittelpunkt ihres Handelns stellen,
- das Individualeigentum zugunsten des Gemeineigentums abgeschafft wird und
- der Staat als Einrichtung abgeschafft wird.

Insbesondere würde dann das soziale Elend beseitigt werden, weil jeder Mensch sich frei – unter Beachtung dieser Gesichtspunkte nicht auf Kosten der anderen Menschen – entwickeln könne.
Thomas Robert *Malthus* widersprach 1798 dieser These unter Hinweis auf

- das geometrische Wachstum der Bevölkerungszahl bei Fehlen hemmender Faktoren und
- das nur arithmetische Wachstum der Nahrungsmittelproduktion bei Beseitigung der rechtlichen und faktischen Schranken der landwirtschaftlichen Produktion,

d. h. unter Hinweis auf eine drohende Nahrungsgrenze für die Erhöhung der Bevölkerungszahl.
Die heutige Diskussion um die Möglichkeiten und Ziele der wirtschaftlichen und der gesellschaftlichen Entwicklung enthält im Kern eben diese Problematik, nur daß nunmehr die Versorgung der Menschheit nicht mit Nahrungsmitteln, sondern die Versorgung mit Gütern jeglicher Art (bis hin zu Wasser, Energie, Luft usw.) erörtert wird. Die Wechselwirkungen zwischen gesellschaftlicher und wirtschaftlicher Entwicklung werden schon aus der Diskussion zwischen Godwin und Malthus deutlich:

- Die gesellschaftlichen Änderungen sind nach Godwin Voraussetzung für die Schaffung der wirtschaftlichen Grundlagen einer steten Bevölkerungsvermehrung.
- Die gesellschaftlichen Änderungen sind nach Malthus in der Lage, nur eine begrenzte Ausdehnung der Menschenzahl abzusichern.

Die Entwicklung der Bevölkerungszahl und des wirtschaftlichen Wachstums (Wertschöpfung je Einwohner) hat seit dem Beginn der Industrialisierung am Ende des 18. Jahrhunderts (beginnend in England) ein solches Ausmaß angenommen, daß für alle gesellschaftlichen Systeme die gleichen Probleme anstehen:

- Die Bewältigung der Versorgung mit Rohstoffen und mit Waren jeglicher Art. Schätzungen gehen davon aus, daß der größte Teil der wichtigsten Rohstoffe (Erdöl, Erdgas, Nickel usw.) in wenigen Jahrzehnten verbraucht sein wird.
- Die Gestaltung der (insbesondere städtischen) Wohnplätze und der Lebensmöglichkeiten in diesen Wohnorten.

Die Thesen Godwins setzen eine menschliche Verhaltensweise voraus, die wohl nur als ideal zu bezeichnen ist, aber nicht in der Wirklichkeit existiert.

Die von einer Übervölkerung ausgehenden und durch die zunehmende Abhängigkeit des einzelnen Menschen von Institutionen sich immer mehr verstärkenden Einengungen der individuellen Sphäre weisen auf den Ausbau eines neuen, die persönliche Freiheit beschneidenden Systems hin, dieses gerade in den Agglomerationen mit einem in der Dauer und Intensität unerträglich werdendem psychischen Druck verbindend. Die „allumfassende Verwaltung", die institutionelle Einengung fast aller Lebensbereiche führen zur Aufhebung der wichtigsten Grundlagen des „autonomen Subjekts" (Horkheimer), des Menschseins überhaupt.

Literaturverzeichnis

Die nachstehende Literatur stellt nur eine Auswahl der dem Buch zugrundegelegten Untersuchungen und Darstellungen dar. Sie soll zugleich dem Interessierten einen Hinweis für die weitere Beschäftigung mit speziellen Fragen geben. Die vor allem in den „Allgemeinen und übergreifenden Darstellungen“ vorhandenen Literaturübersichten führen hier weiter.
Neuere, in Zukunft erscheinende Literatur läßt sich aus den am Ende des Literaturverzeichnisses aufgenommenen Zeitschriften (jeweiliger Besprechungsteil) entnehmen.
Bei einigen Veröffentlichungen wurde versucht, mit wenigen Stichworten in Klammern einen Hinweis auf den Inhalt oder den Charakter des Inhalts zu geben, wenn der Titel des Buches dies nicht deutlich genug zum Ausdruck brachte. Die Gliederung des Literaturverzeichnisses erfolgte nach zwei Grundsätzen: Zuordnung zu einzelnen Perioden und zu einzelnen Sachbereichen. Beide Teile ergänzen sich.

Allgemeine und übergreifende Darstellungen

Ambrosius, Gerold: Staat und Wirtschaft im 20. Jahrhundert, München 1990.

Ambrosius, Gerold und *Hubbard, William H.*: Sozial- und Wirtschaftsgeschichte Europas im 20. Jahrhundert, München 1986.

Engelsing, Rolf: Kleine Wirtschafts- und Sozialgeschichte Deutschlands, Hannover 1968 (Übersichtliche Einführung für die Zeit vom frühen Mittelalter bis ins 20. Jahrhundert).

Fischer, Wolfram: Deutsche Wirtschaftspolitik 1918 - 1945, 3. Aufl., Opladen 1968 (Die Wirtschaftspolitik der verschiedenen Kräfte in der Weimarer Republik und der Nationalsozialisten wird unter dem Aspekt der Bewältigung der vorhandenen und der gestellten Probleme erörtert).

Hardach, Karl: Wirtschaftsgeschichte Deutschlands im 20. Jahrhundert, Göttingen 1976.

Hoffmann, Walther Gustav: Das Wachstum der deutschen Wirtschaft seit der Mitte des 19. Jahrhunderts, Berlin-Heidelberg-New York 1965 (Enthält umfangreiches statistisches Material für das Deutsche Reich bis 1938 und für die Bundesrepublik Deutschland bis 1959).

Kaelble, Hartmut: Auf dem Weg zu einer europäischen Gesellschaft; Eine Sozialgeschichte Westeuropas 1880–1980, München 1987.

Kuczynski, Jürgen: Allgemeine Wirtschaftsgeschichte: Von der Urzeit bis zur sozialistischen Gesellschaft, Berlin 1951 (Kurzer Überblick der deutschen Wirtschaftsgeschichte von den Anfängen bis nach dem Zweiten Weltkrieg unter marxistischer Fragestellung).

Lütge, Friedrich: Deutsche Sozial- und Wirtschaftsgeschichte, 3. Aufl., Berlin-Heidelberg-New York 1966. Neudruck 1979. (Enthält auch eine kurze Übersicht der Zeit von 1914 bis etwa 1960).

Mottek, Hans u. a.: Wirtschaftsgeschichte Deutschlands, Ein Grundriß, Bd. 3, Von der Zeit der Bismarckschen Reichsgründung 1871 bis zur Niederlage des faschistischen deutschen Imperialismus 1945, Berlin (Ost) 1974.

Petzina, Dietmar: Die deutsche Wirtschaft in der Zwischenkriegszeit, Wiesbaden 1977.

Spiethoff, Arthur: Die wirtschaftlichen Wechsellagen; Aufschwung, Krise, Stockung, 2 Bde., Tübingen 1955 (Materialreiche, von theoretischen Überlegungen ausgehende Erörterung konjunktureller Fragen).

Statistische Jahrbücher des Deutschen Reiches, der einzelnen deutschen Länder, der Bundesrepublik Deutschland und der DDR.

Zorn, Wolfgang (als Herausgeber): Handbuch der deutschen Wirtschafts- und Sozialgeschichte, Bd. 2, Das 19. und 20. Jahrhundert, Stuttgart 1976.

Erster Weltkrieg

Feldman, Gerald Donald: Army, Industry and Labor in Germany 1914–1918, Princeton 1966. Deutsche Übersetzung Berlin 1985. (Im Mittelpunkt stehen die durch den Bedarf an Menschen für die Streitmächte und die industrielle Produktion verursachten Probleme).

Fischer, Fritz: Weltmacht oder Niedergang. Deutschland im Ersten Weltkrieg, Frankfurt 1965.

Hardach, Gerd: Der Erste Weltkrieg 1914–1918, München 1973.

Kielmansegg, Peter Graf: Deutschland und der Erste Weltkrieg, 2. Aufl., Frankfurt/M. 1980 (Darstellung des Ablaufs der militärischen Ereignisse, der diplomatischen Handlungen und der treibenden Kräfte, der Strukturfragen und der wichtigsten auftretenden Probleme; umfassendes Literaturverzeichnis als Wegweiser für weitere Forschungen; ein im Vergleich zur allgemeinen Kriegsliteratur ausgewogenes Urteil).

Kocka, Jürgen: Klassengesellschaft im Krieg. Deutsche Sozialgeschichte 1914–1918, 2. Aufl., Göttingen 1978.

Martini, Peter Albert: Blockade im Weltkrieg, Berlin-Bonn 1932.

WEIMARER REPUBLIK

Aldcroft, Derek H.: Die zwanziger Jahre, Von Versailles zur Wall Street 1919–1929, München 1978.

Bracher, Karl Dietrich u. a. (Hg.): Die Weimarer Republik 1918–1933. Politik - Wirtschaft - Gesellschaft, Düsseldorf 1987.

Brüning, Heinrich: Memoiren 1918-1934, Stuttgart 1970 (Teilweise recht subjektive und die eigene Haltung rechtfertigende Darstellung der Wirtschaftspolitik in der Weimarer Republik; wichtige zeitgenössische Quelle, auch wenn große Teile erst wesentlich später konzipiert wurden).

Deutschland und die Weltkrise; Schriften des Vereins für Socialpolitik, Bd. 187, München-Leipzig 1932 (Querschnitt der in der Wissenschaft damals herrschenden Ansichten über die Weltwirtschaftskrise und die Möglichkeiten zu ihrer Überwindung. Die realisierbaren Vorschläge betrachteten Zeitgenossen eher als Ansichten von Außenseitern).

Falter, Jürgen W.: Hitlers Wähler, München 1991.

Falter, Jürgen W. u. a.: Wahlen und Abstimmungen in der Weimarer Republik; Materialien zum Wahlverhalten 1919–1933, München 1986.

Feldmann, Gerald D.; Homburg, Heidrun: Industrie und Inflation. Studien und Dokumente zur Politik der deutschen Unternehmer 1916–1923, Hamburg 1977.

Gossweiler, Kurt: Großbanken, Industriemonopole, Staat; Ökonomie und Politik des staatsmonopolistischen Kapitalismus in Deutschand 1914-1932, Berlin 1971 (Durch Herausarbeitung von klassenkämpferischen und monopolistischen Tendenzen zwar ideologisch einwandfreie, aber einseitige Untersuchung der wichtigen Wechselbeziehung zwischen dem Privatbankensystem, der Großindustrie und dem Staat).

James, Harold: Deutschland in der Weltwirtschaftskrise 1924–1936, Stuttgart 1988.

Keynes, John Maynard: A Revision of the Treaty, London-New York 1922 (deutsche Übersetzung München 1922).

Keynes, John Maynard: The Economic Consequences of the Peace, London 1919 (deutsche Übersetzung München-Leipzig 1920).

Kindleberger, Charles P.: Die Weltwirtschaftskrise 1929–1939, München 1973.

Konjunktur-Statistisches Handbuch, Berlin 1938 (hgg. vom Institut für Konjunkturforschung).

Kroll, Gerhard: Von der Weltwirtschaftskrise zur Staatskonjunktur, Berlin 1958 (Faktenreiche Darstellung der Weltwirtschaftskrise und ihrer Überwindung in Deutschland; nicht immer ganz übersichtlich).

Krüger, Peter: Deutschland und die Reparationen 1918/19, Stuttgart 1973 (Ausführliche Darstellung eines bisher fast völlig in der Literatur übergangenen Problems: Die Einstellung der Reichsregierungen zu den Reparationen unmittelbar nach dem Ersten Weltkrieg).

Lüke, Rolf: Von der Stabilisierung zur Krise, Zürich 1958 (Erörterung der internationalen und nationalen Finanzprobleme von der Stabilisierung der Mark bis zum Jahr 1932).

Mommsen, Hans u. a. (Hg.): Industrielles System und politische Entwicklung in der Weimarer Republik, Düsseldorf 1974.

Morgan, K. Phillips: Nicht warten – Wirken! Amerikas Glaube an Deutschland, München 1931 (Einseitige, aber gerade deshalb interessante zeitgenössische Äußerungen über die Einschätzung der Situation in Deutschland am Anfang der Weltwirtschaftskrise).

Predöhl, Andreas: Das Ende der Weltwirtschaftskrise, Reinbek 1962.

Röpke, Wilhelm: Krise und Konjunktur, Leipzig 1932 (Aus damals aktuellem Anlaß Auseinandersetzung mit der möglichen und der tatsächlichen staatlichen Wirtschaftspolitik zur Überwindung einer Krise).

Schumpeter, Joseph: Konjunkturzyklen, 2 Bde., Göttingen 1961 (Vergleichende Studie über parallele und gegensätzliche Entwicklungen in den wichtigsten Industriestaaten zu Beginn des 20. Jahrhunderts.).

Sering, Max: Deutschland unter dem Dawes-Plan, Berlin 1928.

Statistisches Handbuch der Weltwirtschaft, bearbeitet im Statistischen Reichsamt, Berlin 1936 (Umfangreiches Zahlenmaterial für die Zeit von 1925 bis 1934 aus allen Ländern der Welt, z. T. nach Monatszahlen gegliedert).

Vogt, Martin (als Herausgeber): Die Entstehung des Young-Planes, dargestellt vom Reichsarchiv 1931-1933, Boppard/Rh. 1970.

NATIONALSOZIALISMUS UND ZWEITER WELTKRIEG

Barkai, Avraham: Vom Boykott zur „Entjudung", Frankfurt/M. 1988.

Benz, Wolfgang (Hg.): Die Juden in Deutschland 1933–1945. Leben unter nationalsozialistischer Herrschaft, München 1988.

Bilanz des Zweiten Weltkrieges; Erkenntnisse und Verpflichtungen für die Zukunft, Oldenburg-Hamburg 1953 (Informative Aufsätze zahlreicher Autoren über Einzelaspekte militärischer und wirtschaftlicher Art. Teilweise über das Informative nicht hinausgehend).

Erbe, René: Die nationalsozialistische Wirtschaftspolitik 1933-1939 im Lichte der modernen Theorie, Zürich 1958 (Nicht immer geglückter, weil auf noch zu schwacher Materialbasis aufbauender Versuch einer wirtschaftswissenschaftlichen Analyse der NS-Wirtschaftspolitik).

Esenwein-Rothe, Ingeborg: Die Wirtschaftsverbände von 1933 bis 1945, Berlin 1965 (Darstellung der Einfügung der wichtigsten Unternehmergruppen in die NS-Wirtschaftspolitik durch den Aufbau des Verbändewesens).

Fried, Ferdinand: Das Ende des Kapitalismus, Jena 1931 (Wichtige, grundlegende Schrift über die Wirtschaftsanschauungen der Nationalsozialisten).

Fried, Ferdinand: Die Wende der Weltwirtschaft, Leipzig 1939 (Wichtige Quelle für die NS-Wirtschaftsziele).

Görner, Alexander: Die Hauptlehren der Nationalökonomie; Vom Werden der Volkswirtschaft, Berlin 1942 (Unter dem Eindruck der erfolgreichen Expansionspolitik konzipiertes Werk über die künftige Gestaltung der Wirtschaft).

Graml, Hermann (Hg.): Widerstand im Dritten Reich, Frankfurt/M. 1989.

Lehmann, Max Rudolf: Autarkie und Währung; Grundfragen sofortiger Arbeitsbeschaffung, Berlin 1932 (Eine interessante, vor der Machtübernahme durch die Nationalsozialisten die Probleme der Arbeitsbeschaffung durch staatliche Finanzmaßnahmen darstellende Untersuchung).

Ludwig, Johannes: Boykott. Enteignung. Mord. Die „Entjudung" der deutschen Wirtschaft, 2. Aufl., Hamburg 1989.

Milward, Alan Steele: Der Zweite Weltkrieg 1939–1945; Krieg, Wirtschaft und Gesellschaft, München 1977.

Petzina, Dieter: Autarkiepolitik im Dritten Reich: Der nationalsozialistische Vierjahresplan, Stuttgart 1968 (Ausführliche Darstellung und Herausarbeitung der Orientierung der NS-Wirtschaftspolitik auf die Rüstung).

Schiller, Karl: Arbeitsbeschaffung und Finanzordnung in Deutschland, Heidelberg 1935 (Sachlich orientierte Erörterung der Arbeitsbeschaffungsmaßnahmen und der hiervon ausgehenden Wirkungen auf das öffentliche Finanzwesen und auf die Währung).

Schönbaum, David: Die braune Revolution, Düsseldorf 1972 (Hervorhebung der sozialgeschichtlichen Probleme des im Titel angesprochenen Themas).

Thomas, Georg: Geschichte der deutschen Wehr- und Rüstungswirtschaft (1918-1943/45), Boppard/Rh. 1966 (Faktenreicher Bericht des Leiters des „Wehrwirtschafts- und Waffenwesens" der Wehrmacht. Das vor 1945 konzipierte Manuskript zeigt zugleich die technokratische Einstellung der Organisatoren der Rüstungs- und der Kriegswirtschaft).

Turner, Henry Ashby: Faschismus und Kapitalismus in Deutschland, Göttingen 1972 (Ausführliche Darstellung einzelner Unternehmer und der Unternehmerverbände in ihrer Einstellung zu den Nationalsozialisten).

Turner, Henry Ashby: Die Großunternehmer und der Aufstieg Hitlers, Berlin 1985.

Wagenführ, Rolf: Die deutsche Industrie im Kriege 1939-1945, Berlin 1954.

Wippermann, Wolfgang: Faschismustheorien; Zum Stand der gegenwärtigen Diskussion, Darmstadt 1972, 2. Aufl. 1975. (Versuch einer Bestandsaufnahme der zahlreichen Faschismustheorien, ergänzt um ein Kapitel über das Verhältnis von Faschismus und Kapitalismus).

BUNDESREPUBLIK

Abelshauser, Werner: Die langen Fünfziger Jahre. Wirtschaft und Gesellschaft der Bundesrepublik Deutschland 1949–1966, Düsseldorf 1987.

Abelshauser, Werner: Wirtschaft in Westdeutschland 1945–1948; Rekonstruktion und Wachstumsbedingungen in der amerikanischen und britischen Zone, Stuttgart 1975.

Buchheim, Christoph: Die Wiedereingliederung Westdeutschlands in die Weltwirtschaft 1945–1958, München 1990.

Erhard, Ludwig: Meine Wirtschaftspolitik ist richtig, Köln 1952 (Rechtfertigungsschrift aus einer Zeit, in der die Erfolge der sozialen Marktwirtschaft noch wenig sichtbar waren).

Erhard, Ludwig: Wohlstand für alle, Düsseldorf-Wien 1957.

Fisch, Jörg: Reparationen nach dem Zweiten Weltkrieg, München 1992.

Glastetter, Werner u. a.: Die wirtschaftliche Entwicklung in der Bundesrepublik Deutschland 1950–1980, Frankfurt/M. und New York 1983.

Hansen, Gerd: Ein ökonometrisches Modell für die Bundesrepublik 1951 bis 1964, Göttingen 1967 (Aufbereitung der wirtschaftlichen Fakten unter wachstums- und konjunkturtheoretischen Fragestellungen).

Müller-Armack, Alfred: Zur Diagnose unserer wirtschaftlichen Lage, Bielefeld 1947.

Pilz, Frank: Das vereinte Deutschland. Wirtschaftliche, soziale und finanzielle Folgeprobleme und die Konsequenz für die Politik, Stuttgart 1992.

Scherf, Harald: Enttäuschte Hoffnungen – vergebene Chancen. Die Wirtschaftspolitik der sozial-liberalen Koalition 1969–1982, Göttingen 1986.

Uffelmann, Uwe: Der Weg zur Bundesrepublik. Wirtschaftliche, gesellschaftliche und staatliche Weichenstellungen 1945–1949, Düsseldorf 1988.

Winkel, Harald: Die deutsche Wirtschaft seit Kriegsende; Entwicklung und Probleme, Mainz 1971 (Unter Hervorhebung allgemeiner volkswirtschaftlicher Fragen vorgenommene Darstellung der wirtschaftlichen Entwicklung in der BRD).

Deutsche Demokratische Republik

Böttcher, Bodo: Industrielle Strukturwandlungen im sowjetisch besetzten Gebiet Deutschlands, Berlin 1956.

Bühler, Rolf: Die Problematik der Kontrolle betriebswirtschaftlicher Leistungen in Zentralverwaltungswirtschaften, dargestellt an der volkseigenen Industrie in der DDR, Stuttgart 1971 (Kern dieser reich mit Material ausgestatteten Arbeit ist die Aussagekraft der wichtigsten Kennziffern eines Betriebes – Produktion, Arbeitsproduktivität, Rentabilität usw. – hinsichtlich der Leistungsfähigkeit im Vergleich zu anderen Betrieben. Erörterung der entsprechenden Bestrebungen in der UdSSR seit 1962 – Libermann – und in der DDR seit 1963 – Neues Ökonomisches System –).

Freier, Udo und *Lieber, Paul*: Politische Ökonomie des Sozialismus in der DDR, Frankfurt/M. 1972 (In etwa vom Standpunkt der gegen die sozialistische Bürokratie und Funktionärsherrschaft gerichteten Thesen H. Marcuses ausgehende kritische Auseinandersetzung mit der Wirtschaftsordnung in der DDR. Aufgrund der Einseitigkeit der Fragestellung in vielen Punkten keine abgewogene und unangreifbare Argumentation).

Gutmann, Gernot: Das Ende der Planwirtschaft in der DDR, Tübingen 1990.

Gutmann, Gernot: Theorie und Praxis der monetären Planung in der Zentralverwaltungswirtschaft, Stuttgart 1965 (Ausgehend von theoretischen Aspekten der geldwirtschaftlichen Planung wird einer der wichtigsten Hebelarme der Organisation der Planwirtschaft mit seinen tatsächlichen Möglichkeiten dargestellt).

Immler, Hans: Agrarpolitik in der DDR, Köln 1971 (Versuch einer Beurteilung der Agrarpolitik in der DDR von 1945 bis 1970 unter dem Aspekt der ordnungspolitischen Notwendigkeiten bei der Errichtung eines sozialistischen Systems).

Kalus, Hellmuth: Wirtschaftszahlen aus der SBZ; Eine Zusammenstellung statistischer Daten zur wirtschaftlichen Entwicklung in der sowjetischen Besatzungszone und in Ost-Berlin, Bonn-Berlin 1964.

Kusch, G. u. a.: Schlußbilanz - DDR. Fazit einer verfehlten Wirtschafts- und Sozialpolitik, Berlin 1991.

Leptin, Gert: Deutsche Wirtschaft nach 1945, Ein Ost-West-Vergleich, Opladen 1980.

Matschke, Werner: Die industrielle Entwicklung in der Sowjetischen Besatzungszone Deutschlands (SBZ) von 1945 bis 1948, Berlin 1988.

Mühlfriedel, Wolfgang und *Weißner, Klaus:* Die Geschichte der Industrie der DDR, Berlin (Ost) 1989.

Pritzel, Konstantin: Die Wirtschaftsintegration Mitteldeutschlands, Köln 1969 (Darstellung der Einbeziehung der DDR in den Rat für gegenseitige Wirtschaftshilfe = RGW = COMECOM).

Schlenk, Hans: Der Binnenhandel der DDR, Köln 1970 (Darstellung der Umwandlung des Handelssektors nach sozialistischen Prinzipien).

Voigt, Dieter u. a.: Sozialstruktur der DDR, Darmstadt 1987.

SEKUNDÄRER SEKTOR

Ehret, Rolf: Der Weg zur Vollbeschäftigung in der Bundesrepublik Deutschland, Winterthur 1959 (Darstellung der Entwicklung zur Vollbeschäftigung, der entscheidenden Faktoren hierfür und der wichtigsten wirtschaftlichen und sozialen Auswirkungen).

Gröhn, Eckard: Spektralanalytische Untersuchungen zum zyklischen Wachstum der Industrieproduktion in der Bundesrepublik Deutschland 1950-1967, Tübingen 1970.

Grumbach, Franz und *König, Heinz*: Beschäftigung und Löhne der deutschen Industriewirtschaft 1888-1954, in: WWA (Weltwirtschaftsarchiv), 79, 1, Hamburg 1957, S. 125 bis 155.

Hoffmann, Walter Gustav: Wachstum und Wachstumsformen der englischen Industriewirtschaft von 1700 bis zur Gegenwart, Jena 1940 (Materialreiche Darstellung der englischen industriellen Entwicklung bis in die 30er Jahre unseres Jahrhunderts).

Lochner, Louis Paul: Tycoons und Tyrant; German Industry from Hitler to Adenauer, Chicago 1954.

ter Meer, Fritz: Die I.G.-Farbenindustrie Aktiengesellschaft, Düsseldorf 1953.

Rostow, Walt Whitman: Stadien wirtschaftlichen Wachstums; Eine Alternative zur marxistischen Entwicklungstheorie, Göttingen 1960 (Nicht unumstrittener, aber interessanter Versuch, die Grundlinien der industriellen Entwicklung aufzuzeigen; jedoch keine Alternative zu Marx' Entwicklungstheorie).

Wagenführ, Rolf: Die Industriewirtschaft; Entwicklungstendenzen der deutschen und internationalen Industrieproduktion 1860 bis 1932, Berlin 1933 (Darstellung der quantitativen Vorgänge).

LANDWIRTSCHAFT, AGRARPOLITIK, ERNÄHRUNGSFRAGEN

Abel, Wilhelm: Agrarpolitik, 3. Aufl., Göttingen 1967 (Historisch orientierte Darstellung der gegenwärtigen Probleme der Agrarpolitik bis hin zu den Fragen der EWG-Marktordnungen; Standardwerk).

Bittermann, Eberhard: Die landwirtschaftliche Produktion in Deutschland 1800 bis 1950, Halle 1956 (Umfangreiche Zahlenzusammenstellungen).

Eckart, Karl: Veränderungen in der agraren Nutzungsstruktur in den beiden Staaten in Deutschland, Trier 1985.

Erker, Paul: Ernährungskrise und Nachkriegsgesellschaft, Stuttgart 1990.

Grüne Pläne und Grüne Berichte der Bundesregierung (seit 1956 jährlich).

Haushofer, Heinz: Die deutsche Landwirtschaft im technischen Zeitalter, 2. Aufl., Stuttgart 1972 (Standardwerk).

Hertz-Eichenrode, Dieter: Politik und Landwirtschaft in Ostpreußen 1919–1930, Köln-Opladen 1969 (Hier als Beispiel der zahlreichen Untersuchungen zu Einzelfragen der Agrarpolitik genannt).

Kluge, Ulrich: Vierzig Jahre Agrarpolitik in der Bundesrepublik Deutschland, 2 Bde., Hamburg 1989.

Schlange-Schöningen, Hans: Im Schatten des Hungers, Homberg-Berlin 1955 (Erfahrungsbericht über die Notjahre unmittelbar nach dem Kriege).

GELD- UND BANKWESEN

Born, Karl Erich: Die deutsche Bankenkrise 1931; Finanzen und Politik, München 1967.

Czichon, Eberhard: Der Bankier und die Macht, Köln 1970 (Teilweise etwas einseitige Darstellung).

Elster, Karl: Von der Mark zur Reichsmark, Jena 1928 (Erörterung der wichtigsten währungswirtschaftlichen Probleme der Weimarer Zeit bis zur Weltwirtschaftskrise).

Holtfrerich, Carl-Ludwig: Die deutsche Inflation 1914–1923; Ursachen und Folgen in internationaler Perspektive, Berlin–New York 1980.

Lewinsohn, Richard: Die Umschichtung der europäischen Vermögen, Berlin 1925 (Übersichtliche Darstellung der Vermögensverschiebungen in einzelnen europäischen Staaten durch Kriegs- und Nachriegsjahre des Ersten Weltkrieges).

Lohnes, Karl: Die deutschen Währungsreformen 1923 und 1948, Diss. Zürich 1959.

Luther, Hans: Die Stabilisierung der deutschen Währung, Berlin 1928 (Unter Herausstellung der eigenen Mitwirkung bei der Währungsreform im Herbst 1923 und im Jahre 1924 vorgenommene Betrachtung).

Müller-Armack, Alfred; Hasse, Rolf u. a.: Stabilität in Europa; Strategien und Institutionen für eine europäische Stabilitätsgemeinschaft, Düsseldorf-Wien 1971.

Prost, Gerhard: Wandlungen im deutschen Notenbankwesen, München 1972.

Schacht, Hjalmar: Die Stabilisierung der Mark, Berlin-Leipzig 1927 (Teilweise recht subjektive Darstellung der Währungsreform).

Schacht, Hjalmar: Schluß mit der Inflation, Hamburg 1960 (Von den im Verhältnis zum Jahre 1973 recht niedrigen Preissteigerungen der 50er Jahre ausgehende Erörterung der Ursachen und der Auswirkungen der Inflation).

Stucken, Rudolf: Deutsche Geld- und Kreditpolitik 1914-1963, 3. Aufl., 1964.

Willgerodt, Hans und Mitarbeiter: Wege und Irrwege zur europäischen Währungsunion, Freiburg 1972 (Aufzeigen der Probleme, Abwägen der Vorteile und der Nachteile einer europäischen Währungsunion unter Berücksichtigung verschiedener Gestaltungsmöglichkeiten).

Zur Vorgeschichte der Deutschen Mark; Die Währungspläne 1945-1948, in: Veröffentlichungen der List-Gesellschaft, Bd. 22, Basel-Tübingen 1961.

Handel

Buchheim, Christoph: Die Wiedereingliederung Westdeutschlands in die Weltwirtschaft 1945–1958, München 1990.

Haberland, Günter: Elf Jahre staatlicher Regelung der Ein- und Ausfuhr; Eine systematische Darstellung der deutschen Außenhandelsregelungen in den Jahren von 1914-1925, Leipzig 1927.

Hesse, Helmut: Strukturwandlungen im Welthandel 1950-1960/61, Tübingen 1967.

Michalski, Wolfgang: Export und Wirtschaftswachstum, Hamburg 1970 (Ausführliche Erörterung der positiven Auswirkungen einer umfangreichen Verflechtung mit dem Weltmarkt für das wirtschaftliche Wachstum und damit für die allgemeine Einkommensentwicklung).

Pascaly, Franz-Joachim: Internationale Arbeitsteilung in EWG und COMECON, München 1973 (Ausgehend von außenhandelstheoretischen Überlegungen werden die positiven und die negativen Auswirkungen der internationalen Arbeitsteilung in Ost- und in Westeuropa untersucht).

Wulf, Jürgen: Der deutsche Außenhandel seit 1850; Entwicklung, Strukturwandlungen und Beziehungen zum Wirtschaftswachstum, Basel 1968.

ÖFFENTLICHES FINANZWESEN

Andel, Norbert: Probleme der Staatsschuldentilgung, Berlin 1964.

Boelcke, Willi A.: Die Kosten von Hitlers Krieg. Kriegsfinanzierung und finanzielles Kriegserbe in Deutschland 1933–1948, Paderborn 1985.

Handwörterbuch der Finanzwissenschaft, 2. Aufl., Tübingen 1952ff.

Hansmeyer, Karl-Heinrich: Der Weg zum Wohlfahrtsstaat; Wandlungen der Staatstätigkeit im Spiegel der Finanzpolitik unseres Jahrhunderts, Frankfurt/M. 1957.

Harms, Uwe: Die Forderung eines konstanten Staatsanteiles am Bruttosozialprodukt, Hamburg 1970 (Auswirkungen der Ausdehnung der öffentlichen Ausgaben durch eine Erhöhung der Steuerlastquote auf das wirtschaftliche Wachstum).

Jakli, Zoltan: Vom Marshallplan zum Kohlepfennig. Grundriß der Subventionspolitik in der Bundesrepublik Deutschland 1948–1982, Wiesbaden 1991.

Lichtenstein, Herta: Die Finanzwirtschaft der deutschen Großstädte von 1925-1931, Jena 1933 (Die Finanzsituation in den großen Gemeinden während der Goldenen Zwanziger und bei Beginn der Weltwirtschaftskrise).

Prion, Willi: Das deutsche Finanzwunder; Die Geldbeschaffung für den deutschen Wirtschaftsaufschwung, Berlin 1938 (Es fehlt eine kritische Auseinandersetzung mit den negativen Seiten der Schuldenpolitik des Reiches).

Respondek, Erwin: Die Reichsfinanzen auf Grund der Reform von 1919/20, Berlin 1921.

Roesler, Konrad: Die Finanzpolitik des Deutschen Reiches im Ersten Weltkrieg, Berlin-München 1967.

Schwerin von Krosigk, Lutz: Nationalsozialistische Finanzpolitik, Jena 1936.

Terhalle, Fritz: Deutschlands Finanznot; Das Problem der öffentlichen Lasten, Berlin 1931 (Betonung der Einengung der staatlichen Aktivitäten durch eine Gestaltung der Ausgaben, die zu einer Festlegung des größten Teiles der Mittel führt).

SOZIALE PROBLEME, SOZIALPOLITIK

Armingeon, Klaus: Die Entwicklung der westdeutschen Gewerkschaften 1950–1985, Frankfurt/M. 1988.

Arndt, Norbert: Das Volksvermögen in der Bundesrepublik Deutschland; Entwicklung und Verteilung seit 1950, Diss. Köln 1971 (Darstellung der neuesten Forschungsergebnisse zum Problem der Vermögensverteilung, im Sinne einer Bestandsaufnahme; kein Aufzeigen möglicher Wege in die Zukunft).

Baehr, Johannes: Staatliche Schlichtung in der Weimarer Republik, Berlin 1989.

Bajohr, Stefan: Die Hälfte der Fabrik. Geschichte der Frauenarbeit in Deutschland 1914 bis 1945, 2. Aufl., Marburg 1984.

Barkai, Avraham: Vom Boykott zur „Entjudung". Der wirtschaftliche Existenzkampf der Juden im Dritten Reich 1933–1943, Frankfurt/M. 1988.

Bergsträsser, Ludwig: Geschichte der politischen Parteien in Deutschland, 11. Aufl., (hrsg. v. Wilhelm Mommsen), München 1965.

de la Chevallerie, Oskar: Die Verteilung des Vermögenszuwachses in der Bundesrepublik Deutschland seit 1950, Berlin 1968.

Dudek, Peter: Erziehung durch Arbeit. Arbeitslagerbewegung und freiwilliger Arbeitsdienst 1920–1935, Opladen 1988.

Erdmann, Gerhard: Die deutschen Arbeitgeberverbände im sozialgeschichtlichen Wandel der Zeit, Neuwied-Berlin 1966 (Kritische Auseinandersetzung mit der Sozialpolitik der Arbeitgeberverbände).

Fichter, Michael: Einheit und Organisation. Der Deutsche Gewerkschaftsbund im Aufbau 1945 bis 1949, Köln 1990.

Geier, Jens: „Praktischer Sozialismus oder Mildtätigkeit?" Die Geschichte der Arbeiterwohlfahrt Essen 1919–1933, Essen 1989.

Glum, Friedrich: Der deutsche und der französische Reichswirtschaftsrat, Berlin-Leipzig 1929.

Goeseke, Gerhard: Verteilung und Schichtung der Einkommen der privaten Haushalte, Berlin 1963.

Grebing, Helga: Geschichte der deutschen Arbeiterbewegung München 1971 (Etwas einseitiger, von der politischen Richtung der SPD in den Jahren 1959 – Godesberger Programm – bis 1967 – Große Koalition – geprägter Versuch, die Politik der SPD und der Gewerkschaften als staatserhaltend und systemstabilisierend darzustellen).

Hansen, Eckhard: Wohlfahrtspolitik im NS-Staat, Augsburg 1991.

Heer, Hannes: Burgfrieden oder Klassenkampf, Neuwied-Berlin 1971 (Darstellung der Politik der Freien Gewerkschaften in der Weimarer Republik mit teilweise recht eigenwilliger Akzentsetzung; Zielsetzung: Nachweis, daß der Wille zur Reform des „Systems“ und das dadurch bedingte Zusammengehen mit anderen politischen Richtungen rechts von der KPD die Freien Gewerkschaften – wie auch die SPD – innerlich ausgehöhlt hat).

Hentschel, Volker: Geschichte der deutschen Sozialpolitik 1880–1980, Frankfurt 1983.

Kuczynski, Jürgen: Die Geschichte der Lage der Arbeiter in Deutschland von 1789 bis in die Gegenwart, Bde. 4 bis 7, 1900 ff., Berlin 1962 bis 1967 (Arbeitsplatz-, Lohn- und andere Probleme werden umfassend und mit zahlreichen Beispielen dargestellt. Das klassenkämpferische Moment steht im Vordergrund).

Schulze, Rainer u. a. (Hg.): Flüchtlinge und Vertriebene in der westdeutschen Nachkriegsgeschichte, Hildesheim 1987.

Übersicht über die Soziale Sicherung. Vom Bundesministerium für Arbeit und Sozialordnung herausgegebene Übersicht der Einrichtungen der Sozialen Sicherung in der BRD (in den letzten Berichten auch ein Abschnitt über die DDR), 1. Aufl., Bonn 1956; 9. Aufl., Bonn 1972.

Zollitsch, Wolfgang: Arbeiter zwischen Weltwirtschaftskrise und Nationalsozialismus, Göttingen 1990.

Wirtschaftsordnung, Wirtschaftssysteme

Autorenkollektiv des Instituts für Gesellschaftswissenschaften beim ZK der SED: Imperialismus heute – Der staatsmonopolistische Kapitalismus in Westdeutschland, (Ost-)Berlin 1965 (Eine auch für marxistische Anschauungen einseitige und zu sehr vereinfachende Betrachtung der Ordnung von Wirtschaft und Gesellschaft in der BRD).

Boettcher, Erik (als Herausgeber): Beiträge zum Vergleich der Wirtschaftssysteme, Schriften des Vereins für Socialpolitik, Bd. 57, Berlin 1970 (Aufsatzsammlung mit der Betrachtung zahlreicher Aspekte des angesprochenen Themas).

Erhard, Ludwig; *Müller-Armack, Alfred*: Soziale Marktwirtschaft, Frankfurt/M.-Berlin-Wien 1972 (Darstellung der wirtschaftlichen und gesellschaftlichen Auswirkungen der sozialen Marktwirtschaft; Auseinandersetzung mit ihren Kritikern und mit vorgeschlagenen Alternativlösungen, insbesondere mit der Planifizierung und der Zentralverwaltungswirtschaft).

Gutmann, Gernot (Hg.): Das Wirtschaftssystem der DDR, Wirtschaftspolitische Gestaltungsprobleme, Stuttgart–New York 1983.

Gutmann, Gernot; Hochstrate, Hans-Joachim; Schlüter, Rolf: Die Wirtschaftsverfassung der Bundesrepublik Deutschland; Entwicklung und ordnungspolitische Grundlagen, Schriften zum Vergleich von Wirtschaftsordnungen, Heft 4, Marburg 1964.

Höhmann, Hans-Hermann; Kaser, Michael C.; Thalheim, Karl C. (Hrsg.): Die Wirtschaftsordnungen Osteuropas im Wandel – Ergebnisse und Probleme der Wirtschaftsreformen, 2 Bde., Freiburg 1972.

Konzerne, Interessengemeinschaften und ähnliche Zusammenschlüsse im Deutschen Reich Ende 1926, in: Einzelschriften zur Statistik des Deutschen Reiches, Berlin 1927 (Umfassende Dokumentation der im Buchtitel angesprochenen Konzentrationsbewegungen).

Lampert, Heinz: Die Wirtschafts- und Sozialordnung, 4. Aufl., München 1972, 10. Aufl. 1990.

Markert, Werner (als Herausgeber): Sowjetunion; Das Wirtschaftssystem, Köln 1965 (Inzwischen teilweise überholte, in den Grundzügen aber noch richtige Darstellung des sowjetischen Wirtschaftssystems, das als Vorbild im „Sozialistischen Lager" gilt).

Nick, Harry: Gesellschaft und Betrieb im Sozialismus, (Ost-)Berlin 1970 (Von der Entwicklung der Produktivkräfte – Arbeitskräfte und Produktionsinstrumente – ausgehende Betrachtung; das wesentliche Ergebnis ist, daß der Marktmechanismus, wie er im sog. kapitalistischen System vorherrscht, durch die staatliche Planung als regulierende Kraft der wirtschaftlichen Entwicklung und Gestaltung abgelöst werden soll).

Rebentisch, Dieter: Führerstaat und Verwaltung im Zweiten Weltkrieg, Stuttgart 1989.

Schlüter, Rolf (Hg.): Wirtschaftsreformen im Ostblock in den 80er Jahren, Paderborn 1988.

Schmittmann, Benedikt: Wirtschafts- und Sozialordnung als Aufgabe, 2. Aufl., Freiburg 1948 (1. Aufl., 1932).

Schneider, Hans Karl (als Herausgeber): Grundlagen der Wettbewerbspolitik, Berlin 1968 (Erörterung von wettbewerbspolitischen Problemen in mehreren Beiträgen durch verschiedene Autoren).

Schneider, Michael: Das Ende eines Jahrhundertmythos. Bilanz des Sozialismus, Köln 1992.

Thieme, Hans Jörg: Die sozialistische Agrarverfassung; Ein Ausnahmebereich im Wirtschaftssystem der DDR, Schriften zum Vergleich von Wirtschaftsordnungen, Heft 13, Marburg 1969 (Herausarbeitung der Grundzüge des Wirtschaftssystems der DDR an Hand des genannten Themas).

Varga, Eugen: Die Krise des Kapitalismus und ihre politischen Folgen, Frankfurt/M.-Wien 1969.

Woll, Helmut: Die Wirtschaftslehre des deutschen Faschismus, München 1988.

Zeitschriften

„Vierteljahrschrift für Sozial- und Wirtschaftsgeschichte“ (BRD)

„Jahrbuch für Wirtschaftsgeschichte“ (DDR)

„Zeitschrift für Agrargeschichte und Agrarsoziologie“ (Bundesrepublik Deutschland)

„Das historisch-politische Buch“ (Bundesrepublik Deutschland), umfangreiche Zusammenstellung und Kurzbesprechung fast aller einschlägigen Neuerscheinungen, mit Ausnahme der mehr wirtschaftspolitisch und auf die Zeit nach 1945 orientierten.

„Scripta Mercaturae“ (Zeitschrift für Wirtschaftsgeschichte)

„Tradition, Zeitschrift für Firmengeschichte und Unternehmerbiographie“ (seit 1977 „Zeitschrift für Unternehmensgeschichte“).

„Geschichte und Gesellschaft“ (Bundesrepublik Deutschland)

„Blätter für deutsche Landesgeschichte“, vor allem mit umfassenden Literatur-Sammelberichten.

„Annales“ (Zeitschrift der französischen Wirtschafts- und Sozialgeschichte).

“The Journal of Economic History” (USA), mit Aufsätzen über die USA und andere Länder der Welt, vor allem wichtig für die Geschichte der Industrialisierung.

“The Economic History Review” (England) mit international breit gestreutem Aufsatzteil und Literaturübersichten.

„The Journal of European Economic History“, in Rom erscheinende Zeitschrift mit Beiträgen zur Wirtschaftsgeschichte einzelner Länder und zu Ländergrenzen übergreifenden Problemen.

“Business History Review” (USA).

PERSONENVERZEICHNIS

SACHVERZEICHNIS
(einschließlich Begriffserklärung)